Dörte Weltzien I Klaus Fröhlich-Gildhoff I Janina Strohmer I
Annegret Reutter I Claudia Tinius
Multiprofessionelle Teams in Kindertageseinrichtungen

Dörte Weltzien | Klaus Fröhlich-Gildhoff |
Janina Strohmer | Annegret Reutter |
Claudia Tinius

Multiprofessionelle Teams
in Kindertageseinrichtungen

Evaluation der Arbeitsprozesse und
Arbeitszufriedenheit von multiprofessionell
besetzten Teams in Baden-Württemberg

Unter Mitarbeit von Jasmin Woischnor und Tabea Ziebart

Das Forschungsprojekt „TEAM-BaWü" (Team-Evaluation bezüglich der Arbeitsprozesse und Arbeitszufriedenheit multiprofessioneller Kindertageseinrichtungen in Baden-Württemberg) wurde vom Kultusministerium Baden-Württemberg in Abstimmung mit den kommunalen Landesverbänden sowie mit allen Trägerverbänden Baden-Württembergs gefördert.

Bibliografische Information der Deutschen Nationalbibliothek
Die Deutsche Nationalbibliothek verzeichnet diese Publikation in der Deutschen Nationalbibliografie; detaillierte bibliografische Daten sind im Internet über http://dnb.d-nb.de abrufbar.

© 2016 Beltz Juventa · Weinheim und Basel
Werderstraße 10, 69469 Weinheim
www.beltz.de · www.juventa.de
Satz: text plus form, Dresden
Druck und Bindung: Beltz Bad Langensalza GmbH, Bad Langensalza
Printed in Germany

ISBN 978-3-7799-3390-8

Inhalt

Teil II
Aufbau und Wandel multiprofessioneller Teams:
Ergebnisse der quantitativen und qualitativen Analysen

Kapitel 5

Kapitel 6

Teil IV
Zusammenfassung und Handlungsempfehlungen

Geleitwort

Das Ministerium für Kultus, Jugend und Sport Baden-Württemberg hat das Zentrum für Kinder- und Jugendforschung im Forschungsverbund FIVE an der Evangelischen Hochschule Freiburg beauftragt, eine wissenschaftliche Studie zur Teamevaluation in multiprofessionellen Teams von Kindertageseinrichtungen durchzuführen.

Kindertageseinrichtungen sind Bildungseinrichtungen, deren komplexe und herausfordernde Aufgaben gesellschaftlich unbestritten sind. Die pädagogischen Fachkräfte, die Leitungen und die Träger spielen dabei eine entscheidende Rolle.

Die zentrale Frage für die Bildungspolitik vor dem Hintergrund des erweiterten Fachkräftekatalogs nach § 7 Abs. 2 des Kindertagesbetreuungsgesetzes war, wie es multiprofessionellen Teams gelingen kann, diese anspruchsvollen Aufgaben zu erfüllen.

- Wie laufen Arbeitsprozesse in multiprofessionellen Teams ab?
- Wie wirkt sich die multiprofessionelle Zusammensetzung auf die Arbeitszufriedenheit der Fachkräfte und die Qualität in der Kita aus?
- Welche Teamentwicklungsprozesse müssen angebahnt werden?
- Wie sehen Strategien der Fachkräftegewinnung aus?
- Welche Unterstützungssysteme werden benötigt?

Die Erkenntnisse der Studie TEAM-BaWü sind für den Diskurs aller Beteiligten im frühkindlichen Bereich in Baden-Württemberg wichtig. Für die Bildungspolitik sind die wissenschaftlichen Ergebnisse und die Erfahrungen der Praxis wichtige Orientierungsmarken für Handlungsstrategien, die gemeinsam mit den kommunalen Landesverbänden, den kirchlichen und freien Trägerverbänden sowie dem Kommunalverband für Jugend und Soziales angebahnt werden.

Das Kultusministerium dankt dem Forscherteam unter der Leitung von Frau Prof. Dr. Dörte Weltzien und Herrn Prof. Dr. Klaus Fröhlich-Gildhoff für die hervorragende Arbeit. Diese herausragende Studie wird nicht nur in Baden-Württemberg auf große Aufmerksamkeit stoßen. Der Dank gilt auch dem Beltz Verlag für die Umsetzung, aber auch den Kitas und den Trägern, die dem Wissenschaftlerteam die Türen geöffnet und von der Praxis erzählt haben. Den kommunalen Landesverbänden, den kirchlichen und freien Trägerverbänden sowie dem Kommunalverband für Jugend und Soziales sei für die Unterstützung vor und während der Studie gedankt.

Mit PIA, der praxisintegrierten Ausbildung mit Ausbildungsvergütung, hat Baden-Württemberg neue Wege der Fachkräftegewinnung beschritten, die im Gesamtkontext von multiprofessionellen Teams zu sehen sind. Multiprofessionelle und multikulturelle Teams können gestiegene Aufgaben gemeinsam gut bewältigen. Dies gilt insbesondere für Kindertageseinrichtungen, die sich zu Kinder- und Familienzentren weiterentwickeln, aber auch für die gute Integration von Flüchtlingskindern.

Ministerium für Kultus, Jugend und Sport Baden-Württemberg
Referatsleitung Referat 33 „Grundschulen, Kindergärten, Kleinkindbetreuung und Kleinkindbildung"

im Dezember 2015

Kurzzusammenfassung

Hintergrund und Fragestellungen

In dem Projekt „Team-Evaluation bezüglich der Arbeitsprozesse und Arbeitszufriedenheit multiprofessioneller Kindertageseinrichtungen in Baden-Württemberg" (TEAM-BaWü) wurden 25 multiprofessionell besetzte Teams über einen Zeitraum von insgesamt 18 Monaten (Januar 2014 bis Juni 2015) durch WissenschaftlerInnen des Zentrums für Kinder- und Jugendforschung an der Evangelischen Hochschule Freiburg begleitet. Bei diesem, vom Kultusministerium Baden-Württemberg in Abstimmung mit den kommunalen Landesverbänden sowie mit allen Trägerverbänden Baden-Württembergs in Auftrag gegebenen, Forschungsprojekt ging es um die Frage, ob und in welcher Form es gelingt, die unterschiedlichen Qualifikationen und Kompetenzen zusammenzuführen und die speziellen Wissens- und Erfahrungsbestände im Sinne einer besten Fachpraxis zu nutzen (Erfolgs- und Hemmfaktoren). Auch sollten Erkenntnisse darüber gewonnen werden, wie Arbeitszufriedenheit, Prozessqualität und Teamstabilität befördert werden können. Zum ersten Mal wurde dabei umfangreiches empirisches Datenmaterial über multiprofessionell besetzte Kindertageseinrichtungen generiert. Damit war TEAM-BaWü sowohl in wissenschaftlicher Hinsicht als auch für (fach-)politische Entscheidungsträger und die Fachpraxis ein spannendes und notwendiges Forschungsvorhaben, das wertvolle Befunde über aktuelle Entwicklungen und Perspektiven dieser Teams liefert.

Das Forschungsprojekt stand in Zusammenhang mit der Novellierung des Kindertagesbetreuungsgesetzes im Mai 2013[1], der Erweiterung des Fachkräftekatalogs und dem sog. „Flexibilisierungspaket"[2]. Im Zuge dieser Veränderungen wurde vereinbart, dass mit einer Evaluation in Baden-Württemberg nach zwei Jahren überprüft werden soll, wie sich die Zusam-

---

1   Gesetz über die Betreuung und Förderung von Kindern in Kindergärten, anderen Tageseinrichtungen und der Kindertagespflege (Kindertagesbetreuungsgesetz – KiTaG), § 7 Pädagogisches Personal und Zusatzkräfte.

2   „Flexibilisierungspaket zur gelingenden Umsetzung des Rechtsanspruchs ab 1. August 2013 auf Förderung in einer Kindertageseinrichtung oder in Kindertagespflege für Kinder ab dem vollendeten ersten Lebensjahr – Gemeinsame Empfehlung des Kultusministeriums, der kommunalen Landesverbände, des Kommunalverbands für Jugend und Soziales, der Kirchen, kirchlichen und freien Trägerverbände in Baden-Württemberg" http://www. kvjs.de/fileadmin/dateien/jugend/tagesbetreuung_von_kindern/aktuelle_gesetzliche_vorgaben/Flexibilisierungspaket_U3.pdf

mensetzung der Teams verändert und ob Qualitätsveränderungen in den Einrichtungen zu erkennen sind. Im Folgenden werden die Ergebnisse überblicksartig zusammengefasst.

Zentrale Ergebnisse

Die *neuen* Fachkräfte sind in der Praxis angekommen

Die Untersuchung zeigte, dass auf Ebene der Leitungen und Träger eine große Bereitschaft bestand und besteht, neue Fachkräfte – jenseits des Qualifikationsniveaus von ErzieherInnen und KinderpflegerInnen – einzustellen; dabei ist die Bereitschaft gegenüber höher qualifizierten Fachkräften größer. Im Untersuchungszeitraum wurde in den Einrichtungen ein z.T. deutlicher Anteil von *neuen* Fachkräften[3] eingestellt; im Frühjahr 2015 lag der Anteil der *neuen* Fachkräfte insgesamt bei 24,8 %.[4] Die Anteile differieren sehr zwischen den Einrichtungen; in den 25 vertieft untersuchten Kindertageseinrichtungen schwankte dieser Anteil an *neuen* Fachkräften zwischen 5 und 65 %. Beachtenswert ist allerdings auch die Erkenntnis, dass es über den untersuchten Zeitraum insgesamt einen personellen Zuwachs bei den traditionellen Berufsgruppen (ErzieherInnen/KinderpflegerInnen) mit 14 Fachkräften gab, während bei *neuen* Fachkräften mehr Fort- als Zugänge (der Saldo beträgt −4 Fachkräfte im Untersuchungszeitraum) zu verzeichnen sind.

Mit der Einstellung der *neuen* Fachkräfte konnte der z.T. drastische Fachkräftemangel in größeren Teilen abgefedert werden. Die Erweiterung des Fachkräftekatalogs und die damit verbundene Einstellung neuer Berufsgruppen führte auch dazu, dass auf quantitativer Ebene in Baden-Württemberg im Ländervergleich gute Betreuungsquoten erreicht wurden (Bertelsmann Ländermonitor Frühkindliche Bildungssysteme 2015, http://www.laendermonitor.de/laendermonitor/aktuell/index.html). Die positiven Betreuungsrelationen sagen allerdings nicht automatisch etwas über die Qualifikation der Beschäftigten in den Kindertageseinrichtungen aus; diese Rela-

---

3 Mit „*neue* Fachkräfte" werden alle Fachkräfte bezeichnet, die keine Ausbildung als ErzieherInnen oder KinderpflegerInnen abgeschlossen haben. Diese Bezeichnung bezieht sich damit ausdrücklich *nicht* auf die Dauer der Beschäftigung in der Einrichtung, sondern auf die für das Feld der Kindertageseinrichtungen neuen Berufsabschlüsse im Vergleich zu den traditionellen Qualifikationen, die nach dem Fachkräftekatalog in Baden-Württemberg zugelassen sind.

4 Stichprobe zum Zeitpunkt t2, N = 266.

tionen geben auch keine Aussage über die Qualität der pädagogischen Arbeit.

Die Gruppe der *neuen* Fachkräfte ist heterogen

Entsprechend der Veränderungen des Fachkräftekatalogs verfügt die Gruppe der *neuen* Fachkräfte über eine große Breite an Ausgangsqualifikationen, jedoch wenig einschlägige Berufserfahrung. Grundsätzlich lässt sich eine Unterscheidung treffen zwischen *einschlägig-hoch* qualifizierten Fachkräften (u. a. KindheitspädagogInnen, DiplompädagogInnen, SonderpädagogInnen) und *nicht-einschlägig* qualifizierten Fachkräften (u. a. Kinderkrankenschwestern, HeilerziehungspflegerInnen, Ergo-/PhysiotherapeutInnen). In der vertieft untersuchten Stichprobe von 25 Einrichtungen ergab sich folgende Aufteilung der Qualifikationsgruppen: Rund zwei Drittel (67,3 %) der Fachkräfte gehören der Gruppe der *einschlägig-traditionell* qualifizierten Fachkräfte an. 13,8 % der Fachkräfte sind *einschlägig-hoch* qualifiziert. 12,2 % der Fachkräfte sind *nicht-einschlägig* qualifiziert (6,7 % Auszubildende/Sonstige). Diese unterschiedlichen Gruppen differieren hinsichtlich ihrer pädagogischen Kompetenzen aber auch ihrer Entwicklungsperspektiven. Sie unterscheiden sich in einzelnen Punkten (s. u.) auch deutlich von den *einschlägig-traditionell* qualifizierten Fachkräften.

Auf der Ebene der Fachkräfte ist die Akzeptanz von multiprofessionellen Teams insgesamt hoch. Allerdings befürworten *einschlägig-traditionell* qualifizierte Fachkräfte diese Teams in einem geringeren Maß als *einschlägig-hoch* und *nicht-einschlägig* qualifizierte Fachkräfte. Die Zustimmung der *einschlägig-traditionell* Qualifizierten zu den multiprofessionellen Teams nahm zudem – auch im Unterschied zu den anderen Gruppen – über den Untersuchungszeitraum ab.

Insgesamt zeigte sich, dass es statistisch gesehen keine eindeutigen Zusammenhänge zwischen Qualifikation und subjektivem Erleben der Arbeitssituation sowie der Arbeitszufriedenheit gibt. Sowohl *einschlägig-traditionell* qualifizierte Fachkräfte als auch *neue* Fachkräfte können sich generell stark mit der Tätigkeit in Kindertageseinrichtungen identifizieren und sind weitestgehend mit dieser Tätigkeit zufrieden.

Die Gruppe der *einschlägig-hoch* Qualifizierten weist allerdings im Vergleich der Gruppen ein höheres Maß an allgemeiner Lebenszufriedenheit auf; zugleich erleben die *einschlägig-hoch* qualifizierten Fachkräfte eine geringere Arbeitsbelastung als die *einschlägig-traditionell* qualifizierten Fachkräfte. Die *einschlägig-traditionell* qualifizierten Fachkräfte erleben sich – besonders in Relation zu den *einschlägig-hoch* Qualifizierten – stärker „ausgebrannt" und sie beschreiben deutlicher, dass die Belastungen „*manchmal zu viel*" sind. Ob dieser Unterschied durch die schon längere Verweildauer in den Einrichtungen oder andere Faktoren – wie in den letzten Jahren gestiegene Anforderungen, den Personalmangel oder gar die neue Zusammensetzung der Teams – herrührt, konnte in der Untersuchung nicht geklärt werden. Deutliche Hinweise gibt es allerdings wiederum auf den Zusammenhang zwischen empfundener Arbeitsbelastung und der Befürwortung multiprofessioneller Teams: Je höher die Belastung ist, umso weniger Potentiale der multiprofessionellen Teams werden gesehen. In Zeiten höherer Belastungen besteht tendenziell eher die Neigung, eine größere Homogenität hinsichtlich der Qualifikationen zu bevorzugen.

Die Heterogenität der Fachkräftegruppen bedeutet unterschiedliche Entwicklungsperspektiven

Bei den *nicht-einschlägig* qualifizierten Fachkräften zeigte sich, dass diesen Berufsgruppen i.d.R. die im Feld der frühkindlichen Bildung, Betreuung und Erziehung (FBBE) vertretene und im Orientierungsplan zugrunde gelegte pädagogische Orientierung („Bild vom Kind") (noch) eher fremd ist; sie verfügen nur über wenig handlungsfeldspezifisches und frühpädagogisches Theoriewissen. Ebenso fremd sind ihnen die Handlungspraxis einer gruppenbezogenen Arbeit und der stärkenorientierte Ansatz mit einer breiten Entwicklungsbegleitung in verschiedenen Kompetenzbereichen. In einzelnen Bereichen zeigte sich eine deutliche Überforderung z.B. im Umgang mit Konflikten in der Gruppe oder herausfordernden Verhaltensweisen sowie in der Zusammenarbeit mit Eltern. Diese Gruppe der *nicht-einschlägig* qualifizierten Fachkräfte versucht, sich an erfahrenen Teamkolleginnen und -kollegen zu orientieren und an die vorhandenen Strukturen anzupassen. Deutlich wird allerdings ein klarer Qualifizierungsbedarf dieser Gruppe zu pädagogischen Grundlagen und bzgl. der pädagogischen Basiskompetenzen; beides wird von der Gruppe selbst so eingeschätzt.

Erschwerend für die Integration der *nicht-einschlägig* Qualifizierten wirkt auch, dass das jeweils vorhandene handlungsfeldspezifische Wissen und Können aus den medizinischen, therapeutischen, pflegerischen oder sozialen Bereichen – das grundsätzlich eine Ressource für die Einrichtungen darstellen könnte – nach den bisherigen Erfahrungen der Fachkräfte nur begrenzt zum Tragen kommt. Verantwortlich hierfür sind vor allem die großen zeitlichen und fachlichen Herausforderungen des pädagogischen Alltags, die von den *nicht-einschlägig* qualifizierten Fachkräften (sofern sie im Rahmen des regulären Personalschlüssels eingestellt wurden) zu bewältigen sind. So kommt es dazu, dass in der Einschätzung der Fachkräfte und auch in der Beschreibung der eigenen Handlungspraxis Betreuungsaspekte (Aufsicht, Pflege, Versorgung) dominieren; einschlägige Bildungsthemen, wie sie im Orientierungsplan verankert sind, spielen bei den *nicht-einschlägig* Qualifizierten dagegen insbesondere im Vergleich zu den *einschlägig-hoch* qualifizierten Fachkräften kaum eine Rolle.

Die im KitaG vorgesehene Qualifizierung („25-Tage-Regelung") für Quereinsteiger wurde sehr spät und nicht passgenau umgesetzt. Nach zwei Jahren haben nur sehr wenige Personen den vorgesehenen Umfang erfüllt. Die Studienergebnisse weisen dabei auch darauf hin, dass die bisherigen Qualifizierungen nicht ausreichen, um die im Fachdiskurs identifizierbaren Basiskompetenzen für die Tätigkeit im Feld der FBBE zu erfüllen (vgl. Fröhlich-Gildhoff, 2014).

Die Gruppe verfügt zunächst über eine hohe Arbeitsmotivation, die auch mit Hoffnung auf bessere Arbeitsbedingungen (im Vergleich zu bisherigen Arbeitsfeldern bessere Arbeitszeiten, kein Schicht-/Wochenenddienst) verknüpft ist. Allerdings gibt es bei den Rahmenbedingungen deutliche Unterschiede zwischen den Qualifikationsgruppen: Die Gruppe der *nicht-einschlägig* qualifizierten Fachkräfte erhält eine tendenziell niedrigere Bezahlung, verfügt über weniger Zeit für die mittelbare pädagogische Arbeit (Vor- und Nachbereitung etc.) und hat wesentlich häufiger befristete Verträge. Diese Situation verbesserte sich während des Untersuchungszeitraums nur geringfügig.

Im Unterschied dazu zeigen die *einschlägig-hoch* Qualifizierten eine größere Affinität ihrer zumeist im Studium erworbenen pädagogischen Grundhaltung zu den pädagogischen Standards, allerdings eine zumeist geringe Praxiserfahrung. Es zeigt sich für diese Gruppe eine hohe und schnelle Adaptationsfähigkeit; sie können auf theoretische Wissensbestände zurückgreifen und finden relativ schnell Anschluss an die pädagogische Praxis. Die Fachkräfte verfügen darüber hinaus z. T. über Spezialkompetenzen, die relativ zeitnah in die pädagogische Arbeit der Teams eingebracht werden können.

Diese Gruppe zeichnet sich – auch aufgrund der als nicht zufriedenstellend erlebten Bezahlung sowie einer hohen Quote befristeter Arbeitsverhältnisse – durch deutliche Aufstiegsperspektiven aus, die in Richtung der Übernahme von Spezialfunktionen oder Zuständigkeiten (stellvertretende Leitung) gehen. Wenn diese Perspektiven nicht erfüllt werden, dann besteht die Gefahr eines Ausstiegs aus den Kindertageseinrichtungen, und es werden besser bezahlte und mit mehr Gestaltungsspielräumen ausgestattete Arbeitsfelder außerhalb der Einrichtung gesucht.

Die meisten der untersuchten Einrichtungen bieten Stellen für eine praxisintegrierte Ausbildung (PIA) an und äußern diesbzgl. eine hohe Zufriedenheit. Diese Gruppe sei aufgrund der engeren Anbindung an Ausbildungsstrukturen und die Perspektive des Abschlusses der ErzieherInnenqualifikation gut ins Team integrierbarer und verfügt – auch aufgrund der Bezahlung während der Ausbildung – über eine hohe Arbeitsmotivation und -zufriedenheit.

Quer zu den Qualifikationsgruppen der Fachkräfte lassen sich vier Cluster (Subgruppen mit spezifischen Einstellungen) identifizieren:

- Die größte Gruppe (44,9 % der Gesamtstichprobe[5]) weist eine vergleichsweise hohe Identifikation und ein hohes Engagement auf sowie gleichzeitig ein vergleichsweise hohes Erfolgserleben und eine vergleichsweise hohe Zufriedenheit.
- Eine zweite Gruppe (25,4 % der Gesamtstichprobe) weist eine vergleichsweise geringe Identifikation und ein geringes Engagement auf sowie vergleichsweise ein eher geringes Erfolgserleben und ein geringe Zufriedenheit.
- Eine dritte Gruppe (23,7 % der Gesamtstichprobe) weist gleichfalls eine geringe Identifikation und ein geringes Engagement auf, gleichzeitig jedoch ein vergleichsweise hohes Erfolgserleben und eine hohe Zufriedenheit.
- Eine vierte Gruppe (6,0 % der Gesamtstichprobe) weist eine vergleichsweise hohe Identifikation, ein hohes Engagement auf, gleichzeitig auch ein vergleichsweises niedriges Erfolgserleben und eine vergleichsweise niedrige Zufriedenheit

Auch wenn die erste Gruppe mengenmäßig am größten ist, so werden hier deutliche Notwendigkeiten der Personalentwicklung sichtbar.

Statistisch gesehen fand sich im Übrigen kein Unterschied zwischen den drei Qualifikationsgruppen im Hinblick auf deren Engagement, Identifikation, Erfolgserleben oder beruflicher Zufriedenheit. In jeder der vier ermittelten Subgruppen sind demnach Fachkräfte mit traditionellen Berufsabschlüssen als auch *neue* Fachkräfte (*einschlägig-hoch* oder *nicht-einschlägig* qualifiziert) vertreten.

Zusammenhänge zwischen Teamzusammensetzung und Prozessqualität in den Einrichtungen

Die Prozessqualität in den untersuchten Einrichtungen unterschied sich zu Beginn (Februar/März 2014) und zum Ende der Untersuchung (Mai/Juni

---

5 Diese Angaben beziehen sich auf den Untersuchungszeitpunkt t2 (Abschlusserhebung) im Frühjahr 2015.

2015) nicht signifikant voneinander und lag insgesamt im mittleren Bereich (KES-R M = 4.50, Mai/Juni 2015; 7 stufige Skala, vgl. Tietze et al., 2007) – bei einer erstaunlich geringen Streuung der Werte (SD = .58). Der Mittelwert lag über dem in der bundesweiten NUBBEK-Studie (Tietze et al., 2013; M = 3.90).

Dieses Bild verändert sich geringfügig, wenn ein gezielter Subgruppen-Vergleich der Einrichtungen mit besonders vielen vs. besonders wenigen *neuen* Fachkräften vorgenommen wird: Einrichtungen mit einem hohen Anteil von *neuen* Fachkräften (mehr als 34 %) weisen eine etwas geringere Prozessqualität auf (Mittelwerte zwischen 3.69 und 4.36) als Einrichtungen mit geringem Anteil an *neuen* Fachkräften im Team (Mittelwerte zwischen 3.80 und 4.57); allerdings gibt es auch hier Überschneidungsbereiche. Bei der Analyse der Qualität bei der Realisierung verschiedener Bildungsbereiche (gemessen mit der sog. ECERS-E Skala, vgl. Sylva et al., 2010) zeigt sich dieser Trend etwas deutlicher. Weiterführende Analysen zeigen in der Tendenz einen negativen Zusammenhang zwischen *nicht-einschlägig* qualifizierten Fachkräften und der Prozessqualität, wenn die Einrichtungsgröße berücksichtigt wird (je kleiner das Team, desto stärker der Zusammenhang).

Eine ähnliche Tendenz wurde bei der Analyse der qualitativen Daten deutlich: Im Vergleich zeigt sich, dass Teams mit einem hohen Anteil an *einschlägig-hoch* qualifizierten Fachkräften eher zu den Einrichtungen mit hohem Kompetenzniveau und hohem professionellen Selbstverständnis gehören. Eine einfache Formel – mehr akademisch ausgebildete Fachkräfte bedeutet mehr Qualität – gibt es jedoch nicht. Auch zeigen die Analysen, dass auch *nicht-einschlägig* qualifizierte Fachkräfte durchaus einen hohen Anteil am Kompetenzniveau des Teams sowie an einer intensiven fachlichen Auseinandersetzung über handlungsleitende Orientierungen in der Einrichtung haben können – wenn sie entsprechend ihrer Potentiale eingebunden werden.

Knapp die Hälfte aller Befragten gab zum Ende der Untersuchung an, neben den allgemeinen pädagogischen Kernaufgaben eine Funktion (Gruppenleitung, stellvertretende Gruppenleitung, Sprachförderung o. ä.) in der Einrichtung auszuüben – diese Funktionen hatten überwiegend die *einschlägig-traditionell* qualifizierten Fachkräfte inne; *nicht-einschlägig* qualifizierte Fachkräfte besetzen nur in wenigen Ausnahmenfällen Funktionsstellen. In den Interviews mit LeiterInnen wurde deutlich, dass perspektivisch die Entwicklungspotentiale für eine Qualitätsentwicklung der Teams eher in den Qualifikationen der *einschlägig-hoch* Qualifizierten gesehen werden.

Teamentwicklung: Die Integration der neuen Fachkräfte erfordert Anstrengung – wenn sie gelingen soll

Insgesamt zeigte sich bei der vertieften Analyse der 25 untersuchten Einrichtungen eine relativ hohe Fluktuation in diesen Teams – nur fünf Einrichtungen bestehen zum Frühjahr 2015 noch in der gleichen Besetzung wie im Frühjahr 2014 –, dies ist auch in vergleichbaren Studien erkennbar. Es wird deutlich, dass sich eine gute Arbeitsatmosphäre, ein produktives Miteinander im Sinne von hoher Prozessqualität und auch eine Teamkohärenz nicht selbstläufig herstellen lassen. Dies bedeutet eine Anstrengung für die Leitung und das gesamte Team. In vielen Einrichtungen gestaltete sich die Einstellungspraxis – wegen des Personalmangels und fehlender Einarbeitungsressourcen und -konzepte eher improvisiert und „aus der Not geborenen" – dies erklärt die in der Gesamtschau schnellen Wechsel und unbefriedigenden Einstiegsverläufe von *neuen* Fachkräften. Nach Einschätzung der Leitungskräfte haben *neue* Fachkräfte – weitgehend unabhängig von ihrer Qualifikation zunächst in den Teams eher Praktikantenstatus, gehören nach ihrem Vertrag jedoch bereits mit Arbeitsbeginn zum festen Team; dies stellt ein Grunddilemma dar.

Dabei erscheint die Integration der *einschlägig-hoch* qualifizierten, akademisch ausgebildeten Fachkräfte einfacher. Sie haben über Aus- oder Weiterqualifizierungen oftmals aktuelles Spezialwissen (z.B. zur Sprachentwicklung, Inklusion) erworben und können – wenn sie ihre Kompetenzen zur Entfaltung bringen ‚dürfen' – einen Qualitätsschub in den Einrichtungen bewirken, was von Teams und Leitungen gleichermaßen bestätigt und wertgeschätzt wird.

Das Gelingen der guten Integration *neuer* Fachkräfte – und hier insbesondere der *nicht-einschlägig* qualifizierten – ist abhängig von zur Verfügung stehenden Zeitressourcen, von der Möglichkeit, ausreichend vertiefte Gespräche zu führen und von Reflexionsmöglichkeiten. Insbesondere in den qualitativen Daten zeigte sich allerdings, dass die zur Verfügung stehenden Zeiten für den fachlichen Austausch unzureichend sind. Wenn jedoch solche Reflexionsmöglichkeiten in Teambesprechungen vorhanden sind, werden sie insgesamt vom größeren Teil der Befragten positiv gesehen, wobei die drei Qualifikationsgruppen unterschiedliche Schwerpunkte wahrnehmen: *Einschlägig-traditionell* qualifizierte Fachkräfte berichten eher davon, dass regelmäßig über die Umsetzung des Bildungsprogramms gesprochen wird als die anderen beiden Gruppen von Fachkräften. Demgegenüber nehmen *nicht-einschlägig* qualifizierte Fachkräfte im Vergleich zu *einschlägig-hoch* qualifizierten Fachkräften eher Konfliktgespräche in den Arbeitsbesprechungen wahr.

Die quantitativen wie qualitativen Analysen wiesen auf einen positiven Zusammenhang zwischen Gesprächen zur Zusammenarbeit im Team und Aspekten der Arbeitszufriedenheit hin. Die Teamsituation wird umso wertschätzender und konstruktiver wahrgenommen, je mehr Zeit für Besprechungen zur Zusammenarbeit im Team zur Verfügung steht – dieser Zusammenhang verstärkte sich zum Ende des Untersuchungszeitraums noch einmal. Wichtig ist dabei ein gemeinsam gestalteter Prozess der Aufgabenteilung, der zu einer entsprechenden Zielklarheit führt. Beide Aspekte – eine als konstruktiv wahrgenommene Teamsituation sowie eine transparente Zielklarheit/Aufgabenverteilung – sind mit einer höheren Arbeitszufriedenheit verbunden.

Die Subgruppenanalyse zeigte, dass nur knapp die Hälfte (44,9 %) der befragten Fachkräfte – unabhängig von der Qualifikation – eine vergleichsweise hohe Identifikation und ein hohes Engagement aufweist und gleichzeitig ein vergleichsweise hohes Erfolgserleben und eine vergleichsweise hohe Zufriedenheit berichtet. Hier ergeben sich dringliche Notwendigkeiten der Personalentwicklung: Es sollte den Einrichtungen, insbesondere den Leitungen gelingen, ihre Fachkräfte gut mit den Zielen und Aufgaben der Einrichtung vertraut zu machen und ihnen Tätigkeitsbereiche anzubieten, mit denen sie sich identifizieren können und ein persönliches Erfolgserleben haben – dann ist nach den vorliegenden Analysen unabhängig von der beruflichen Qualifikation eine hohe Zufriedenheit möglich.

Bei der Gestaltung der Teamsituation sowie der Aufgabenverteilung haben die Leitungen eine besondere Aufgabe, die sie im Rahmen ihrer Möglichkeiten wahrnehmen, allerdings auch als deutliche Zusatzbelastung erleben. In den vertieften Fallstudien („Good Practice") konnten spezifische Faktoren auf der Ebene der Leitungen identifiziert werden, die die Wahrscheinlichkeit erhöhen, dass eine Integration der *neuen* Fachkräfte gelingt und sich positive Effekte für die Entwicklung des gesamten Teams bzw. der Organisation zeigen (grundsätzliche Bereitschaft zur Öffnung/klare Befürwortung multiprofessioneller Teams; generell große Innovations- und Veränderungsbereitschaft; hohe Anerkennung von speziellen theoretischen Wissensbeständen und breitem pädagogischem Erfahrungswissen; hohe Ziel- und Qualitätsorientierung; ausgeprägte Teamorientierung; kompetenter Umgang mit Schwierigkeiten und Konflikten; persönliche Involviertheit in Team- und Qualitätsentwicklungsprozesse).

Es zeigt sich eine Verantwortung der Träger, die Leitungen und Teams durch verbesserte Unterstützungsstrukturen (Fachberatung, Supervision) zu begleiten. Strukturell könnten zudem klare und verbindliche und vom Träger mit Ressourcen abgesicherte „Einarbeitungskonzepte" hilfreich sein, die sich nur in einer kleinen Minderheit der untersuchten Einrichtungen fand. Vor dem Hintergrund einer äußerst angespannten Personalsituation in den Einrichtungen und mangelnder Bewerberzahlen waren die Einstellungen von *neuen* Fachkräften oftmals weder konzeptionell noch zeitlich ausreichend vorbereitet. Häufig wurde die „Persönlichkeit" der BewerberInnen (insbesondere bei den *nicht-einschlägig* qualifizierten Fachkräften) vor deren Fachlichkeit gestellt.

Insgesamt kommt es stark darauf an, ob im Organisationsprozess eine gute Passung zwischen den spezifischen Situationen der Einrichtung bzw. des Teams einerseits und den Qualifikationen, Interessen und Entwicklungsmöglichkeiten der *neuen* Fachkräfte andererseits gelingt.

Handlungsempfehlungen

Die vergleichenden Analysen zeigen trotz heterogener Strukturen und Bedingungen in den Einrichtungen ähnliche Bedarfslagen, aus denen sich folgende Empfehlungen ableiten lassen:

1. Zentral erscheint eine fundierte, berufsintegrierte Weiterbildung der *neuen* Fachkräfte, damit sie die notwendigen Handlungskompetenzen erwerben können. Dabei sollten ebenfalls prozessbegleitende Angebote (Coaching, Supervision) für BerufseinsteigerInnen bzw. -wechslerInnen verankert werden, um die ersten Wochen der Tätigkeit in teilweise vollständig unbekannten Handlungsfeldern und Situationen bearbeiten zu können.

2. Die bisherigen ausbildungs- und berufsspezifischen Kompetenzen sollten systematisch mit den neuen Anforderungen verknüpft und diese in die Team- und Qualitätsentwicklung eingebunden werden. Hierzu sind in den Einrichtungen erste Ansätze erkennbar, allerdings noch nicht in der Praxis umgesetzt.

3. Wichtig erscheint auch ein Teamentwicklungskonzept (Inhouse-Fortbildungen), das speziell auf die Zusammenarbeit in einer multiprofessionellen Institution ausgerichtet ist. Dabei geht es um ein besseres Verstehen der unterschiedlichen Perspektiven, um die Entwicklung einer gemeinsamen forschenden und reflexiven Haltung und der Stärkung von Anerkennung und professionellem Selbstverständnis.

4. Die Strategien müssen *gleichzeitig* auf unterschiedlichen Ebenen ansetzen: Auf der Ebene der individuellen Fachkraft bzw. der Teamebene, auf der Team-/Leitungsebene, auf der Leitungs-/Trägerebene sowie auf der (fach-)politischen Entscheidungsebene.

5. Auf der individuellen Fachkraft- bzw. Teamebene ist die Entwicklung, Erprobung und Evaluation passgenauer Einarbeitungskonzepte für *neue* Fachkräfte notwendig. Hierbei sind ausreichende zeitliche Res-

sourcen für die Einarbeitung (inkl. Hospitation in verschiedenen Gruppen/Funktionsräumen), die wechselseitige Klärung von Erwartungen, Zielen, Aufgaben, Zuständigkeiten und Rollen sowie strukturierte, regelmäßige Reflexionsgespräche, kollegiale Beratung, Coaching und Supervision (für *neue* Fachkräfte, ggf. auch auf Teamebene) wichtige Bausteine.

6. Ebenfalls auf der individuellen Fachkraft- bzw. Teamebene setzen Maßnahmen zu einer deutlichen Vertiefung der Kompetenzen im Bereich „früher Bildung" an. *Nicht-einschlägig* qualifizierten Fachkräften fehlen aktuelle Wissensbestände im Bereich der frühkindlichen Bildung und Entwicklung. Fortbildungen, die im Bereich der „25-Tage-Regelungen" nach § 7 KiTaG angeboten werden, ermöglichen erste Zugänge und ein Überblickswissen, das allerdings deutlich vertieft werden muss, um anschlussfähig zu sein. Diese Angebote sollten allen *nicht-einschlägig* qualifizierten Fachkräften (auch im Ausland qualifizierten Fachkräften und HeilerziehungspflegerInnen) ermöglicht werden.

7. Auf der Team-/Leitungsebene ist eine kompetenzorientierte Teamentwicklung zu forcieren, um die Potenziale multiprofessioneller Teams zu stärken und Risiken einer Qualitätssenkung zu verringern. Hierzu gehören u. a. Konzeptionstage zur Stärken-Schwächen-Analyse, die (Weiter-)Entwicklung von Leitbild und Konzeption auf der Grundlage von Vielfalt und Inklusion, die (weitere) Ausdifferenzierung von Aufgaben, Funktionen und Zuständigkeiten, die Stärkung von Verantwortlichkeiten und Entscheidungsspielräumen. Diese Maßnahmen sollten über einen längeren Zeitraum prozessbegleitend trägerseitig mit ausreichenden Ressourcen ausgestattet werden (Inhouse-Schulungen, Hospitationen, kollegiale Beratung etc.). In diesem Zusammenhang ist auf die geringe Zeit für mittelbare pädagogische Tätigkeiten hinzuweisen, die von den Fachkräften in der schriftlichen Erhebung berichtet wurde. Experten zufolge müssen mindestens 16,5 % der Wochenarbeitszeit angesetzt werden, um die geforderten pädagogischen Tätigkeiten durchführen zu können (Viernickel & Fuchs-Rechlin, 2015).

8. Auf der Leitungs-/Trägerebene sollte die Entwicklung, Erprobung und Evaluation passgenauer Personal- und Organisationsentwicklungsstrategien zur Gewinnung und Bindung neuer Fachkräfte vorangebracht werden, wie es in dem im Rahmen der Studie TEAM-BaWü entwickelten Passungsmodell beschrieben wurde. Ziel dieser Maßnahmen ist es, *neue* Fachkräfte möglichst schnell zu einer Anschlussfähigkeit im Hinblick auf Team und Aufgaben zu befähigen und mit fachspezifischem Wissen und Können die Qualitätsentwicklung (und ggf. Schwerpunktbildung) der Einrichtung zu unterstützen. Besondere Qualitätsschübe

gehen von *einschlägig-hoch* qualifizierten Fachkräften mit akademischem Abschluss und/oder Doppelqualifikationen mit pädagogischer Ausrichtung aus. Um diesen Fachkräften mittel- bis langfristige Perspektiven zu bieten, sollten Zukunftsprofile (verbunden mit Leitungs-/Funktionsstellen) entworfen werden, die auch mit einrichtungsübergreifenden Aufgaben (Teamfortbildungen, Beratung, Coaching) sowie Trägeraufgaben (Mentoringkonzepte) verknüpft werden könnten. Damit wird für die Fachkräfte und Teams eine größere Planungssicherheit geschaffen (z.B. drei Jahre Tätigkeit in der Einrichtung mit der Option auf spätere Leitungs-/Funktionsstellen), und spätere Führungskräfte werden innerhalb der Trägerschaft gehalten.

9. Auf die Trägerebene bezogen ist die Empfehlung, *nicht-einschlägig* qualifizierte Fachkräfte nicht bzw. nur teilweise auf den allgemeinen Personalschlüssel (Gruppenfachkraft) anzurechnen, solange ihnen die erforderlichen pädagogischen und bildungsbezogenen Grundlagen fehlen, die sie im Rahmen von Weiterbildungsmaßnahmen erwerben. Sofern ihre fachspezifischen Kompetenzen (z.B. im gesundheitlichen/pflegerischen/therapeutischen Bereich) in der Einrichtung benötigt werden, sollte dies über zusätzliche Stellenanteile realisiert werden. Fachkräfte, die langfristig in Kindertageseinrichtungen tätig sein wollen, sollten ermutigt und unterstützt werden, sich kontinuierlich weiter zu qualifizieren (pädagogische bzw. frühkindliche Schwerpunkte) und pädagogische Qualifikationen (mit staatlicher Anerkennung) zu erwerben.

10. Auf der (fach-)politischen Entscheidungsebene steht die Schaffung angemessener Rahmenbedingungen für Leitungskräfte dringend an. Der deutlich höhere Zeitaufwand für Personalgewinnung, -einarbeitung und -entwicklung in multiprofessionellen Teams sowie in Teams mit besonderen Schwerpunkten/Anforderungen (Familienzentren/Inklusion/Schwerpunktkitas) sollte sowohl bei der Leitungsfreistellung als auch bei zusätzlichen Funktionsstellen unterhalb der Leitungsebene berücksichtigt werden. Die derzeitige Bemessungsgrundlage für Freistellungen sollte auf die Größe und Zusammensetzung des Teams erweitert werden.

11. Ebenfalls auf der (fach-)politischen Entscheidungsebene angesiedelt ist die Empfehlung, spezifische praxisintegrierte Weiterbildungsangebote („PIA plus" Modell) zu entwickeln, zu erproben und zu evaluieren. Die guten Erfahrungen einer praxisintegrierten Ausbildung (PIA) in Baden-Württemberg, die sowohl hinsichtlich der Gewinnung von Fachkräften (höhere Abiturquote, höherer Männeranteil) als auch hinsichtlich der Teamstabilität (i.d.R. dreijährige Beschäftigungsdauer in einer Einrichtung) vorteilhaft ist, könnten auf eine praxisintegrierte Weiter-

bildung („PIA plus") für Fachkräfte, die nach § 7 KiTaG in Kindertageseinrichtungen beschäftigt sind, erweitert werden. Beispielsweise könnten einschlägige pädagogische Weiterbildungsangebote für Heil-/Pflegeberufe bzw. heilpädagogische/therapeutische Weiterbildungsangebote für ErzieherInnen in Zusammenarbeit mit Fachschulen entwickelt werden, die jeweils zu staatlich anerkannten Abschlüssen führen. Damit erschließen sich neue Chancen und Perspektiven – sowohl auf individueller Ebene zur Vertiefung und Verbreiterung der beruflichen Qualifikationen für die Fachkräfte in Kindertageseinrichtungen als auch auf Teamebene (hier werden ähnlich positive Effekte wie bei PIA erwartet). Eine höhere Teamstabilität kann bspw. über eine vertragliche Bindung für die Dauer der Weiterbildung mit der Option auf spätere Leitungs-/Funktionsstellen erzeugt werden. Berufsintegrierte einschlägige Weiterbildung wirkt sich darüber hinaus positiv auf die Qualitätsentwicklung der Einrichtung aus, weil vertiefte Wissensbestände und Kompetenzen unmittelbar mit der alltäglichen Handlungspraxis verknüpft werden können, sofern es (analog zu PIA) gelingt, eine enge Verzahnung der Lernorte Fachschule-Praxis herzustellen.

Teil I Hintergrund der Studie, methodisches Vorgehen, Stichprobenbeschreibung

Kapitel 1
Hintergrund der Studie (Auftrag)

In dem Projekt „Team-Evaluation bezüglich der Arbeitsprozesse und Arbeitszufriedenheit multiprofessioneller Kindertageseinrichtungen in Baden-Württemberg" (TEAM-BaWü) wurden 25 multiprofessionelle Teams in Kindertageseinrichtungen über einen Zeitraum von insgesamt 18 Monaten (Januar 2014 bis Juni 2015) durch WissenschaftlerInnen des Zentrums für Kinder- und Jugendforschung an der Evangelischen Hochschule Freiburg begleitet. Bei diesem, vom Kultusministerium Baden-Württemberg in Abstimmung mit den kommunalen Landesverbänden sowie mit allen Trägerverbänden Baden-Württembergs in Auftrag gegebenen Forschungsprojekt ging es um die Frage, ob und in welcher Form es gelingt, die unterschiedlichen Qualifikationen und Kompetenzen bestmöglich in einem Team zusammenzuführen und die speziellen Wissens- und Erfahrungsbestände im Sinne einer besten Fachpraxis zu nutzen (Erfolgs- und Hemmfaktoren). Auch sollten Erkenntnisse über Möglichkeiten gewonnen werden, wie Arbeitszufriedenheit, Prozessqualität und Teamstabilität befördert werden können.

Das Forschungsprojekt stand in Zusammenhang mit der Novellierung des § 7 KiTaG (Kindertagesbetreuungsgesetz) im Mai 2013[6], in deren Zusammenhang der Fachkräftekatalog flexibilisiert und erweitert wurde sowie mit dem bis zum 31. Juli 2015 befristeten „Flexibilisierungspaket zur gelingenden Umsetzung des Rechtsanspruchs ab 1. August 2013 auf Förderung in einer Kindertageseinrichtung oder in Kindertagespflege für Kinder ab dem vollendeten ersten Lebensjahr – Gemeinsame Empfehlung des Kultusministeriums, der Kommunalen Landesverbände, des Kommunalverbands für Jugend und Soziales, der Kirchen, kirchlichen und freien Trägerverbände"[7]. Im Zuge dieser Veränderungen wurde vereinbart, dass mit einer Evaluation in Baden-Württemberg nach zwei Jahren überprüft werden soll, wie sich die Zusammensetzung der Teams verändert und ob dieses Qualitätsveränderungen in den Einrichtungen zur Folge hat.

---

6   Gesetz über die Betreuung und Förderung von Kindern in Kindergärten, anderen Tageseinrichtungen und der Kindertagespflege (Kindertagesbetreuungsgesetz – KiTaG), § 7 Pädagogisches Personal und Zusatzkräfte.

7   http://www.kvjs.de/fileadmin/dateien/jugend/tagesbetreuung_von_kindern/aktuelle_gesetzliche_vorgaben/Flexibilisierungspaket_U3.pdf

Im November 2013 wurde eine schriftliche Befragung unter allen Trägern und Leitungskräften in Baden-Württemberg durchgeführt, deren Ergebnisse im ersten Zwischenbericht (Dezember 2013) dokumentiert und im Juli 2014 veröffentlicht wurden (Weltzien et al., 2014a). Im zweiten Zwischenbericht wurden Sonderauswertungen dieser Befragung vorgestellt, dieser Bericht ging dem Kultusministerium im Juli 2014 zu (Weltzien et al., 2014b). Im dritten Zwischenbericht wurden erste Ergebnisse der Prozessbegleitung von 25 multiprofessionell zusammengesetzten Teams in baden-württembergischen Kindertageseinrichtungen vorgestellt (Weltzien et al., 2015). Darin wurden die Ergebnisse der Ersterhebung (t0, Zeitraum Februar/ März 2014) sowie erste Auswertungen der Zwischenerhebung (t1, Zeitraum Oktober/November 2014) dokumentiert. Im vorliegenden Abschlussbericht werden nun die umfangreichen quantitativen und qualitativen Analysen zum Abschluss des Forschungsprojekts dokumentiert.

Ein besonderer Dank geht an die Teams der ausgewählten 25 Einrichtungen, die sich in äußerst konstruktiver und engagierter Weise an den Erhebungen beteiligt haben. Trotz großer Arbeitsbelastung, hohen Krankenständen und immenser Zeitknappheit (die teilweise bis zu vier Erhebungstermine für Interviews/Gruppendiskussionen in den Einrichtungen erforderlich machten) ist die Zusammenarbeit zwischen dem Forscherteam der EH Freiburg/ZfKJ und den Einrichtungen insgesamt als sehr positiv zu bezeichnen. Hierfür möchten wir uns bei allen Leitungen und Fachkräften, die sich an den schriftlichen Befragungen sowie an Interviews und Gruppendiskussionen beteiligt haben, ausdrücklich bedanken. Wir haben über die intensiven Einblicke in die Team- und Arbeitsprozesse wertvolle Erkenntnisse gewinnen können, die für eine breite Fachöffentlichkeit sowie Entscheidungsträger hohe Relevanz haben dürften.

Noch ein wichtiger Hinweis zum Schluss: Alle Auswertungen wurden vollkommen anonymisiert, so dass weder auf Träger, Orte noch spezifische Einrichtungen oder Personen Rückschlüsse möglich sind. Dies schränkt zwar die Analyse- bzw. Berichtsmöglichkeiten teilweise ein (weil bspw. nur Größenklassen berichtet werden oder mit Indizes gearbeitet wird), ist aber aufgrund der teilweise sensiblen Daten (z. B. zu den Arbeitsverträgen) eine wichtige Vereinbarung zwischen den Auftraggebern, dem Zentrum für Kinder- und Jugendforschung als durchführendem Forschungsinstitut und den teilnehmenden Einrichtungen bzw. Trägerorganisationen. Trotz dieser Einschränkung ist es gelungen, in dem Forschungsprojekt systematische, statistisch abgesicherte Zusammenhänge (quantitative Analysen) bzw. prototypische Chancen, Risiken, Herausforderungen und Problemlagen aufzuzeigen, wie sie sich gegenwärtig in multiprofessionellen Teams in Baden-Württemberg zeigen.

Kapitel 2
Methodisches Vorgehen

Das Projekt „TEAM-BaWü" begleitete multiprofessionelle Teams über eine Laufzeit von 18 Monaten mit Hilfe eines umfangreichen Forschungsdesigns. Dieses war als Quer- und Längsschnittdesign zu drei Messzeitpunkten (t0, t1, t2) mit multimethodalem Vorgehen konzipiert, bei dem sowohl Instrumente zur Selbsteinschätzung als auch zur Fremdeinschätzung eingesetzt wurden. In der Erhebung und Auswertung wurde eine Kombination aus qualitativen und quantitativen Verfahren verwendet.

Ziel war es, aussagekräftige Ergebnisse über die Erfahrungen multiprofessioneller Teams hinsichtlich der Zusammensetzung und Aufgabenteilung des Teams, der Arbeitsprozesse und -zufriedenheit der Teammitglieder sowie der Qualität der pädagogischen Praxis (externe Qualitätseinschätzung sowie Selbsteinschätzung) zu erzielen. Eine zentrale Frage war, ob und in welcher Form es gelingt, die unterschiedlichen Qualifikationen und Kompetenzen[8] bestmöglich in einem Team zusammenzuführen und die speziellen Wissens- und Erfahrungsbestände im Sinne einer besten Fachpraxis zu nutzen. Ergänzend wurden Träger und Eltern zu ihren Einstellungen und Erfahrungen mit multiprofessionellen Teams befragt.

Vorausgegangen war eine im November 2013 durchgeführte, onlinegestützte Befragung von Leitungen und Trägern in Baden-Württemberg, um Erkenntnisse zur Einstellungspraxis, zu strukturellen Entwicklungen bzw. Rahmenbedingungen sowie zur Arbeitsbelastung und -zufriedenheit zu gewinnen (Weltzien et al., 2014 a, b).

Die wissenschaftliche Begleitung teilte sich in drei Bausteine auf (siehe Tabelle 1) und umfasste folgende Erhebungszeitpunkte[9]:

t0:   Ersterhebung
        (Zeitraum Februar/März 2014)
t1:   Zwischenerhebung nach ca. sechs Monaten
        (Zeitraum Oktober/November 2014)

---

8   Die Betrachtung der Kompetenzentwicklung orientiert sich an dem für die Frühpädagogik entwickelten Modell von Nentwig-Gesemann, Fröhlich-Gildhoff & Pietsch (2011).
9   Diese Zeitplanung unterscheidet sich von den ursprünglich in der Antragstellung genannten Zeiträumen. Dies begründet sich sowohl durch die aufwendige Akquise der 25 Einrichtungen als auch durch z. B. krankheitsbedingte Terminverschiebungen während der Erhebungsphasen.

t2: Enderhebung
(Zeitraum Mai/Juni 2015)

Tabelle 1 fasst das Forschungsdesign der wissenschaftlichen Begleitung zusammen.

Tabelle 1: Forschungsdesign

Instrumente	t0	t1	t2
Baustein I: onlinegestützter Fragebogen (landesweit)			
Onlinegestützter Fragebogen (Träger und Leitung)	×		
Baustein II: prozessbegleitende Evaluation (25 Einrichtungen)			
1. Leitfadengestützte Interviews (Leitung/Fachkräfte)	×	×	×
2. Gruppendiskussionen (Teamebene)	×	×	×
3. Schriftliche Befragung zu Arbeitszufriedenheit, -belastung, Kompetenzerfassung (Leitung und Fachkräfte)	×	×	×
4. Schriftliche Befragung zu Bedeutung von Qualifikationen und Kompetenzen (Eltern, Träger, Leitung, Fachkräfte)	×		×
Baustein III: externe Qualitätsfeststellung (25 Einrichtungen)			
KES-R; ECERS-E	×		×

2.1 Baustein I: Onlinegestützte Befragung von Trägern und Leitungskräften

Im November 2013 wurde im Rahmen des Projekts „Team-Evaluation bezüglich der Arbeitsprozesse und Arbeitszufriedenheit multiprofessioneller Kindertageseinrichtungen in Baden-Württemberg" (TEAM-BaWü) eine schriftliche Befragung (onlinegestützt) durchgeführt, an der sich 159 Träger und 768 Leitungskräfte beteiligten. Erfasst wurden Teamstrukturen, Einstellungen zu multiprofessionellen Teams, Einschätzungen zur Team- bzw. Arbeitssituation, die gegenwärtige Einstellungspraxis sowie die zukünftige Personalentwicklungsplanung.

2.2 Baustein II: Wissenschaftliche Begleitung von 25 Kindertageseinrichtungen

Kernstück des Projekts „TEAM-BaWü" war die wissenschaftliche Begleitung von insgesamt 25 multiprofessionellen Teams über eine Laufzeit von

18 Monaten. Mit Hilfe von qualitativen und quantitativen Verfahren wurden Analysen über die Zusammensetzung und Aufgabenteilung der Teams, der Arbeitsprozesse und -zufriedenheit der Teammitglieder sowie der Qualität der pädagogischen Praxis durchgeführt. Eine zentrale Frage war, ob und in welcher Form es gelingt, die unterschiedlichen Qualifikationen und Kompetenzen in einem Team zusammenzuführen und die speziellen Wissens- und Erfahrungsbestände im Sinne einer besten Fachpraxis zu nutzen. Ergänzend wurden Träger und Eltern zu ihren Einstellungen und Erfahrungen mit multiprofessionellen Teams befragt.

Zu drei Erhebungszeitpunkten im Zeitraum: Februar/März 2014 bis Mai/Juni 2015 wurden Einzelinterviews (Leitung/Fachkräfte) und Gruppendiskussionen in den Teams durchgeführt, standardisierte Befragungen zur Arbeitszufriedenheit und -belastung (Teamebene) sowie zur Einschätzung des Kompetenzniveaus der Teammitglieder in Form eines kompetenzbasierten Verfahrens („Dilemma-Situation", Nentwig-Gesemann et al., 2011 und Fröhlich-Gildhoff et al., 2014a) eingesetzt. Erwartet wurde, ein differenziertes Bild über die Erwartungen, Einstellungen, Motive, Befürchtungen, der subjektiven Erfahrungen, Bewertungen sowie Verhaltens- und Einstellungsmuster hinsichtlich multiprofessioneller Teams zu gewinnen. Zusätzlich sollten spezielle Handlungsfelder, die in den Einrichtungen eine große Bedeutung haben, vor dem Hintergrund der Ressourcen und Potentiale multiprofessioneller Teams in den Blick genommen und fallvergleichend ausgewertet werden. Damit sollten mögliche Erfolgs- und Hemmfaktoren der multiprofessionellen Zusammensetzung auf den unterschiedlichen Ebenen abgeleitet werden. Auch sollten Erkenntnisse über Möglichkeiten gewonnen werden, wie Arbeitszufriedenheit, Prozessqualität und Teamstabilität befördert werden können. Hinzu kam eine schriftliche Befragung von Eltern, Trägern, Leitungen und Fachkräften zur Bedeutung von Qualifikationen und Kompetenzen.

Im Folgenden werden die einzelnen Erhebungsverfahren überblicksartig vorgestellt. Weitergehende methodische Hinweise werden zu Beginn der jeweiligen Ergebniskapitel gegeben.

2.2.1 Leitfadengestützte Interviews mit Leitungskräften

Zu allen drei Ergebungszeitpunkten wurden leitfadengestützte Interviews mit den Einrichtungsleitungen durchgeführt. Ziel war es, die Perspektive der Leitung zu erfassen und ihre Erfahrungen zu den gegenwärtigen Arbeitsprozessen in den Teams bzw. erwartete zukünftige Perspektiven zu rekonstruieren.

Zum Zeitpunkt der Ersterhebung (t0) ging es speziell um die Perspektive des Teams aus Sicht der Leitung im Hinblick auf die vergangenen Jahre der

Zusammenarbeit als multiprofessionelles Team. Auch sollten die Erfahrungen mit den *neuen* Fachkräften, die andere berufliche Qualifikationen als die traditionell auf den Kita-Bereich ausgerichteten Ausbildungen zur ErzieherIn bzw. KinderpflegerIn aufweisen, berichtet werden. Anschließend sollten Pläne, Visionen und Ziele für Leitung und Team entwickelt werden.

Zum zweiten Erhebungszeitpunkt (t1) wurden die Leitungskräfte danach befragt, welche Veränderungen sich seit Beginn der wissenschaftlichen Begleitung (Februar/März 2014) in der Einrichtung und speziell im Team ergeben haben. Auch sollten sie eine Bewertung der gegenwärtigen Situation hinsichtlich der Zusammenarbeit abgeben und die nächsten, anstehenden Schritte hinsichtlich der Team-/Personal- und Organisationsentwicklung aufzeigen.

Zum dritten Erhebungszeitpunkt (t2) wurden die Leitungskräfte gebeten, die aktuellen Einarbeitungsverfahren im Team detailliert zu erläutern und dabei auch auf spezielle Einstiegsprogramme für *neue* Fachkräfte (keine ErzieherIn/KinderpflegerIn bzw. Jugend- und HeimerzieherIn) eingehen. Auch sollten die Erfahrungen mit Fortbildungen für *neue* Fachkräfte (insbesondere bei Fachkräften nach § 7 Abs. (2) 10 KiTaG berichtet werden. Ein weiterer Themenbereich bezog sich auf die Frage der Personalentwicklung, insbesondere darauf, wie besonders qualifizierte bzw. spezialisierte Fachkräfte im Team „gehalten" werden könnten. Abschließend sollte ein Rückblick auf die vergangenen zwei Jahre sowie ein Ausblick auf die Teamentwicklung in den kommenden zwei Jahren gegeben werden.

2.2.2 Leitfadengestützte Interviews mit *neuen* Fachkräften

In allen Einrichtungen wurden leitfadengestützte Interviews mit *neuen* Fachkräften (je Erhebungszeitpunkt bis zu zwei Interviews pro Team) durchgeführt, um die vielfältigen Perspektiven erfassen und vergleichend analysieren zu können.

Zum Zeitpunkt t0 gliederte sich das Interview in drei Themenbereiche. Zunächst sollten die aktuellen Tätigkeiten und Handlungsfelder beschrieben werden. Anschließend sollten die persönlichen Erfahrungen während der Einarbeitungsphase, wahrgenommene Erwartungen von Team und Leitung, die Austausch- und Kommunikationsprozesse sowie besondere Unterstützungsangebote während der Einarbeitungszeit berichtet werden. Abschließend sollten die beruflichen und persönlichen Pläne erläutert und eine Bewertung der bisherigen Erfahrungen in einem multiprofessionellen Team gegeben werden. Zum Zeitpunkt t1 sollten – sofern dieselben Fachkräfte aus t1 ein zweites Mail interviewt werden konnten – Veränderungen in der Arbeitssituation (Aufgabenbereiche, Handlungsfelder) sowie hinsichtlich der Arbeitszufriedenheit und Arbeitsbelastung erläutert werden. Bei Fachkräften, die zum ersten Mal interviewt wurden, sollten – wie in t0 – der Einarbeitungsprozess im Interview erläutert werden. Anschließend sollten die Teamsituation, die Arbeitsprozesse sowie die eigene Rolle im Team beschrieben werden. Auch sollten die weiteren Pläne für das laufende Kindergartenjahr (2014/15) hinsichtlich veränderter Aufgaben in der Einrichtung, beruflicher Veränderungen, möglicher Fort-/Weiterbildungen oder persönlicher Zukunftspläne erläutert werden.

Zum dritten Erhebungszeitpunkt (t2) sollten die Fachkräfte anhand einer Beobachtungssequenz ihre eigenen pädagogischen Handlungspraktiken beschreiben und erläutern, in welchen Bereichen sie ihre spezifischen Kompetenzen (im Vergleich zu traditionell ausgebildeten Fachkräften) im Team erleben. Auch sollten die bisherigen Erfahrungen und Veränderungen im Team seit Beginn der wissenschaftlichen Begleitung (bzw. bei neu eingestellten Fachkräften seit Beginn ihrer Tätigkeit), ihre Arbeitszufriedenheit und -belastung sowie ihre Rolle im Team erläutert werden. Abschließend sollten ein Ausblick auf das kommende Kindergartenjahr 2015/16, Pläne für die berufliche Weiterentwicklung und ein angestrebtes zukünftiges Profil in der Einrichtung entwickelt werden. Auch sollten mögliche Unterstützungsbedarfe von Seiten des Trägers, der Leitung, des Teams und der Politik formuliert werden.

Alle Interviews wurden audiovisuell aufgezeichnet und (teilweise in Auszügen) transkribiert. Die Auswertung der Interviews erfolgte mittels der Qualitativen Inhaltsanalyse nach Mayring (2010). Entsprechend wurden Kategorien entwickelt, die zum einen aus den Forschungsfragen bzw. den beiden Interviewleitfäden abgeleitet wurden. Zum anderen wurden aus dem Datenmaterial neue Kategorien gebildet. Weitere Hinweise zum methodischen Vorgehen der Analysen finden sich in den Kapiteln 7 und 8.

2.2.3 Gruppendiskussionen mit multiprofessionellen Teams

Die Gruppendiskussionen zum Zeitpunkt t0 wurden auf der Grundlage standardisierter Dilemma-Situationen[10] durchgeführt (Fröhlich-Gildhoff

---

10 Eine Dilemma-Situation ist dadurch ausgezeichnet, dass sich die Akteure in einer Situation befinden, in welcher ihre bisherigen Handlungsroutinen nicht mehr greifen und/ oder sie sich in einem inneren Konflikt befinden. „So entstehen Situationen, die mit emotionaler Aktivierung, mit Stress oder starken Gefühlen verbunden sind und in denen sich Kernfragen der professionellen und auch biografischen Entwicklung stellen" (Fröhlich-Gildhoff et al., 2014a, S. 115). Die darüber möglicherweise ausgelösten Irritationen können Ausgangspunkte für Lern- und Bildungsprozesse darstellen.

et al., 2014a). Diese Methode ermöglicht es, hochkomplexe, viel- oder uneindeutige pädagogisch-professionelle Handlungssituationen sowohl auf der Ebene der Disposition als auch der Performanz zu erfassen und gleichzeitig selbstreflexive Prozesse abzubilden. Die standardisierte Dilemma-Situation ist eine konstruierte Situation, die Anlass bietet, vielfältige, komplexe und mehrdeutige Interpretations- oder Handlungsmuster zu offenbaren bzw. zu entwickeln. Zudem können auch die verschiedenen Kompetenzdimensionen empirisch erfasst und als Kompetenzniveau abgebildet werden (für detaillierte Informationen zu der Methode siehe auch Fröhlich-Gildhoff et al., 2014a).

Zur Erfassung der Kompetenzniveaus in den Teams wurde eine prototypische, dilemmatische Situation aus dem pädagogischen Alltag entwickelt und den TeilnehmerInnen zu Beginn der Gruppendiskussion vorgelesen (vgl. Kasten).

> **Situationsbeschreibung aus Sicht einer pädagogischen Fachkraft; Martin ist 4,6 Jahre alt. Er befindet sich mit seiner Gruppe im Garderobenbereich, in dem sich folgende Situation ergibt:**
>
> Es ist Mittwochvormittag als die pädagogische Fachkraft zum wiederholten Mal feststellt, dass sie sich durch Martins Verhalten besonders herausgefordert fühlt. In letzter Zeit zerstört er immer wieder Baukonstruktionen anderer Kinder, wirft mit Ausdrücken um sich und wird anderen Kindern gegenüber schnell handgreiflich. Wie jeden Vormittag um die gleiche Zeit geht die ganze Gruppe gemeinsam nach draußen in den Garten. Da es regnet und nass ist, sollen die Kinder Matschhosen tragen. Es herrscht ein wildes Durcheinander im Garderobenbereich, in dem die pädagogische Fachkraft momentan die einzige Aufsichtsperson ist. Ausgerechnet jetzt ist die Kollegin nicht zur Stelle, wo sich doch alle 20 Kinder anziehen sollen. Die Kinder laufen durcheinander, einige finden ihre Matschhose nicht, andere benötigen Hilfe beim Anziehen der Hosen, Jacken und Schuhe.
>
> Die pädagogische Fachkraft beobachtet, dass Martin immer wieder zornig seine Matschhose auf den Boden wirft. Daraufhin wendet sie sich Martin zu und bittet ihn, seine Hose anzuziehen. Dieser weigert sich und verhält sich zunehmend aggressiv. Er beschimpft die pädagogische Fachkraft und schubst umher stehende Kinder weg. Da die bereits fertig angezogenen Kinder zunehmend unruhig werden und nach draußen drängen, entschließt sich die pädagogische Fachkraft, Martin die Matschhose anzuziehen, obwohl er sich heftig dagegen wehrt. Im Nachhinein ist sie mit dieser Situation unzufrieden.

Nach diesem Impuls wurden die TeilnehmerInnen aufgefordert, Ideen, Gedanken und Handlungsoptionen zu diskutieren. Während dieser Phase war das wesentliche Ziel, die Selbstläufigkeit der Gruppendiskussion zu unterstützen. Die InterviewerIn hielt sich weitestgehend zurück. Im Anschluss an die Diskussion wurden Fragen zur Auseinandersetzung mit der Dilemma-Situation gestellt (Fröhlich-Gildhoff et al., 2014a):

Beschreibung der Situation
- Wie nehmen Sie die dargestellte Situation wahr, und welche Aspekte haben für Sie eine besondere Bedeutung?

Analyse der Situation
- Wie bewerten Sie die Handlungsweisen und Reaktionen der einzelnen Akteure?
- Welche Deutungen fallen Ihnen ein?
- Wie würden Sie anstelle der pädagogischen Fachkraft agieren? Welche (weiteren) Handlungsoptionen fallen Ihnen ein?
- Wie begründen Sie Ihr (fiktives) Handeln? Auf welche Theorien und Erfahrungen stützen Sie Ihre Entscheidung?
- Welche Fragen/Herausforderungen bzw. ähnliche Erfahrungen ergeben sich für Sie persönlich aus dieser Situation?

In den Einrichtungen wurde jeweils eine Gruppendiskussion mit sechs bis zehn Teammitglieder geführt (Dauer 30 bis 90 Minuten). Die Auswahl der TeilnehmerInnen wurde vorab mit den Einrichtungsleitungen abgesprochen. An jeder Diskussion nahm die Einrichtungsleitung teil. Gleichzeitig wurde darauf geachtet, dass möglichst viele verschiedene Berufsgruppen (auch ErzieherInnen und KinderpflegerInnen) vertreten waren.

Für den zweiten Erhebungszeitpunkt t1 wurde das Vorgehen verändert. Hierzu wurden elf Aussagen („Baustellen") vorgestellt, die alltägliche Herausforderungen in Kindertageseinrichtungen beschreiben. Dieses Vorgehen hatte das Ziel, sich an die spezifischen Themen der jeweiligen Einrichtung anzunähern und somit praxis- und alltagsnahe Handlungs-, Reflexions- und Teamprozesse zu rekonstruieren. Die „Baustellen" waren wie folgt vorformuliert:

- Wir haben gerade ganz besonders viele „schwierige" Eingewöhnungen
- Wir haben dieses Jahr noch jüngere Kinder aufgenommen (z. B. auch Einjährige)
- Wir haben aktuell besonders viele Kinder ohne deutsche Sprachkenntnisse
- Wir haben aktuell besonders viele Kinder mit „herausforderndem Verhalten"
- Wir bekommen zu einigen Eltern keinen Zugang („schwer erreichbare Familien")
- Wir haben einige Strukturen und Abläufe verändert.

Zunächst sollten sich die beteiligten Fachkräfte auf eine für ihre Einrichtung zentrale „Baustelle" einigen. Nach diesem Entscheidungsprozess (welcher zwischen 5 und 15 Minuten dauerte) wurden Impulsfragen gestellt:

1. *Einführung und Beschreibung*
   - Weshalb haben Sie sich für diese „Baustelle" entschieden? Beschreiben Sie möglichst konkret, worum es bei dieser „Baustelle" geht.

2. *Umgang/Bewältigung*
   - Wie wird der aktuelle Ist-Stand bewertet und bewältigt?
   - Welche Rollen haben die Teammitglieder in diesem Prozess? Wer übernimmt welche Aufgaben/Funktionen, um die „Baustellen" zu bearbeiten? Wie ist die Rollenverteilung/Aufgabendifferenzierung hinsichtlich der genannten „Baustellen"?
   - Welche Rolle haben die Funktionsträger (Leitung/stellvertretende Leitung, Gruppenleitungen, Qualitätsbeauftragte, Sprachförderkraft etc.) in diesem Prozess?
   - Gibt es spezielle Rollen/Aufgaben, die die *neuen* Fachkräfte in diesem Prozess spielen?
   - Was erleichtert die Prozesse (bezogen auf Team/Leitung/Träger)?
   - Was erschwert die Prozesse?

3. *Wünsche und Perspektiven*
   - Welches sind die Perspektiven bezogen auf diese „Baustellen"?
   - Was wünschen sich die Teams, um die genannten „Baustelle(n)" zu bearbeiten?

Insgesamt wurden auch zu diesem Erhebungszeitpunkt 25 Gruppendiskussionen durchgeführt, an denen zwischen drei und zehn Fachkräften teilnahmen (Dauer zwischen 30 und 90 Minuten).

Zum dritten Erhebungszeitpunkt (t2) bestand das Ziel darin, dass sich die Teams mit aktuellen Arbeitsprozessen, Perspektiven und (zukünftigen) Unterstützungsbedarfen hinsichtlich der personellen Situation in der Einrichtung auseinandersetzten. Ausgangspunkt dafür waren die Veränderungen der Teamsituationen in den 25 Einrichtungen, die im Laufe der wissenschaftlichen Begleitung erhoben wurden. Entsprechend diskutierten die Teams vielmehr ihre konkrete Situation, also bspw. *wie* sie mit personellen Engpässen im Alltag umgehen und welche Strategien sie haben, um die aktuellen Entwicklungen zu bewältigen.

Hierfür wurde ein Eingangsimpuls gewählt, der neben dem Fachkräftemangel auch jeweils aktuelle Herausforderungen der personellen Situation (z. B. Fluktuation, Krankheitswellen, unbesetzte Stellen, Teaminstabilität) in der Einrichtung thematisierte:

> Die Landesregierung weist in einer aktuellen Pressemitteilung darauf hin, dass die Betreuungsquote zwischen 2008 und 2014 verdoppelt wurde: von 13,6 % auf 27,8 % bei den unter Dreijährigen. Aber der Ausbau wird auch in den kommenden Jahren noch weitergehen (der aktuelle Bedarf wird auf rd. 39,2 % geschätzt). Es ist also davon auszugehen, dass es auch *zukünftig weiterhin einen hohen Bedarf an zusätzlichen Fachkräften* im Kita-Bereich geben wird
>
> In unseren bisherigen Analysen zeigt sich, dass praktisch alle Einrichtungen betroffen sind. Es gibt immer wieder unbesetzte Stellen, Fluktuation, Überlastung, Krankheitswellen, neue MitarbeiterInnen müssen eingestellt und eingearbeitet werden.
>
> Nicht nur das Gewinnen von Fachkräften ist ein Problem, sondern wir stellen fest, dass auch die Frage, wie Fachkräfte „gehalten" werden können, zunehmend in der Politik diskutiert wird. Darüber möchten wir gerne mit Ihnen diskutieren.

Über diesen Einstiegsimpuls sollte Informationen über die Art und Weise, wie Teams mit diesen Herausforderungen – Teamentwicklung und Teamstabilität – umgehen, auf folgenden Ebenen ermittelt werden:

- *Erleben* der aufgezeigten Entwicklungen im Team
- Umgang mit und *„Bewältigung"* derzeitiger personeller Herausforderungen
- Ideen und Strategien, wie trotz aktueller Herausforderungen die *pädagogische Qualität* gehalten werden kann
- Strategien der *Unterstützung* und Teamstärkung, um die Entwicklung von Qualität in der Einrichtung zu ermöglichen

Auch sollten zukünftige Potentiale der Teamentwicklung erfasst werden, hierzu diskutierten die TeilnehmerInnen, welche Fortbildungsthemen und

38

-inhalte ihnen dabei helfen würden, Arbeitsprozesse zu optimieren, die Arbeitszufriedenheit zu erhöhen und die Stärken des Teams hervorzubringen.

Zum Abschluss hatten die TeilnehmerInnen die Möglichkeit, ihre Erfahrungen im multiprofessionellen Team zu berichten. Dabei ging es um einen Rückblick auf Teamfindungsprozesse, die Nutzung von Kompetenzen und Ressourcen und die verschiedenen Rollen von Träger, Team und Leitung, um diese Prozesse zu unterstützen.

Insgesamt wurden zum letzten Erhebungszeitpunkt 23[11] Gruppendiskussionen durchgeführt, an denen zwischen drei und zehn Fachkräfte teilnahmen (Dauer zwischen 30 und 90 Minuten).

Die Gruppendiskussionen wurden sowohl mittels standardisierter Verfahren als auch mit Hilfe qualitativ-rekonstruktiver Verfahren ausgewertet (weitere Hinweise zum methodischen Vorgehen finden sich im Kapitel 9).

2.2.4 Schriftliche Befragung der Leitungs- und Fachkräfte

Im Rahmen der schriftlichen Befragung, die sich an alle Fachkräfte sowie an die Leitungskräfte in den Einrichtungen richtete, wurden zum einen Strukturmerkmale sowie speziell für das Projekt „TEAM-BaWü" entwickelte Einschätzskalen verwendet. Zum anderen wurden Skalen aus anderen Studien (u.a. Viernickel et al., 2013 zur Teamzufriedenheit) sowie die folgenden standardisierten und normierten Instrumente eingesetzt:

- Fragebogen zum Arbeitsbezogenen Verhaltens- und Erlebensmuster (AVEM), Kurzform (44 Items) (Schaarschmidt & Fischer, 2008)
- Fragebogen zur Arbeit im Team (FAT) (Kauffeld, 2004), mit der Subskala „Zielorientierung" sowie der Subskala „Aufgabenbewältigung"
- Fragebogen zur Lebenszufriedenheit (FLZ) (Fahrenberg, Myrtek, Schumacher & Brähler, 2000)
- Fragebogen zur Einschätzung der eigenen Gefährdung eines Burnout-Syndroms (HBI) (Burisch, 2007)

Es wurden umfangreiche deskriptive Analysen sowie inferenzstatistische Auswertungen mittels SPSS vorgenommen. Damit wurde eine Grundlage dafür geschaffen, um zu den verschiedenen Erhebungszeitpunkten (Querschnittsanalysen) gruppen- und einzelfallbezogene Auswertungen sowie ver-

---

11 Aus personellen Gründen und aufgrund des Kita-Streiks konnten zum dritten Erhebungszeitpunkt (t2) nur 23 Gruppendiskussionen durchgeführt werden.

gleichende Analysen bzw. Längsschnittanalysen durchzuführen. Für weitere Erläuterungen zu den Auswertungsverfahren vgl. Kapitel 5 und 6.

2.2.5 Schriftliche Befragung der Eltern und Träger

Im Rahmen der wissenschaftlichen Begleitung wurden Eltern und Träger zu zwei Erhebungszeitpunkten (t0 und t2) schriftlich nach ihren Einstellungen und Erfahrungen hinsichtlich der multiprofessionellen Teams ihrer Einrichtungen befragt. Hierfür wurden z.T. analoge Skalen eingesetzt wie bei der Befragung von Leitungen und Fachkräften (vgl. Baustein I). Die Ergebnisse der schriftlichen Befragungen finden sich in Kapitel 11.

2.3 Baustein III: Externe Qualitätsfeststellung

In den teilnehmenden Einrichtungen erfolgte außerdem zu den beiden Zeitpunkten t0 und t2 eine externe Qualitätsfeststellung mit Hilfe der KES-R (Tietze et al., 2007) sowie der ECERS-E (Sylva et al., 2010). Ziel dieser Qualitätsfeststellung war es, die Teamstrukturen und -entwicklungen in Bezug zur Prozessqualität der Einrichtungen setzen zu können. Damit wurde die Grundlage dafür geschaffen, die verschiedenen Formen der Zusammenarbeit und Aufgabenverteilung, des Professionsverständnisses und der kompetenzorientierten Anerkennung in Bezug zu der pädagogischen Prozessqualität der Einrichtung zu stellen.

Die KES-R besteht aus sieben Bereichen, die über insgesamt 43 Merkmale in einer Ratingskala konkretisiert werden (Tietze et al., 2007):

I.   Platz und Ausstattung (8 Merkmale)
II.   Betreuung und Pflege der Kinder (6 Merkmale)
III. Sprachliche und kognitive Anregungen (4 Merkmale)
IV.   Aktivitäten (10 Merkmale)
V.   Interaktionen (5 Merkmale)
VI.   Strukturierung der pädagogischen Arbeit (4 Merkmale)
VII. Eltern und ErzieherInnen (6 Merkmale)

Über eine siebenstufige Skala (1 = unzureichend bis 7 = ausgezeichnet) wird die pädagogische Qualität durch geschulte BeobachterInnen eingeschätzt und in drei Qualitätsstufen aufgeteilt: die Zone guter bis sehr guter, mittlerer und unzureichender Qualität. Zusätzlich wurden die Einrichtungen nach der ECERS-E (Sylva et al, 2010) eingeschätzt, bei der zentrale Bildungsaspekte mit Hilfe von vier Subskalen (Literacy, Mathematics, Science and Environment, Diversity) erhoben werden. Die Ergebnisse dieser Einschätzungen sind in Kapitel 5.1.6 nachzulesen.

Kapitel 3
Stichprobenbeschreibung

3.1 Auswahl der Stichprobe

In Absprache mit der AG Frühkindliche Bildung und dem Ministerium für Kultus, Jugend und Sport Baden-Württemberg wurden im Dezember 2013 die Auswahlkriterien der 25 Kindertageseinrichtungen festgelegt. Zugrunde gelegt wurde die Verteilung der Kindertageseinrichtung nach Trägerschaft (vgl. Landesinstitut für Schulentwicklung und Statistisches Landesamt Baden-Württemberg, 2013, S. 72). Damit wurden zehn Einrichtungen in kommunaler, sechs in katholischer, fünf in evangelischer sowie vier Einrichtungen in sonstiger Trägerschaft ausgewählt (Abbildung 1):

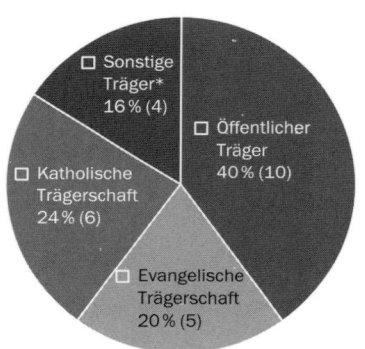

Abbildung 1: Verteilung der Einrichtungen je Trägerschaft (Stand 01.03.2013)

* Sonstige Träger: Wirtschaftsunternehmen, andere Freie Träger

In einem ersten Auswahlschritt wurde durch das Zentrum für Kinder- und Jugendforschung (ZfKJ) über verschiedene Rechercheverfahren und eine Anfrage bei Trägern eine Liste mit ca. 70 Einrichtungen erstellt, die multiprofessionell besetzt waren. In einem weiteren Schritt wurden die entsprechenden Träger(verbände) angeschrieben mit der Bitte, die Anfrage an die jeweilige Einrichtung weiterzuleiten. Die Einrichtungen konnten, in Absprache mit dem Team und den Elternvertretungen, ihr Interesse an der Teilnahme schriftlich bekunden. Über die endgültige Teilnahme wurde die AG Frühkindliche Bildung über das Kultusministerium informiert. Dieser Auswahlprozess gestaltete sich aufgrund der Vielzahl an Kommunikationspartnern und Absprachen sehr zeitaufwendig. Somit konnte die erste Erhebungsphase nicht (wie ursprünglich geplant) Ende 2013 beginnen, sondern die Ersterhebung fand im Februar/März 2014 (t0) statt. Die zweite Erhebungsphase erfolgte im Oktober/November 2014 (t1), die dritte Erhebung im Mai/Juni 2015 (t2).

Die ausgewählten Einrichtungen variieren in der Größe (Anzahl Kinder bzw. Anzahl Fachkräfte) der konzeptionellen Ausrichtung sowie der Standort/Region (siehe hierzu Kapitel 5.1).

3.2 Angaben der Träger zu den Einrichtungen

Nach Auskunft der beteiligten Träger[12] waren sie jeweils für mehrere Einrichtungen zuständig, wobei die Anzahl der Einrichtungen zwischen zwei und 16 variierte. Die Mehrheit der befragten Träger war auch für die Einstellung des Personals zuständig (Abbildung 2 und 3).

Abbildung 2: Anzahl der Kindertageseinrichtungen pro Träger

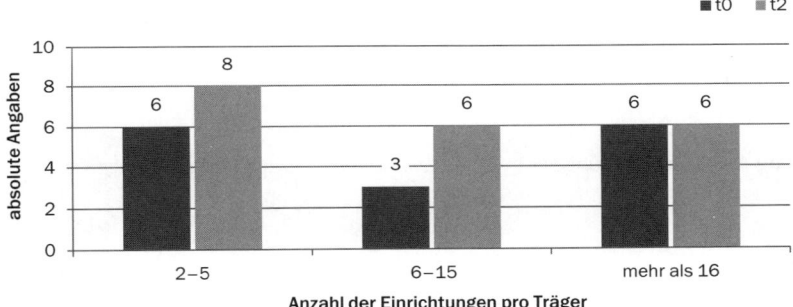

Abbildung 3: Zuständigkeit der befragten Träger für die Einstellung des Personals

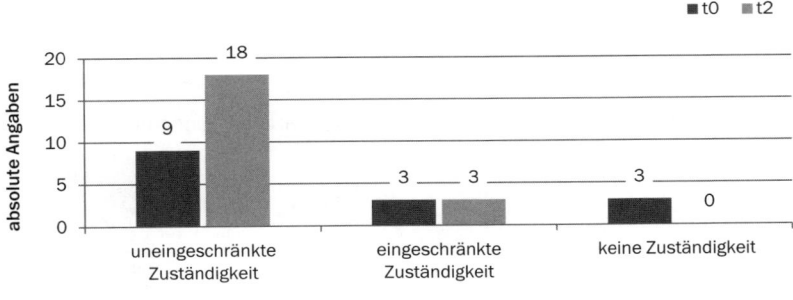

---

12 Diese Informationen wurden im Rahmen der schriftlichen Befragung erhoben. Hierbei wurden zu t0 15 und zu t1 20 Träger erfasst, von denen drei Träger für mehrere Einrichtungen (zwei bis drei) verantwortlich sind.

Evaluationspraxis

Die Träger wurden auch zur Evaluationspraxis der jeweiligen Einrichtung befragt. Hierzu wurde abgefragt, ob in der/den Einrichtung/en interne oder externe Evaluationen stattfinden. Laut Aussagen der befragten Träger fanden zu t0 in sechs Einrichtungen regelmäßig *interne* Evaluationen statt, je drei führten teilweise Evaluationen durch bzw. planen, diese einzuführen, zwei Träger sahen keine regelhafte Evaluation vor. Befragt nach der *externen* Evaluation antworteten je fünf Träger, diese regelmäßig bzw. teilweise durchführen zu lassen. Ein Träger plante zum Zeitpunkt t0 die Einführung einer externen Evaluation, vier Träger sahen eine regelmäßige externe Evaluation nicht vor.

Zum Zeitpunkt t2 gaben sieben Träger an, regelmäßig eine *interne* Evaluation durchzuführen, bei acht wurde teilweise evaluiert und drei planen, eine interne Evaluation einzuführen. Drei Träger sahen keine regelhafte Evaluation vor. Bezogen auf eine *externe* Evaluation gaben zum Zeitpunkt t2 sechs Träger an, diese regelmäßig durchführen zu lassen, vier gaben „teilweise" an. Zwei Träger planten eine externe Evaluation einzuführen, neun Träger sahen eine regelmäßige externe Evaluation nicht vor (vgl. Abbildung 4 und 5).

Abbildung 4: Trägerbefragung zur internen Evaluationspraxis der Einrichtungen

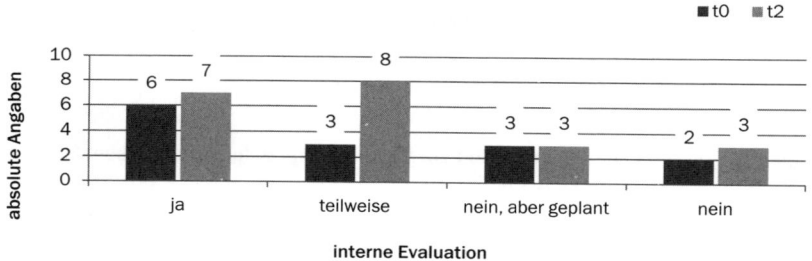

Abbildung 5: Trägerbefragung zur externen Evaluationspraxis der Einrichtungen

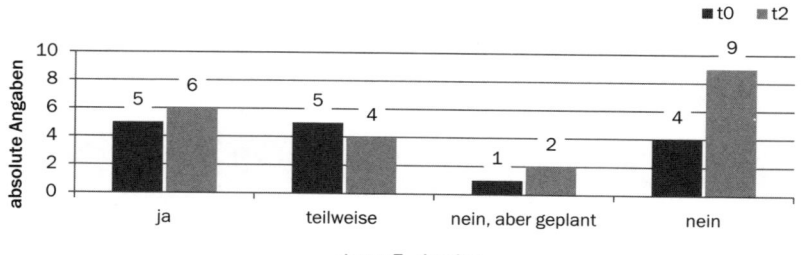

Merkmale der Einrichtungen bezogen auf die betreuten Kinder

Nach Angaben der Träger gab es zum Zeitpunkt t0 in den meisten Einrichtungen Kinder mit Integrationsstatus im Sinne des § 2 SGB IX, mit anerkanntem individuellem oder sonderpädagogischem Förderbedarf sowie Kinder mit geringen bzw. keinen Deutschkenntnissen. Der Anteil dieser Kinder variierte stark zwischen den Einrichtungen und lag zwischen 1 % und 85 % (vgl. Tabelle 2).

Auch zum Zeitpunkt t2 gab es im überwiegenden Teil der Einrichtungen Kinder mit Integrationsstatus im Sinne des § 2 SGB IX, mit anerkanntem individuellem oder sonderpädagogischem Förderbedarf sowie Kinder mit geringen bzw. keinen Deutschkenntnissen. Der Anteil variiert zwischen 1 % und 89 % (vgl. Tabelle 3).

Tabelle 2: Merkmale der Einrichtungen bezogen auf die betreuten Kinder nach Angabe der Träger (t0)

Kinder mit ...		N	Anteil der Kinder in %
Integrationsstatus (§ 2 SGB VIII)	ja	13*	1–14.1 %*
	nein	2	
individuellem/sonderpädagogischem Förderbedarf	ja	15	1–10 %
	nein	0	
geringe/keine Deutschkenntnissen	ja	15	3–85 %
	nein	0	

* Lesehilfe: 13 Träger gaben an, dass in ihren Einrichtungen Kinder mit Integrationsstatus im Sinne des § 2 SGB VIII betreut werden. Anteilig sind dies zwischen 1 % und 14.1 % aller Kinder der jeweiligen Einrichtung.

Tabelle 3: Merkmale der Einrichtungen bezogen auf die betreuten Kinder nach Angabe der Träger (t2)

Kinder mit ...		N	Anteil der Kinder in %
Integrationsstatus (§ 2 SGB VIII)	ja	10*	2-10 %*
	nein	9	
individuellem/sonderpädagogischem Förderbedarf	ja	10	1-57 %
	nein	8	
geringe/keine Deutschkenntnissen	ja	15	2-89 %
	nein	4	

* Lesehilfe: 10 Träger gaben an, dass in ihren Einrichtungen Kinder mit Integrationsstatus im Sinne des § 2 SGB VIII betreut werden. Anteilig sind dies zwischen 2 und 10 % aller Kinder der jeweiligen Einrichtung.

Wichtige strukturelle Veränderungen in den Einrichtungen

Um aktuelle Entwicklungen in den Einrichtungen und Trägerschaften zu Beginn des Untersuchungszeitraums (t0) zu erfassen, wurden die Träger zu wichtigen Veränderungen in den vergangenen zwei Jahren befragt. Die meisten Einrichtungen (14 von 15) gaben an, Plätze für unter 3-jährige Kinder ausgeweitet zu haben. Je 12 Träger gaben an, Personal aufgestockt sowie inhaltliche und/oder konzeptionelle Veränderungen der Einrichtung durchgeführt zu haben. Dagegen wurden weder Einrichtungszahlen verringert noch Personal gekürzt (vgl. Abbildung 6).

Abbildung 6: Strukturelle Veränderungen der Einrichtungen nach Angaben der Träger (N = 15) (t0)

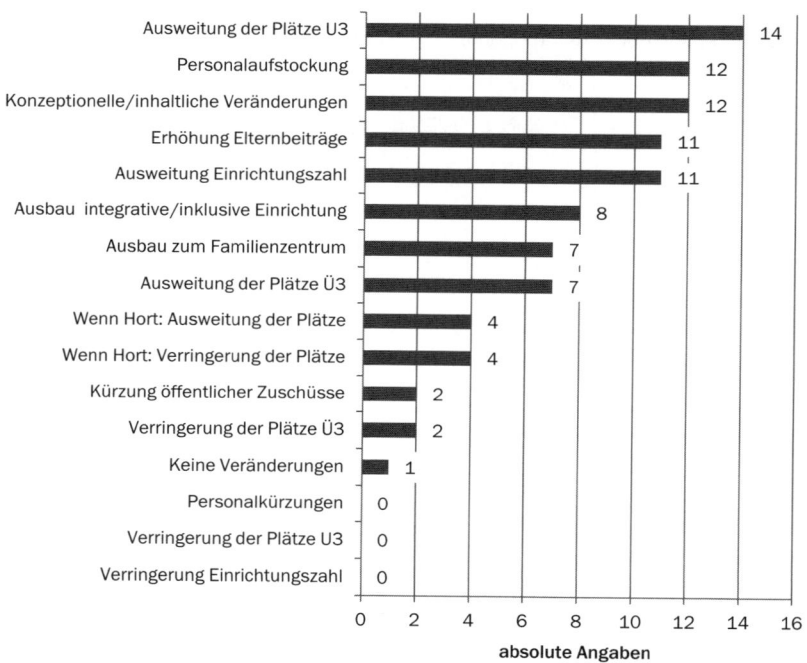

Zum Zeitpunkt der Enderhebung (t2) gab es andere Angaben zu den wichtigsten strukturellen Veränderungen in den Einrichtungen: Konzeptionelle und/oder inhaltliche Veränderungen der Einrichtungen wurden etwas häufiger genannt (N = 14), gefolgt von einer Ausweitung der Plätze für unter 3-jährige Kinder (N = 13) sowie Personalaufstockungen (N = 11). Personalkürzungen oder Verringerungen der Betreuungsplätze blieben aus (vgl. Abbildung 7).

Abbildung 7: Strukturelle Veränderungen der Einrichtungen nach Aussage der Träger (N = 21) (t2)

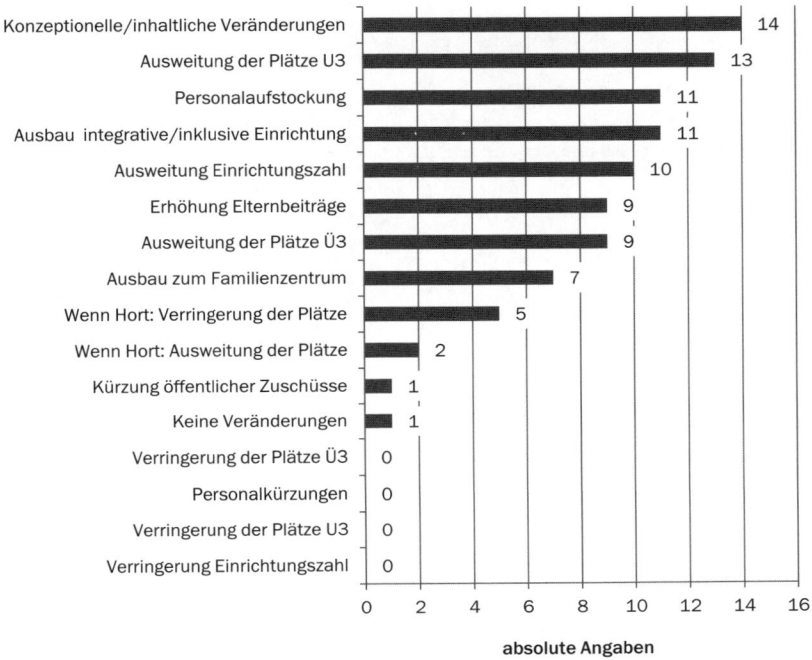

absolute Angaben

Strategien der Träger zur Fachkräftegewinnung bzw. Weiterqualifizierung der Fachkräfte

Die Träger wurden auch nach besonderen Strategien zur Fachkräftegewinnung bzw. zur Weiterqualifizierung der Fachkräfte befragt. Zum Zeitpunkt t0 boten zwölf Träger als Strategie die vergütete praxisintegrierte Ausbildung (PIA) an, elf Träger unterstützten die berufliche Anerkennung ausländischer Abschlüsse und zehn die fachliche Betreuung während einer Qualifizierungsphase. Vier Träger planten Angebote zur Anpassungsqualifikation für Fachkräfte nach § 7Abs. (2) 10 KiTaG, Sprachkurse für nicht-deutschsprachige BewerberInnen waren dagegen zumeist nicht vorgesehen (vgl. Tabelle 4).

Zum Zeitpunkt t2 boten 20 Träger die vergütete praxisintegrierte Ausbildung (PIA) an, 16 die fachliche Betreuung während der Qualifizierungsphase und 15 Angebote zur Anpassungsqualifikation für Fachkräfte nach § 7 Abs. (2) 10 KiTaG an. Sprachkurse für nicht deutschsprachige BewerberInnen bzw. die Freistellung für die Anleitung von Auszubildenden (z.B. von FachschülerInnen oder Studierenden) waren zumeist nicht vorgesehen (vgl. Tabelle 5).

Tabelle 4: Strategien der Träger zur Fachkräftegewinnung bzw. Weiterqualifizierung der Fachkräfte (t0)

Strategie	ja	nein, vorgesehen	nein, nicht vorgesehen
Höherqualifizierung von KinderpflegerInnen bzw. SozialassistentInnen	5	1	9
Berufliche Anerkennung ausländischer Abschlüsse	11	0	4
Angebote zur Anpassungsqualifizierung für FKs nach § 7 Abs. (2) 10	7	4	4
Sprachkurse für nicht deutschsprachige BewerberInnen	1	0	12
Fachliche Betreuung während der Qualifizierungsphase	10	3	1
Angebot einer vergüteten praxisintegrierten Ausbildung (PIA)	12	0	3
Freistellung für Anleitung Auszubildender	5	0	9

Tabelle 5: Strategien der Träger zur Fachkräftegewinnung bzw. Weiterqualifizierung der Fachkräfte (t2)

Strategie	ja	nein, vorgesehen	nein, nicht vorgesehen
Höherqualifizierung von KinderpflegerInnen bzw. SozialassistentInnen	12	0	7
Berufliche Anerkennung ausländischer Abschlüsse	13	1	5
Angebote zur Anpassungsqualifizierung für FKs nach § 7 Abs. (2) 10	15	3	3
Sprachkurse für nicht deutschsprachige BewerberInnen	5	1	13
Fachliche Betreuung während der Qualifizierungsphase	16	2	1
Angebot einer vergüteten praxisintegrierten Ausbildung (PIA)	20	0	1
Freistellung für Anleitung Auszubildender	7	0	13

Um detailliertere Informationen zur Stellenbesetzung zu erhalten, wurden die Träger neben möglichen Strategien zur Fachkräftegewinnung bzw. Weiterqualifizierung von Fachkräften zum Zeitpunkt t2 auch danach befragt, ob es im April 2015 unbesetzte Stellen in der/den Einrichtung/en ihrer Trägerschaft gab. Zwölf Träger gaben an, alle Stellen besetzt zu haben, bei neun

Trägern konnten Stellen hingegen nicht besetzt werden: Fünf Träger hatten eine und zwei Träger je zwei unbesetzte Vollzeitstellen, bei zwei Trägern waren Stellen im Umfang von 1,5 Vollzeitstellen offen. Fünf Träger gaben an, hierfür ErzieherInnen bzw. höher qualifizierte Fachkräfte einstellen zu wollen; zwei gaben an, eine Fachkraft nach § 7 KiTaG einzustellen, ohne die Qualifikation genauer zu spezifizieren.

3.3 Anzahl der teilnehmenden Fachkräfte

Schriftliche Befragungen

Zum Zeitpunkt t0 waren lt. Auskunft der Leitungen 478 pädagogische Fachkräfte (inkl. PIA, ohne PraktikantInnen bzw. FSJler) tätig. Zum Zeitpunkt t2 waren es 494 Fachkräfte, damit hat sich das beschäftigte Personal im Untersuchungszeitraum um 3,3 % erhöht.

An den schriftlichen Befragungen beteiligten sich zum Zeitpunkt t0 312 Fachkräfte (Rücklauf: 65,3 %), zum Zeitpunkt t1 294 Fachkräfte (Rücklauf: 61,7 %) und zum Zeitpunkt t2 288 Fachkräfte (Rücklauf: 58,3 %).

Leitfadengestützte Interviews mit Fachkräften

Insgesamt wurden zu den drei Erhebungszeitpunkten 135 Interviews mit Fachkräften geführt, die eine andere berufliche Qualifikation als ErzieherIn oder KinderpflegerIn bzw. Jugend- u. HeimerzieherIn haben. Die Mehrheit der befragten Fachkräfte waren mit 93,3 % (N = 126) weiblich, 6,7 % (N = 9) männlich. Zum Zeitpunkt t0 wurden 48, zum Zeitpunkt t1 44 und zum Zeitpunkt t2 43 Interviews in den Einrichtungen (in der Regel zwei Interviews pro Einrichtung) durchgeführt. Um die Bandbreite an Qualifikationen in den Kitas zu erfassen, wurden zu allen drei Erhebungszeitpunkten Fachkräfte unterschiedlicher Qualifikationen befragt. Die Verteilung der Qualifikationen zu den drei Erhebungszeitpunkten zeigt Tabelle 6: Am häufigsten wurden Fachkräfte interviewt, die ein pädagogisches Studium (z.B. Sozialpädagogik, Soziale Arbeit, Pädagogik der Kindheit oder Heilpädagogik) absolviert haben, gefolgt von Fachkräften, die eine pflegerisch-therapeutische Ausbildung (z.B. Ergotherapie, Krankenpflege) abgeschlossen haben. Um Prozessverläufe und qualifikationsbezogene Fallvergleiche durchführen zu können, wurden 15 Fachkräfte zu allen drei Erhebungszeitpunkten, 19 Fachkräfte zu zwei und 52 Personen zu einem Erhebungszeitpunkt befragt.

Tabelle 6: Verteilung der InterviewpartnerInnen nach Qualifikation (t0–t2)
(N = 135; z.T. Doppelqualifikationen)

Qualifikation	Anzahl der Fachkräfte t0	Anzahl der Fachkräfte t1	Anzahl der Fachkräfte t2
Lehramtsstudium, darunter:	7	8	4
Grund- und Hauptschule	4	5	3
Sekundarstufe II	2	1	1
Sonderschule	1	2	
Pädagogisches Studium, darunter:	17	18	18
Soziale Arbeit	4	6	4
Pädagogik der Kindheit/Frühe Kindheit	4	7	8
Heilpädagogik	2	4	4
Sonderpädagogik	1	1	
Sonstiges pädagogisches Studium	6		2
Im Ausland erworbene Qualifikation, darunter:	4	4	5
Lehramt	2	2	2
Sonstiges Studium	2	2	3
Pflegerisch/therapeutische Ausbildung, darunter:	16	12	14
Ergotherapie	2	4	2
Physiotherapie und Logopädie	2		
Krankenpflege/Krankenschwester/Gesundheitskrankenpflege	2	3	5
Heilpädagogik	1	1	1
Heilerziehungspflege	8	3	6
Familienpflege	1	1	1
weitere Qualifikation	7	6	4

Die Auswahl der InterviewpartnerInnen wurde anhand der Strukturdaten der jeweiligen Einrichtungen in Absprache mit der Einrichtungsleitung vorgenommen. Ziel war es, das breite Spektrum an beruflichen Qualifikationen zu erfassen und bei gleichen Qualifikationen jeweils mehrere Fälle einzubeziehen. Dies ermöglichte qualifikationsbezogene Fallvergleiche.

Im Verlauf der ersten Erhebung wurden insgesamt 48 Einzelinterviews mit *neuen* Fachkräften geführt (siehe Tabelle 7). 87,5 % (N = 42) der befragten Fachkräfte sind weiblich, 12,5 % (N = 6) sind männlich. Die leitfadengestützten Einzelinterviews hatten eine Länge von 45–60 Minuten.

Tabelle 7: Verteilung der InterviewpartnerInnen nach Qualifikation (t0)
(N = 48, z. T. Doppelqualifikationen)

Qualifikation	Anzahl
Lehramtsstudium, darunter	7
Grund- und Hauptschule	4
Sekundarstufe II	2
Sonderschule	1
Pädagogisches Studium, darunter	17
Soziale Arbeit	4
Pädagogik der Kindheit/Frühe Bildung	4
Heilpädagogik	2
Erziehungswissenschaften	1
Sonstige Pädagogik	6
Im Ausland erworbene Qualifikation, darunter	4
Lehramt	2
Sonstiges Studium	2
Pflegerisch/therapeutische Ausbildung, darunter:	16
Ergotherapie	2
Physiotherapie und Logopädie	2
Krankenpflege/Krankenschwester/ Gesundheitskrankenpflege	2
Heilpädagogik	1
Heilerziehungspflege	8
Familienpflege	1
weitere Qualifikation	7

Zum Zeitpunkt t1 wurden 44 Interviews mit Fachkräften geführt; 98 % von ihnen waren weiblich (N = 43) und 2 % männlich (N = 1). Um einen Prozessverlauf rekonstruieren zu können wurden, sofern dies zum Zeitpunkt t1 möglich war, dieselben Fachkräfte wie zu t0 befragt (siehe hierzu Tabelle 8). Standen diese Fachkräfte nicht mehr als InterviewpartnerInnen zur Verfügung, erfolgte die Auswahl anhand der Kriterien, die auch bei t0 angelegt wurden.

Tabelle 8: Verteilung der InterviewpartnerInnen nach Qualifikation (t1)
(N = 44; z. T. Doppelqualifikationen)

Qualifikation	Anzahl der Fachkräfte	Davon bereits bei t0
Lehramtsstudium, darunter:	8	5
Grund- und Hauptschule	5	4
Sekundarstufe II	1	1
Sonderschule	2	0
Pädagogisches Studium, darunter:	18	12
Soziale Arbeit	6	3
Pädagogik der Kindheit/ Frühe Kindheit	7	5
Heilpädagogik	4	3
Sonderpädagogik	1	1
Im Ausland erworbene Qualifikation, darunter:	4	2
Lehramt	2	1
Sonstiges Studium	2	1
Pflegerisch/therapeutische Ausbildung, darunter:	12	6
Ergotherapie	4	2
Krankenpflege	3	0
Sonstige Ausbildung	1	0
Heilerziehungspflege	3	3
Familienpflege	1	1
Weitere Qualifikationen	6	

Zum Zeitpunkt t2 wurden 43 Interviews mit Fachkräften geführt; 95,3 %
von ihnen waren weiblich (N = 41) und 4,7 % männlich (N = 2). Auch zum
Zeitpunkt t2 wurde darauf geachtet, ein möglichst breites Spektrum an
beruflichen Qualifikationen zu erfassen und möglichst dieselben Fachkräfte
zu befragen, die bereits bei t0 und t1 interviewt wurden (siehe hierzu Tabelle 9).

Tabelle 9: Verteilung der InterviewpartnerInnen nach Qualifikation (t2) (N = 43, z. T. Doppelqualifikationen)

Qualifikation	Anzahl der Fach-kräfte bei t2	davon bereits bei t1	davon bereits bei t0
Lehramtsstudium, darunter:	4	4	4
Grund- und Hauptschule	3	3	3
Sekundarstufe II	1	1	1
Sonderschule			
Pädagogisches Studium, darunter:	18	9	9
Soziale Arbeit	4	3	3
Pädagogik der Kindheit/Frühe Kindheit	8	3	3
Heilpädagogik	4	2	2
Sonderpädagogik			
Sonstiges pädagogisches Studium (Bildungswissenschaften, Interkulturelle Bildung)	2		
Im Ausland erworbene Qualifikation, darunter:	5	5	5
Lehramt	2	2	2
Sonstiges Studium	3	3	3
Pflegerisch/therapeutische Ausbildung, darunter:	14	5	8
Ergotherapie	2	2	2
Krankenpflege/Krankenschwester/ Gesundheitskrankenpflege	5	2	1
Heilpädagogik	1		
Heilerziehungspflege	6		4
Familienpflege	1	1	1
weitere Qualifikation	4	1	

Kapitel 4
Gütekriterien

Die wissenschaftliche Begleitung orientierte sich an Standards der deutschen Gesellschaft für Evaluation (DeGEval, 2008), insbesondere im Hinblick auf die Nützlichkeit, Durchführbarkeit, Fairness und Genauigkeit von Evaluationen (vgl. Abbildung 8).

Abbildung 8: Evaluationsstandards DeGEval e.V.

Nützlichkeit: Die Evaluation soll sich an den geklärten Evaluationszwecken sowie am Informationsbedarf der vorgesehenen NutzerInnen ausrichten. Evaluationsvorhaben sollen so rechtzeitig begonnen und abgeschlossen werden, dass ihre Ergebnisse in anstehende Entscheidungsprozesse bzw. Verbesserungsprozesse einfließen können (Rechtzeitigkeit).

Durchführbarkeit: Die Evaluation soll realistisch, gut durchdacht, diplomatisch und kostenbewusst geplant und ausgeführt werden.

Fairness: In der Evaluation wird respektvoll und fair mit den betroffenen Personen und Gruppen umgegangen.

Genauigkeit: Die Evaluation soll gültige Informationen und Ergebnisse zu dem jeweiligen Evaluationsgegenstand und den Evaluationsfragestellungen hervorbringen und vermitteln.

In allen Phasen der Begleitung wurden diese Standards beachtet, dabei standen folgende Aspekte im Vordergrund:

- Die teilnehmenden Partner wurden sowohl zu Beginn als auch im Verlauf der wissenschaftlichen Begleitung über Ziele, Fragestellungen und Methoden informiert. Die Eirichtungen mussten zu Beginn der Evaluation das Einverständnis zur Teilnahme sowohl von Seiten der Einrichtung (durch die Einrichtungsleitung) als auch des Trägers und der Elternvertretungen schriftlich bestätigen.

  Die Terminabsprachen erfolgten direkt über die jeweiligen Einrichtungsleitungen. Besonderes Augenmerk lag darauf, dass der normale Tagesablauf gewährleistet werden konnte. Die Fragebögen wurden den Einrichtungen postalisch mit entsprechend frankierten Rücksendemöglichkeiten übermittelt. In einem Begleitschreiben wurden in einer Kurzform die Ziele und Inhalte der wissenschaftlichen Begleitung erläutert. Zur Gewährleistung der Anonymität wurden für die Fachkräfte Einzelumschläge beigelegt, in welchem der ausgefüllte Fragebogen zurückgegeben werden konnte. Die Fragebögen, welche sich an Eltern richteten, wurden auf Türkisch und Russisch übersetzt.

- Alle Informationen aus den Interviews und Gruppendiskussionen wurden vertraulich behandelt. Die qualitativen und quantitativen Auswertungen erfolgten anonym und lassen somit keine Rückschlüsse auf die teilnehmenden Einrichtungen oder Personen zu. Allerdings können ggf. konzeptionelle oder strukturelle Besonderheiten aufgezeigt werden, sofern sie in Zusammenhang mit den Fragestellungen des Forschungsprojekts stehen.
- Bei der Durchführung und Planung aller Evaluationsschritte standen die Sicherheit, der Schutz und die Würde aller Beteiligten im Mittelpunkt.
- Die Auswertung aller Daten erfolgte umfassend und fair; Handlungsempfehlungen leiten sich unmittelbar aus den empirischen Daten ab. Die Erhebungs- und Auswertungsmethoden, die zur abschließenden Bewertung der Ergebnisse und den daraus resultierenden Empfehlungen führten, wurden offengelegt.
- Das gesamte Vorgehen (inhaltliche Planung, Kontakte, Stichprobenauswahl, Datenerhebung, -auswertung und Interpretation sowie das Ableiten von Schlussfolgerungen) wurde – im Sinne einer Meta-Evaluation – einer ständigen kritischen Prüfung unterzogen und ggf. entsprechend modifiziert.

Zusammenfassend kann gesagt werden, dass die Zusammenarbeit mit allen beteiligten Akteuren von einer hohen Kooperationsbereitschaft, gegenseitiger Unterstützung und einem intensiven Austausch geprägt war.

Teil II **Aufbau und Wandel multiprofessioneller Teams: Ergebnisse der quantitativen und qualitativen Analysen**

Kapitel 5
Strukturen und Entwicklungen
in den Einrichtungen

5.1 Strukturmerkmale der Einrichtungen und Teamzusammensetzung

5.1.1 Strukturmerkmale der Einrichtungen zum Zeitpunkt t0

Unter Berücksichtigung der Trägerquoten (vgl. Kapitel 3.1) wurden 25 Einrichtungen in die wissenschaftliche Begleitung zu drei Erhebungszeitpunkten im Zeitraum Frühjahr 2014 bis Frühjahr 2015 einbezogen. Dabei wurde darauf geachtet, eine möglichst große Bandbreite an Einrichtungsformen hinsichtlich Größe, Lage/Einzugsgebiet, Konzeption und Rahmenbedingungen zu berücksichtigen. Die folgende Übersicht zeigt wesentliche Strukturmerkmale der Einrichtungen zum ersten Erhebungszeitpunkt t0 (vgl. Tabelle 10).

Bezogen auf die Zahl der Kinder waren fünf Einrichtungen eher kleine Einrichtungen (je nach Alter der Kinder zwei- bis dreigruppig mit insgesamt weniger als 50 Kindern); 13 Einrichtungen hatten eine mittlere Größe mit 50 bis 100 Kindern und sieben Einrichtungen zählten mit über 100 Kindern zu den eher großen Einrichtungen.

Bezogen auf die Zahl der Fachkräfte haben vier Einrichtungen mit weniger als zehn Personen ein eher kleines Team, neun Einrichtungen haben 10–20 Teammitglieder und in 12 Einrichtungen sind mehr als 20 Fachkräfte beschäftigt. In jeweils 13 Einrichtungen sind PIAs und/oder PraktikantInnen/FSJler angestellt.

Auch wenn diese Größenklassen bezogen auf die Zahl der Kinder bzw. das Personal willkürlich festgelegt wurden, zeigt der Vergleich, dass selbst zwei- und dreigruppige Einrichtungen teilweise große Teams haben. Das durchschnittliche Verhältnis von Fachkräften zur Zahl der betreuten Kinder liegt bei 22,6 zu 100. Dieses Verhältnis – nicht zu verwechseln mit dem Personalschlüssel, der sich über Vollzeitäquivalente und die gebuchte Betreuungsdauer errechnet – hat eine Streuung von 12 zu 100 (Minimum) und 40 zu 100 (Maximum) in den Einrichtungen. Diese Unterschiede zwischen den Einrichtungen sind nicht etwa auf einen besonders guten Personalschlüssel in manchen Einrichtungen, sondern u.a. auf Teilzeitverträge, das Alter der Kinder (Krippenbereiche), lange Öffnungszeiten der Einrich-

Tabelle 10: Strukturmerkmale der Einrichtungen (t0)

Einrich-tungs-Nr.	Größe (Anzahl Kinder)*	Größe (Anzahl Fachkräfte)*	PIA**	FSJler/Praktikan-ten/Sonstige	Besondere Merkmale***
1	< 50	10–20			1
2	> 100	> 20	ja	ja	
3	< 50	10–20	ja		2, 3, 4
4	50–100	> 20	ja	ja	3, 4
5	50–100	10–20			
6	50–100	> 20	ja		
7	> 100	10–20	ja	ja	1
8	50–100	< 10			1
9	< 50	> 20	ja	ja	
10	50–100	< 10			
11	> 100	> 20	ja	ja	1, 2
12	> 100	> 20			3, 4
13	50–100	10–20		ja	
14	< 50	10–20	ja		4
15	50–100	10–20			1
16	50–100	10–20			1
17	50–100	< 10			
18	>100	> 20	ja	ja	3, 4
19	< 50	< 10	ja	ja	1
20	> 100	> 20	ja	ja	
21	50–100	> 20		ja	2, 4
22	50–100	> 20		ja	1, 3, 4
23	50–100	> 20	ja	ja	1, 3, 4
24	50–100	10–20	ja	ja	2, 3, 4
25	> 100	> 20			2, 3, 4

Anmerkungen:
* Aus Datenschutzgründen werden die Größen in Größenklassen aufgeführt.
** PIA bedeutet Personal in der Praxisintegrierten Ausbildung.
*** Besondere Merkmale: 1 = Familienzentrum; 2 = Inklusion; 3 = Sprache; 4 = besondere Bedürfnis-lagen.

tungen mit Schichtdiensten, teilweise auch auf besondere Schwerpunkte der Einrichtungen (Inklusion, Familienzentren, Schwerpunktkitas) zurückzuführen. Diese Vergleiche machen deutlich, dass durchaus auch „kleinere" Einrichtungen (nach der Zahl der betreuten Kinder) mit großen Teams besetzt sind.

Zusammenfassend bleibt festzustellen, dass die ausgewählten Einrichtungen hinsichtlich Größe und konzeptioneller Ausrichtung stark variieren und damit entsprechend die Vielfalt in Baden-Württemberg gut abbilden. Die Einrichtungen verteilen sich über ganz Baden-Württemberg, wobei in der untersuchten Stichprobe (nach Auskunft der Träger/Leitungen) rd. 80 % eher im städtischen und rd. 17 % eher im ländlichen Bereich verortet sind; die restlichen Einrichtungen ordnen sich gleichermaßen dem städtischen und ländlichen Bereich zu (hier spiegelt sich nicht die Relation in Baden-Württemberg wider).

Auch hinsichtlich der Erfahrungen mit multiprofessionellen Teams gibt es eine Vielfalt in den Einrichtungen. In der Stichprobe enthalten sind Einrichtungen, in denen erst seit Beginn des Kindergartenjahres 2013/14 Fachkräfte mit *neuen* Qualifikationen tätig sind. Daneben finden sich aber auch Einrichtungen, welche bereits seit mehreren Jahren multiprofessionell besetzt sind.

5.1.2 Strukturmerkmale der Einrichtungen zum Zeitpunkt t2

Hinsichtlich der Größe, Zusammensetzung und besonderen Merkmalen der 25 Einrichtungen gab es im Vergleich zum Zeitpunkt t0 keine größeren Veränderungen. Bezogen auf die Zahl der Kinder sind fünf Einrichtungen eher kleine Einrichtungen (je nach Alter der Kinder zwei- bis dreigruppig mit insgesamt weniger als 50 Kindern); 13 Einrichtungen haben eine mittlere Größe mit 50 bis 100 Kindern und sieben Einrichtungen zählen mit über 100 Kindern zu den eher großen Einrichtungen. Damit sind die Zuordnungen der Einrichtungen zu den Größenklassen zum Zeitpunkt t2 gegenüber t0 gleich geblieben.

Bezogen auf die Zahl der Fachkräfte haben sechs Einrichtungen mit weniger als zehn Personen ein eher kleines Team, acht Einrichtungen zählen 10–20 Teammitglieder und in elf Einrichtungen sind mehr als 20 Fachkräfte beschäftigt. Veränderungen zeigen sich hinsichtlich der Anzahl der PIAs und PraktikantInnen/FSJler in den Einrichtungen. So sind im Frühjahr 2015 in 17 Einrichtungen PIAs (teilweise in mehreren Jahrgängen) und in 18 Einrichtungen PraktikantInnen/FSJler tätig. Zum Zeitpunkt t2 bilden damit zusätzlich vier Einrichtungen nach dem Modell der praxisintegrierten Ausbildung in Baden-Württemberg aus. In fünf Einrichtungen wurden zusätzlich PraktikantInnen/FSJler oder sonstiges Personal eingestellt. Nach Angaben der Einrichtungsleitungen sind im Frühjahr 2015 in insgesamt acht Einrichtungen Stellen unbesetzt (vgl. Tabelle 11).

Tabelle 11: Strukturmerkmale der Einrichtungen (t2)

Einrich-tungs-Nr.	Größe (Anzahl Kinder)*	Größe (Anzahl Fachkräfte)*	PIA**	FSJler/Praktikan-ten/Sonstige	Besondere Merkmale***
1	< 50	< 10		ja	1
2	> 100	> 20	ja	ja	
3	< 50	10–20	ja	ja	2, 3, 4
4	50–100	> 20	ja	ja	3, 4
5	50–100	< 10		ja	
6	50–100	> 20	ja		
7	> 100	10–20	ja	ja	1
8	50–100	< 10			1
9	< 50	> 20	ja	ja	
10	50–100	< 10		ja	
11	> 100	> 20	ja		1, 2
12	> 100	> 20	ja	ja	3, 4
13	50–100	10–20			
14	< 50	10–20	ja	ja	4
15	50–100	10–20			1
16	50–100	10–20		ja	1
17	50–100	< 10	ja		
18	> 100	> 20	ja	ja	3, 4
19	< 50	< 10	ja		1
20	> 100	10–20	ja	ja	
21	50–100	> 20	ja	ja	2, 4
22	50–100	> 20		ja	1, 3, 4
23	50–100	> 20	ja	ja	1, 3, 4
24	50–100	10–20	ja	ja	2, 3, 4
25	> 100	> 20	ja	ja	2, 3, 4

Anmerkungen:
* Aus Datenschutzgründen werden die Größen in Größenklassen aufgeführt.
** PIA bedeutet Personal in der Praxisintegrierten Ausbildung.
*** Besondere Merkmale: 1 = Familienzentrum; 2 = Inklusion; 3 = Sprache; 4 = besondere Bedürfnislagen.

Zum dritten Erhebungszeitpunkt (t2) wurden die Einrichtungsleitungen gefragt, ob in der Einrichtung ein schriftliches Einarbeitungskonzept für neue Fachkräfte vorliegt. Nach Angaben der Befragten[13] gibt es dies in 15 Einrichtungen, zudem verfügen drei Einrichtungen über ein spezielles Konzept für die Einarbeitung von Fachkräften, die nicht ErzieherIn oder KinderpflegerIn sind; in einer weiteren Einrichtung wird derzeit ein entsprechendes Konzept entwickelt. Weiter geben 18 Leitungen an, für die Einarbeitung neuer Fachkräfte zuständig zu sein. Daneben sind in 13 Einrichtungen die Gruppenfachkräfte und in sechs Einrichtungen ein/e spezielle/r Person (z.B. PraxisanleiterIn) für die Einarbeitung zuständig. Durchschnittlich dauert die Einarbeitung neuer Fachkräfte nach Angaben der Leitungen vier Monate. Die Dauer der Einarbeitung der *neuen* Fachkräfte[14] schätzen 13 Leitungen etwas länger ein. Drei Leitungen bezeichneten die Dauer der Einarbeitung sogar als „sehr viel länger".

5.1.3 Teamzusammensetzung in den Einrichtungen zum Zeitpunkt t0

Die Einrichtungen weisen eine große Vielfalt hinsichtlich der Zusammensetzung der Teams auf. Der Anteil von *neuen* Fachkräften liegt je nach Einrichtung zwischen 5 und 50% (vgl. Tabelle 12). In jeweils zehn Einrichtungen sind bis zu zwei Fachkräfte bzw. drei bis fünf mit anderen Qualifikationen beschäftigt, in fünf Einrichtungen sind mehr als fünf Fachkräfte nicht ErzieherIn oder KinderpflegerIn, in Einzelfällen sogar über zehn Fachkräfte. Dabei spielt die Größe der Einrichtung nur eine untergeordnete Rolle. Sowohl in größeren Teams mit mehr als 20 Fachkräften als auch in kleineren Einrichtungen (bis zu 10 Fachkräfte) gibt es hohe und niedrige Anteile von Fachkräften, die keine Ausbildung als Erzieherin oder Kinderpflegerin aufweisen.

---

13 Diese Angaben beziehen sich auf die schriftliche Befragung, an der 22 Einrichtungsleitungen teilgenommen haben.

14 Mit „*neue* Fachkräfte" werden alle Fachkräfte bezeichnet, die keine Ausbildung als ErzieherInnen oder KinderpflegerInnen abgeschlossen haben. Diese Bezeichnung bezieht sich damit ausdrücklich nicht auf die Dauer der Beschäftigung in der Einrichtung, sondern auf die für das Feld der Kindertageseinrichtungen *neuen* Berufsabschlüsse im Vergleich zu den traditionellen Qualifikationen, die nach dem Fachkräftekatalog in Baden-Württemberg zugelassen sind.

Tabelle 12: Größe, Teamzusammensetzung – *neue* Fachkräfte (t0)

Einrich-tungs-Nr.	Größe (nach Anzahl Fachkräfte)	Anzahl neue Fachkräfte (t0)	Anteil neue Fachkräfte (t0)
1	< 10	1	10 %
2	> 20	2	7 %
3	10–20	5	42 %
4	> 20	4	19 %
5	10–20	4	33 %
6	> 20	5	21 %
7	10–20	6	30 %
8	< 10	4	50 %
9	> 20	4	19 %
10	< 10	1	17 %
11	> 20	13	29 %
12	> 20	2	5 %
13	10–20	2	17 %
14	10–20	2	17 %
15	10–20	2	12 %
16	10–20	2	18 %
17	< 10	2	22 %
18	> 20	7	25 %
19	< 10	3	33 %
20	> 20	4	21 %
21	> 20	13	50 %
22	> 20	2	8 %
23	> 20	5	23 %
24	10–20	3	20 %
25	> 20	19	48 %

Anmerkung:
Die Bezeichnung *neue* Fachkräfte bezieht sich auf alle Fachkräfte in den Einrichtungen, die nach dem KiTaG als pädagogisches Personal beschäftigt werden dürfen und keine Ausbildung als ErzieherIn oder KinderpflegerIn haben.

Die Gruppe der *neuen* Fachkräfte ist in sich eine äußerst heterogene Gruppe und fasst über 20 in den Einrichtungen beschäftigte Berufsgruppen zusammen. Jede berufliche Ausbildung beinhaltet je nach Ausrichtung und Ausbildungsstätte (Berufsfachschule, Fachschule oder Hochschule) den Erwerb spezifischen Wissens und Könnens. Daher ist es grundsätzlich schwierig, Fachkräfte hinsichtlich ihrer beruflichen Abschlüsse in Gruppen zusammenzufassen. Darüber hinaus kommen über berufliche Erfahrungen und persönliche Hintergründe (z. B. Mehrsprachigkeit, Auslandserfahrung) weitere Dimensionen der Vielfalt hinzu, die es zu berücksichtigen gilt. Dennoch macht es Sinn, die *neuen* Fachkräfte weiter zu untergliedern, um die Arbeitssituationen und -prozesse vergleichend nach Berufsgruppen analysieren zu können. Das Autorenteam hat sich dabei für folgende Berufsgruppen entschieden:

1. *Einschlägig-traditionell* qualifizierte Fachkräfte
   Staatlich anerkannte ErzieherIn
   ErzieherIn für den Bereich Jugend- und Heimerziehung[15]
   KinderpflegerIn
2. *Einschlägig-hoch* qualifizierte Fachkräfte
   KindheitspädagogIn
   SozialpädagogIn, SozialarbeiterIn, DiplompädagogIn, Diplom-Erziehungswissenschaftlerln mit sozialpäd. Schwerpunkt oder B. A. dieser Fachrichtung
   Grund- und HauptschullehrerIn, SonderschullehrerIn
   Studienabschluss im päd., erziehungsw., psychol. Bereich mit mind. vier Semestern Pädagogik (Schwerpunkt Kinder und Jugendliche/Entwicklungspsychologie)
   Person mit Studienabschluss der Heilpädagogik
   HeilpädagogIn[16]
3. *Nicht-einschlägig* qualifizierte Fachkräfte
   HeilerziehungspflegerIn nach § 7 Abs. (2) 9 KiTaG
   Andere pädagogische Fachkraft nach § 7 Abs. (2) 10 KiTaG[17]
   - PhysiotherapeutIn
   - KrankengymnastIn
   - ErgotherapeutIn

---

15 Diese Berufsgruppe hat zwar i. d. R. weniger frühkindliche Schwerpunkte in der Ausbildung, ist aber seit langem auch in Kindertageseinrichtungen tätig und wird daher der Gruppe zugeordnet. Auch wird diese Gruppe in der Landesstatistik nicht getrennt geführt.

16 HeilpädagogInnen haben zwar keinen Hochschulabschluss, in der Regel jedoch eine einschlägige Weiterbildung im Anschluss an die ErzieherInnenausbildung oder eine adäquate grundständige Fachschulausbildung zur Heilpädagogin absolviert. Daher scheint es gerechtfertigt, diese Gruppe zu den *einschlägig-hoch* qualifizierten Fachkräften zu zählen.

17 Nach einer Qualifizierung in Pädagogik der Kindheit und Entwicklungspsychologie im Umfang von zusammen mindestens 25 Tagen, die auch berufsbegleitend durchgeführt werden kann, oder nach einem einjährigen betreuten Berufspraktikum (vgl. KiTaG).

- Beschäftigungs- und ArbeitstherapeutIn
- LogopädIn
- Gesundheits- und KinderkrankenpflegerIn
- Hebamme/EntbindungspflegerIn
- Haus- und FamilienpflegerIn
- DorfhelferIn
- FachlehrerIn für musisch-technische Fächer
- Erste Staatsprüfung für das Lehramt an Grund- u./o. Hauptschulen o. Sonderschulen[18]

Im Ausland erworbene, jedoch in Deutschland als gleichwertig anerkannte Qualifikation nach § 7 Abs. 3 KiTaG

Diese Einteilung in die beiden *neuen* Gruppen von Fachkräften erfolgt aufgrund der jeweiligen Nähe zum Bereich der frühkindlichen Bildung, Betreuung und Erziehung (FBBE), bei der sich die jeweiligen Ausbildungen unterscheiden. Folgt man dieser Argumentation, müsste streng genommen eine weitere Differenzierung vorgenommen werden, da die Gruppe der staatlich anerkannten KindheitspädagogInnen ganz gezielt für den Bereich der Kindertageseinrichtungen qualifiziert wird – und damit eine größere Einschlägigkeit vorzuweisen hat als andere akademische Ausbildungsgänge (vgl. Robert Bosch Stiftung, 2008). Andererseits sind – je nach spezifischer Ausrichtung und Handlungsfeldern der Einrichtung – auch andere akademische Fachkräfte *einschlägig-hoch* qualifiziert, bspw. Sonder- oder HeilpädagogInnen in inklusiv arbeitenden Einrichtungen. Auch die Gruppe der *nicht-einschlägig* qualifizierten Fachkräfte ist in sich hochgradig heterogen, weist allerdings im Vergleich zu den beiden anderen Gruppen Unterschiede hinsichtlich der fachlichen Ausrichtung und/oder des Qualifikationsniveaus auf. Daher wird auch diese Gruppe zusammenfassend betrachtet. Hinsichtlich der berufsbegleitenden Fortbildungen ist darauf hinzuweisen, dass nur ein Teil dieser Fachkräfte verpflichtet ist, einschlägige Fortbildungen von insgesamt 25 Tagen zu absolvieren. Für die HeilerziehungspflegerInnen und Fachkräfte, die im Ausland eine Qualifikation erworben haben, gilt die im KiTaG formulierte „25-Tage-Regelung" nicht.

---

18 Fachkräfte, die die erste Staatsprüfung für das Lehramt an Grund-/Hauptschulen oder Sonderschulen absolviert haben, haben zwar an Hochschulen studiert und sind damit formal höher qualifiziert als andere berufliche Abschlüsse dieser Gruppe. Da sie aber nach § 7 Abs. (2) 10 KiTaG nur in Verbindung mit einschlägigen Fortbildungen als Fachkräfte für den Bereich der Kindertageseinrichtungen gelten, ist bei ihnen von einem hohen theoretischen und praxisbezogenen Weiterbildungsbedarf in spezifisch kindheitspädagogischen Themen auszugehen.

Betrachtet man die Einrichtungsstrukturen nach der Gruppe der *nicht-einschlägig* qualifizierten Fachkräfte, so ergibt sich folgendes Bild: 20 der 25 Einrichtungen beschäftigen Fachkräfte, die nach ihren Qualifikationen dieser Gruppe zuzuordnen sind. Der Anteil zu den in der Einrichtung beschäftigten Fachkräften insgesamt beträgt zwischen 0% und 29%. Auch hier sind die Einrichtungen mit einem hohen Anteil in allen Einrichtungsgrößen zu finden (vgl. Tabelle 13).

Tabelle 13: Größe, Teamzusammensetzung – *nicht-einschlägig* qualifizierte Fachkräfte (t0)

Einrich-tungs-Nr.	Größe (nach Anzahl Fachkräfte)	Anzahl nicht-einschlägig qualifizierte Fachkräfte (t0)	Anteil nicht-einschlägig qualifizierte Fachkräfte (t0)
1	< 10	1	10%
2	> 20	1	4%
3	10–20	3	25%
4	> 20	1	5%
5	10–20	2	17%
6	> 20	2	8%
7	10–20	2	12%
8	< 10	2	25%
9	> 20	2	10%
10	< 10	0	0%
11	> 20	6	14%
12	> 20	1	2%
13	10–20	1	8%
14	10–20	1	8%
15	10–20	0	0%
16	10–20	1	9%
17	< 10	1	11%
18	> 20	4	14%
19	< 10	1	11%
20	> 20	0	0%
21	> 20	4	15%
22	> 20	0	0%
23	> 20	3	14%
24	10–20	0	0%
25	> 20	11	29%

5.1.4 Teamzusammensetzung in den Einrichtungen zum Zeitpunkt t1

Innerhalb des Zeitraums Frühjahr 2014 (t0) bis Herbst 2014 (t1) haben sich in fast allen Einrichtungen personelle Veränderungen ergeben. In nur fünf Einrichtungen besteht das Team noch in gleicher Zusammensetzung (vgl. Tabelle 14).

In fünf Einrichtungen wurden freie Stellen mit zusätzlichen *neuen* Fachkräften besetzt. In acht Einrichtungen arbeiten zum Zeitpunkt Herbst 2015 weniger *neue* Fachkräfte als im Frühjahr. In zwölf Einrichtungen hat sich die Anzahl der *neuen* Fachkräfte im Vergleich zur ersten Befragung nicht verändert. Neben *neuen* Fachkräften wurden in den Einrichtungen auch ErzieherInnen eingestellt.

Auch zum Zeitpunkt t1 weisen die Einrichtungen eine große Vielfalt bei der Zusammensetzung der Teams auf. Der Anteil von *neuen* Fachkräften liegt je nach Einrichtung zum Zeitpunkt der zweiten Befragung im Herbst 2014 zwischen 6 und 65 % bezogen auf alle Fachkräfte der Einrichtung (vgl. Tabelle 15). In acht der insgesamt 25 Einrichtungen hat sich der Anteil *neuer* Fachkräfte im Team erhöht, in zwölf Einrichtungen dagegen verringert. In fünf Einrichtungen ist er gleich geblieben. Die gegenüber t0 veränderten Anteile sind dabei nicht nur auf Zu-/Fortgänge von *neuen* Fachkräften, sondern auch auf Veränderungen der personellen Größe insgesamt (hierbei spielen neu eingestellte ErzieherInnen die größte Rolle) sowie unbesetzte Stellen zurückzuführen.

Sowohl in größeren Teams mit mehr als 20 Fachkräften als auch in kleineren Einrichtungen (bis zu 10 Fachkräfte) gibt es hohe und niedrige Anteile von Fachkräften, die keine Ausbildung als Erzieherin oder Kinderpflegerin aufweisen.

Der Anteil der *nicht-einschlägig* qualifizierten Fachkräfte zu den in der Einrichtung beschäftigten Fachkräften insgesamt beträgt zum Zeitpunkt t1 zwischen 0 % und 25 %. Damit haben sich die Anteile in Bezug auf diese Berufsgruppen in den Einrichtungen in dem Betrachtungszeitrum t0 bis t1 nur unwesentlich verändert (vgl. Tabelle 16).

Tabelle 14: Fluktuation – Personelle Zu-/Fortgänge (t0–t1*)

Einrich-tungs-Nr.	Größe (nach Anzahl Fachkräfte)	Anteil neue Fachkräfte (t1)	Anteil nicht-ein-schlägig qualifizierte Fachkräfte (t1)	Zu-/Fortgänge t0–t1**
1	< 10	10 %	10 %	/
2	> 20	6 %	3 %	+7 Ez
3	10–20	38 %	23 %	+1 Ez
4	> 20	23 %	5 %	+1 nF
5	10–20	27 %	18 %	−1 nF
6	> 20	16 %	8 %	+1 Ez
7	10–20	38 %	20 %	+3 nF
8	< 10	38 %	13 %	−1 nF, +1 Ez
9	> 20	15 %	10 %	−1 nF
10	< 10	17 %	0 %	/
11	> 20	27 %	15 %	−2 nF
12	> 20	7 %	5 %	+ 1 nF
13	10–20	9 %	8 %	−1 nF, +1 Ez
14	10–20	17 %	17 %	/
15	10–20	17 %	6 %	+1 nF
16	10–20	18 %	18 %	/
17	< 10	22 %	10 %	+1 Ez
18	> 20	23 %	15 %	−1 nF
19	< 10	22 %	0 %	−1 nF, +1 Ez
20	> 20	22 %	0 %	−2 Ez, +1 Ez
21	> 20	65 %	20 %	−6 Ez.
22	> 20	17 %	0 %	/
23	> 20	23 %	17 %	+2 Ez
24	10–20	22 %	6 %	+1 nF
25	> 20	48 %	25 %	−1 Ez, −1 nF

Anmerkungen:
* Bei diesen Angaben handelt es sich um Informationen aus den Interviews, die mit den Einrichtungs-leitungen zu drei Erhebungszeitpunkten geführt wurden.
** Ez = ErzieherIn, nF = neue Fachkraft

Tabelle 15: Größe, Teamzusammensetzung – *neue* Fachkräfte (t0 und t1)

Einrich-tungs-Nr.	Größe (nach Anzahl Fachkräfte)	Anzahl neue Fachkräfte (t1) (Veränderung zu t0)	Anteil neue Fachkräfte (t0)	Anteil neue Fachkräfte (t1)
1	< 10	1	10 %	10 %
2	> 20	5 (+3)	7 %	6 %
3	10–20	5	42 %	38 %
4	> 20	5 (+1)	19 %	23 %
5	10–20	3 (−1)	33 %	27 %
6	> 20	4 (−1)	21 %	16 %
7	> 20	7 (+1)	30 %	38 %
8	< 10	3 (−1)	50 %	38 %
9	> 20	3 (−1)	19 %	15 %
10	< 10	1	17 %	17 %
11	> 20	11 (−2)	29 %	27 %
12	10–20	3 (+1)	5 %	7 %
13	10–20	1 (−1)	17 %	9 %
14	10–20	2	17 %	17 %
15	10–20	3 (+1)	12 %	17 %
16	10–20	2	18 %	18 %
17	< 10	2	22 %	22 %
18	> 20	6 (−1)	25 %	23 %
19	< 10	2 (−1)	33 %	22 %
20	> 20	4	21 %	22 %
21	> 20	13	50 %	65 %
22	> 20	4 (+2)	8 %	17 %
23	> 20	5	23 %	23 %
24	10–20	4 (+1)	20 %	22 %
25	> 20	19	48 %	48 %

Tabelle 16: Größe, Teamzusammensetzung – *nicht-einschlägig* qualifizierte Fachkräfte (t0 und t1)

Einrich-tungs-Nr.	Größe (nach Anzahl Fachkräfte)	Anzahl nicht-ein-schlägig qualifizierte Fachkräfte (t1) (Veränderung zu t0)	Anteil nicht-ein-schlägig qualifizierte Fachkräfte (t0)	Anteil nicht-ein-schlägig qualifizierte Fachkräfte (t1)
1	< 10	1	10 %	10 %
2	> 20	1	4 %	3 %
3	10–20	3	25 %	23 %
4	> 20	1	5 %	5 %
5	10–20	2	17 %	18 %
6	> 20	2	8 %	8 %
7	10–20	4 (+2)	12 %	20 %
8	< 10	1 (−1)	25 %	13 %
9	> 20	2	10 %	10 %
10	< 10	0	0 %	0 %
11	> 20	6	14 %	15 %
12	> 20	2 (+1)	2 %	5 %
13	10–20	1	8 %	8 %
14	10–20	2 (+1)	8 %	17 %
15	10–20	1 (+1)	0 %	6 %
16	10–20	2 (+1)	9 %	18 %
17	< 10	1	11 %	10 %
18	> 20	4	14 %	15 %
19	< 10	0 (−1)	11 %	0 %
20	> 20	0	0 %	0 %
21	> 20	4	15 %	20 %
22	> 20	0	0 %	0 %
23	> 20	3	14 %	17 %
24	10–20	1 (+1)	0 %	6 %
25	> 20	10 (−1)	29 %	25 %

5.1.5 Teamzusammensetzung in den Einrichtungen zum Zeitpunkt t2

Im Zeitraum Herbst 2014 (t1) bis Frühjahr 2015 (t2) haben sich in den Einrichtungen weitere personelle Veränderungen ergeben. In sieben Einrichtungen wurden freie Stellen mit zusätzlichen *neuen* Fachkräften besetzt (t0–t1; fünf Einrichtungen). In fünf Einrichtungen arbeiten zum Zeitpunkt Frühjahr 2015 weniger *neue* Fachkräfte als im Herbst 2015 (t0–t1: acht Einrichtungen). In 15 (t0–t1: zwölf) Einrichtungen hat sich die Anzahl der *neuen* Fachkräfte im Vergleich zur letzten Befragung nicht verändert. Auch *einschlägig-traditionell* qualifizierte Fachkräfte (ErzieherInnen) wurden in den Einrichtungen eingestellt.

Wie Tabelle 17 zeigt, bestehen zum Zeitpunkt t2 noch elf Teams in gleicher Zusammensetzung wie zum Zeitpunkt t1 (t0–t1: fünf Einrichtungen). Im Zeitraum zwischen Herbst 2014 und Frühjahr 2015 sind demnach weniger Teamveränderungen als noch im Zeitraum zwischen Frühjahr und Herbst 2014 zu verzeichnen.

Betrachtet man den gesamten Untersuchungszeitraum t0-t2, so zeigt sich, dass zwischen Frühjahr 2014 (t0) und Frühjahr 2015 (t2) nur fünf Einrichtungen noch in der gleichen Besetzung bestehen. Alle anderen Teams haben teilweise erhebliche Veränderungen hinsichtlich der personellen Besetzung erfahren, die nur in wenigen Fällen auf eine Vergrößerung der Einrichtung (im Zuge des Kita-Ausbaus) zurückzuführen ist. In einigen Fällen halten sich Zu- und Fortgänge über den Betrachtungszeitraum die Waage, in anderen Fällen konnten unbesetzte Stellen neu besetzt werden. Die personellen Veränderungen betreffen dabei sowohl *einschlägig-traditionelle* Berufsgruppen (ErzieherInnen) als auch *neue* Fachkräfte. Berechnet man den Saldo der Veränderungen zwischen t0 und t2, so zeigt sich, dass es insgesamt einen personellen Zuwachs bei den traditionellen Berufsgruppen (ErzieherInnen) mit 14 Fachkräften (t0–t2) gab, während bei *neuen* Fachkräften mehr Fort- als Zugänge (der Saldo beträgt −4 Fachkräfte im Zeitraum t0–t2) zu verzeichnen sind (vgl. Tabelle 18).

Wie bereits im Herbst 2014 (t1) weisen die Einrichtungen auch im Frühjahr 2015 (t2) eine große Vielfalt hinsichtlich der Zusammensetzung der Teams auf. Der Anteil von *neuen* Fachkräften liegt je nach Einrichtung zum Zeitpunkt t2 zwischen 5 und 65 % bezogen auf alle Fachkräfte in der Einrichtung (vgl. Tabelle 19).

Im Zeitraum t1 bis t2 wurden in sieben Einrichtungen freie Stellen mit zusätzlichen *neuen* Fachkräften besetzt (t0–t1: fünf Einrichtungen). In fünf (t0–t1: acht) Einrichtungen arbeiten im Frühjahr 2015 weniger *neue* Fachkräfte als im Herbst 2014. In 15 (t0–t1: elf) Einrichtungen hat sich die Anzahl der *neuen* Fachkräfte zwischen t1 und t2 nicht verändert.

Tabelle 17: Fluktuation: Zu-/Fortgänge (t1−t2)

Einrich-tungs-Nr.	Größe (nach Anzahl Fachkräfte)	Anteil neue Fachkräfte (t2)	Anteil nicht-ein-schlägig qualifizierte Fachkräfte (t2)	Zu-/Fortgänge t1−t2*
1	< 10	10 %	10 %	/
2	> 20	16 %	8 %	+1 nF
3	10−20	38 %	23 %	/
4	> 20	23 %	5 %	/
5	< 10	33 %	22 %	+1 Ez
6	> 20	14 %	7 %	+3 Ez, −3 Ez, −1 nF
7	> 20	33 %	10 %	+1 nF, +1 Ez, −2 nF
8	< 10	38 %	13 %	/
9	> 20	11 %	5 %	−1 nF
10	< 10	17 %	0 %	/
11	> 20	26 %	14 %	+3 Ez, −1 Ez
12	> 20	5 %	2 %	−1 nF
13	10−20	17 %	8 %	+1 nF
14	10−20	17 %	17 %	/
15	10−20	17 %	6 %	+1 nF
16	10−20	18 %	18 %	/
17	< 10	22 %	10 %	/
18	> 20	23 %	15 %	/
19	< 10	9 %	0 %	+2 Ez, −1 nF
20	10−20	18 %	0 %	−1 nF
21	> 20	65 %	20 %	+1 nF, +1 E, −1 nF, −1 Ez
22	> 20	17 %	0 %	/
23	10−20	22 %	11 %	−1 nF, +1 Ez
24	10−20	29 %	9 %	+1 nF
25	> 20	50 %	26 %	+1 nF

Anmerkungen:
* Ez = ErzieherIn, nF = neue Fachkraft

Tabelle 18: Fluktuation: Zu-/Fortgänge (t0–t2*)

Einrich-tungs-Nr.	Größe (nach Anzahl Fachkräfte)	Anteil neue Fachkräfte (t2)	Anteil neue Fachkräfte (t1)	Zu-/Fortgänge t0–t1**	Zu-/Fortgänge t1–t2**
1	< 10	10 %	10 %	/	/
2	> 20	16 %	6 %	+7 Ez	+1 nF
3	10–20	38 %	38 %	+1 Ez	/
4	> 20	23 %	23 %	+1 nF	/
5	< 10	33 %	27 %	−1 nF	+1 Ez
6	> 20	14 %	16 %	+1 Ez	+3 Ez, −3 Ez, −1 nF
7	> 20	33 %	38 %	+3 nF	+1 nF, +1 Ez, −2 nF
8	< 10	38 %	38 %	−1 nF, +1 Ez	/
9	> 20	11 %	15 %	−1 nF	−1 nF
10	< 10	17 %	17 %	/	/
11	> 20	26 %	27 %	−2 nF	+3 Ez, −1 Ez
12	> 20	5 %	7 %	+1 nF	−1 nF
13	10–20	17 %	9 %	−1 nF, +1 Ez	+1 nF
14	10–20	17 %	17 %	/	/
15	10–20	17 %	17 %	+1 nF	/
16	10–20	18 %	18 %	/	/
17	< 10	22 %	22 %	+1 Ez	/
18	> 20	23 %	23 %	−1 nF	/
19	< 10	9 %	22 %	−1 nF, +1 Ez	+2 Ez, −1 nF
20	10–20	18 %	22 %	−2 Ez, +1 Ez	−1 nF
21	> 20	65 %	65 %	−6 Ez	+1 nF, +1 Ez, −1 nF, −1 Ez
22	> 20	17 %	17 %	/	/
23	10–20	22 %	23 %	+2 Ez	−1 nF, +1 Ez
24	10–20	29 %	22 %	+1 nF	+1 nF
25	> 20	50 %	48 %	−1 Ez, −1 nF	+1 nF

Anmerkungen:
* Bei diesen Angaben handelt es sich um Informationen aus den Interviews, die mit den Einrichtungs-leitungen zu drei Erhebungszeitpunkten geführt wurden.
** Ez = ErzieherIn, nF = neue Fachkraft

Tabelle 19: Größe, Teamzusammensetzung – *neue* Fachkräfte (t1 und t2)

Einrich-tungs-Nr.	Größe (nach Anzahl Fachkräfte)	Anzahl neue Fachkräfte (t2)	Anzahl neue Fachkräfte (t1)	Anteil neue Fachkräfte (t2)	Anteil neue Fachkräfte (t1)
1	< 10	1	1	10 %	10 %
2	> 20	6	5	16 %	6 %
3	10–20	5	5	38 %	38 %
4	> 20	5	5	23 %	23 %
5	< 10	3	3	33 %	27 %
6	> 20	4	4	14 %	16 %
7	> 20	7	7	33 %	38 %
8	< 10	3	3	38 %	38 %
9	> 20	2	3	11 %	15 %
10	< 10	1	1	17 %	17 %
11	> 20	11	11	26 %	27 %
12	> 20	2	3	5 %	7 %
13	10–20	2	1	17 %	9 %
14	10–20	2	2	17 %	17 %
15	10–20	2	3	17 %	17 %
16	10–20	2	2	18 %	18 %
17	< 10	2	2	22 %	22 %
18	> 20	6	6	23 %	23 %
19	< 10	1	2	9 %	22 %
20	10–20	3	4	18 %	22 %
21	> 20	13	13	65 %	65 %
22	> 20	4	4	17 %	17 %
23	10–20	4	5	22 %	23 %
24	10–20	5	4	29 %	22 %
25	> 20	21	19	50 %	48 %

Tabelle 20: Größe, Teamzusammensetzung – *nicht-einschlägig* qualifizierte Fachkräfte (t1 und t2)

Einrich-tungs-Nr.	Größe (nach Anzahl Fachkräfte)	Anzahl nicht-einschlägig qualifizierte Fachkräfte (t2)	Anzahl nicht-einschlägig qualifizierte Fachkräfte (t1)	Anteil nicht-einschlägig qualifizierte Fachkräfte (t2)	Anteil nicht-einschlägig qualifizierte Fachkräfte (t1)
1	< 10	1	1	10 %	10 %
2	> 20	3	1	8 %	3 %
3	10–20	3	3	23 %	23 %
4	> 20	1	1	5 %	5 %
5	< 10	2	2	22 %	18 %
6	> 20	2	2	7 %	8 %
7	> 20	2	4	10 %	20 %
8	< 10	1	1	13 %	13 %
9	> 20	2	2	5 %	10 %
10	< 10	0	0	0 %	0 %
11	> 20	6	6	14 %	15 %
12	> 20	1	2	2 %	5 %
13	10–20	1	1	8 %	8 %
14	10–20	2	2	17 %	17 %
15	10–20	1	1	6 %	6 %
16	10–20	2	2	18 %	18 %
17	< 10	1	1	10 %	10 %
18	> 20	4	4	15 %	15 %
19	< 10	0	0	0 %	0 %
20	10–20	0	0	0 %	0 %
21	> 20	4	4	20 %	20 %
22	> 20	0	0	0 %	0 %
23	> 20	2	3	11 %	17 %
24	10–20	1	1	9 %	6 %
25	> 20	11	10	26 %	25 %

Betrachtet man die Anteile der *neuen* Fachkräfte im Team, so zeigt sich, dass sich in fünf Einrichtungen (t0–t1: acht) der Anteil erhöht und in acht (t0–t1: elf) Einrichtungen verringert hat. Sowohl in größeren Teams mit mehr als 20 Fachkräften als auch in kleineren Einrichtungen (bis zu 10 Fachkräfte) gibt es hohe und niedrige Anteile von *neuen* Fachkräften.

Der Anteil der *nicht-einschlägig* qualifizierten Fachkräfte zu den in der Einrichtung beschäftigten Fachkräften beträgt zum Zeitpunkt t2 zwischen 0 % und 26 %. Vier der 25 Kindertageseinrichtungen beschäftigen weder im Herbst 2014, noch im Frühjahr *nicht-einschlägig* qualifizierte Fachkräfte (vgl. Tabelle 20).

5.1.6 Prozessqualität in den Einrichtungen

Zu dem ersten und letzten Erhebungszeitpunkt wurden jeweils Erhebungen zur Prozessqualität in den Einrichtungen mittels der KES-R sowie der ECERS-E[19] durchgeführt. Diese Erhebungen erfolgten jeweils in einer Gruppe der Einrichtungen.

Die Ergebnisse der Einschätzung der Prozessqualität nach der KES-R bzw. der ECERS-E stellen sich zum Zeitpunkt t0 wie folgt dar: Insgesamt liegt der Gesamtmittelwert bei der KES-R in den Einrichtungen bei 4.32 (SD = .43), dies bedeutet eine Qualität im mittleren Bereich. Allerdings weisen die Einrichtungen höhere Werte der Prozessqualität auf als die in der NUBBEK-Studie (Tietze et al., 2013) einbezogenen Einrichtungen (M = 3.90) und eine geringere Streuung (.43 im Vergleich zu .73). Der ECERS-E Gesamtmittelwert liegt bei 2.86 (SD = .66) und damit ebenfalls geringfügig höher als der in der NUBBEK-Studie erhobene KES-E Wert[20]. Allerdings fällt dieser Wert nach Tietze et al. (2013) noch in den Bereich der unzureichenden Qualität (< 3) (vgl. Tabelle 21).

Zum Erhebungszeitraum t2 liegen die Werte sowohl bei der KES-R als auch bei der ECERS-E geringfügig höher im Vergleich zu t0[21] (vgl. Tabelle 22).

Gründe für die unterschiedliche Prozessqualität in den Einrichtungen lassen sich nach den vorliegenden Daten nicht eindeutig benennen. Ein-

---

19 Die ECERS-E Skala erfasst die Qualität von Bildungsangeboten – sie besteht aus vier Subskalen zu den Bildungsbereichen Lesen, Mathematik, Naturwissenschaft und Umwelt sowie individuelle Förderung.
20 KES-E ist die für Deutschland adaptierte, aber noch nicht freigegebene Version der amerikanischen ECERS-E Skala.
21 Zum Erhebungszeitpunkt t2 wollten sich drei Einrichtungen auf eigenen Wunsch nicht einschätzen lassen. Hierfür wurden personelle und zeitliche Gründe angeführt.

richtungen höherer Qualität sind in unterschiedlichen Trägerschaften, Standorten und mit unterschiedlichen Konzeptionen zu finden; das Gleiche gilt für Einrichtungen, die sich eher im unteren Bereich der Prozessqualität bewegen.

Tabelle 21: Pädagogische Prozessqualität in den Einrichtungen (t0)

	Wertebereich	M (SD)	Min	Max	Nachrichtlich*: M (SD)
KES-R	1–7	4.32 (.43)	3.52	5.05	3.90 (.73)
ECERS-E	1–7	2.86 (.66)	1.93	4.40	2.81 (.88)

Anmerkung:
* Ergebnisse aus der NUBBEK-Studie (Tietze et al., 2013)

Tabelle 22: Pädagogische Prozessqualität in den Einrichtungen (t2)

	Wertebereich	M (SD)	Min	Max	Nachrichtlich*: M (SD)
KES-R	1–7	4.50 (.58)	3.05	5.51	3.90 (.73)
ECERS-E	1–7	2.92 (.75)	1.87	4.53	2.81 (.88)

Anmerkung:
* Ergebnisse aus der NUBBEK-Studie (Tietze et al., 2013)

In weiteren Analysen wurden nach möglichen Zusammenhängen zwischen Teamzusammensetzung (Anteile *neuer* bzw. *nicht-einschlägig* qualifizierter Fachkräfte) und der Prozessqualität gesucht. Eine vergleichende Analyse mit Hilfe von Extremgruppen, bei der die jeweils niedrigsten und höchsten Quintile (jeweils fünf Einrichtungen) gegenübergestellt wurden, ergab folgende Ergebnisse (vgl. Tabelle 23).

Bezogen auf die Prozessqualität haben Einrichtungen im oberen Quintil weniger als ein Viertel ihres Teams mit *neuen* Fachkräften und weniger als 15 % mit *nicht-einschlägig* qualifizierten Fachkräften besetzt. Einrichtungen im unteren Quintil haben (bis auf eine Ausnahme) mehr als 20 % ihres Teams mit neuen und mehr als 10 % mit *nicht-einschlägig* qualifizierten Fachkräften besetzt. Etwas deutlicher werden die Unterschiede, wenn man die Einrichtungen hinsichtlich der erfassten Qualität der Bildungsangebote (ECERS-E) betrachtet. Demnach haben die Einrichtungen mit vergleichsweise höherer Qualität ihre Teams mit höchstens 21 % neuen Fachkräften bzw. 8 % *nicht-einschlägig* qualifizierten Fachkräften besetzt. Bis auf eine Ausnahme sind die jeweiligen Anteile in Einrichtungen mit geringeren ECERS-E Mittelwerten deutlich höher (vgl. Tabelle 24).

Tabelle 23: Vergleich nach Prozessqualität der Einrichtungen (Quintile) und Anteile *neuer* bzw. *nicht-einschlägig* qualifizierter Fachkräfte im Team (t0)

	KES-R	Anteil neuer Fachkräfte	Anteil nicht-einschlägig qualifizierter Fachkräfte
oberes Quintil	> 4.75	19 %	5 %
		17 %	0 %
		21 %	0 %
		23 %	14 %
		20 %	0 %
unteres Quintil	≤ 3.80	35 %	12 %
		29 %	14 %
		5 %	2 %
		22 %	11 %
		32 %	14 %

Tabelle 24: Vergleich nach Qualität der Bildungsangebote in den Einrichtungen (Quintile) und Anteile *neuer* bzw. *nicht-einschlägig* qualifizierter Fachkräfte im Team (t0)

	ECERS-E	Anteil neuer Fachkräfte im Team	Anteil nicht-einschlägig qualifizierter Fachkräfte im Team
oberes Quintil	> 3.33	19 %	5 %
		21 %	8 %
		17 %	8 %
		21 %	0 %
		20 %	0 %
unteres Quintil	≤ 2.27	10 %	10 %
		50 %	25 %
		29 %	14 %
		50 %	15 %
		8 %	0 %

Der zusammenfassende Vergleich der Einrichtungen nach dem Anteil *neu-er* Fachkräfte (Quintile) und der Prozessqualität zeigt, dass Einrichtungen mit einem hohen Anteil von *neuen* Fachkräften (mehr als 34 %) eine etwas geringere Prozessqualität aufweisen (Mittelwerte zwischen 3.69 und 4.36) als Einrichtungen mit geringem Anteil an *neuen* Fachkräften im Team (Mittelwerte zwischen 3.80 und 4.57, vgl. Tabelle 25).

Tabelle 25: Vergleich nach Anteile *neuer* Fachkräfte (Quintile) und Prozessqualität (t0)

	Anteil *neuer* Fachkräfte im Team	KES_R	ECERS-E
oberes Quintil	> 34 %	3.69–4.36	2.07–2.67
unteres Quintil	⩽ 12 %	3.80–4.57	2.07–3.27

Der zusammenfassende Vergleich der Einrichtungen nach dem Anteil *nicht-einschlägig* qualifizierter Fachkräfte (Quintile) und der Prozessqualität zeigt, dass Einrichtungen mit einem hohen Anteil von *nicht-einschlägig* qualifizierten Fachkräften (mehr als 14 %) eine etwas geringere Prozessqua-lität aufweisen (Mittelwerte zwischen 4.02 und 4.3) als Einrichtungen mit einem geringem Anteil an *nicht-einschlägig* qualifizierten Fachkräften (Mit-telwerte zwischen 4.07 und 5.05, vgl. Tabelle 26).

Tabelle 26: Vergleich nach Anteile *nicht-einschlägig* qualifizierter Fachkräfte (Quintile) und Prozessqualität (t0)

	Anteil *nicht-einschlägig* qualifizierter FK im Team	KES_R	ECERS-E
oberes Quintil	> 14 %	4.02–4.37	2.07–2.67
unteres Quintil	⩽ 0 %	4.07–5.05	2.27–4.40

Korrelationsanalysen zu t0 zeigten in diesem Kontext, dass v.a. der Anteil an *nicht-einschlägig* qualifizierten Fachkräften über alle Einrichtungen ten-denziell negativ mit dem KES-R-Wert zusammenhängt. Dies bedeutet, dass der KES-R-Wert v.a. dann eher niedrig ausfällt, wenn viele *nicht-einschlägig* qualifizierte Fachkräfte im Team sind ($r = -.38$, $p < .10$). Ein wesentlich ge-ringerer und nicht signifikanter negativer Zusammenhang ($r = -.18$) ergab sich zwischen dem Anteil *neuer* Fachkräfte und dem KES-R-Wert. Betrach-tet man die Zusammenhänge etwas differenzierter, so lässt sich zudem noch ein weiteres Phänomen feststellen: Betrachtet man – zusätzlich zum Anteil *nicht-einschlägig* qualifizierter Fachkräfte – auch die Teamgröße (die alleine für sich genommen ebenfalls tendenziell negativ mit dem KES-R-Wert korreliert) so zeigt sich, dass diese den Zusammenhang zwischen dem Anteil an *nicht-einschlägig* qualifizierten Fachkräften und dem KES-R-Wert moderiert. Dies bedeutet, dass der negative Zusammenhang in kleinen Teams deutlicher (in der Hälfte der kleineren Teams: r = −.60, p < .05), in großen hingegen weniger deutlich (in der Hälfte der größeren Teams: r = −.33, nicht signifikant) wird. Ein hoher Anteil *nicht-einschlägig* qualifizierter Fachkräfte geht somit in der vorliegenden Stichprobe mit einer geringeren Prozessqualität einher. Ein großes Team (für sich genommen) auch. Gleichzeitig geht ein hoher Anteil *nicht-einschlägig* qualifizierter Fachkräfte jedoch v. a. in kleinen Teams mit einer geringeren Prozessqualität einher, in einem großen hingegen kaum. Zu t2 ergaben sich vergleichbare, wenn auch insgesamt etwas schwächere Zusammenhangsstrukturen.

5.2 Arbeitssituation der Fachkräfte in den Einrichtungen

Die Arbeitssituation der Fachkräfte wurde im Rahmen der wissenschaftlichen Begleitung über eine Fragebogenerhebung zu drei verschiedenen Zeitpunkten (t0, t1, t2) erfasst. Im vorliegenden Abschlussbericht werden die Ergebnisse der ersten Befragung (t0) und der letzten Befragung (t2) berichtet[22]. Dabei ist darauf hinzuweisen, dass es sich jeweils um Querschnittsanalysen handelt (eine Längsschnittanalyse erfolgt in Kapitel 6.7). Im Fokus stehen Vergleiche zwischen den drei bereits in Kapitel 5.1 beschriebenen Berufsgruppen:

- *einschlägig-traditionell* qualifizierte Fachkräfte
- *einschlägig-hoch* qualifizierte Fachkräfte
- *nicht-einschlägig* qualifizierte Fachkräfte

Überwiegend werden Vergleiche in Bezug auf Häufigkeitsverteilungen bzw. Mittelwertvergleiche berichtet. Hierfür wurden einfaktorielle Varianzanalysen mit anschließenden Post-Hoc-Vergleichen durchgeführt.

Zunächst werden wesentliche Strukturmerkmale der Fachkräfte zu den beiden Erhebungszeitpunkten t0 bzw. t2 vorgestellt. Anschließend werden Funktionen, Zusatzqualifikationen und Aufgabenbereiche der Fachkräfte berichtet.

---

22 Zwar wurden die Daten auch in der Zwischenerhebung (t1) erfasst, aus Gründen der Übersichtlichkeit werden in dem vorliegenden Bericht aber hier nur die Ergebnisse von t0 und t2 berichtet.

5.2.1 Strukturmerkmale der Fachkräfte zum Zeitpunkt t0

Berufliche Qualifikationen der Fachkräfte

In den 25 Einrichtungen haben insgesamt 312 Fachkräfte an der schriftlichen Befragung zum Zeitpunkt t0 teilgenommen. Von diesen Fachkräften haben 56,1 % eine Ausbildung zur staatlich anerkannten ErzieherIn absolviert, 7,7 % der Fachkräfte sind KinderpflegerInnen. Eine weitere größere Gruppe stellen SozialpädagogInnen (und vergleichbare Abschlüsse) mit 7,1 % dar. Bei den *neuen* Fachkräften sind HeilerziehungspflegerInnen mit 4,5 %, und KindheitspädagogInnen mit 2,6 % am stärksten vertreten. Auszubildende im Berufsanerkennungsjahr sowie TeilnehmerInnen der Praxisintegrierten Ausbildung (PIA) haben einen Anteil von 3,8 %. Alle anderen im Fachkräftekatalog aufgeführten Qualifikationen sind ebenfalls – wenn auch nur in jeweils kleiner Anzahl – vertreten (vgl. Tabelle 27).

Eine Aufteilung nach den drei Berufsgruppen ergibt folgendes Bild: Rund zwei Drittel (67,3 %) der Fachkräfte gehören der Gruppe der *einschlägig-traditionell* qualifizierten Fachkräfte an. 13,8 % der Fachkräfte sind *einschlägig-hoch* qualifiziert. 12,2 % der Fachkräfte sind *nicht-einschlägig* qualifiziert (vgl. Tabelle 28).

Exkurs   **Personelle Besetzung in Kindertageseinrichtungen Baden-Württemberg – Strukturen und Tendenzen**

Die im Rahmen der Erhebungen von TEAM-BaWü ermittelten Strukturen geben aufgrund der gezielten Auswahl von multiprofessionell besetzten Einrichtungen nicht die allgemeine Personalstruktur in baden-württembergischen Kindertageseinrichtungen wieder. Tabelle 29 zeigt die aktuelle Personalstruktur (März 2013 bzw. März 2014) nach der hier vorliegenden Systematik in drei Berufsgruppen unterteilt (dabei wurde nur Personal einbezogen, das eindeutig den nach § 7 KiTaG aufgeführten Qualifikationen zuzuordnen war).

Danach zeigt sich, dass die Bedeutung *neuer* Fachkräfte angesichts der großen Anteile von *einschlägig-traditionell* qualifizierten Fachkräften noch vergleichsweise gering ist. Während in den teilnehmenden Einrichtungen zum Zeitpunkt t0 (Februar/März 2014) 13,8 % *einschlägig-hoch* qualifizierte Fachkräfte und 12,2 % *nicht-einschlägig* qualifizierte Fachkräfte beschäftigt waren (vgl. Tabelle 28), waren es zum Stichtag 1. März 2014 auf Landesebene nur 5 % bzw. 2 %.

Allerdings zeigt sich auch nach der Landesstatistik in Baden-Württemberg eine Tendenz, *neue* Fachkräfte einzustellen. Zum Stichtag 1. März 2014 waren zwar 3.330 *einschlägig-traditionell* qualifizierte Fachkräfte zusätzlich eingestellt worden, allerdings auch 756 *einschlägig-hoch* qualifizierte Fachkräfte und 457 *nicht-*

einschlägig qualifizierte Fachkräfte. Mehr als ein Viertel des Gesamtzuwachses von 2013 bis 2014 geht damit auf die *neuen* Fachkräfte (16,6 % bzw. 10,1 %) zurück. Besonders stark zugenommen haben bei den *einschlägig-hoch* qualifizierten Fachkräften KindheitspädagogInnen, SozialpädagogInnen sowie SonderschullehrerInnen. Bei den *nicht-einschlägig* qualifizierten Fachkräften geht der Zuwachs vor allem auf soziale und medizinische Helferberufe, ErgotherapeutInnen, HeilerziehungspflegerInnen sowie KrankenpflegerInnen zurück (vgl. nachfolgende Tabelle 29). Insofern ist eine deutliche Tendenz auch auf Landesebene festzustellen, *neue* Qualifikationen einzustellen.

Tabelle 27: Berufliche Qualifikationen der Fachkräfte (t0) (N = 312)

	N	Prozent
ErzieherIn	175	56,1
ErzieherIn für den Bereich Jugend- und Heimerziehung	11	3,5
KindheitspädagogIn	8	2,6
SozialpädagogIn. SozialarbeiterIn, Dipl.-ErziehungswissenschaftlerIn	22	7,1
Grund- und HauptschullehrerIn, SonderschullehrerIn	4	1,3
Studienabschluss im päd., erziehungsw., psychol. Bereich	6	1,9
KinderpflegerIn	24	7,7
HeilpädagogIn	3	1,0
HeilerziehungspflegerIn	14	4,5
ErgotherapeutIn	2	0,6
Beschäftigungs- und ArbeitstherapeutIn	2	0,6
LogopädIn	1	0,3
Gesundheits- und KinderkrankenpflegerIn	2	0,6
Hebamme/EntbindungspflegerIn	3	1,0
Haus- und FamilienpflegerIn	2	0,6
DorfhelferIn	4	1,3
Erste Staatsprüfung für das Lehramt an Grund- u./o. Hauptschulen o. Sonderschulen	1	0,3
Im Ausland erworbene, jedoch in Deutschland als gleichwertig anerkannte Qualifikation nach § 7 Abs. 3 KiTaG	3	1,0
Auszubildende (PraktikantInnen; PIA)	12	3,8
Sonstige	13	4,1
Gesamt	312	100,0

Tabelle 28: Berufsgruppen (t0) (N = 312)

	N	Prozent
einschlägig-traditionell qualifizierte Fachkräfte	210	67,3
einschlägig-hoch qualifizierte Fachkräfte	43	13,8
nicht-einschlägig qualifizierte Fachkräfte	34	12,2
Auszubildende/Sonstige	25	6,7

Tabelle 29: Personal in Kindertageseinrichtungen nach Berufsgruppen
in Baden-Württemberg am 01.03.2013 und 01.03.2014

Höchster Berufsausbildungsabschluss	Anzahl der Personen		Zuwachs 2014/13 in %
	2013	2014	
einschlägig-traditionell qualifizierte Fachkräfte			
Erzieher/Erzieherin	49.160	52.055	5,9
Kinderpfleger/Kinderpflegerin	6.840	7.272	6,3
Assistent/Assistentin im Sozialwesen (Sozialassistent/ Sozialassistentin, Sozialbetreuer/Sozialbetreuerin, Sozialpflegeassistent/Sozialpflegeassistentin, sozialpädagogischer Assistent/sozialpädagogische Assistentin)	16	19	18,8
einschlägig-hoch qualifizierte Fachkräfte			
Dipl.-Sozialpädagoge/Dipl.-Sozialpädagogin, Dipl.-Sozialarbeiter/Dipl.-Sozialarbeiterin (FH oder vergleichbarer Abschluss)	1.663	1.885	13,3
Dipl.-Pädagoge/Dipl.-Pädagogin, Dipl.-Sozialpädagoge/ Dipl.-Sozialpädagogin, Dipl.-Erziehungswissenschaftler/ Dipl.-Erziehungswissenschaftlerin (Universität oder vergleichbarer Abschluss)	411	597	45,3
Dipl.-Heilpädagoge/Dipl.-Heilpädagogin (FH oder vergleichbarer Abschluss)	146	171	17,1
Heilpädagoge/Heilpädagogin (Fachschule)	324	345	6,5
Kinder- und Jugendlichenpsychotherapeut/-psychotherapeutin	2	3	50,0
Psychologischer Psychotherapeut/Psychologische Psychotherapeutin	7	3	−57,1
Psychologe/Psychologin mit Hochschulabschluss	26	35	34,6
Sonderschullehrer/Sonderschullehrerin	18	26	44,4
Staatlich anerkannter Kindheitspädagoge/anerkannte Kindheitspädagogin (Master)	22	73	231,8
Staatlich anerkannter Kindheitspädagoge/anerkannte Kindheitspädagogin (Bachelor)	318	555	74,5

Höchster Berufsausbildungsabschluss	Anzahl der Personen		Zuwachs 2014/13 in %
	2013	2014	
nicht-einschlägig qualifizierte Fachkräfte			
Heilerzieher/Heilerzieherin, Heilerziehungspfleger/ Heilerziehungspflegerin	374	531	42,0
Familienpfleger/Familienpflegerin	23	25	8,7
Soziale und medizinische Helferberufe (Erziehungs- helfer/Erziehungshelferin, Heilerziehungshelfer/ Heilerziehungshelferin, Heilerziehungspflegehelfer/ Heilerziehungspflegehelferin, Hauswirtschaftshelfer/ Hauswirtschaftshelferin, Krankenpflegehelfer/ Krankenpflegehelferin)	62	110	77,4
Sonstige soziale/sozialpädagogische Kurzausbildung	423	392	-7,3
Beschäftigungs- und Arbeitstherapeut/-therapeutin (Ergotherapeut/Ergotherapeutin), Bewegungspädago- ge/Bewegungspädagogin, Bewegungstherapeut/Be- wegungstherapeutin (Motopäde/Motopädin)	115	239	107,8
(Fach-) Kinderkrankenpfleger/Kinderkrankenschwester, Krankenpfleger/Krankenschwester, Altenpfleger/Alten- pflegerin	348	515	48,0
Krankengymnast/Krankengymnastin, Masseur/Mas- seurin, Masseur und med. Bademeister/Masseurin und med. Bademeisterin	23	25	8,7
Logopäde/Logopädin	111	99	-10,8
Gesamt*	60.432	64.975	7,5
nachr.: Personal in Kindertageseinrichtungen in Baden-Württemberg insgesamt	69.127	76.437	10,6

Anmerkung:
* Es wurden nur Personalgruppen einbezogen, die eindeutig den drei Gruppen zuzuordnen waren (nicht: Lehrer und sonst. Hochschulabschluss).
Quelle:
Statistisches Landesamt Baden-Württemberg, Stuttgart, 2015, eig. Berechnungen.

Strukturmerkmale der Fachkräfte

Bezüglich des Strukturmerkmals „Geschlecht" zeigt sich, dass der überwiegende Teil der Befragten weiblich ist. Zum Zeitpunkt t0 waren 81,8% der
Beschäftigen Frauen und 18,2% Männer. Hinsichtlich der Berufsgruppen
zeigen sich Unterschiede, dabei sind allerdings die geringen absoluten Be-
schäftigtenzahlen zu berücksichtigen. Von einer statistischen Überprüfung
wurde aufgrund der z.T. sehr geringen absoluten Zahlen daher Abstand genommen. (vgl. Tabellen 30 und 31).

Tabelle 30: Strukturmerkmal Geschlecht (t0) (N = 285; ohne Auszubildende/Sonstige)

	N	Prozent
Weiblich	233	81,8
Männlich	52	18,2

Tabelle 31: Männliche Beschäftigte nach Berufsgruppen (t0) (N = 52)

	N	Prozent
Einschlägig-traditionell qualifizierte Fachkräfte	27	13,0
Einschlägig-hoch qualifizierte Fachkräfte	10	23,3
Nicht-einschlägig qualifizierte Fachkräfte	15	44,1

In Bezug auf die Altersstruktur der Beschäftigten zeigt sich, dass bei den *nicht-einschlägig* qualifizierten Fachkräften 61,7% Beschäftigte unter 30 Jahre alt sind, während es bei den anderen beiden Berufsgruppen nur 46,1 bzw. 55,8% sind (vgl. Tabelle 32).

Tabelle 32: Altersstruktur nach Berufsgruppen (t0) (N = 283)

	Altersgruppe					
	< 20	21–30	31–40	41–50	51–60	> 61
Einschlägig-traditionell qualifizierte Fachkräfte	3,9 %	42,2 %	22,8 %	19,9 %	9,7 %	1,5 %
Einschlägig-hoch qualifizierte Fachkräfte	0,0 %	55,8 %	20,9 %	9,3 %	11,6 %	2,3 %
Nicht-einschlägig qualifizierte Fachkräfte	2,9 %	58,8 %	23,5 %	8,8 %	5,9 %	0,0 %
Gesamt	3,2 %	46,3 %	22,6 %	17,0 %	9,5 %	1,4 %

Deutliche Unterschiede zwischen den Fachkräften gibt es im Hinblick auf die Berufserfahrung. Obwohl fast die Hälfte aus Fachkräfte erst am Beginn ihrer beruflichen Tätigkeit (weniger als 5 Jahre Berufserfahrung) steht und damit die Einrichtungen eher junge Teams darstellen, zeigen sich noch einmal Differenzierungen zwischen den drei Berufsgruppen. Die Frage nach der Berufserfahrung in der schriftlichen Befragung zum Zeitpunkt t0 bezog sich dabei auf allgemeine berufliche Erfahrungen, nicht explizit bezogen auf den Bereich der Kindertageseinrichtungen. Unterbrechungen z.B. aufgrund von Arbeitslosigkeit, Kindererziehungszeiten etc. sollten bei der Angabe abgezogen werden. Jeweils zwei Drittel der *einschlägig-hoch* qualifizierten Fachkräfte (63,4 %) und der *nicht-einschlägig* qualifizierten Fachkräften (67,6 %) berichteten von weniger als 5 Jahren Berufserfahrung. Dabei zeigen sich signifikante Unterschiede[23]: *Einschlägig-traditionell* qualifizierte Fachkräfte (M = 2.48; SD = 1.68) haben im Durchschnitt mehr Berufserfahrung als *nicht-einschlägig* qualifizierte Fachkräfte (M = 1.61; SD = 1.14) (vgl. Tabelle 33).

Tabelle 33: Berufserfahrung nach Berufsgruppen (t0) (N = 272)

	Berufserfahrung in Jahren				
	< 5	6–10	11–15	16–20	> 20
Einschlägig-traditionell qualifizierte Fachkräfte	39,6 %	17,8 %	22,3 %	7,6 %	12,7 %
Einschlägig-hoch qualifizierte Fachkräfte	63,4 %	7,3 %	14,6 %	4,9 %	9,8 %
Nicht-einschlägig qualifizierte Fachkräfte	67,6 %	14,7 %	11,8 %	0,0 %	5,9 %
Gesamt	46,7 %	15,8 %	19,9 %	6,3 %	11,4 %

Noch deutlicher sind die Unterschiede in Bezug auf die Frage, wie lange die Fachkräfte in der Einrichtung tätig sind. Dabei zeigt sich, dass die befragten Fachkräfte zum Zeitpunkt t0 im Durchschnitt vier Jahre in der Einrichtung tätig waren. Deutlich kürzer ist die Beschäftigungsdauer bei den *einschlägig-hoch* qualifizierten Fachkräften (M = 2.40; SD = 3.09). Noch kürzer mit durchschnittlich 1,49 Jahren (SD = 2.42) sind die *nicht-einschlägig* qualifizierten Fachkräfte in den Einrichtungen tätig. Diese Unterschiede sind statistisch signifikant, wobei die Streuungen sehr groß sind. Die meisten der *nicht-einschlägig* qualifizierten Fachkräfte sind zwei Jahre oder kürzer in der Einrichtung, nur in Einzelfällen ist eine längere Tätigkeitsdauer berichtet worden (vgl. Tabelle 34).

Auch hinsichtlich des höchsten Schulabschlusses weisen die Fachkräfte Unterschiede auf. Bezogen auf alle Fachkräfte (N = 272) sind mittlere Reife und Hochschulzugangsberechtigung (HZB) etwa gleichverteilt, nur ein kleiner Teil der Fachkräfte (hierbei handelt es sich ausschließlich um KinderpflegerInnen) gaben den Hauptschulabschluss als höchsten Schulabschluss an. Bei den *einschlägig-hoch* qualifizierten Fachkräften ist die Hochschulzugangsberechtigung der regelhafte Schulabschluss. Bei den *nicht-einschlägig*

---

23 Die Differenz der Mittelwerte (*einschlägig-traditionell* – *nicht-einschlägig* qualifizierte Fachkräfte) ist signifikant (p < .01).

qualifizierten Fachkräften hat über die Hälfte (54,5%) eine Hochschulzugangsberechtigung (vgl. Tabelle 35).

Tabelle 34: Tätigkeitsdauer in der Einrichtung nach Berufsgruppen (t0) (N = 266)

	N	M	SD
Einschlägig-traditionell qualifizierte Fachkräfte	193	4.76	5.03
Einschlägig-hoch qualifizierte Fachkräfte	41	2.40*	3.09
Nicht-einschlägig qualifizierte Fachkräfte	32	1.49**	2.42
Gesamt	266	4.00	4.69

Anmerkungen:
* Die Differenz der Mittelwerte zwischen einschlägig-traditionellen und einschlägig-hoch qualifizierten Fachkräften ist signifikant (p < .01).
** Die Differenz der Mittelwerte zwischen einschlägig-traditionellen und einschlägig-hoch qualifizierten Fachkräften ist signifikant (p < .001).

Tabelle 35: Höchster Schulabschluss nach Berufsgruppen (t0) (N = 272)

	Hauptschulabschluss	Mittlere Reife	HZB
Einschlägig-traditionell qualifizierte Fachkräfte	3,6 %	59,9 %	36,5 %
Einschlägig-hoch qualifizierte Fachkräfte	0,0 %	2,4 %	97,6 %
Nicht-einschlägig qualifizierte Fachkräfte	0,0 %	45,5 %	54,5 %
Gesamt	2,6 %	49,2 %	48,2 %

Arbeitsverhältnisse der Fachkräfte

Hinsichtlich der Arbeitsverhältnisse zeigt sich folgendes Bild: 72,2% der Fachkräfte sind unbefristet, der Rest ist befristet angestellt. Vergleicht man die drei Gruppen miteinander, so zeigt sich, dass die Befristung von Arbeitsverträgen bei den *einschlägig-traditionell* qualifizierten Fachkräften mit 19,9% unterdurchschnittlich häufig vorkommt, während bei den *einschlägig-hoch* qualifizierten Fachkräften 40,5% dieser Gruppe einen befristeten Arbeitsvertrag und bei den *nicht-einschlägig* qualifizierten Fachkräften sogar 58,8% der Fachkräfte eine Befristung haben (vgl. Tabellen 36 und 37).

Hinsichtlich der Wochenarbeitszeit gibt es keine bedeutsamen Unterschiede zwischen den drei Berufsgruppen. Im Mittel liegt die wöchentliche Arbeitszeit insgesamt bei 33,62 Stunden (vgl. Tabelle 38). Deutliche Unterschiede gibt es hingegen in Bezug auf die durchschnittliche mittelbare pädagogische Arbeitszeit So haben die *einschlägig-traditionell* qualifizierten Fachkräfte im Durchschnitt 6,74 Stunden pro Woche für Vor- und Nachbereitung, Elterngespräche, Beobachtung und Dokumentation oder Teambesprechungen zur Verfügung. Bei den *einschlägig-hoch* qualifizierten Fachkräften ist der zeitliche Umfang dieser wichtigen Tätigkeiten mit 7,20 Stunden noch etwas höher. Bedeutsame Unterschiede ergeben sich zwischen *einschlägig-hoch* qualifizierten Fachkräften im Vergleich zu *nicht-einschlägig* qualifizierten Fachkräften. So haben *nicht-einschlägig* qualifizierte Fachkräfte deutlich weniger Zeit: Ihnen stehen durchschnittlich nur 4,50 Stunden pro Woche für mittelbare pädagogische Tätigkeiten zur Verfügung. Bezogen auf die Arbeitszeit insgesamt ergibt sich bei dieser Gruppe von Fachkräften damit ein rechnerischer Anteil an der Arbeitszeit von 13,5 % (vgl. Tabellen 38 und 39).

Tabelle 36: Befristung der Arbeitsverhältnisse (ohne Auszubildende/Sonstige) (t0) (N = 277)

	N	Prozent
Unbefristet	200	72,2
Befristet	77	27,8
Gesamt	277	100,0

Tabelle 37: Befristete Arbeitsverhältnisse nach Berufsgruppen (t0) (N = 77)

	N	Prozent
Einschlägig-traditionell qualifizierte Fachkräfte	40	19,9
Einschlägig-hoch qualifizierte Fachkräfte	17	40,5
Nicht-einschlägig qualifizierte Fachkräfte	20	58,8

Tabelle 38: Wochenarbeitszeit nach Berufsgruppen (t0) (N = 272)

	N	M	SD
Einschlägig-traditionell qualifizierte Fachkräfte	198	33.64	9.15
Einschlägig-hoch qualifizierte Fachkräfte	41	33.71	8.53
Nicht-einschlägig qualifizierte Fachkräfte	33	33.43	9.10
Gesamt	272	33.62	9.02

Unterschiede weisen die Berufsgruppen auch hinsichtlich des monatlichen Bruttoverdienstes (ohne Weihnachtsgeld, Urlaubsgeld, Entgeld für Überstunden etc.) auf. Ein Vergleich ausschließlich der in Vollzeit tätigen Fachkräfte (mind. 35 Stunden pro Woche) zeigt, dass die *nicht-einschlägig* quali-

fizierten Fachkräfte mit 1.852,49 Euro monatlichem Bruttoverdienst deutlich unter dem Durchschnittsverdienst der beiden anderen Berufsgruppen
liegen. Dieses entspricht nach der Entgelttabelle für den Sozial- und Erzie-
hungsdienst (S-Tabelle) etwa der Entgeltgruppe S4, Stufe 1 (vgl. Tabelle 40).

Tabelle 39: Mittelbare pädagogische Arbeitszeit nach Berufsgruppen (t0) (N = 240)

	N	M	SD
Einschlägig-traditionell qualifizierte Fachkräfte	173	6.74	6.03
Einschlägig-hoch qualifizierte Fachkräfte	38	7.20*	7.12
Nicht-einschlägig qualifizierte Fachkräfte	29	4.50*	2.77
Gesamt	240	6.54	5.96

Anmerkung:
* Die Differenz der Mittelwerte zwischen einschlägig-hoch und nicht-einschlägig qualifizierten Fachkräfte
ist signifikant: p < .05.

Tabelle 40: Monatlichen Bruttoverdienst (ohne Zusatzbezüge), nur Vollzeitbeschäftigte
nach Berufsgruppen (t0) (N = 149)

	N	M	SD
Einschlägig-traditionell qualifizierte Fachkräfte	104	2.330.53*	634.37
Einschlägig-hoch qualifizierte Fachkräfte	26	2.463.85*	415.58
Nicht-einschlägig qualifizierte Fachkräfte	19	1.852.49*	545.12
Gesamt	149	2.292.84	613.52

Anmerkung:
* Die Differenz der Mittelwerte (einschlägig-traditionell und einschlägig-hoch – nicht-einschlägig qualifizierte Fachkräfte) ist signifikant (p < .001).

5.2.2 Strukturmerkmale der Fachkräfte zum Zeitpunkt t2

Berufliche Qualifikationen der Fachkräfte

In den 25 Einrichtungen haben insgesamt 279 Fachkräfte an der schriftlichen
Befragung zum Zeitpunkt t2 teilgenommen. Von diesen Fachkräften haben
55,9% eine Ausbildung zur staatlich anerkannten ErzieherIn absolviert. 6,5%
der Fachkräfte sind KinderpflegerInnen. SozialpädagogInnen (und vergl. Abschlüsse) haben einen Anteil von 5,7%. Bei den *neuen* Fachkräften sind KindheitspädagogInnen mit 4,0%, HeilpädagogInnen mit 3,9% und HeilerziehungspflegerInnen mit 3,6% am stärksten vertreten. Zum Zeitpunkt t2 waren
5,8% der Beschäftigten PraktikantInnen bzw. Auszubildende. Die genaue

Aufstellung der Fachkräfte nach höchstem beruflichem Abschluss zeigt Tabelle 41.

Tabelle 41: Berufliche Qualifikationen der Fachkräfte (t2) (N = 279)

	N	Prozent
ErzieherIn	156	55,9
ErzieherIn für den Bereich Jugend- und Heimerziehung	11	3,9
KindheitspädagogIn	11	4,0
SozialpädagogIn, SozialarbeiterIn, Dipl.-ErziehungswissenschaftlerIn	16	5,7
Grund- und HauptschullehrerIn, SonderschullehrerIn	3	1,1
Studienabschluss im päd., erziehungsw., psychol. Bereich	4	1,4
KinderpflegerIn	18	6,5
HeilpädagogIn	11	3,9
HeilerziehungspflegerIn	10	3,6
ErgotherapeutIn	2	0,7
KrankengymnastIn	0	0
Beschäftigungs- und ArbeitstherapeutIn	1	0,4
LogopädIn	1	0,4
Gesundheits- und KinderkrankenpflegerIn	5	1,8
Hebamme/EntbindungspflegerIn	1	0,4
Haus- und FamilienpflegerIn	0	0,0
DorfhelferIn	0	0,0
Erste Staatsprüfung für das Lehramt an Grund- u./o. Hauptschulen o. Sonderschulen	1	0,4
Im Ausland erworbene, jedoch in Deutschland als gleichwertig anerkannte Qualifikation nach § 7 Abs. 3 KiTaG	1	0,4
Auszubildende (Praktikant; PIA)	16	5,8
Sonstige	11	4,0
Gesamt	279	100,0

Eine Auswertung der schriftlichen Befragung aller Fachkräfte zum Zeitpunkt t2 ergibt folgendes Bild: Knapp zwei Drittel (69,2%; t0: 67,3%) der Fachkräfte stellt die Gruppe der *einschlägig-traditionell* qualifizierten Fachkräfte dar. 16,5% der Fachkräfte sind *einschlägig-hoch* qualifiziert (t0: 13,8%). 8,3% der Fachkräfte sind *nicht-einschlägig* qualifizierte Fachkräfte (t0: 12,2%).

Damit ist die Gruppe der *einschlägig-hoch* qualifizierten Fachkräfte zum Befragungszeitpunkt t2 stärker repräsentiert als zu t0[24] (vgl. Tabelle 42).

Tabelle 42: Berufsgruppen (t2) (N = 266)

	N	Prozent
Einschlägig-traditionell qualifizierte Fachkräfte	184	69,2
Einschlägig-hoch qualifizierte Fachkräfte	44	16,5
Nicht-einschlägig qualifizierte Fachkräfte	22	8,3
Auszubildende/PIAs	16	6,0

Strukturmerkmale der Fachkräfte

Hinsichtlich des Strukturmerkmals „Geschlecht" ist der überwiegende Teil der Befragten zum Zeitpunkt t2 weiblich (93,8 %) (vgl. Tabelle 43). Der größte Anteil männlicher Beschäftigter findet sich in der Gruppe der *einschlägig-hoch* qualifizierten Fachkräfte (vgl. Tabelle 44). Dabei sind allerdings die geringen Fallzahlen zu berücksichtigen.

Tabelle 43: Strukturmerkmal Geschlecht (ohne Auszubildende/Sonstige) (t2) (N = 243)

	N	Prozent
Weiblich	228	93,8
Männlich	15	6,2
Gesamt	243	100,0

Tabelle 44: Männliche Beschäftigte nach Berufsgruppen (t2) (N = 15)*

	N	Prozent
Einschlägig-traditionell qualifizierte Fachkräfte	10	5,4
Einschlägig-hoch qualifizierte Fachkräfte	4	9,0
Nicht-einschlägig qualifizierte Fachkräfte	1	4,5

* Die geringe Anzahl von männlichen Fachkräften in der schriftlichen Befragung zum Zeitpunkt t2 spiegelt lt. Auskunft der Leitungen nicht die tatsächlichen Verhältnisse wider. Demnach hat sich die Anzahl der männlichen Fachkräfte nicht verringert.

---

24 Dies ist einerseits darauf zurückzuführen, dass die tatsächliche Anzahl der *nicht-einschlägig* qualifizierten Fachkräfte nach Auskunft der Leitungen zurückgegangen ist (vgl. Kapitel 5.1), aber auch auf eine geringere Teilnahme dieser Gruppe an der schriftlichen Befragung.

Hinsichtlich der Altersstruktur der Beschäftigten fällt der hohe Anteil jüngerer Beschäftigter (unter Dreißigjährige) bei den *einschlägig-hoch* qualifizierten Fachkräften mit 70,9% bzw. 63,6% in der Gruppe der *nicht-einschlägig* qualifizierten Fachkräfte auf (vgl. Tabelle 45).

Tabelle 45: Altersstruktur nach Berufsgruppen (t2) (N = 242)

	Altersgruppen					
	< 20	21–30	31–40	41–50	51–60	> 61
Einschlägig-traditionell qualifizierte Fachkräfte	0,6%	44,1%	24,9%	19,8%	9,6%	1,1%
Einschlägig-hoch qualifizierte Fachkräfte	0,0%	70,9%	16,3%	16,3%	11,6%	0,0%
Nicht-einschlägig qualifizierte Fachkräfte	0,0%	63,6%	18,2%	9,1%	4,5%	4,5%
Gesamt	0,2%	47,9%	22,7%	18,2%	9,5%	1,2%

Im Frühjahr 2015 berichten jeweils etwa die Hälfte der *einschlägig-hoch* qualifizierten und der *nicht-einschlägig* qualifizierten Fachkräfte von weniger als 5 Jahren Berufserfahrung. Mehr als 20 Jahre Berufserfahrung haben mit 14,8% am ehesten *einschlägig-traditionell* qualifizierte Fachkräfte (vgl. Tabelle 46).

Tabelle 46: Berufserfahrung nach Berufsgruppen (t2) (N. = 241)

	Berufserfahrung in Jahren				
	< 5	6–10	11–15	16–20	> 20
Einschlägig-traditionell qualifizierte Fachkräfte	34,1%	26,1%	17,6%	7,4%	14,8%
Einschlägig-hoch qualifizierte Fachkräfte	53,5%	16,3%	13,9%	4,7%	11,6%
Nicht-einschlägig qualifizierte Fachkräfte	50,0%	22,7%	13,6%	4,5%	9,1%
Gesamt	39,0%	24,1%	16,6%	6,6%	13,7%

Im Durchschnitt arbeiteten die Fachkräfte zum Zeitpunkt t2 4.75 Jahre in der Einrichtung, allerdings ist die Streuung sehr groß (SD = 4.49). Zwischen den Berufsgruppen zeigen sich deutliche Unterschiede zwischen den *einschlägig-traditionell* qualifizierten Fachkräften, die im Durchschnitt eine Tätigkeitsdauer von 5.46 Jahren in der Einrichtung angaben, und den beiden anderen Gruppen. Im Gruppenvergleich arbeiten *einschlägig-traditionell* qualifizierte Fachkräfte signifikant länger in der Einrichtung als *einschlägig-hoch* und *nicht-einschlägig* qualifizierte Fachkräfte (vgl. Tabelle 47).

Tabelle 47: Tätigkeitsdauer in der Einrichtung nach Berufsgruppen (t2) (N = 231)

	N	M	SD	Min–Max
Einschlägig-traditionell qualifizierte Fachkräfte	170	5.46*	4.93	0–24
Einschlägig-hoch qualifizierte Fachkräfte	43	3.04*	2.08	0–9
Nicht-einschlägig qualifizierte Fachkräfte	18	2.15*	.96	1–5
Gesamt	231	4.75	4.49	0–24

Anmerkung:
* Die Unterschiede der Mittelwerte zwischen den drei Gruppen sind signifikant: $p < .01$.

Hinsichtlich des höchsten Schulabschlusses sind mittlere Reife und Hochschulzugangsberechtigung die am meisten genannten Schulabschlüsse. Nur ein kleiner Teil der Fachkräfte gibt den Hauptschulabschluss als höchsten Schulabschluss an (vgl. Tabelle 48).

Tabelle 48: Höchster Schulabschluss nach Berufsgruppen (t2) (N = 242)

	Hauptschul-abschluss	Mittlere Reife	HZB
Einschlägig-traditionell qualifizierte Fachkräfte	1,1 %	64,8 %	34,1 %
Einschlägig-hoch qualifizierte Fachkräfte	0,0 %	9,1 %	90,9 %
Nicht-einschlägig qualifizierte Fachkräfte	0,0 %	61,9 %	38,1 %
Gesamt	0,8 %	54,4 %	44,8 %

Arbeitsverhältnisse der Fachkräfte

Hinsichtlich der Arbeitsverhältnisse zeigt sich, dass rd. zwei Drittel der Fachkräfte (76,2 %) zum Zeitpunkt t2 unbefristet angestellt sind[25]. Im Vergleich der Gruppen sind am häufigsten *nicht-einschlägig* qualifizierte Fachkräfte befristet angestellt (vgl. Tabelle 49 und 50).

---

25 Diese Angaben werden durch die Ergebnisse der Leitungsbefragung verifiziert: Demnach sind 33 % der Fachkräfte in den Einrichtungen befristet angestellt.

Tabelle 49: Befristung der Arbeitsverhältnisse (ohne Auszubildende/Sonstige) (t2)
(N = 183)

	N	Prozent
Unbefristet	183	76,2
Befristet	51	21,3
Gesamt	234	100,0

Tabelle 50: Befristete Arbeitsverhältnisse nach Berufsgruppen (t2) (N = 51)

	N	Prozent
Einschlägig-traditionell qualifizierte Fachkräfte	32	17,4
Einschlägig-hoch qualifizierte Fachkräfte	10	22,7
Nicht-einschlägig qualifizierte Fachkräfte	9	40,9

Die durchschnittliche Wochenarbeitszeit liegt zum Zeitpunkt t2 bei rd. 34 Stunden. Dabei gibt es keine signifikanten Unterschiede zwischen den drei Berufsgruppen (vgl. Tabelle 51).

Tabelle 51: Wochenarbeitszeit nach Berufsgruppen (t2) (N = 197)

	Häufigkeit	M	SD	Min–Max
Einschlägig-traditionell qualifizierte Fachkräfte	145	34.34	7.29	10–40
Einschlägig-hoch qualifizierte Fachkräfte	34	34.68	6.79	20–40
Nicht-einschlägig qualifizierte Fachkräfte	18	34.50	6.85	20–40
Gesamt	197	34.42	7.13	10–40

68,5 % der Fachkräfte geben an, in Vollzeit (mindestens 35 Stunden/Woche) angestellt zu sein[26] (vgl. Tabelle 52).

---

26 Diese Angaben lassen sich durch die Ergebnisse der Leitungsbefragung bestätigen: Demnach sind rd. 33 % der Beschäftigten in den befragten Kindertageseinrichtungen in Teilzeit tätig.

Tabelle 52: Anteil der Voll- und Teilzeitbeschäftigten nach Berufsgruppen (t2) (N = 197)

	Vollzeit ≥ 35 h/Wo	Teilzeit < 35 h/Wo	N
Einschlägig-traditionell qualifizierte Fachkräfte	67,6 %	32,4 %	145
Einschlägig-hoch qualifizierte Fachkräfte	73,5 %	26,5 %	34
Nicht-einschlägig qualifizierte Fachkräfte	66,7 %	33,3 %	18
Gesamt	68,5 %	31,5 %	197

Im Frühjahr 2015 steht den Fachkräften eine mittelbare pädagogische Arbeitszeit von durchschnittlich 5.59 Stunden (SD = 2.21) für Vor- und Nachbereitung, Elterngespräche, Beobachtung und Dokumentation oder Teambesprechungen zur Verfügung (vgl. Tabelle 53). Ein Vergleich zwischen den Berufsgruppen zeigt Unterschiede in der zur Verfügung stehenden mittelbaren pädagogischen Zeit zwischen den Gruppen. Diese sind zum letzten Erhebungszeitpunkt allerdings nicht signifikant.[27]

Tabelle 53: Mittelbare pädagogische Arbeitszeit nach Berufsgruppen (t2) (N = 151)

	N	M	SD	Min–Max
Einschlägig-traditionell qualifizierte Fachkräfte	113	5.55	2.24	1–10
Einschlägig-hoch qualifizierte Fachkräfte	24	5.98	2.10	1–10
Nicht-einschlägig qualifizierte Fachkräfte	24	5.29	2.20	2–9
Gesamt	151	5.59	2.21	1–10

Bezogen auf die wöchentliche Arbeitszeit insgesamt zeigt sich, dass Teilzeitbeschäftigte (Anstellung unter 35 Stunden/Woche) mit durchschnittlich 4.48 Stunden (SD = 1.69) weniger mittelbare pädagogische Zeit zur Verfügung haben als Vollzeitbeschäftigte (M = 6.18; SD = 2.17). Als prozentualen Anteil an mittelbarer pädagogischer Arbeitszeit ergibt sich damit bei Voll-

---

27 Ein Vergleich mit den Ergebnissen zum Zeitpunkt t0 weist auf deutlich geringere Verfügungszeiten für die mittelbare pädagogische Arbeit hin. Ob sich dies auf eine tatsächliche Verringerung (bzw. tatsächliche Inanspruchnahme) dieser Zeiten oder auf Ungenauigkeiten in den Angaben der Fachkräfte zurückführen lässt, kann nicht beurteilt werden. Auch die Angaben der Einrichtungsleitungen sowie die Ergebnisse aus den Interviews der Fachkräfte brachten in dieser Hinsicht keine Klarheit. Auf die schwierige Erfassung dieser mittelbaren pädagogischen Arbeitszeit (u. a. aufgrund fehlender vertraglicher Regelungen) wurde bereits in der Studie „Schlüssel zu guter pädagogischer Qualität" (Viernickel et al., 2013) hingewiesen.

zeitbeschäftigten 16,0 % der Arbeitszeit und bei Teilzeitbeschäftigten 17,8 % der Arbeitszeit (vgl. Tabelle 54).

Tabelle 54: Anteil an mittelbarer pädagogischer Zeit nach Voll- und Teilzeit-beschäftigten (t2) (N = 153)

	N	M	SD	Median
Vollzeitbeschäftigte	103	6.18	2.17	6.00
Teilzeitbeschäftigte	50	4.48	1.69	5.00
Gesamt	153	5.62	2.17	6.00

Bezogen auf alle Befragten liegt zum Zeitpunkt t2 der monatliche Brutto-verdienst durchschnittlich bei 2.165,59 Euro (vgl. Tabelle 55). Im Gruppen-vergleich haben *nicht-einschlägig* qualifizierte Fachkräfte mit durchschnitt-lich 2.057,90 Euro im Monat im Unterschied zu *einschlägig traditionell* qua-lifizierten Fachkräften (M = 2.135,58) und *einschlägig-hoch* qualifizierten Fachkräften (M = 2.323,15) ein geringeres Einkommen, auch wenn die Ein-kommensunterschiede nicht so stark wie zum Zeitpunkt t0 hervortreten.

Tabelle 55: Monatlichen Bruttoverdienst (ohne Zusatzbezüge), nur Vollzeitbeschäftigte nach Berufsgruppen (t2) (N = 192)

	N	M	SD	Min–Max
Einschlägig-traditionell qualifizierte Fachkräfte	133	2.135.58	699.07	710–4.000
Einschlägig-hoch qualifizierte Fachkräfte	39	2.323.15	644.67	1.000–3.990
Nicht-einschlägig qualifizierte Fachkräfte	20	2.057.90	536.13	1.000–3.000
Gesamt	192	2.165.59	675.23	710–4.000

Zum dritten Erhebungszeitpunkt (t2) wurden die *nicht-einschlägig* qualifi-zierten Fachkräfte zusätzlich gefragt, welche Fortbildungen sie nach der seit Juni 2013 bestehenden „25-Tage-Regelung" nach § 7 Abs. 10 KiTaG absol-viert haben. Dabei gaben sie an, bereits an Fortbildungen teilgenommen zu haben. Am häufigsten wurden Fortbildungen zu Bildungs- und Entwick-lungsfeldern des Orientierungsplans und zu Verfahren der Beobachtung und Dokumentation genannt, gefolgt von Fortbildungen zu Hygienevor-schriften nach dem Infektionsschutzgesetz. Eine detailliertere Auswertung der Angaben war allerdings wegen fehlender Angaben zu Dauer und Umfang der Fortbildungen nicht möglich[28].

Auch wurden die Fachkräfte zum Zeitpunkt t2 danach gefragt, ob sie an beruflichen Weiterbildungsangeboten teilnehmen. Dabei gaben 14% der befragten Fachkräfte an, sich derzeit beruflich weiterzubilden, weitere 8% der Befragten planen eine Weiterbildungsmaßnahme. Unter den Fachkräften, die sich fortbilden, stellt die Gruppe der *einschlägig-traditionell* qualifizierten Fachkräfte mit 75% die größte Gruppe dar.

5.2.3 Funktionen, Zusatzqualifikationen und Aufgabenbereiche der Fachkräfte zum Zeitpunkt t0

Funktionen und Zusatzqualifikationen der Fachkräfte

Von den befragten Fachkräften (N = 277) haben zum Zeitpunkt t0 130 Fachkräfte besondere Funktionen und Aufgaben in der Einrichtung übernommen, wobei allerdings 109 Fachkräfte „Gruppenleitung" bzw. „stellvertretende Gruppenleitung" angegeben haben. Acht Fachkräfte sind als Sprachförderkräfte tätig, vier Fachkräfte haben Sonderfunktionen als Integrationsfachkraft inne (vgl. Tabelle 56).

Tabelle 56: Funktionsbereiche der pädagogischen Fachkräfte (t0) (N = 130)

Funktionsbereiche	N	Prozent
Stellvertretende Leitung	6	2,3
Gruppenleitung	86	32,6
Stellvertretende Gruppenleitung	23	8,7
Sprachförderkraft	8	3,0
Integrationsfachkraft	4	1,5
Sonstige Beauftragungen	3	1,2

Am häufigsten haben *einschlägig-traditionell* qualifizierte Fachkräfte Funktionsstellen inne, was auch mit der längeren Beschäftigungsdauer in der Einrichtung zusammenhängen dürfte. Ausnahme bildet der Funktionsbereich „Integrationsfachkraft", der häufiger von den *einschlägig-hoch* qualifizierten Fachkräften besetzt wird. *Nicht-einschlägig* qualifizierte Fachkräfte

---

28 Dies wurde im Rahmen der leitfadengestützten Interviews mit den Fachkräften thematisiert (vgl. Kapitel 3.3).

sind nur in wenigen Ausnahmen in der Gruppenleitung oder stellvertretenden Gruppenleitung, nicht aber in speziellen Funktionsbereichen tätig.

Hinsichtlich zusätzlicher Qualifikationen zeigt sich, dass die *einschlägig-
traditionell* qualifizierten Fachkräfte mit 22,1 % den höchsten Anteil an 1-
bis 2-jährigen Zusatzqualifikationen[29] haben. Bei den anderen Berufsgruppen liegt er deutlich niedriger (vgl. Tabelle 57). Als Zusatzqualifikationen
wurden Sprachförderung (N = 19), spezielle Pädagogik (N = 10), und Bera-
tung/Therapie (N = 8) am häufigsten genannt.

Tabelle 57: Häufigkeit der Zusatzqualifikationen nach Berufsgruppen (t0) (N = 277)

	N	Prozent
Einschlägig-traditionell qualifizierte Fachkräfte	46	22,1
Einschlägig-hoch qualifizierte Fachkräfte	6	14,6
Nicht-einschlägig qualifizierte Fachkräfte	2	5,9
Gesamt	54	19,1

Aufgabenbereiche der Fachkräfte

Die Fachkräfte wurden auch gebeten, ihre Handlungsfelder, die neben den
täglichen pädagogischen Kernaufgaben, von besonderer Bedeutung sind,
anzugeben[30]. Dabei hatten sie die Möglichkeit, vorgegebene Handlungsfelder auf einer fünfstufigen Skala („1" „sehr geringe Bedeutung"; „5" sehr
„große Bedeutung") zu gewichten.

Die größte Bedeutung hat als zusätzliches Handlungsfeld die Sprachförderung (M = 4.28; SD = .91). Als weitere wichtige Handlungsfelder (M >
3.00) wurden die Förderung der seelischen/körperlichen Gesundheit, die
sozialpädagogische Förderung, Integration/Inklusion, Vielfalt/Diversity, spezielle Bildungsfelder, sowie Leitbild/Konzeptionsentwicklung, Fortbildun-
gen/Mitarbeiterschulungen und Evaluation/Qualitätsmanagement genannt
(vgl. Abbildung 9).

---

29 Gefragt wurde hierbei explizit nach 1-2jährigen, zertifizierten Zusatzqualifikationen.
30 „Bitte geben Sie – falls vorhanden – Handlungsfelder an, die neben Ihren täglichen päd-
    agogischen Kernaufgaben von Bedeutung sind. Schätzen Sie dabei jeweils ein, welche Be-
    deutung dieser Bereich in Ihrer pädagogischen Arbeit derzeit hat.

Abbildung 9: Relevanzeinschätzung pädagogischer Handlungsfelder nach Angabe der befragten Fachkräfte (N = 252; 1 = sehr geringe Bedeutung, 5 = sehr große Bedeutung)

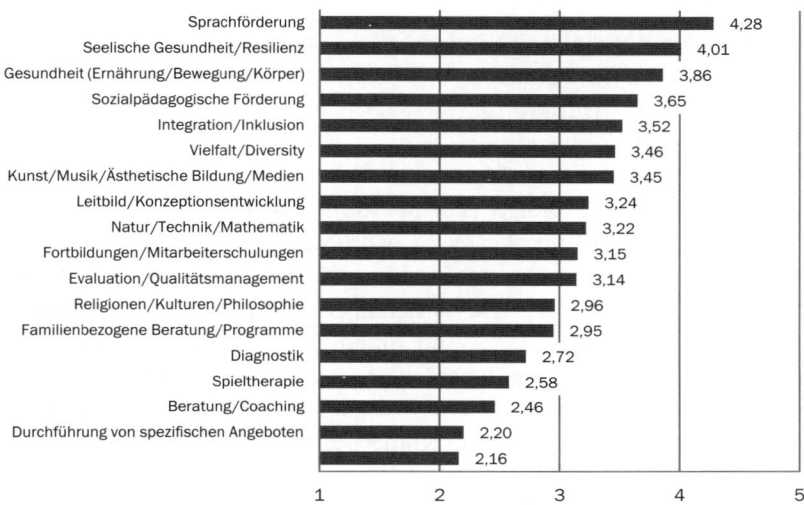

Zwischen den drei Berufsgruppen gibt es keine bedeutsamen Unterschiede hinsichtlich der Bedeutung besonderer Handlungsfelder, die neben den pädagogischen Kernaufgaben wichtig sind. Das einzige Handlungsfeld, bei dem es signifikante Unterschiede gibt, ist der Bereich „Spieltherapie", der von den *nicht-einschlägig* qualifizierten Fachkräften signifikant häufiger als wichtiges Handlungsfeld genannt wird (M = 3.00) als bei den *einschlägig-hoch* qualifizierten. Dabei bleibt jedoch unklar, ob dafür tatsächlich eine spieltherapeutische Qualifikation vorhanden ist (dies wurde bei einschlägigen Zusatzqualifikationen nicht genannt) oder ob es sich eher um allgemeine Spielangebote handelt (vgl. Tabelle 58).

Tabelle 58: Handlungsfeld „Spieltherapie" (t0) (N = 199)

	N	M	SD	p
Einschlägig-traditionell qualifizierte Fachkräfte	150	2.61	1.31	n. s.
Einschlägig-hoch qualifizierte Fachkräfte	27	2.07	1.30	< .01
Nicht-einschlägig qualifizierte Fachkräfte	22	3.00	1.27	< .01
Gesamt	199	2.58	1.32	

Die Fachkräfte wurden weiterhin gebeten, zentrale pädagogische Aufgaben und Tätigkeiten nach ihrer Wichtigkeit für die eigene Arbeit in der Einrichtung zu bewerten, die vier Handlungsfeldern zuzuordnen waren[31]:

- Arbeit mit Kind/Arbeit mit Kindern
- Zusammenarbeit mit Familien
- Arbeit in/mit der Institution
- Vernetzung und Kooperation

Auch diese Einschätzung erfolgte auf einer fünfstufigen Skala („1" = „weniger wichtig", „5" = „unverzichtbar für meine pädagogische Arbeit"). Als Kernaufgaben (Mittelwerte > 4) werden im Hinblick auf das Handlungsfeld „Arbeit mit Kind/Arbeit mit Kindern" die Beziehungs- und Interaktionsgestaltung, die Begleitung der Entwicklungs- und Bildungsverläufe, Beobachtung und Dokumentation, die Gestaltung entwicklungs- und lernförderlicher Umgebungen, die Gestaltung von Gruppenprozessen sowie die Reflexion und Evaluation der pädagogischen Arbeit mit Kindern genannt (vgl. Abbildung 10).

Hinsichtlich des Handlungsfelds „Zusammenarbeit mit Familien" wird die generelle Gestaltung dieser Zusammenarbeit als wichtig bezeichnet. Weniger bedeutsam sind Bedarfsanalysen, zielgruppenspezifische Angebote sowie die Reflexion und Evaluation der Zusammenarbeit.

Im Hinblick auf das Handlungsfeld „Arbeit in/mit der Institution" werden die konstruktive Zusammenarbeit im Team, die Arbeit auf der Grundlage einer Konzeption sowie die Reflexion und Evaluation der eigenen Arbeit genannt. Vergleichsweise weniger bedeutsam sind dagegen die Anleitung von Auszubildenden/Zusatzkräften, die Beförderung von Qualitätsentwicklungsprozessen, die Gestaltung administrativer Abläufe sowie die Übernahme von Aufgaben zwischen Trägern und Team.

Hinsichtlich des vierten Handlungsfeldes „Vernetzung und Kooperation" wird auf der Ebene aller Fachkräfte keinem Aufgabenfeld eine hohe Bedeutung (Mittelwert über 4.0) beigemessen.

Zwar weisen die teilweise hohen Standardabweichungen auf große interindividuelle Unterschiede zwischen den Fachkräften hin, wenn es um die Bewertung von Aufgaben und Tätigkeiten nach ihrer Wichtigkeit geht. Gruppenbezogene Mittelwertvergleiche ergaben hingegen nur in dem Merkmal „Administrative Abläufe gestalten" signifikante Unterschiede zwischen *einschlägig-traditionell* und *nicht-einschlägig* qualifizierten Fachkräften (vgl. Tabelle 59).

---

31 Bei den Handlungsfeldern folgt der Bericht der Systematik der Expertise: Kompetenzen früh-/kindheitspädagogischer Fachkräfte (Fröhlich-Gildhoff, 2014b).

Abbildung 10: Relevanzeinschätzung spezifischer Aufgaben und Tätigkeiten
(1 = weniger wichtig für uns − 5 = unverzichtbar für uns; $N_{max.}$ = 286)

Tabelle 59: Relevanzeinschätzung zum Item „Administrative Abläufe gestalten"

	N	M	SD	p
Einschlägig-traditionell qualifizierte Fachkräfte	188	3.46	1.06	< .001
Einschlägig-hoch qualifizierte Fachkräfte	40	3.08	.97	n. s.
Nicht-einschlägig qualifizierte Fachkräfte	41	2.76	1.30	< .001
Gesamt	269	3.29	1.11	

Persönliche Ressourcen

Eine weitere Frage bezog sich auf die Selbsteinschätzung persönlicher Ressourcen (unabhängig von fachlichen Kompetenzen). Auch hier wurden die Fachkräfte gebeten, eine Relevanzeinschätzung bei 35 Merkmalen vorzunehmen („1" = „weniger wichtig", „5" = „unverzichtbar für meine pädagogische Arbeit"). Als besonders wichtige Merkmale (Mittelwert über 4.5) werden Teamfähigkeit, Verantwortungsgefühl, Beziehungsfähigkeit, Belastbarkeit, Reflexionsvermögen, Empathiefähigkeit sowie Kommunikationsfähigkeit genannt (vgl. Abbildung 11).

Ein Vergleich zwischen den drei Berufsgruppen zeigt, dass nur bei einem Merkmal signifikante Unterschiede bestehen. Die *nicht-einschlägig* qualifizierten Fachkräfte geben im Vergleich zu den *einschlägig-traditionell* qualifizierten Fachkräften eher an, dass für sie das Merkmal „ethische Grundwerte"[32] relevant ist.

5.2.4 Funktionen, Zusatzqualifikationen und Aufgabenbereiche der Fachkräfte zum Zeitpunkt t2

Funktionen und Zusatzqualifikationen der Fachkräfte

Zum Zeitpunkt t2 gaben 122 Fachkräfte an, eine besondere Funktion im Alltag zu übernehmen (Doppelnennungen möglich). Weitere 21 Fachkräfte übernahmen eigenen Angaben zufolge zwei Funktionen und eine Fachkraft fünf zusätzliche Funktionen und Aufgaben im Alltag. Mit 94 Fachkräften haben die meisten der Befragten die Funktion der Gruppenleitung, gefolgt von der Sprachförderkraft (N = 18), der stellvertretenden Leitung (N = 16) und stellvertretenden Gruppenleitung (N = 15) (vgl. Tabelle 60).

Nach den Berufsgruppen aufgeschlüsselt ergibt sich folgendes Bild: Von *einschlägig-traditionell* qualifizierten Fachkräften werden die meisten Funktionen genannt. *Nicht-einschlägig* qualifizierte Fachkräfte haben nur in wenigen Fällen Funktionsstellen inne.

Hinsichtlich der Zusatzqualifikationen[33] zum Zeitpunkt t2 zeigt sich, dass *einschlägig-traditionell* qualifizierte Fachkräfte mit 21,6 % den höchsten Anteil (vgl. Tabelle 61). Dabei werden am häufigsten „Sprachförderung", „spezielle Pädagogik" und „Beratung/Therapie" genannt.

---

32 Die Differenz der Mittelwerte ist signifikant (p < .01).
33 Gefragt wurde hierbei explizit nach 1- bis 2-jährigen, zertifizierten Zusatzqualifikationen.

Abbildung 11: Relevanzeinschätzung persönlicher Ressourcen (1 = weniger wichtig für uns – 5 = unverzichtbar für uns; N_{max} = 311)

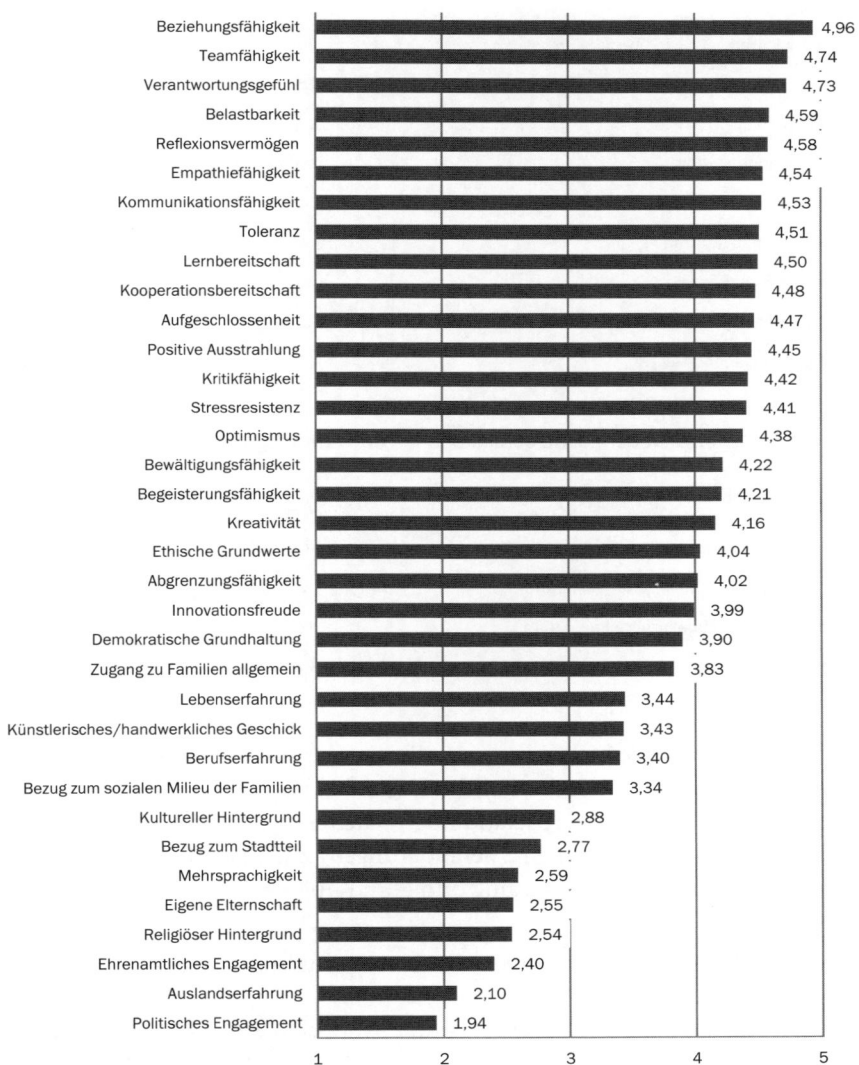

Tabelle 60: Funktionsbereiche (t2) (N = 144, Mehrfachnennungen möglich)

Funktionsbereiche	N	Prozent
Gruppenleitung	94	65,3
Sprachförderkraft	18	12,5
Stellv. Leitung	16	11,1
Stellv. Gruppenleitung	15	10,4
Integrationsfachkraft	11	7,6
Kooperationsbeauftragte	4	2,8
Sicherheitsbeauftragte	8	5,6
Qualitätsmanagementbeauftragte	2	1,4
Beobachtungsbeauftragte	1	0,7

Tabelle 61: Häufigkeit der Zusatzqualifikationen nach Berufsgruppen (t2) (N = 50)

	N	Prozent
Einschlägig-traditionell qualifizierte Fachkräfte	40	21.6
Einschlägig-hoch qualifizierte Fachkräfte	7	15.5
Nicht-einschlägig qualifizierte Fachkräfte	3	13.0
Gesamt	50	19.8

Die folgende Übersichtstabelle fasst die Ergebnisse der Querschnittsanalysen zur Arbeitssituation der Fachkräfte zu den beiden Zeitpunkten t0 und t2 zusammen. Bei der Interpretation der Daten ist jedoch zu beachten, dass dies keine personenbezogenen „Veränderungen" darstellen (vgl. Tabelle 62). Eine längsschnittliche Betrachtung erfolgt in Kapitel 6.7.

Tabelle 62: Wesentliche Merkmale zur Arbeitssituation (t0 und t2 im Überblick)

	Einschlägig-traditionell qualifizierte Fachkräfte	Einschlägig-hoch qualifizierte Fachkräfte	Nicht-einschlägig qualifizierte Fachkräfte
Berufserfahrung weniger als 5 Jahre	39,6 % (t0) 34,1 % (t2)	63,4 % (t0) 53,5 % (t2)	67,6 % (t0) 50,0 % (t2)
Tätigkeitsdauer	M = 4.76; SD = 5.03 (t0) M = 5.46; SD = 4.93 (t2)	M = 2.40; SD = 3.09 (t0) M = 3.04; SD = 2.08 (t2)	M = 1.49; SD = 2.42 (t0) M = 2.15; SD = .96 (t2)

	Einschlägig-traditionell qualifizierte Fachkräfte	Einschlägig-hoch qualifizierte Fachkräfte	Nicht-einschlägig qualifizierte Fachkräfte
Befristung	19,9 % (t0) 17,4 % (t2)	40,5 % (t0) 22,7 % (t2)	58,8 % (t0) 40,9 % (t2)
Wochenarbeitszeit	M = 33.64; SD = 9.15 (t0) M = 34.34; SD = 7.29 (t2)	M = 33.71; SD = 8.53 (t0) M = 34.68; SD = 6.79 (t2)	M = 33.43; SD = 9.10 (t0) M = 34.50; SD = 6.85 (t2)
Mittelbare pädagogische Arbeitszeit	M = 6.74; SD = 6.03 (t0) M = 5.55; SD = 2.24 (t2)	M = 7.20; SD = 7.12 (t0) M = 5.98; SD = 2.10 (t2)	M = 4.50; SD = 2.77 (t0) M = 5.29; SD = 2.20 (t2)
Monatlicher Bruttoverdienst	M = 2.330.53 (t0) M = 2.135.58 (t2)	M = 2.463.85 (t0) M = 2.323.15 (t2)	M = 1.852.49 (t0) M = 2.057.90 (t2)
Zusatzqualifikation	22,1 % (t0) 21,6 % (t2)	14,6 % (t0) 15,5 % (t2)	5,9 % (t0) 13,0 % (t2)
Altersstruktur (bis einschließlich 30)	46,1 % (t0) 44,7 % (t2)	55,8 % (t0) 70,9 % (t2)	61,7 % (t0) 63,6 % (t2)
Höchster Schulabschluss (HZB)	36,5 % (t0) 34,1 % (t2)	97,5 % (t0) 90,9 % (t2)	54,5 % (t0) 38,1 % (t2)

5.3 Arbeitsprozesse und Arbeitszufriedenheit der Fachkräfte

5.3.1 Arbeitsprozesse und Arbeitszufriedenheit der Fachkräfte zum Zeitpunkt t0

Bewertung der Arbeits- und Teamsituation

Die Fachkräfte wurden gebeten, ihre aktuelle Situation in Teambesprechungen darzustellen, indem sie typische Themen danach gewichten, wie häufig sie in Teambesprechungen Raum finden. Diese Frage wurde der Studie „Schlüssel zu guter Bildung" (Viernickel et al., 2013) in leicht veränderter Form entnommen, so dass die Ergebnisse gegenübergestellt werden können.

Mehr als drei Viertel der Fachkräfte geben dabei an, dass Beobachtung und Dokumentation (83,3%) sowie der Umgang mit herausfordernden Verhaltensweisen/schwierigen Situationen (78,1%) in den Teams ein Thema sind. Eine vergleichbar hohe Bedeutung haben Veranstaltungen in den Einrichtungen (86,7%) sowie allgemeine Verwaltungs- und Organisationsaufgaben (76,3%). Damit sind die Teamsitzungen der teilnehmenden Einrichtungen im Vergleich zu den Ergebnissen der „Schlüssel-Studie" in den untersuchten Einrichtungen etwas stärker mit pädagogischen Inhalten gefüllt als mit organisatorischen Fragen[34].

Auch Fragen der Zusammenarbeit im Team sind in den 25 multiprofessionellen Einrichtungen deutlich häufiger an der Tagesordnung als in der Studie von Viernickel et al. (2013) (85,5% im Vergleich zu 72%). Dabei berichtet auch mehr als die Hälfte der Fachkräfte (50,6%) davon, dass regelmäßig Teamkonflikte in Arbeitsbesprechungen thematisiert werden (im Vergleich zu 40% in der „Schlüssel-Studie") (vgl. Abbildung 12).

Abbildung 12: Themen in Teambesprechungen (t0) (N$_{max}$ = 264)

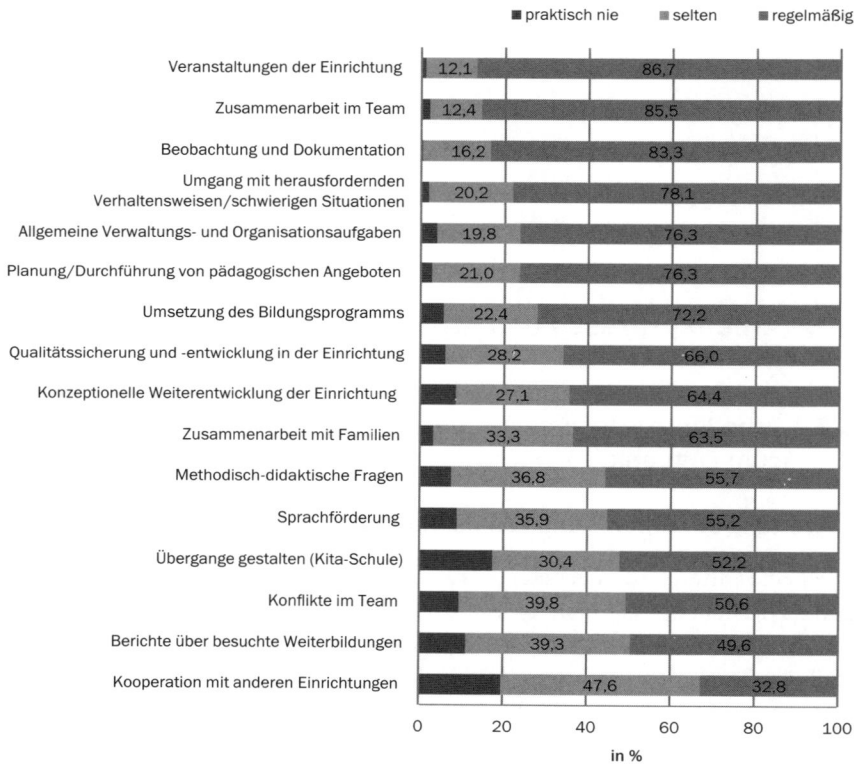

34 In der Studie von Viernickel et al. (2013) gaben 91% der Fachkräfte an, in Teamsitzungen regelmäßig über Veranstaltungen zu sprechen und 82% tauschten sich regelmäßig über allgemeine Verwaltungs- und Organisationsfragen aus. Deutlich geringer war demnach der Anteil von pädagogischen Themen.

Im Mittelwertvergleich zwischen den Berufsgruppen zeigen sich bei zwei Themenbereichen signifikante Unterschiede: Im Vergleich zu den *einschlägig-traditionell* qualifizierten Fachkräften berichten die *nicht-einschlägig* qualifizierten Fachkräfte seltener davon, dass die Themen „Qualitätssicherung und -entwicklung in der Einrichtung"[35] (M = 2.38; SD = .74) und „Umsetzung des Bildungsprogramms"[36] (M = 2.42; SD = .75) in der Teambesprechung vorkommen.[37]

Zufriedenheit mit dem Zusammenhalt im Team

Die Fachkräfte wurden zum Zeitpunkt t0 auch danach gefragt, ob und in welchem Maße sie mit verschiedenen Aspekten der Zusammenarbeit im Team zufrieden sind. Auch diese Fragen wurden in leicht modifizierter Form der Studie „Schlüssel zu guter Bildung" (Viernickel et al., 2013) entnommen, um eine Vergleichbarkeit zu ermöglichen. Dabei sollten die Fachkräfte auf einer Skala von „1" = „trifft zu" bis „4" = trifft voll und ganz zu" ihre derzeitige Zusammenarbeit im Team einschätzen. Tabelle 63 veranschaulicht, dass die Zufriedenheit mit dem Zusammenhalt im Team noch etwas höher liegt als in der Studie von Viernickel et al. (2013). Der Vergleich der drei Berufsgruppen zeigte keine signifikanten Unterschiede (vgl. Tabelle 63).

Zufriedenheit mit Innovationsprozessen im Team

Auch hinsichtlich der Innovationsprozesse im Team wurde eine entsprechende Frage aus der Studie „Schlüssel zu guter Bildung" (Viernickel et al., 2013) leicht modifiziert übernommen, um die Ergebnisse vergleichen zu können. Dabei wurden die Fachkräfte gebeten, die Innovationsprozesse anhand einer vierstufigen Skala einzuschätzen („1 = „trifft zu" bis „4" = trifft voll und ganz zu"). Bezogen auf alle Fachkräfte – unabhängig von ihrem Qualifikationshintergrund – zeigt sich, dass sich die Ergebnisse kaum von der „Schlüssel-Studie" unterscheiden. Die Fachkräfte berichten insgesamt von einem positiven Klima in ihren Teams, in denen neue Ideen entstehen können und Veränderungen vom Team getragen werden. Die geringste Zustimmung bekam das Merkmal „Ich habe konkrete Ideen, wie die Leistung

---

35 Die Differenz der Mittelwerte (einschlägig-traditionell – nicht-einschlägig qualifizierte Fachkräfte) ist signifikant (p < .01).

36 Die Differenz der Mittelwerte (einschlägig-traditionell – nicht-einschlägig qualifizierte Fachkräfte) ist signifikant (p < .01).

37 *Einschlägig-traditionell* qualifizierte Fachkräfte: „Qualitätssicherung und -entwicklung": M = 2.79; SD = .64; Umsetzung des Bildungsprogramms": M = 2.77; SD = .59.

meines Teams weiter gesteigert werden kann." Ein Vergleich zwischen den drei Berufsgruppen ergab hierbei keine bedeutsamen Unterschiede hinsichtlich der Zufriedenheit mit Innovationsprozessen im Team (vgl. Tabelle 64).

Tabelle 63: Zufriedenheit mit dem Zusammenhalt im Team (t0)

	N	M	SD	Nachrichtlich* M
In meinem Team werden MitarbeiterInnen mit unterschiedlicher Meinung, Herkunft und Erfahrung wertgeschätzt.	278	3.58	0.56	3.42
In meinem Team herrscht ein sehr guter Teamgeist.	280	3.32	0.64	3.21
In meinem Team vertrauen, respektieren und unterstützen sich die MitarbeiterInnen.	280	3.35	0.61	3.28
Die Zusammenarbeit mit den KollegInnen anderer Gruppen/Abteilungen funktioniert reibungslos.	277	3.13	0.56	3.12
Die Zusammenarbeit mit den Einrichtungen meines Trägers funktioniert reibungslos.	259	2.96	0.64	2.73
Alles in allem bin ich zufrieden mit der Zusammenarbeit mit meinen KollegInnen.	279	3.39	0.64	3.32

Anmerkung:
1 = trifft zu bis 4 = trifft voll und ganz zu
* Werte aus der Studie „Schlüssel zu guter Bildung" (Viernickel et al., 2013)

Tabelle 64: Zufriedenheit mit Innovationsprozessen im Team (t0)

	N	M	SD	Nachrichtlich*M
In meinem Team werden Ziele und Gründe für Veränderungen verständlich erläutert.	276	3.31	.60	3.36
In meinem Team erhalten wir die notwendige Unterstützung, um Veränderung erfolgreich umzusetzen.	274	3.21	.63	3.26
In meinem Team herrscht ein Klima, in dem immer wieder neue Ideen entstehen können.	278	3.39	.65	3.25
In meinem Team werden immer wieder gute Ideen der MitarbeiterInnen aufgenommen und umgesetzt.	279	3.30	.64	3.37
Ich habe konkrete Ideen wie die Leistung meines Teams weiter gesteigert werden kann.	266	2.72	.78	2.84
In meinem Team wird bei Fehlern nicht nach Schuldigen, sondern nach einer guten Lösung gesucht.	260	3.17	.71	3.14

Anmerkung:
1 = trifft gar nicht zu bis 4 = trifft voll und ganz zu.
* Ergebnisse aus der Studie „Schlüssel zu guter Bildung" (Viernickel et al., 2013)

Einschätzung der Zielorientierung und Aufgabenbewältigung im Team

Zur Einschätzung der Zielorientierung und Aufgabenbewältigung im Team wurde der Fragebogen zur Arbeit im Team (FAT) (Kauffeld, 2004) verwendet (vgl. Tabelle 65). Diese Skala teilt sich in zwei Subskalen auf: „Zielorientierung" und „Aufgabenbewältigung" (vgl. Tabellen 66 und 67).

Tabelle 65: Fragebogen zur Arbeit im Team (FAT; Kauffeld, 2004) (t0)

	N	M	SD	p	
Uns sind die Ziele des Teams unklar.	302	4.85	1.23	n. s.	Die Ziele unserer Teams sind uns klar.
Manchmal gibt es Spannungen unter den Teammitgliedern.	303	3.05	1.32	n. s.	Es gibt niemals Spannungen im Team.
Unsere Ziele sind unrealistisch und unerreichbar.	302	4.77	1.09	n. s.	Unsere Ziele sind realistisch und erreichbar.
Unsere Prioritäten sind unklar.	304	4.45	1.38	n. s.	Unsere Prioritäten sind klar.
Die Anforderungen an unsere Arbeitsergebnisse sind nicht klar formuliert.	305	4.69	1.22	n. s.	Die Anforderungen an unsere Arbeitsergebnisse sind klar formuliert.
Wir koordinieren unsere Anstrengungen schlecht.	297	4.37	1.19	< .05	Wir koordinieren unsere Anstrengungen gut.
Die Erreichung unserer Ziele ist unwichtig für die Gesamtorganisation.	300	4.88	1.04	n. s.	Die Erreichung unserer Ziele ist wichtig für die Gesamtorganisation.
Informationen werden zu spät ausgetauscht.	303	4.32	1.22	n. s.	Informationen werden rechtzeitig ausgetauscht.
Ich identifiziere mich nicht mit den Zielen des Teams.	305	5.00	.99	n. s.	Ich identifiziere mich mit den Zielen des Teams.
Die Teammitglieder wissen nicht genau, was sie zu tun haben.	305	4.91	1.13	< .05	Die Teammitglieder kennen ihre Aufgaben.
Manchmal haben wir den Eindruck, dass wir die Ziele nicht erreichen.	293	3.63	1.12	n. s.	Wir erreichen alle Ziele mit Leichtigkeit.
Wir haben keine Kriterien, um den Grad der Zielerreichung bestimmen zu können.	287	3.91	1.32	n. s.	Wir haben Kriterien, um den Grad der Zielerreichung bestimmen zu können.

Anmerkung:
1 = geringste Ausprägung; 6 = höchste Ausprägung.

Tabelle 66: FAT Zielorientierung (Kauffeld, 2004) (t0) (N = 284)

	etqFK	ehqFK	neqFK	
	M (SD)			
Uns sind die Ziele des Teams unklar.	4.80 (1.19)	4.86 (1.01)	5.05 (0.99)	Die Ziele unserer Teams sind uns klar.
Die Anforderungen an unsere Arbeitsergebnisse sind nicht klar formuliert.	4.70 (1.21)	4.67 (1.28)	4.85 (1.20)	Die Anforderungen an unsere Arbeitsergebnisse sind klar formuliert.
Die Erreichung unserer Ziele ist unwichtig für die Gesamtorganisation.	4.89 (1.05)	4.91 (0.95)	5.00 (1.03)	Die Erreichung unserer Ziele ist wichtig für die Gesamtorganisation.
Ich identifiziere mich nicht mit den Zielen des Teams.	4.92 (1.08)	5.21 (0.77)	5.12 (0.77)	Ich identifiziere mich mit den Zielen des Teams.
Unsere Ziele sind unrealistisch und unerreichbar.	4.67 (1.14)	4.93 (0.80)	5.06 (1.03)	Unsere Ziele sind realistisch und erreichbar.
Wir haben keine Kriterien, um den Grad der Zielerreichung bestimmen zu können.	3.89 (1.28)	3.77 (1.56)	4.19 (1.33)	Wir haben Kriterien, um den Grad der Zielerreichung bestimmen zu können.

Tabelle 67: FAT Aufgabenbewältigung (Kauffeld, 2004) (t0) (N = 284)

	etqFK	ehqFK	neqFK	
	M (SD)			
Unsere Prioritäten sind unklar.	4.39 (1.37)	4.40 (1.29)	4.44 (1.62)	Unsere Prioritäten sind klar.
Die Teammitglieder wissen nicht genau, was sie zu tun haben.	4.80 (1.19) $p < .05*$	4.93 (1.12) n. s.	5.28 (0.79) $p < .05*$	Die Teammitglieder kennen ihre Aufgaben.
Wir koordinieren unsere Anstrengungen schlecht.	4.22 (1.23) $p < .05$	4.49 (1.21) n. s.	4.76 (0.93) $p < .05$	Wir koordinieren unsere Anstrengungen gut.
Informationen werden zu spät ausgetauscht.	4.17 (1.26)	4.51 (1.01)	4.50 (1.33)	Informationen werden rechtzeitig ausgetauscht.

Anmerkungen zu Tabelle 64 und Tabelle 65:
etqFK = einschlägig-traditionell qualifizierte Fachkräfte; ehqFK = einschlägig-hoch qualifizierte Fachkräfte; neqFK = nicht-einschlägig qualifizierte Fachkräfte.
1 = geringste Ausprägung; 6 = höchste Ausprägung.

* Die einschlägig-traditionell qualifizierten Fachkräfte schätzen im Mittel das Item „Die Teammitglieder wissen nicht genau, was sie zu tun haben" mit 4.80 ein. Dieser Wert liegt signifikant niedriger als bei den nicht-einschlägig qualifizierten Fachkräften (M = 5.28).

Im Folgenden werden die Ergebnisse auf der Ebene der Einzelitems für alle Fachkräfte und im Anschluss daran aufgeteilt nach den drei Berufsgruppen berichtet. Hinsichtlich der Zielorientierung findet sich die größte Zustimmung bei allen drei Gruppen bei dem Item „Identifikation mit den Zielen". Weniger deutlich ist die Zustimmung bei der Zielerreichung. Zwischen den Berufsgruppen bestehen dabei keine bedeutsamen Unterschiede, Abbildung 13 visualisiert die insgesamt sehr ähnlich verlaufenden Profile der Berufsgruppen. Die Profile für die Subskala „Aufgabenbewältigung" werden in Abbildung 14 visualisiert.

Abbildung 13: FAT Zielorientierung (Kauffeld 2014) (t0)

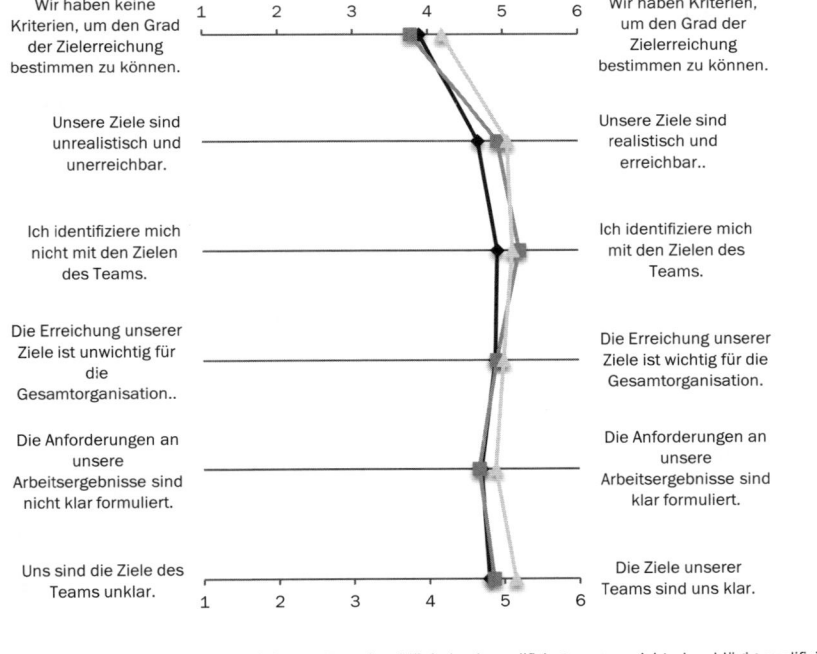

Hinsichtlich der Aufgabenbewältigung schätzen die Fachkräfte die Transparenz der Aufgabenverteilung besser ein als die Prioritätensetzung und die Informationsweitergabe. Im Mittelwertvergleich zeigen sich bei zwei Merkmalen signifikante Unterschiede zwischen den drei Berufsgruppen. Den Merkmalen „Wir koordinieren unsere Anstrengungen gut" sowie „Die Teammitglieder kennen ihre Aufgaben" stimmen die *nicht-einschlägig* qualifizierten Fachkräfte signifikant häufiger zu als die *einschlägig-traditionell* qualifizierten Fachkräfte. Hierbei ist anzumerken, dass es sich bei diesen Ergebnissen um subjektive Wahrnehmungen handelt, die in Bezug zu den jeweiligen Referenzsystemen (z. B. bisherige berufliche Erfahrungen oder Erwartungen) stehen. Umgekehrt können die Daten auch interpretiert werden als Ausdruck einer vergleichsweise größeren Unzufriedenheit der *einschlägig-traditionell* qualifizierten Fachkräfte bzgl. der aktuellen Arbeitsprozesse, die nicht gut koordiniert sind und bei denen die Teammitglieder ihre Aufgaben nicht gut kennen, auch hier spielen persönliche Referenzsysteme (z. B. bisherige Erfahrungen oder Erwartungen) eine Rolle.

Abbildung 14: FAT Aufgabenbewältigung (Kauffeld 2014) (t0)

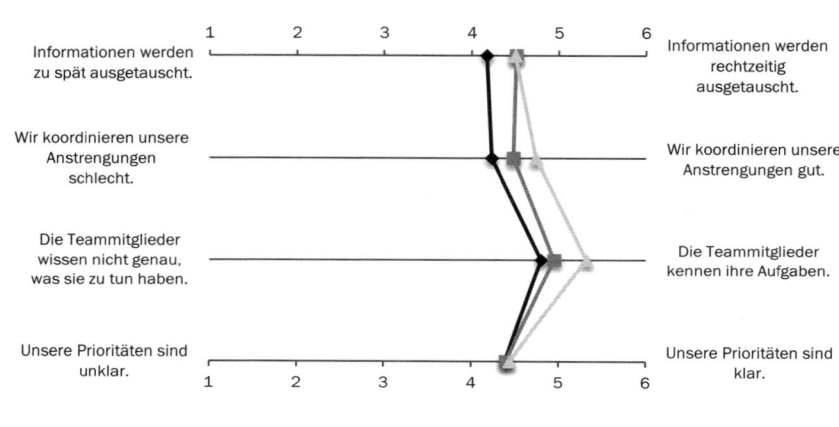

Allgemeine Zufriedenheit mit Arbeit und Beruf

Die Fachkräfte wurden zum Zeitpunkt t0 auch danach gefragt, ob und in welchem Maße sie mit allgemeinen Aspekten zu Arbeit und Beruf zufrieden sind. Hierfür wurde die Subskala „Arbeit und Beruf" aus dem „Fragebogen zur Lebenszufriedenheit" (FLZ) (Fahrenberg et al., 2000) verwendet. Diese Skala beinhaltet sieben Merkmale mit jeweils sieben Antwortstufen („1" = „sehr unzufrieden" bis „7" = sehr zufrieden").

Es zeigt sich, dass die Fachkräfte insgesamt zufrieden mit den allgemeinen Merkmalen von Arbeit und Beruf in der Einrichtung sind. Am wenigsten zufrieden sind die Befragten mit den Aufstiegsmöglichkeiten, die der Arbeitsplatz bietet. Die größte Zufriedenheit besteht dagegen hinsichtlich der Abwechslung, die der Beruf bietet (vgl. Tabelle 68).

Signifikante Unterschiede zwischen den drei Gruppen zeigen sich hinsichtlich der „Sicherung der beruflichen Zukunft". Dabei sind die *einschlägig-traditionell* qualifizierten Fachkräfte im Durchschnitt signifikant zufriedener mit der Sicherheit der beruflichen Zukunft als *einschlägig-hoch* qualifizierte Fachkräfte und *nicht-einschlägig* qualifizierte Fachkräfte (vgl. Abbildung 15).

Tabelle 68: Zufriedenheit mit Arbeit und Beruf (Fahrenberg et al., 2000) (t0) (N = 292)

	N	M	SD	p
Position der Arbeitsstelle	292	5.81	1.23	n. s.
Sicherung der beruflichen Zukunft	286	5.71	1.16	< .001
Erfolgen im Beruf	290	5.71	0.94	n. s.
Aufstiegsmöglichkeiten am Arbeitsplatz	287	4.63	1.57	n. s.
Betriebsklima	289	5.60	1.33	n. s.
Ausmaß beruflicher Anforderungen und Belastungen	290	4.93	1.41	n. s.
Abwechslung	290	5.90	1.13	n. s.

Anmerkung:
1 = sehr unzufrieden bis 7 = sehr zufrieden

Abbildung 15: Zufriedenheit mit Arbeit und Beruf (Fahrenberg et al., 2000) nach Berufsgruppen (t0) (N = 292)

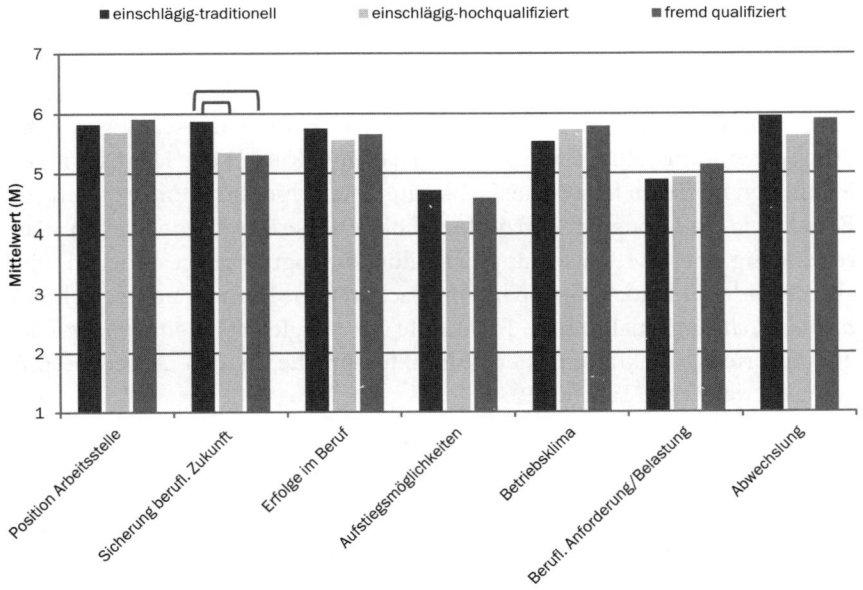

Anmerkung:
1 = sehr unzufrieden; 7 = sehr zufrieden

Lesehilfe:
Die Klammern stellen jeweils signifikante Unterschiede zwischen den Berufsgruppen dar.

Bei abhängigen Vergleichen ergeben sich drei Gruppen an Items bzw. „Zufriedenheitsstufen": Item 1 (Position), 2 (Zukunft), 3 (Erfolg) und 7 (Abwechslung) werden gleichermaßen gut bewertet. Item 5 (Betriebsklima) bereits signifikant schlechter als 1 und 7, und 4 (Aufstiegsmöglichkeiten) und 6 (Belastungen) nochmals signifikant schlechter als alle anderen.

5.3.2 Arbeitsprozesse und Arbeitszufriedenheit der Fachkräfte zum Zeitpunkt t2

Bewertung der Arbeits- und Teamsituation

Die Fachkräfte wurden auch zum Erhebungszeitpunkt (t2) gebeten, ihre aktuelle Situation in Teambesprechungen darzustellen, indem sie typische Themen danach gewichten, wie häufig sie in Teambesprechungen Raum finden[38]. Die befragten Fachkräfte geben im Frühjahr 2015 an, dass regelmäßig Veranstaltungen der Einrichtung sowie die Zusammenarbeit im Team, gefolgt von der Beobachtung und Dokumentation Thema in Teambesprechungen sind.

Allerdings berichtet auch zum Erhebungszeitpunkt t2 mehr als die Hälfte der Fachkräfte (56,7 %) davon, dass regelmäßig Teamkonflikte in Arbeitsbesprechungen thematisiert werden (im Vergleich zu 40 % in der „Schlüssel-Studie") (vgl. Abbildung 16).

Ein Vergleich der Mittelwerte zwischen den Berufsgruppen zeigt signifikante Unterschiede in drei Themenbereichen: Bei der Umsetzung des Bildungsprogramms, Zusammenarbeit im Team sowie bei der Häufigkeit von Konflikten im Team haben die Fachkräfte unterschiedliche Einschätzungen. *Einschlägig-traditionell* qualifizierte Fachkräfte berichten eher davon, dass regelmäßig über die Umsetzung des Bildungsprogramms gesprochen wird als die anderen beiden Gruppen von Fachkräften. Demgegenüber nehmen *nicht-einschlägig* qualifizierte Fachkräfte im Vergleich zu *einschlägig-hoch* qualifizierten Fachkräften eher Konfliktgespräche in den Arbeitsbesprechungen wahr (vgl. Tabelle 69).

Zufriedenheit mit der Zusammenarbeit im Team

Auch zum Erhebungszeitpunkt t2 wurden die Fachkräfte danach gefragt, ob und in welchem Maße sie mit verschiedenen Aspekten der Zusammenarbeit

---

38 Vergleichsdaten liefert hierfür jeweils die von Viernickel et al. (2013) veröffentlichte Studie „Schlüssel zu guter Bildung".

Abbildung 16: Themen in Teambesprechungen (t2) (N = 270)

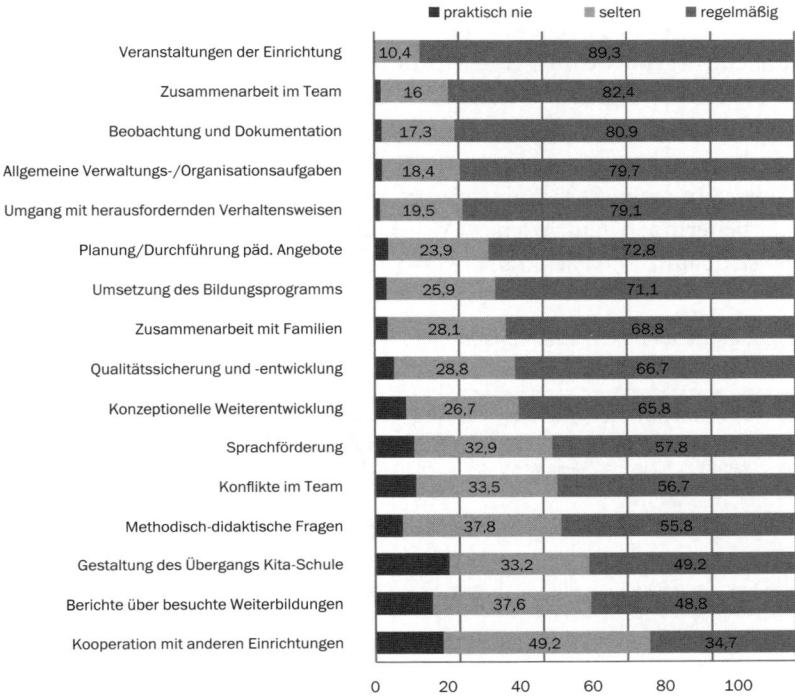

Tabelle 69: Signifikante Unterschiede zwischen den Berufsgruppen in der Einschätzung der Themenbereiche (t0)

	Einschlägig-tra-ditionell qualifizierte Fachkräfte	Einschlägig-hoch qualifizierte Fachkräfte	Nicht-einschlägig qualifizierte Fachkräfte	
	M (SD)			p
Umsetzung des Bildungsprogramms	2.80 (.51)	2.55 (.72)	2.75 (.57)	< .05
Zusammenarbeit im Team	2.83 (.47)	2.71 (.46)	3.00 (.29)	< .01
Konflikten im Team	2.52 (.74)	2.30 (.76)	2.86 (.64)	< .05

Anmerkung:
1 = praktisch nie; 2 = selten; 3 = regelmäßig

im Team zufrieden sind[39]. Dabei sollten die Fachkräfte auf einer Skala von „1" = „trifft zu" bis „4" = trifft voll und ganz zu" ihre derzeitige Zusammenarbeit im Team einschätzen. Wie in Tabelle 70 veranschaulicht, zeigen sich sehr ähnliche Ergebnisse im Vergleich zur Studie von Viernickel et al. (2013).

Der Mittelwertvergleich zwischen den Gruppen zeigt bei zwei Merkmalen signifikante Unterschiede. *Nicht-einschlägig* qualifizierte Fachkräfte äußern sich bei den Merkmalen „In meinem Team herrscht ein sehr guter Teamgeist" sowie „In meinem Team vertrauen, respektieren und unterstützen sich die MitarbeiterInnen" zufriedener (M = 3.52 bzw. M = 3.61) als *einschlägig-traditionell* qualifizierte Fachkräfte (M = 3.10 bzw. M = 3.17) (vgl. Tabelle 70).

Tabelle 70: Zufriedenheit mit dem Zusammenhalt im Team (t2)

	N	M	SD	Nachrichtlich*: M
In meinem Team werden Mitarbeiterinnen mit unterschiedlicher Meinung, Herkunft und Erfahrung wertgeschätzt.	251	3.43	.65	3.42
In meinem Team herrscht ein sehr guter Teamgeist.	242	3.14	.70	3.21
In meinem Team vertrauen, respektieren und unterstützen sich die MitarbeiterInnen.	242	3.24	.62	3.28
Die Zusammenarbeit mit den KollegInnen anderer Gruppen/Abteilungen funktioniert reibungslos.	247	3.01	.56	3.12
Die Zusammenarbeit mit den Einrichtungen meines Trägers funktioniert reibungslos.	238	2.85	.60	2.73
Alles in allem bin ich zufrieden mit der Zusammenarbeit mit meinen KollegInnen.	243	3.24	.66	3.32

Anmerkung:
1 = trifft zu bis 4 = trifft voll und ganz zu
* Ergebnisse aus der Studie „Schlüssel zu guter Bildung" (Viernickel et al., 2013)

Zufriedenheit mit Innovationsprozessen im Team

Hinsichtlich der Innovationsprozesse im Team[40] äußern sich die befragten Fachkräfte zu t2 ebenfalls ähnlich wie in der Studie „Schlüssel zu guter Qualität" (vgl. Viernickel et al., 2013) Das Merkmal „Ich habe konkrete Ideen

---

39 Diese Frage wurde aus der Studie „Schlüssel zu guter Bildung" (Viernickel et al., 2013) entnommen.
40 Diese Frage wurde aus der Studie „Schlüssel zu guter Bildung" (Viernickel et al., 2013) entnommen.

wie die Leistung meines Teams weiter gesteigert werden kann" hat die geringste Zustimmung (vgl. Tabelle 71).[41]

Tabelle 71: Zufriedenheit mit Innovationsprozessen im Team (t2)

	N	M	SD	Nachrichtlich*: M
In meinem Team werden Ziele und Gründe für Veränderungen verständlich erläutert.	247	3.11	.70	3.36
In meinem Team erhalten wir die notwendige Unterstützung, um Veränderung erfolgreich umzusetzen.	244	3.10	.68	3.26
In meinem Team herrscht ein Klima, in dem immer wieder neue Ideen entstehen können.	246	3.21	.69	3.25
In meinem Team werden immer wieder gute Ideen der MitarbeiterInnen aufgenommen und umgesetzt.	239	3.16	.70	3.37
Ich habe konkrete Ideen wie die Leistung meines Teams weiter gesteigert werden kann.	225	2.74	.72	2.84
In meinem Team wird bei Fehlern nicht nach Schuldigen, sondern nach einer guten Lösung gesucht.	245	3.04	.72	3.14

Anmerkung:
1 = trifft gar nicht zu bis 4 = trifft voll und ganz zu.
* Ergebnisse aus der Studie „Schlüssel zu guter Bildung" (Viernickel et al., 2013)

Einschätzung der Zielorientierung und Aufgabenbewältigung im Team

Auch im Frühjahr 2015 wurde der Fragebogen zur Arbeit im Team (Kauffeld, 2004) eingesetzt. Hinsichtlich der Zielorientierung findet sich die größte Zustimmung bei allen drei Gruppen bei dem Item „Ich identifiziere mich mit den Zielen des Teams" (M = 4.94; SD = 1.02), gefolgt von dem Item „Die Ziele des Teams sind uns klar" (MW = 4.84; SD = 1.02) (vgl. Tabelle 72). Zwischen den Qualifikationsgruppen bestehen keine signifikanten Unterschiede. Die Ergebnisse können für die drei Berufsgruppen als Profile der Zielorientierung graphisch dargestellt werden (vgl. Abbildung 17).

Hinsichtlich der Aufgabenbewältigung schätzen die Fachkräfte die Kenntnis der Aufgaben der Teammitglieder am höchsten ein (M = 4.81; SD = 1.13). Zwischen den Qualifikationsgruppen bestehen keine signifikanten Unterschiede. Weiterführende Analysen werden in Kapitel 6 durchgeführt (vgl. Tabelle 73).

---

41 Zwischen den drei Qualifikationsgruppen gibt es bei t2 keine signifikanten Unterschiede.

Tabelle 72: FAT Zielorientierung (Kauffeld, 2004) (t2) (N_{max} = 280)

	etqFK	ehqFK	neqFK	
	M (SD)			
Uns sind die Ziele des Teams unklar.	4.80 (1.05)	4.95 (1.00)	4.96 (0.77)	Die Ziele unserer Teams sind uns klar.
Die Anforderungen an unsere Arbeitsergebnisse sind nicht klar formuliert.	4.75 (1.15)	4.52 (1.17)	4.57 (1.16)	Die Anforderungen an unsere Arbeitsergebnisse sind klar formuliert.
Die Erreichung unserer Ziele ist unwichtig für die Gesamtorgani- sation.	4.82 (0.99)	4.80 (1.09)	4.82 (1.10)	Die Erreichung unserer Ziele ist wichtig für die Gesamtorganisa- tion.
Ich identifiziere mich nicht mit den Zielen des Teams.	4.88 (1.09)	5.12 (0.73)	5.14 (0.89)	Ich identifiziere mich mit den Zielen des Teams.
Unsere Ziele sind unrealistisch und unerreichbar.	4.65 (1.04)	4.70 (1.04)	4.96 (1.07)	Unsere Ziele sind realistisch und erreichbar.
Wir haben keine Kriterien, um den Grad der Zielerreichung bestimmen zu können.	4.09 (1.24)	4.00 (1.38)	4.00 (1.38)	Wir haben Kriterien, um den Grad der Zielerreichung bestim- men zu können.

Anmerkungen:
etqFK = einschlägig-traditionell qualifizierte Fachkräfte; ehqFK = einschlägig-hoch qualifizierte Fachkräfte; neqFK = nicht-einschlägig qualifizierte Fachkräfte.
1 = geringste Ausprägung; 6 = höchste Ausprägung.

Abbildung 17: FAT Zielorientierung (Kauffeld, 2004) (t2)

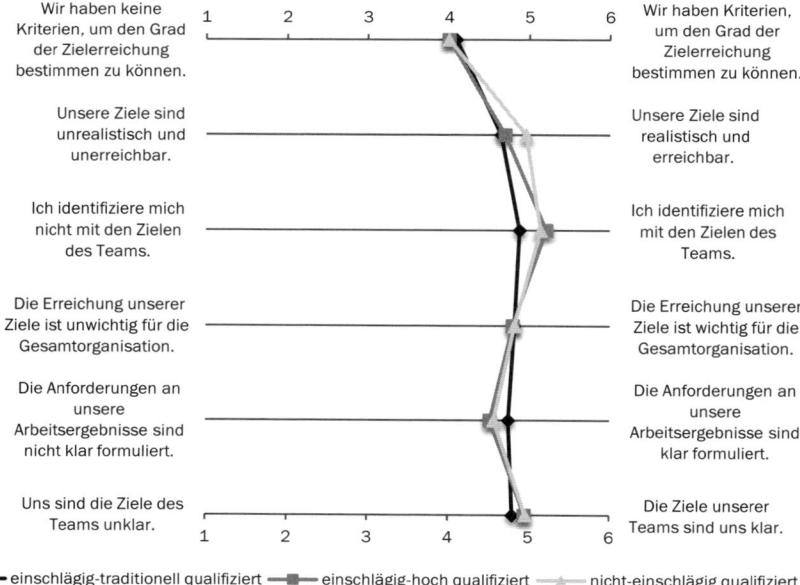

118

Tabelle 73: FAT Aufgabenbewältigung (Kauffeld, 2004) (t2) ($N_{max} = 280$)

	etqFK	ehqFK	neqFK	
	M (SD)			
Unsere Prioritäten sind unklar.	4.46 (1.32)	4.67 (.93)	4.64 (1.18)	Unsere Prioritäten sind klar.
Die Teammitglieder wissen nicht genau, was sie zu tun haben.	4.72 (1.19)	5.05 (.96)	5.09 (.85)	Die Teammitglieder kennen ihre Aufgaben.
Wir koordinieren unsere Anstrengungen schlecht.	4.27 (1.11)	4.41 (1.09)	4.41 (1.30)	Wir koordinieren unsere Anstrengungen gut.
Informationen werden zu spät ausgetauscht.	4.17 (1.28)	4.30 (1.23)	4.65 (1.23)	Informationen werden rechtzeitig ausgetauscht.

Anmerkungen:
etqFK = einschlägig-traditionell qualifizierte Fachkräfte; ehqFK = einschlägig-hoch qualifizierte Fachkräfte; neqFK = nicht-einschlägig qualifizierte Fachkräfte.
1 = geringste Ausprägung; 6 = höchste Ausprägung.

Daraus ergeben sich folgende Profile für die Aufgabenbewältigung (vgl. Abbildung 18).

Abbildung 18: FAT Aufgabenbewältigung (Kauffeld, 2004) (t2)

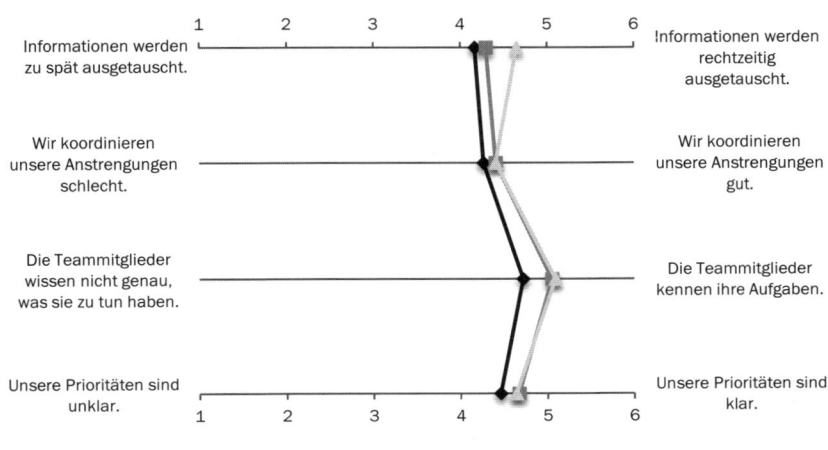

einschlägig-traditionell qualifiziert — einschlägig-hoch qualifiziert — nicht-einschlägig qualifiziert

Allgemeine Zufriedenheit mit Arbeit und Beruf

Auch zum Erhebungszeitpunkt t2 wurden die Fachkräfte gefragt, ob und in welchem Maße sie mit verschiedenen Aspekten zu Arbeit und Beruf zufrieden sind („Fragebogen zur Lebenszufriedenheit" (FLZ); Fahrenberg et al., 2000).

Es zeigt sich, dass die Fachkräfte im Frühjahr 2015 insgesamt zufrieden mit der Arbeit und dem Beruf in der Kindertageseinrichtung sind. Am wenigsten zufrieden sind die Befragten mit den Aufstiegsmöglichkeiten, die der Arbeitsplatz bietet. Die Fachkräfte sind eigenen Angaben zufolge am zufriedensten mit der Abwechslung, die der Beruf bietet (vgl. Tabelle 74). Auf Ebene der Einzelitems zeigen sich zum dritten Erhebungszeitpunkt (t2) keine signifikanten Unterschiede zwischen den Berufsgruppen (vgl. Abbildung 19).

Tabelle 74: Zufriedenheit mit Arbeit und Beruf (Fahrenberg et al., 2000) (t2)

	N	M	SD
Position der Arbeitsstelle	251	5.71	1.23
Sicherung der beruflichen Zukunft	250	5.68	1.28
Erfolgen im Beruf	247	5.77	.90
Aufstiegsmöglichkeiten am Arbeitsplatz	247	4.54	1.62
Betriebsklima	250	5.40	1.43
Ausmaß beruflicher Anforderungen und Belastungen	248	4.90	1.43
Abwechslung	249	5.90	1.01

Anmerkung:
1 = sehr unzufrieden bis 7 = sehr zufrieden

Arbeitszufriedenheit und -belastung zum Zeitpunkt t2

Zum dritten Erhebungszeitpunkt (t2) wurde ein weiteres Instrument zur Bewertung der subjektiven Arbeitszufriedenheit und -belastung eingesetzt („Hamburger Burnout Inventory" (HBI); Burisch, 2007). Dabei handelt es sich um eine siebenstufige Skala (1 = völlig unzutreffend bis 7 = völlig zutreffend), die es ermöglicht, insbesondere den Grad von Arbeitsbelastungen differenzierter zu erfassen. Damit sollte der Frage nachgegangen werden, ob und welche Gründe für Arbeitsbelastungen angeführt werden.

Die Fachkräfte geben im Frühjahr 2015 an, dass sie auf ihre Arbeit überwiegend stolz und mit ihrer beruflichen Leistung zufrieden sind. Zugleich geben sie an, dass sie am Abend über die Arbeit nachdenken und sich z. T. durch die berufliche Tätigkeit belastet fühlen (vgl. Tabelle 75).

Abbildung 19: Zufriedenheit mit Arbeit und Beruf (Fahrenberg et al., 2000) nach Berufsgruppen (t2) (N = 251)

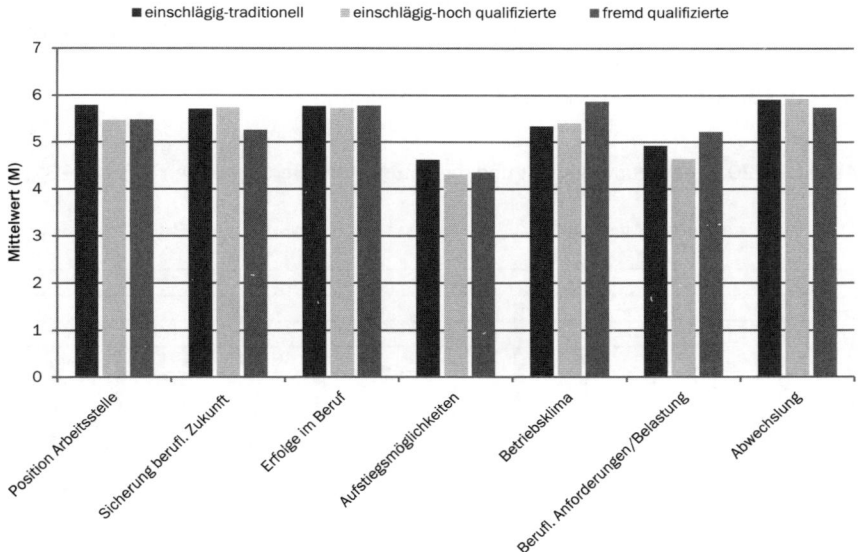

Tabelle 75: Arbeitszufriedenheit und -belastung (HBI) (Burisch, 2007) (t2)

	N	M	SD	p
Auf meine Arbeit bin ich oft stolz.	247	5.62	1.08	n. s.
Ich fühle mich von meiner Arbeit „ausgebrannt".	239	3.49	1.62	< .05
Ich denke manchmal, dass die Belastungen zu viel für mich sind.	244	3.43	1.68	< .01
Ich finde es oft schwierig, nach der Arbeit abzu-schalten.	245	3.57	1.80	n. s.
Mit meinen Arbeitsleistungen bin ich zufrieden.	249	5.76	.90	n. s.
Es ist mir meistens lieber, wenn ich im Kontakt mit Menschen unpersönlich bleiben kann.	249	2.68	1.46	n. s.
Ich fühle mich erschöpft und kraftlos.	244	3.13	1.67	n. s.
Ich nehme oft Probleme aus meiner Arbeit mit in die Freizeit.	248	3.54	1.74	n. s.
Mit meinen Leistungen kann ich mich sehen lassen.	246	5.64	1.05	n. s.
Abends grüble ich oft über Dinge nach, die ich tags-über erlebt habe.	246	4.01	1.77	n. s.
An manchen Stellen fühle ich mich einfach überlastet.	249	3.73	1.71	n. s.
Ich fühle mich oft abgearbeitet und verbraucht.	247	3.38	1.67	n. s.

Anmerkung:
1 = völlig unzutreffend bis 7 = völlig zutreffend

121

Signifikante Unterschiede zwischen den Berufsgruppen zeigen sich hinsichtlich der Frage „Ich fühle mich von meiner Arbeit „ausgebrannt": Diesem Merkmal stimmen *einschlägig-traditionell* qualifizierte Fachkräfte häufiger zu als *einschlägig-hoch* qualifizierte Fachkräfte. Auch geben *einschlägig-traditionell* qualifizierte Fachkräfte häufiger als die anderen Berufsgruppen an, dass die Belastungen zu viel sind (vgl. Abbildung 20).

Abbildung 20: Arbeitszufriedenheit und -belastung nach Berufsgruppen (t2) (N = 231)

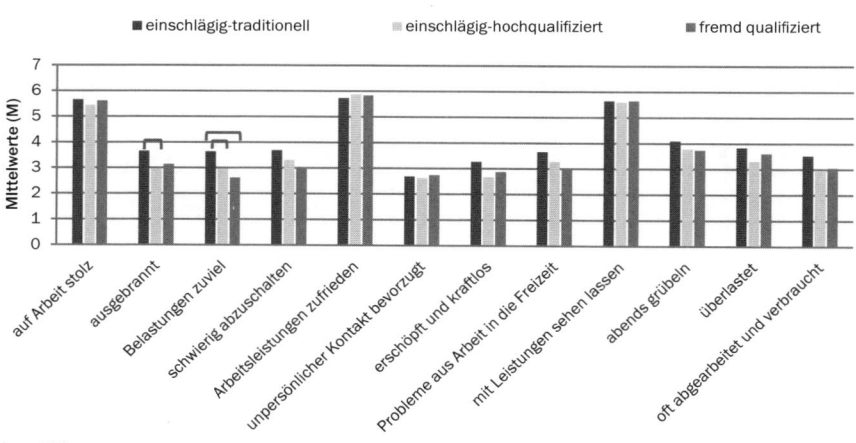

Lesehilfe:
Die Klammern stellen jeweils signifikante Unterschiede zwischen den Berufsgruppen dar.

Die Übersichtstabelle 76 fasst die wesentlichen Ergebnisse der Querschnittsanalysen zu den Arbeitsprozessen und zur Arbeitszufriedenheit der Fachkräfte zu den beiden Zeitpunkten t0 und t2 zusammen. Bei der Interpretation der Daten ist jedoch zu beachten, dass dies keine personenbezogenen „Veränderungen" darstellen.

5.4 Einstellungen der Fachkräfte zu multiprofessionellen Teams

5.4.1 Einstellungen der Fachkräfte zum Zeitpunkt t0

Zur Erfassung der Einstellungen zu multiprofessionellen Teams kam eine speziell für das Projekt „TEAM-BaWü" entwickelte Skala zum ersten und letzten Befragungszeitpunkt (t0 und t2) zum Einsatz. Zur Einschätzung der Chancen und Risiken, die multiprofessionelle Team mit sich bringen, wur-

Tabelle 76: Wesentliche Merkmale zu Arbeitsprozessen und zur Arbeitszufriedenheit (t0 und t2 im Überblick)

	Einschlägig-traditionell qualifizierte Fachkräfte (1)	Einschlägig-hoch qualifizierte Fachkräfte (2)	Nicht-ein-schlägig qualifizierte Fachkräfte (3)	Signifikante Gruppen-unterschiede (p)
Bewertung der Teamsituation:				
Qualitätssicherung und -entwicklung (t0)	M = 2.79; SD = .64	M = 2.59; SD = .79	M = 2.38; SD = .74	Zwischen 1 und 3: < .01
Umsetzung des Bildungs-programms (t0)	M = 2.77; SD = .59	M = 2.82; SD = .68	M = 2.42; SD = .75	Zwischen 1 und 3 bzw. 2 und 3: < .01
Umsetzung des Bildungs-programms (t2)	M = 2.80; SD = .51	M = 2.55; SD = .72	M = 2.75; SD = .57	Zwischen 1 und 2: < .05
Zusammenarbeit im Team (t2)	M = 2.83; SD = .47	M = 2.71; SD = .46	M = 3.09; SD = .29	zwischen 1 und 3 bzw. 2 und 3: < .01
Häufigkeit von Konflikten im Team (t2)	M = 2.52; SD = .74	M = 2.30; SD = .76	M = 2.86; SD = .64	zwischen 2 und 3: < .05
Arbeit im Team:				
Koordination der An-strengungen (t0)	M = 4.22; SD = 1.23	M = 4.49; SD = 1.21	M = 4.76; SD = .93	Zwischen 1 und 3: < .05
Teammitglieder kennen ihre Aufgaben (t0)	M = 4.80; SD = 1.19	M = 4.93; SD = 1.12	M = 5.28; SD = 0.79	Zwischen 1 und 3: < .05
Allgemeine Zufriedenheit mit Arbeit und Beruf:				
Sicherheit der beruflichen Zukunft (t0)	M = 5.87; SD = 1.05	M = 5.34; SD = 1.24	M = 5.30; SD = 1.41	Zwischen 1 und 2 bzw. 1 und 3: <.001
Zufriedenheit mit der Zusammenarbeit im Team:				
Guter Teamgeist (t2)	M = 3.10; SD = .67	M = 3.16; SD = .81	M = 3.52; SD = .59	Zwischen 1 und 3: < .05
Vertrauen, Respekt und Unterstützung im Team (t2)	M = 3.17; SD = .59	M = 3.30; SD = .71	M = 3.61; SD = .49	Zwischen 1 und 3: < .01
Arbeitszufriedenheit und -belastung:				
„Ich fühle mich von meiner Arbeit „ausge-brannt" (t2)	M = 3.66; SD = 1.62	M = 2.95; SD = 1.51	M = 3.14; SD = 1.55	Zwischen 1 und 2: < .05
„Ich denke manchmal, dass die Belastungen zu viel für mich sind" (t2)	M = 3.64; SD = 1.64	M = 2.95; SD = 1.69	M = 2.61; SD = 1.59	Zwischen 1 und 2 bzw. 1 und 3: < .01

Anmerkung
1 = völlig unzutreffend bis 7 = völlig zutreffend

den die Fachkräfte gebeten, 18 Merkmale auf einer vierstufigen Skala („1 = trifft gar nicht zu" bis „4 = trifft voll und ganz zu") einzuschätzen.

Insgesamt gaben die befragten Fachkräfte zum Zeitpunkt t0 überwiegend an, dass multiprofessionelle Teams angesichts neuer Anforderungen notwendig sind, diese ein abwechslungsreiches und mehrperspektivisches Arbeiten ermöglichen und die Chance zur Weiterentwicklung bieten. Auch sind die Fachkräfte der Auffassung, dass ein multiprofessionelles Team die professionelle Gestaltung von Bildungs- und Erziehungsprozessen stärkt und zur Professionalisierung beiträgt (vgl. Tabelle 77).

Hinsichtlich der Einstellungen zu multiprofessionellen Teams gibt es allerdings einige signifikante Unterschiede zwischen den Berufsgruppen:

- *Einschlägig-hoch* qualifizierte Fachkräfte gehen im Vergleich zu *einschlägig-traditionell* qualifizierten Fachkräften eher davon aus, dass multiprofessionelle Teams notwendig sind ($p < .001$).
- Auch stehen sie im Vergleich zu *einschlägig-traditionell* qualifizierten Fachkräften einer Öffnung „nach oben" aufgeschlossener gegenüber ($p < .001$).[42]
- *Nicht-einschlägig* qualifizierte Fachkräfte sind im Vergleich zu *einschlägig-traditionell* qualifizierten Fachkräften eher der Auffassung, dass ein multiprofessionelles Team ein abwechslungsreiches und mehrperspektivisches Arbeiten ermöglicht ($p < .01$).
- *Nicht-einschlägig* qualifizierte Fachkräfte sind gegenüber *einschlägig-traditionell* qualifizierten Fachkräften eher der Überzeugung, dass multiprofessionelle Teams die professionelle Gestaltung von Bildungs- und Erziehungsprozessen fördert ($p < .01$).
- Im Vergleich zu *einschlägig-hoch* qualifizierten Fachkräften sind *nicht-einschlägig* qualifizierte Fachkräfte eher der Meinung, dass die Einarbeitung mehr Zeit erfordert ($p < .05$).
- *Nicht-einschlägig* qualifizierte Fachkräfte gehen im Vergleich zu *einschlägig-hoch* qualifizierten Fachkräften eher davon aus, dass multiprofessionelle Teams die Belastung für die einzelne Fachkraft verringern kann ($p < .05$).
- *Einschlägig-traditionell* qualifizierte Fachkräfte geben im Vergleich zu den anderen beiden Berufsgruppen eher an, sich noch nicht mit der Frage der „multiprofessionellen Teams" auseinandergesetzt zu haben ($p < .01$).

---

42 Diese Frage war negativ formuliert: „Eine Öffnung nach ‚oben' (höhere Qualifikation) lehne ich grundsätzlich ab." Dies muss bei der Interpretation der Mittelwerte berücksichtigt werden.

Tabelle 77: Einstellungen zu multiprofessionellen Teams (t0) (N = 283)

	N	M	SD
Ich finde multiprofessionelle Teams *sind* angesichts der neuen Herausforderungen notwendig.	282	3.40	.65
Die Frage ist in meinem Team/meinen Teams sehr umstritten.	221	1.76	.85
Die Einstellung von Fachkräften hängt auch von den finanziellen Ressourcen ab, man kann nicht in erster Linie teure Fachkräfte einstellen.	234	2.26	.97
Die Zusammenarbeit in einem multiprofessionellen Team ermöglicht ein abwechslungsreiches und mehrperspektivisches Arbeiten.	283	3.60	.59
Ein multiprofessionelles Team trägt zur Professionalisierung bei.	270	3.43	.68
Die Einarbeitung erfordert bei multiprofessionellen Teams mehr Zeit.	249	2.95	.92
Es wird schwerer, sich zu einem Team zu entwickeln, wenn man nicht auf die gleiche Ausbildung zurückblicken kann.	277	1.89	.81
Ich habe mich noch nicht mit der Frage auseinandergesetzt.	237	1.53	.86
Ein multiprofessionelles Team fördert die professionelle Gestaltung von Bildungs- und Erziehungsprozessen.	260	3.34	.67
Ein homogenes Team beinhaltet weniger Störfaktoren.	242	1.91	.89
Ein multiprofessionelles Team kann die Belastung für die einzelne pädagogische Fachkraft verringern.	237	2.75	.83
Eine Öffnung nach „unten" (geringere Qualifikation) lehne ich grundsätzlich ab.	251	2.22	1.03
Eine Öffnung nach „oben" (höhere Qualifikation) lehne ich grundsätzlich ab.	256	1.59	.71
Ein multiprofessionelles Team erschwert den fachlichen Austausch im Team.	269	1.70	.69
Ich meine, dass wir mit der bisherigen Aufstellung weiterhin gut zurechtkommen.	249	3.06	.85
Wir müssen zusehen, wie wir die Stellen besetzen.	205	2.58	1.05
Wichtiger als die fachliche Qualifikation ist für uns die Persönlichkeit der Fachkräfte.	247	3.17	.73
Neue Qualifikationen und Ressourcen sind eine Chance zur Weiterentwicklung.	275	3.60	.51

Anmerkung:
1 = trifft gar nicht zu bis 4 = trifft voll und ganz zu.

- Im Vergleich zu den *einschlägig-hoch* qualifizierten und *nicht-einschlägig* qualifizierten Fachkräften gehen *einschlägig-traditionell* qualifizierte Fachkräfte zum auch eher davon aus, dass ein homogenes Team weniger Störfaktoren beinhaltet (p < .01).

5.4.2 Einstellungen der Fachkräfte zum Zeitpunkt t2

Die Fachkräfte wurden auch zum dritten Erhebungszeitpunkt t2 zu ihren Einstellungen hinsichtlich multiprofessioneller Teams befragt. Danach sind die Fachkräfte insgesamt der Auffassung, dass multiprofessionelle Teams ein abwechslungsreiches und mehrperspektivisches Arbeiten, die Chance zur Weiterentwicklung bieten und aufgrund neuer Herausforderungen notwendig sind (vgl. Tabelle 78).

Hinsichtlich der Einstellung gegenüber multiprofessionellen Teams zeigen sich auch zum Zeitpunkt t2 signifikante Unterschiede zwischen den Berufsgruppen:

- *Einschlägig-hoch* qualifizierte Fachkräfte sind im Vergleich zu *einschlägig-traditionell* qualifizierten Fachkräften eher der Meinung, dass multiprofessionelle Teams angesichts neuer Herausforderungen notwendig sind (p < .001)und die Chance zur Weiterentwicklung bieten (p < .05).
- *Einschlägig-hoch* qualifizierte Fachkräfte und *nicht-einschlägig* qualifizierte Fachkräfte sind im Vergleich zu *einschlägig-traditionell* qualifizierten Fachkräften zudem der Meinung, dass ein multiprofessionelles Team ein abwechslungsreiches und mehrperspektivisches Arbeiten ermöglicht und zur Professionalisierung beiträgt (p < .001).
- *Einschlägig-traditionell* qualifizierte Fachkräfte vertreten dagegen im Vergleich zu *einschlägig-hoch* qualifizierten Fachkräften eher die Ansicht, dass die Einarbeitung mehr Zeit erfordert (p < .01).
- Auch geben *einschlägig-traditionell* qualifizierte sowie *nicht-einschlägig* qualifizierte Fachkräfte im Vergleich zu *einschlägig-hoch* qualifizierten Fachkräften eher an, dass es schwerer ist, sich zu einem Team zu entwickeln, wenn man nicht auf die gleiche Ausbildung zurückblicken kann (p < .01).

Die Übersichtstabelle 79 fasst die wesentlichen Ergebnisse der Querschnittsanalysen zu den Einstellungen der Fachkräfte zu den beiden Zeitpunkten t0 und t2 zusammen. Bei der Interpretation der Daten ist jedoch zu beachten, dass dies keine personenbezogenen „Veränderungen" darstellen.

Tabelle 78: Einstellungen zu multiprofessionellen Teams (t2)

	N	M	SD
Ich finde multiprofessionelle Teams *sind* angesichts der neuen Herausforderungen notwendig.	246	3.26	.69
Die Frage ist in meinem Team/meinen Teams sehr umstritten.	227	1.65	.73
Die Einstellung von Fachkräften hängt auch von den finanziellen Ressourcen ab, man kann nicht in erster Linie teure Fachkräfte einstellen.	236	2.12	.92
Die Zusammenarbeit in einem multiprofessionellen Team ermöglicht ein abwechslungsreiches und mehrperspektivisches Arbeiten.	242	3.43	.65
Ein multiprofessionelles Team trägt zur Professionalisierung bei.	238	3.25	.71
Die Einarbeitung erfordert bei multiprofessionellen Teams mehr Zeit.	240	2.91	.79
Es wird schwerer, sich zu einem Team zu entwickeln, wenn man nicht auf die gleiche Ausbildung zurückblicken kann.	245	2.07	.87
Ich habe mich noch nicht mit der Frage auseinandergesetzt.	226	1.51	.77
Ein multiprofessionelles Team fördert die professionelle Gestaltung von Bildungs- und Erziehungsprozessen.	240	3.16	.64
Ein homogenes Team beinhaltet weniger Störfaktoren.	229	2.01	.81
Ein multiprofessionelles Team kann die Belastung für die einzelne pädagogische Fachkraft verringern.	235	2.75	.77
Eine Öffnung nach „unten" (geringere Qualifikation) lehne ich grundsätzlich ab.	233	2.34	1.03
Eine Öffnung nach „oben" (höhere Qualifikation) lehne ich grundsätzlich ab.	240	1.68	.75
Ein multiprofessionelles Team erschwert den fachlichen Austausch im Team.	239	1.81	.75
Ich meine, dass wir mit der bisherigen Aufstellung weiterhin gut zurechtkommen.	232	2.88	.78
Wir müssen zusehen, wie wir die Stellen besetzen.	225	2.55	.94
Wichtiger als die fachliche Qualifikation ist für uns die Persönlichkeit der Fachkräfte.	232	3.00	.76
Neue Qualifikationen und Ressourcen sind eine Chance zur Weiterentwicklung.	241	3.36	.64

Anmerkung:
1 = trifft gar nicht zu bis 4 = trifft voll und ganz zu.

Tabelle 79: Wesentliche Merkmale zu den Einstellungen der Fachkräfte (t0 und t2 im Überblick)

	Einschlägig-traditionell qualifizierte Fachkräfte (1)	Einschlägig-hochqualifizierte Fachkräfte (2)	Nicht-einschlägig qualifizierte Fachkräfte (3)	Signifikante Gruppenunterschiede (p)
Ich finde multiprofessionelle Teams *sind* angesichts der neuen Herausforderungen notwendig.	M = 3.29; SD = .67 (t0)	M = 3.60; SD = .55 (t0)	M = 3.73; SD = .45 (t0)	Zwischen 1 und 2 und 1 und 3: < .001
	M = 3.16; SD = .69 (t2)	M = 3.61; SD = .62 (t2)	M = 3.41; SD = .59 (t2)	Zwischen 1 und 2: < .001
Die Zusammenarbeit in einem multiprofessionellen Team ermöglicht ein abwechslungsreiches und mehrperspektivisches Arbeiten.	M = 3.53; SD = .63 (t0)	M = 3.70; SD = .52 (t0)	M = 3.81; SD = .39 (t0)	Zwischen 1 und 3: < .01
	M = 3.33; SD = .65 (t2)	M = 3.66; SD = .61 (t2)	M = 3.82; SD = .39 (t2)	zwischen 1 und 2 und 1 und 3: < .001
Die Einarbeitung erfordert bei multiprofessionellen Teams mehr Zeit.	M = 2.98; SD = .96 (t0)	M = 2.60; SD = .78 (t0)	M = 3.11; SD = .79 (t0)	Zwischen 2 und 3: < .05
	M = 3.00; SD = .79 (t2)	M = 2.55; SD = .69 (t2)	M = 2.91; SD = .81 (t2)	Zwischen 1 und 2: < .01
Ich habe mich noch nicht mit der Frage auseinandergesetzt.	M = 1.65; SD = .94 (t0)	M = 1.28; SD = .51 (t0)	M = 1.25; SD = .63 (t0)	Zwischen 1 und 2 und 1 und 3: < .01
Ein multiprofessionelles Team fördert die professionelle Gestaltung von Bildungs- und Erziehungsprozessen.	M = 3.26; SD = .69 (t0)	M = 3.49; SD = .66 (t0)	M = 3.59; SD = .49 (t0)	Zwischen 1 und 3: < .01
Ein homogenes Team beinhaltet weniger Störfaktoren.	M = 1.92; SD = .86 (t0)	M = 1.53; SD = .75 (t0)	M = 2.30; SD = 1.06 (t0)	Zwischen 1 und 2 und 1 und 3: < .01
Ein multiprofessionelles Team kann die Belastung für die einzelne pädagogische Fachkraft verringern	M = 2.70; SD = .83 (t0)	M = 2.68; SD = .81 (t0)	M = 3.09; SD = .82 (t0)	Zwischen 1 und 3: < .05
Eine Öffnung nach „oben" (höhere Qualifikation) lehne ich grundsätzlich ab.	M = 1.67; SD = .74 (t0)	M = 1.35; SD = .63 (t0)	M = 1.46; SD = .55 (t0)	Zwischen 1 und 2: < .05
Ein multiprofessionelles Team trägt zur Professionalisierung bei.	M = 3.11; SD = .72 (t2)	M = 3.60; SD = .59 (t2)	M = 3.68; SD = .48 (t2)	Zwischen 1 und 2 und 1 und 3: < .001
Es wird schwerer, sich zu einem Team zu entwickeln, wenn man nicht auf die gleiche Ausbildung zurückblicken kann.	M = 2.12; SD = .85 (t2)	M = 1.73; SD = .73 (t2)	M = 2.30; SD = 1.12 (t2)	Zwischen 1 und 2 und 2 und 3: < .01
Neue Qualifikationen und Ressourcen sind eine Chance zur Weiterentwicklung.	M = 3.30; SD = .62 (t2)	M = 3.58; SD = .63 (t2)	M = 3.43; SD = .75 (t2)	Zwischen 1 und 2: < .05

Anmerkung:
1 = trifft gar nicht zu bis 4 = trifft voll und ganz zu.

5.5 Zusammenfassung und Diskussion

Im Folgenden werden die zentralen Ergebnisse der bisherigen Analysen der wissenschaftlich begleiteten 25 Einrichtungen in dem Projekt „TEAM-BaWü" zusammengefasst und vor dem Hintergrund der Fragestellung diskutiert, welche bisherigen Erkenntnisse sich hinsichtlich der Arbeitsprozesse und Arbeitszufriedenheit multiprofessioneller Kindertageseinrichtungen in Baden-Württemberg ableiten lassen.

Die Strukturen und Entwicklungen in den Einrichtungen lassen sich anhand von vier Gesichtspunkten (Merkmale der Einrichtungen, Arbeitssituation der Fachkräfte, Arbeitsprozesse und Arbeitszufriedenheit) zusammenfassen:

(1) Merkmale der Einrichtungen

Es ist gelungen, in die Stichprobe zur vertiefenden Untersuchung (N = 25) ein sehr breites Spektrum von Einrichtungen einzubeziehen. Es sind sehr kleine (mit weniger als 50 Kindern) und sehr große (mit weit über 100 Kindern) enthalten; die Zahl der Fachkräfte weist eine Spanne von weniger als 10 bis weit über 20 Personen auf. Hierbei sind durchaus auch „kleinere" Einrichtungen (nach der Zahl der betreuten Kinder) mit großen Teams besetzt. Damit verbunden sind entsprechend vielfältige Ressourcen und Kompetenzen, aber auch ein hoher inhaltlicher und organisatorischer Abstimmungsbedarf.

Ein größerer Teil der Einrichtungen weist spezifische Merkmale wie die Organisation als Familienzentrum, oder Schwerpunkte wie Inklusion oder Orientierung an Familien in besonderen Bedürfnislagen auf. Die Einrichtungen verteilen sich über ganz Baden-Württemberg und befinden sich sowohl in Städten als auch im ländlichen Raum. Dieses breite Spektrum bildet die Vielfalt der Einrichtungen in Baden-Württemberg ab, somit dürfte das Kriterium der Repräsentanz erfüllt sein.

Auch hinsichtlich der Erfahrungen mit multiprofessionellen Teams gibt es eine große Spannbreite. In der Stichprobe enthalten sind Einrichtungen, in denen erst seit Beginn des Kindergartenjahres 2013/14 Fachkräfte tätig sind, die nicht ErzieherIn oder KinderpflegerIn (*einschlägig-traditionell* qualifizierte Fachkräfte) sind. Ebenso sind Einrichtungen vertreten, die bereits seit mehreren Jahren multiprofessionell besetzt sind. Für die Einarbeitung von Fachkräften sind überwiegend die Leitungen, daneben aber auch Gruppenfachkräfte oder in Einzelfällen spezielle FunktionsinhaberInnen (z. B. PraxisanleiterIn) zuständig. Nur in 15 der 25 Einrichtungen besteht allerdings ein schriftliches Einarbeitungskonzept, nur drei Einrichtungen haben ein spezielles Konzept für *neue* Fachkräfte, die keine Ausbildung zur

ErzieherIn oder KinderpflegerIn haben, aber nach dem KitaG Baden-Württemberg (Fachkräftekatalog) in Kindertageseinrichtungen als pädagogische Fachkräfte tätig sein dürfen. Eine übliche Einarbeitungszeit wird auf etwa vier Monate geschätzt, die Einarbeitung der *neuen* Fachkräfte dauert nach Einschätzung der Leitungskräfte jedoch länger.

Die Gruppe der *neuen* Fachkräfte ist in sich eine äußerst heterogene Gruppe und fasst über 20 in den Einrichtungen beschäftigte Berufsgruppen zusammen. Der Anteil der *neuen* Fachkräften liegt je nach Einrichtung zum Zeitpunkt t0 zwischen 5 und 50 %, zum Zeitpunkt t1 zwischen 6 und 65 % und zum Zeitpunkt t2 zwischen 5 und 65 %. Dabei spielt die Größe der Einrichtung nur eine untergeordnete Rolle. Sowohl in größeren Teams mit mehr als 20 Fachkräften als auch in kleineren Einrichtungen (bis zu 10 Fachkräfte) gibt es hohe und niedrige Anteile von Fachkräften, die keine traditionelle Ausbildung als ErzieherIn oder KinderpflegerIn aufweisen. Da nach Angaben der Einrichtungsleitungen die Einarbeitung von *neuen* Fachkräften mit anderen Qualifikationen in der Regel einen höheren Aufwand mit sich bringt, verringern sich bei einer höheren Anteil dieser *neuen* Fachkräfte die Möglichkeiten entsprechend, den zusätzlichen Aufwand an Einarbeitung bzw. fachlicher Unterstützung im Team zu verteilen.

Die Gruppe der *neuen* Fachkräfte lässt sich ihrerseits in zwei Gruppen unterteilen: *Einschlägig-hoch,* in der Regel akademisch, qualifizierte Fachkräfte (z.B. KindheitspädagogInnen, SozialpädagogInnen, HeilpädagogInnen) sowie *nicht-einschlägig* qualifizierte Fachkräfte, die in dem Fachkräftekatalog aufgeführt sind, aber (noch) keine einschlägige, auf das Feld der Kindertageseinrichtungen ausgerichtete Ausbildung aufweisen. Der Anteil der in der Einrichtung beschäftigten *nicht-einschlägig* qualifizierten Fachkräfte beträgt in den Einrichtungen zwischen 0 % und 29 % (Zeitpunkt t0; max. 25 % in t1, max. 26 % in t2). Drei der 25 Kindertageseinrichtungen beschäftigen über den gesamten Untersuchungszeitraum keine *nicht-einschlägig* qualifizierten Fachkräfte. Da die Einarbeitung von Fachkräften mit *nicht-einschlägigen* Qualifikationen nach Angaben der Leitungen einen höheren Aufwand mit sich bringt, ist diese Relation durchaus relevant.

In den Einrichtungen haben sich im Untersuchungszeitrum teilweise erhebliche personelle Veränderungen ergeben. Nur fünf Einrichtungen bestehen zum Frühjahr 2015 noch in der gleichen Besetzung wie im Frühjahr 2014. Die personellen Veränderungen betreffen dabei sowohl traditionelle Berufsgruppen (ErzieherInnen) als auch *neue* Fachkräfte. Der Saldo der Veränderungen zwischen t0 und t2 zeigt einen personellen Zuwachs bei den *einschlägig-traditionell* qualifizierten Fachkräften, während es bei *neuen* Fachkräften etwas mehr Fort- als Zugänge gab. Ob dies auf eine tendenziell größere Fluktuation bei *neuen* Fachkräften hinweist oder ob sich der Fachkräftemarkt leicht entspannt hat, so dass eher wieder *einschlägig-traditionell* qualifizierte Fachkräfte eingestellt werden, lässt sich aus diesen Zahlen noch nicht entnehmen. Hierfür werden in späteren Kapiteln die qualitativen Leitfadeninterviews mit Leitungskräften ausgewertet (vgl. Kapitel 7). Insgesamt ist jedoch festzuhalten, dass fast alle Einrichtungen in den letzten zwei Jahren mit erheblichen personellen Veränderungen, unbesetzten Stellen, einer zunehmenden Fluktuation und großen Vielfalt hinsichtlich der beruflichen Abschlüsse zu tun hatten, die zeitliche und personelle Ressourcen bei Einarbeitung, Anleitung und Personalentwicklung binden. Hierbei sind insbesondere die Leitungen, aber auch erfahrene Gruppen- und Funktionsfachkräfte gefordert. Auch bilden die Einrichtungen zunehmend Fachkräfte nach dem Modell der praxisintegrierten Ausbildung in Baden-Württemberg aus (im Frühjahr 2015 waren dies 17 der untersuchten 25 Einrichtungen).

Die Einschätzung der Prozessqualität nach der KES-R bzw. der ECERS-E ergab zum Zeitpunkt t0 Mittelwerte auf einer siebenstufigen Skala von 4.32 (SD = .43, KES-R) bzw. 2.86 (SD = .66, ECERS-E) und damit etwas höhere Werte als in der NUBBEK-Studie berichtet (Tietze et al., 2013). Zum Zeitpunkt t2 sind diese Werte noch einmal geringfügig gestiegen (KES-R: M = 4.50, SD = .58); ECERS-E: M = 2.92, SD = .75). Die einrichtungsbezogenen Vergleiche zeigen, dass sich Einrichtungen höherer Qualität in unterschiedlichen Trägerschaften, Standorten und Konzeptionen finden lassen; ebenso sind Einrichtungen, die sich eher im unteren Bereich der Prozessqualität bewegen, nicht eindeutig hinsichtlich ihrer Strukturmerkmale zusammenzufassen. Auch zeigen sich keine eindeutigen Zusammenhänge zwischen der Teamzusammensetzung (Anteile *neuer* bzw. *nicht-einschlägig qualifizierter* Fachkräfte im Team) und der Prozessqualität. Am ehesten lassen sich noch Schlussfolgerungen bzgl. der Qualität von Bildungsangeboten – erfasst wurden die Bildungsbereiche Lesen, Mathematik, Naturwissenschaft und Umwelt sowie individuelle Förderung – erkennen, die auf Vorteile einer Einstellung von *einschlägig-traditionell bzw. einschlägig-hoch* qualifizierten Fachkräften hinweisen.

(2) Arbeitssituation der Fachkräfte

Ein Vergleich zwischen den drei betrachteten Gruppen von Fachkräften zum Zeitpunkt t0 zeigt, dass die *neuen* Fachkräfte deutlich jünger sind (überwiegend jünger als 30 Jahre) als *einschlägig-traditionell* qualifizierte Fachkräfte. Auch sind sie mit 2,4 Jahren (*einschlägig-hoch* qualifizierte Fachkräfte) bzw. 1,5 Jahren (*nicht-einschlägig* qualifizierte Fachkräfte) kürzer in der Einrichtung. Ebenso berichten mehr als zwei Drittel der *neuen* Fachkräfte von weniger als 5 Jahren Berufserfahrung, hierin sind auch Tätigkeiten außerhalb von Kindertageseinrichtungen eingeschlossen. Damit lässt sich die Gruppe der *neuen* Fachkräfte überwiegend als junge BerufseinsteigerInnen beschreiben, die erst seit kurzem in der Einrichtung tätig sind.

Bei der Betrachtung der Beschäftigungsverhältnisse zeigt sich ein überproportional hoher Anteil der befristeten Arbeitsverhältnisse für die *neuen* Fachkräfte. So sind zum Zeitpunkt t0 deutlich häufiger *einschlägig-hoch* qualifizierte Fachkräfte (40,5%) und insbesondere *nicht-einschlägig* qualifizierte Fachkräfte (58,8%) der nur befristet eingestellt. Zum Zeitpunkt t2 sind die Anteile der befristeten Arbeitsverträge allerdings in beiden Berufsgruppen geringer (*einschlägig-hoch* qualifizierte Fachkräfte: 22,7%; *nicht-einschlägig* qualifizierte Fachkräfte: 40,9%).

Obwohl die wöchentliche Arbeitszeit bei allen drei Gruppen ähnlich hoch ist (rd. 34 Stunden/Woche), gibt es zum Erhebungszeitpunkt t0 bedeutsame Unterschiede in der mittelbaren pädagogischen Arbeitszeit. Sowohl die *einschlägig-traditionell* als auch *die einschlägig-hoch* qualifizierten Fachkräfte haben rd. 7 Stunden pro Woche für Vor- und Nachbereitung, Elterngespräche, Beobachtung und Dokumentation oder Teambesprechungen zur Verfügung (rd. 20% der Gesamtarbeitszeit). Dagegen haben die *nicht-einschlägig* qualifizierten Fachkräfte nur rd. 4,5 Stunden pro Woche Zeit für diese Tätigkeiten, und damit nur rd. 13% ihrer Gesamtarbeitszeit zur Verfügung. Zum Erhebungszeitpunkt t2 sind die Unterschiede zwischen den drei Gruppen geringer, liegen allerdings mit 5–6 Stunden pro Woche insgesamt auf niedrigerem Niveau.

Im Hinblick auf die Notwendigkeit, sich intensiv mit der pädagogischen Handlungspraxis auseinanderzusetzen, diese auf der Grundlage systematischer Beobachtung und Dokumentation fachlich zu reflektieren und sich mit TeamkollegInnen darüber auszutauschen, ist diese geringe Zeit für mittelbare pädagogische Tätigkeiten als viel zu gering zu bewerten. Experten zufolge muss von mindestens 16,5% der Wochenarbeitszeit ausgegangen werden, um die geforderten pädagogischen Tätigkeiten durchführen zu können (Viernickel & Fuchs-Rechlin, 2015).

Unterschiede zwischen den drei Fachkräftegruppen gibt es zum Zeitpunkt t0 auch beim Verdienst: Bezogen auf eine Vollzeittätigkeit liegt der monatliche Bruttoverdienst nach Selbstauskünften bei den *nicht-einschlägig* qualifizierten Fachkräfte durchschnittlich etwa bei 1.852 Euro, während er bei den beiden anderen Gruppen bei 2.330 (*einschlägig-traditionell* qualifizierte Fachkräfte) bzw. 2.463 Euro (*einschlägig-hoch* qualifizierte Fachkräfte) liegt. Zwar wird zum Zeitpunkt t2 der monatliche Bruttoverdienst der *nicht-einschlägig* Qualifizierten mit rd. 2.058 Euro etwas höher angegeben, liegt aber weiterhin unter dem der übrigen Fachkräfte.

Hinsichtlich der Funktionen und Zusatzqualifikationen ist festzustellen, dass die *einschlägig-traditionell* qualifizierten Fachkräfte häufiger als die *neuen* Fachkräfte einschlägige, umfangreiche Zusatzqualifikationen aufweisen und häufiger Sonderfunktionen in den Einrichtungen übernehmen, insbesondere die Gruppenleitung. Dies dürfte auch mit der längeren Beschäftigungsdauer zusammenhängen, weist aber darauf hin, dass sie stärker mit Einarbeitungs- und Anleitungsaufgaben betraut werden. Demgegenüber gibt es keine bedeutsamen Unterschiede zwischen den Berufsgruppen hinsichtlich der Handlungsfelder, die neben den pädagogischen Kernaufgaben in der täglichen Arbeit der Fachkräfte eine Bedeutung sind. Von großer Bedeutung sind demnach Sprachförderung, die Förderung der seelischen/körperlichen Gesundheit, die sozialpädagogische Förderung, Integration/Inklusion, Vielfalt/Diversity, spezielle Bildungsfelder sowie Leitbild/Konzeptionsentwicklung, Fortbildungen/Mitarbeiterschulungen und Evaluation/Qualitätsmanagement.

Hinsichtlich der spezifischen pädagogischen Aufgaben und Tätigkeiten innerhalb der Handlungsfelder gibt es bei der Bedeutung, die die Gestaltung administrativer Abläufe für die eigene Arbeit hat, signifikante Unterschiede zwischen den Berufsgruppen. Hier schätzen die *nicht-einschlägig* qualifizierten Fachkräfte die Bedeutung signifikant geringer ein als die Gruppe der *einschlägig-traditionell* qualifizierten Fachkräfte. Dies könnte ein Hinweis darauf sein, dass diese Fachkräfte, die meist als Quereinsteiger ohne einschlägige Aus- oder Weiterbildung in die Einrichtungen kommen, noch weniger Zugang bzw. Einblick in die Strukturen und Abläufe der Einrichtungen haben. Zugleich wird aber auch bei dieser Gruppe der professionelle Anspruch deutlich, den pädagogischen Alltag nicht nur „irgendwie" zu bewältigen, sondern das eigene Handeln auf eine fachlich-konzeptionelle Grundlage zu stellen bzw. es auf dieser Grundlage zu reflektieren und zu bewerten. Hier sind die Einschätzungen zur Bedeutung von Konzeption, Reflektion und Evaluation ähnlich hoch wie bei den anderen Gruppen.

Hinsichtlich der erforderlichen persönlichen Ressourcen gibt es nur bei einem Merkmal signifikante Unterschiede zwischen den Berufsgruppen: *Nicht-einschlägig* qualifizierte Fachkräfte nennen „ethische Grundwerte" eher als bedeutsame Ressourcen. Möglicherweise sehen sie hier eine besondere persönliche Stärke, die in Handlungsfeldern wie „Integration/Inklusion" oder „Vielfalt/Diversity" fehlende pädagogische Grundlagen teilweise ausgleichen können.

(3) Arbeitsprozesse und Arbeitszufriedenheit

Nach der aktuellen Situation in Teambesprechungen gefragt, werden in den multiprofessionellen Teams häufiger inhaltlich-pädagogische Themen besprochen als in der Studie von Viernickel et al. (2013). Allerdings stehen auch teambezogene Fragen – die allgemeine Zusammenarbeit im Team aber auch Teamkonflikte häufiger auf der Tagesordnung. Dies kann einerseits auf größere Konflikte in einem Teil der Einrichtungen, andererseits auch auf eine größere Offenheit im Umgang mit Konflikten hinweisen.

Häufiger als die anderen Berufsgruppen berichten die *nicht-einschlägig* qualifizierten Fachkräfte von der Zusammenarbeit im Team als Thema, seltener dagegen davon, dass das „Qualitätssicherung und -entwicklung in der Einrichtung" in Teambesprechungen behandelt wird. Dies könnte ein Hinweis darauf sein, dass die *nicht-einschlägig* qualifizierten Fachkräfte stärker an diesem, für Arbeitssituation und -zufriedenheit wichtigem Thema interessiert sind und es daher stärker wahrnehmen als Themen der Qualitätssicherung und -entwicklung, die für sie eher abstrakt-konzeptionell sein könnten. Zum Zeitpunkt t2 zeigen sich noch größere Unterschiede zwischen den Berufsgruppen: Während die *einschlägig-traditionell* qualifizierten Fachkräfte eher von der „Umsetzung des Bildungsprogramms" in Teambesprechungen berichten als die beiden anderen Gruppen, nehmen *nicht-einschlägig* qualifizierte Fachkräfte eher „Gespräche über Konflikte" in Teambesprechungen wahr.

Hinsichtlich der allgemeinen Zufriedenheit mit dem Zusammenhalt im Team ist die Zufriedenheit der Fachkräfte hoch und liegt noch etwas über den Vergleichswerten von Viernickel et al. (2013). Signifikante Unterschiede zwischen den Gruppen gibt es allerdings bei den Merkmalen „In meinem Team herrscht ein sehr guter Teamgeist" sowie „In meinem Team vertrauen, respektieren und unterstützen sich die MitarbeiterInnen": Zum Zeitpunkt t2 äußern sich die *nicht-einschlägig* qualifizierten Fachkräfte zufriedener mit den Merkmalen als die *einschlägig-traditionell* qualifizierten Fachkräfte. Dies kann umgekehrt auch als Anzeichen für eine etwas größere Unzufriedenheit mit der Zusammenarbeit im Team auf Seiten der *einschlägig-traditionell* qualifizierten Fachkräfte gedeutet werden, die Mittelwerte bei diesen Merkmalen liegen bei ihnen im Durchschnitt um 0.5 Punkte (auf einer vierstufigen Skala) niedriger als bei den *nicht-einschlägig* qualifizierten Fachkräften.

Hinsichtlich der Zielorientierung im Team besteht bei allen drei Gruppen die größte Zustimmung bei dem Merkmal „Identifikation mit den Zielen". Weniger deutlich ist die Zustimmung dagegen bei der Zielerreichung. Bei der Aufgabenbewältigung schätzen die Fachkräfte die Transparenz der Aufgabenverteilung besser ein als die Prioritätensetzung und Informationsweitergabe. Im Vergleich der Gruppen zeigt sich, dass die *nicht-einschlägig* qualifizierten Fachkräfte eher den Merkmalen „Wir koordinieren unsere Anstrengungen gut" sowie „Die Teammitglieder kennen ihre Aufgaben" zustimmen als die *traditionell* qualifizierten Fachkräfte. Diese Ergebnisse können einerseits darauf hinweisen, dass die *nicht-einschlägig* qualifizierten Fachkräfte ihre Zufriedenheit mit einer stärker teamorientierten Tätigkeit als in ihren bisherigen Arbeitsfeldern (z.B. therapeutische Praxen, stationäre

Einrichtungen, Schulkontexte) ausdrücken. Andererseits lassen sich die vergleichswese geringeren Werte der *einschlägig-traditionell* qualifizierten Fachkräfte auch als Unzufriedenheit darüber interpretieren, dass Teammitglieder nicht genau wissen, was sie zu tun haben und daher die Anstrengungen schlecht koordiniert werden können.

Hinsichtlich allgemeiner Merkmale von Arbeit und Beruf zeigt sich insgesamt eine große Zufriedenheit bei den Fachkräften, insbesondere mit der Abwechslung, die der Beruf bietet. Am schlechtesten bewertet werden die Aufstiegsmöglichkeiten, die der Arbeitsplatz bietet. Bei dem Merkmal „Sicherung der beruflichen Zukunft" gibt es Unterschiede: Die *einschlägig-traditionell* qualifizierten Fachkräfte sind etwas zufriedener als die beiden anderen Berufsgruppen.

Die Einschätzung von Arbeitszufriedenheit und Arbeitsbelastung nach dem HBI (Burisch, 2007), die zum Zeitpunkt t2 gegeben wurde, zeigt einerseits eine große Zufriedenheit mit der Arbeit, auf die die Fachkräfte stolz sind, andererseits werden auch berufliche Belastungen genannt. Diese werden signifikant häufiger von den *einschlägig-traditionell* qualifizierten Fachkräften genannt („ausgebrannt"; „Belastungen sind zu viel") als von den anderen Berufsgruppen. Ob dies mit stärkeren Anforderungen in den Einrichtungen (FunktionsträgerInnen, Anleitung von neuen KollegInnen), einer multiprofessionellen Besetzung der Teams (die mehr Koordination und mehr pädagogischen Austausch erfordert) oder andere Gründe (längere Berufstätigkeit, höheres Alter) hat, kann an dieser Stellen nicht beantwortet werden.

Kapitel 6
Strukturen und Entwicklungen in den Einrichtungen: Weiterführende Analysen

6.1 Fragestellungen und Erläuterungen zum methodischen Vorgehen

Die folgenden weiterführenden statistischen Analysen wurden durchgeführt, um der Frage nach möglichen Zusammenhängen zwischen beruflicher Qualifikation einerseits und der Arbeitszufriedenheit bzw. -belastung andererseits nachzugehen. Zwar weisen die in Kapitel 5 aufgezeigten Vergleiche darauf hin, dass es Unterschiede zwischen den Fachkräften hinsichtlich der von ihnen berichteten Arbeits- bzw. Teamsituation gibt, die auf mögliche Zusammenhänge zwischen Qualifikation und Arbeitszufriedenheit/Arbeitsbelastung hinweisen. Erst weiterführende quantitative Analysen können jedoch Zusammenhänge statistisch belegen und damit abgesicherte Aussagen darüber ermöglichen, ob bestimmte Berufsgruppen in den Teams stärker von der multiprofessionellen Arbeit profitieren oder sich – umgekehrt – besonders stark von den Herausforderungen, die mit einer großen Heterogenität in den Teams verbunden ist, belastet fühlen.

Eine weitere Frage bezieht sich darauf, ob sich Einstellungsunterschiede zu multiprofessionellen Teams statistisch betrachtet zurückführen lassen auf bestimmte Einflussgrößen, ob es also Erklärungsansätze dafür gibt, warum Fachkräfte typischerweise eher die Chancen oder eher die Risiken von multiprofessionellen Teams sehen. Auch hierfür werden erweiterte statistische Verfahren angewendet, die es ermöglichen, modellhaft Bedingungsfaktoren zu benennen, die mit den Einstellungen zu multiprofessionellen Teams zusammenhängen.

Die folgenden multivariaten Analysen und Vorhersagemodelle werden jeweils methodisch kurz erläutert und die Ergebnisse berichtet. Zunächst werden die für die Analysen verwendeten Skalen hinsichtlich der Zusammensetzung und Güte dargestellt (Kapitel 6.2). Daran anschließend werden Ergebnisse dieser deskriptiven Skalenanalysen berichtet (Kapitel 6.3). In Kapitel 6.4 und Kapitel 6.5 werden zentrale Ergebnisse multivariater Analysen (Unterschiede zwischen Berufsgruppen und einfache Vorhersagemodelle) vorgestellt. In Kapitel 6.6 werden verschiedene Einstellungs- und Erlebensmerkmale zueinander in Beziehung gesetzt. In 6.7 findet eine längsschnittliche Betrachtung über t0 und t2 statt. In einem letzten Kapitel (6.8) wird mit Hilfe von Klassenanalysen der Frage nachgegangen, ob es typische „Zufriedenheits- und Belastungstypen" in den Teams gibt und wie diese gekennzeichnet werden können. In Kapitel 6.9 erfolgt eine Zusammenfassung der weiterführenden Analysen.

6.2 Verwendete Skalen: Zusammensetzung und Güte

Um die messtheoretische Güte der nun folgenden Ergebnisse abzusichern, wurden zunächst umfassende Skalenanalysen vorgenommen. Hierbei wurde angestrebt, für theoretisch gut definierte Konstrukte (z. B. Arbeitszufriedenheit) diejenigen Indikatoren auszuwählen und zu aggregieren, deren Eignung zur Erfassung der Konstruktausprägungen gemäß psychometrischer Gütekriterien bestmöglich gesichert ist. Damit werden die im Kapitel 5 vorgestellten Skalen nicht vollständig mit allen Einzelmerkmalen verwendet, sondern Skalen (mit weniger Merkmalen) gebildet und in die Modelle eingespeist, die in den Befragungen jeweils besonders zutreffend das jeweilige Konstrukt (z. B. Arbeitszufriedenheit) beschreiben.

Als Empfehlungen für eine ausreichende Skalenqualität können hierbei die folgenden Aspekte benannt werden: (1) *auf Skalenebene*: eine Skalen-Reliabilität (Cronbach α) > .7 (in Einzelfällen, v. a. bei sehr heterogenen Konstrukten auch > .6), (2) *auf Itemebene*: eine möglichst hohe Trennschärfe der Einzelitems (> .4) sowie Itemschwierigkeiten zwischen .2 und .8. Alle Skalen wurden zunächst theoriebasiert gebildet und ggf. auf Basis psychometrischer Kennwerte modifiziert, sodass inhaltlich valide und gleichzeitig messgenaue Skalen resultierten. Die somit entstandenen Skalen setzen sich jeweils aus mehreren Items zusammen, die in den nachfolgenden Kapiteln 6.2.1 bis 6.2.6 erläutert werden (Darstellung der messtheoretischen Güte zunächst zum Erhebungszeitpunkt t0):

- Skala „Befürwortung multiprofessioneller Teams" (4 Items)
- Skala „Wertschätzende und konstruktive Teamsituation" (9 Items)
- Skala „Zielklarheit/Aufgabenverteilung" (7 Items)
- Skala „Arbeitszufriedenheit" (7 Items)
- Skalen zu beruflichen Verhaltens- und Erlebensmustern
  - Skala „Subjektive Bedeutsamkeit der Arbeit" (4 Items)
  - Skala „Beruflicher Ehrgeiz" (4 Items)
  - Skala „Verausgabungsbereitschaft" (4 Items)
  - Skala „Perfektionsstreben" (4 Items)
  - Skala „Distanzierungsfähigkeit" (4 Items)
  - Skala „Resignationstendenz" (4 Items)
  - Skala „Offensive Problembewältigung" (4 Items)
  - Skala „Innere Ruhe und Ausgeglichenheit" (4 Items)

- Skala „Erfolgserleben im Beruf" (3 Items)
- Skala „Lebenszufriedenheit" (4 Items)
- Skala „Erleben sozialer Unterstützung" (4 Items)
- Skala zur Arbeitsbelastung (erhoben nur zum Zeitpunkt t2) (5 Items)

6.2.1 Skala „Befürwortung multiprofessioneller Teams"

Die Skala zur Befürwortung multiprofessioneller Teams[43] erfasst, inwieweit ein professioneller Mehrwert multiprofessioneller Teams wahrgenommen wird. Bei der Skala handelt es sich um eine speziell für „Team-BaWü" entwickelte Skala. Die Skala umfasst 4 Items und weist eine Reliabilität von .77 auf. Die Trennschärfen und Itemschwierigkeiten der Indikatoren sind als weitgehend gut einzustufen – allerdings liegt ein leichter Deckeneffekt (eine sehr große Zustimmung zu einzelnen Items) vor (vgl. Tabelle 80).

Tabelle 80: Skala „Befürwortung multiprofessioneller Teams" (4 Items, Cronbach α = .77)

	Trennschärfe	Itemschwierigkeit
Ich finde multiprofessionelle Teams sind angesichts der neuen Herausforderungen notwendig	.53*	.81**
Die Zusammenarbeit in einem multiprofessionellen Team ermöglicht ein abwechslungsreiches und mehrperspektivisches Arbeiten.	.63	.87
Ein multiprofessionelles Team trägt zur Professionalisierung bei.	.65	.81
Ein multiprofessionelles Team fördert die professionelle Gestaltung von Bildungs- und Erziehungsprozessen.	.52	.77

Lesehilfe:
* Der Indikator weist einen hohen Zusammenhang zu den restlichen Indikatoren auf.
** Im Mittel stimmen die Befragten dem Indikator zu 81 % (und somit ziemlich deutlich, nicht aber vollkommen) zu.

6.2.2 Skala „Wertschätzende und konstruktive Teamsituation"

Die Skala zur wertschätzenden und konstruktiven Teamsituation erfasst, inwieweit die Teamsituation als wertschätzend, respektvoll und konstruktiv

---

43 Die Skala kam zum ersten und letzten Befragungszeitpunkt zum Einsatz. Es waren jeweils 18 Items auf einer Skala zwischen „1 = trifft gar nicht zu" bis „4 = trifft voll und ganz zu" einzuschätzen. Vgl. auch Kapitel 5.4.1.

wahrgenommen wird. Die Items wurden ursprünglich aus der Studie „Schlüssel zu guter Bildung" (Viernickel et al., 2013) übernommen und in leicht modifizierter Form eingesetzt. Die Skala umfasst 9 Items und weist eine Reliabilität von .89 auf. Die Trennschärfen und Itemschwierigkeiten der Indikatoren sind als weitgehend gut einzustufen – allerdings liegt auch hier ein leichter Deckeneffekt (eine sehr große Zustimmung zu einzelnen Items) vor (vgl. Tabelle 81).

Tabelle 81: Skala „Wertschätzende und konstruktive Teamsituation"
(9 Items, Cronbach α = .89)

	Trennschärfe	Itemschwierigkeit
In meinem Team werden MitarbeiterInnen mit unterschiedlicher Meinung, Herkunft und Erfahrung wertgeschätzt.	.57	.86
In meinem Team herrscht ein sehr guter Teamgeist.	.65	.77
In meinem Team vertrauen, respektieren und unterstützen sich die MitarbeiterInnen.	.76	.79
Alles in allem bin ich zufrieden mit der Zusammenarbeit mit meinen KollegInnen.	.69	.84
In meinem Team werden Ziele und Gründe für Veränderungen verständlich erläutert.	.60	.78
In meinem Team erhalten wir die notwendige Unterstützung, um Veränderung erfolgreich umzusetzen.	.64	.74
In meinem Team herrscht ein Klima, in dem immer wieder neue Ideen entstehen können.	.68	.80
In meinem Team werden immer wieder gute Ideen der MitarbeiterInnen aufgenommen und umgesetzt.	.67	.77
In meinem Team wird bei Fehlern nicht nach Schuldigen, sondern nach einer guten Lösung gesucht.	.57	.73

6.2.3 Skala „Zielklarheit/Aufgabenverteilung"

Die Skala zu Zielklarheit und Aufgabenverteilung erfasst, inwieweit die Ziele als klar, transparent und gut erreichbar wahrgenommen werden. Die Items wurden ursprünglich aus dem Fragebogen zur Arbeit im Team (FAT; Kauffeld, 2004) übernommen und entsprechend der vorliegenden Fragestellungen leicht modifiziert eingesetzt (vgl. auch Kapitel 5.3). Die Skala umfasst 7 Items und weist eine Reliabilität von .82 auf. Die Trennschärfen und Itemschwierigkeiten der Indikatoren sind als gut einzustufen (vgl. Tabelle 82).

Tabelle 82: Skala „Zielklarheit/Aufgabenverteilung" (7 Items, Cronbach α = .82)

	Trennschärfe	Itemschwierigkeit
Die Ziele unserer Teams sind uns klar.	.66	.77
Unsere Ziele sind realistisch und erreichbar.	.55	.75
Informationen werden rechtzeitig ausgetauscht.	.54	.66
Ich identifiziere mich mit den Zielen des Teams.	.63	.80
Die Teammitglieder kennen ihre Aufgaben.	.66	.78
Wir erreichen alle Ziele mit Leichtigkeit.	.47	.53
Wir haben Kriterien, um den Grad der Zielerreichung bestimmen zu können.	.44	.58

6.2.4 Skala „Arbeitszufriedenheit"

Die Skala zur Arbeitszufriedenheit erfasst Aspekte wie die Zufriedenheit mit der eigenen Position, den Aufstiegsmöglichkeiten, den Belastungen und der Abwechslung. Die Items wurden aus dem standardisierten „Fragebogen zur Lebenszufriedenheit" (FLZ; Fahrenberg et al., 2000) übernommen. Die Skala umfasst 7 Items und weist eine Reliabilität von .78 auf. Die Trennschärfen und Itemschwierigkeiten der Indikatoren sind als weitgehend gut einzustufen – allerdings liegt auch hier ein leichter Deckeneffekt (eine sehr große Zustimmung zu einzelnen Items) vor (vgl. Tabelle 83).

Tabelle 83: Skala „Arbeitszufriedenheit" (7 Items, Cronbach α = .78)

	Trennschärfe	Itemschwierigkeit
Mit meiner Position an meiner Arbeitsstelle bin ich ... [sehr unzufrieden – sehr zufrieden]	.64	.80
Wenn ich daran denke, wie sicher mir meine berufliche Zukunft ist, dann bin ich ...	.48	.78
Mit den Erfolgen, die ich in meinem Beruf habe, bin ich ...	.55	.78
Mit den Aufstiegsmöglichkeiten, die ich an meinem Arbeitsplatz habe, bin ich ...	.40	.61
Mit dem Betriebsklima an meinem Arbeitsplatz bin ich ...	.55	.77
Was das Ausmaß meiner beruflichen Anforderungen und Belastungen betrifft, bin ich ...	.52	.66
Mit der Abwechslung, die mir mein Beruf bietet bin ich ...	.53	.82

6.2.5 Skalen zu beruflichen Verhaltens- und Erlebensmustern

Die Skalen zu beruflichen Verhaltens- und Erlebensmustern erfassen 11 Dimensionen aus den drei Bereichen Arbeitsengagement (Subjektive Bedeutsamkeit der Arbeit, Beruflicher Ehrgeiz, Verausgabungsbereitschaft, Perfektionsstreben, Distanzierungsfähigkeit), Widerstandsfähigkeit (Resignationstendenz bei Misserfolg, Offensive Problembewältigung, Innere Ruhe und Ausgeglichenheit) und Emotionen (Erfolgserleben im Beruf, Lebenszufriedenheit, Erleben sozialer Unterstützung). Die Items stammen aus einem Persönlichkeitstest (AVEM) von Schaarschmidt und Fischer (2003) und wurden (bis auf eine) in ihrer originalen Form eingesetzt[44]. Die einzelnen Skalen umfassen jeweils 4 Items und weisen eine Reliabilität von .68 bis .83 auf. Die Trennschärfen und Itemschwierigkeiten der Indikatoren sind als gut einzustufen (vgl. Tabelle 84).

Tabelle 84: Skalen zu Arbeitsbezogenen Verhaltens- und Erlebensmuster

	Trennschärfe	Itemschwierigkeit
Skala „Subjektive Bedeutsamkeit der Arbeit" (4 Items, Cronbach α = .83)		
Die Arbeit ist für mich der wichtigste Lebensinhalt.	.66	.36
Die Arbeit ist mein Ein und Alles.	.66	.31
Ich brauche die Arbeit wie die Luft zum Atmen.	.70	.28
Ich wüsste nicht, wie ich ohne Arbeit leben sollte.	.62	.27
Skala „Beruflicher Ehrgeiz" (4 Items, Cronbach α = .77)		
Was meine berufliche Entwicklung angeht, so halte ich mich für ziemlich ehrgeizig.	.53	.54
Ich strebe nach höheren beruflichen Zielen als die meisten anderen.	.56	.28
Für meine berufliche Zukunft habe ich mir viel vorgenommen.	.62	.43
Beruflicher Erfolg ist für mich ein wichtiges Lebensziel.	.57	.46
Skala „Verausgabungsbereitschaft" (4 Items, Cronbach α = .77)		
Wenn es sein muss, arbeite ich bis zur Erschöpfung.	.57	.39
Bei der Arbeit kenne ich keine Schonung.	.52	.30
Ich arbeite wohl mehr als ich sollte.	.62	.35
Ich neige dazu, über meine Kräfte hinaus zu arbeiten.	.55	.40

---

44 Nicht aufgenommen wurde das Item „In meiner bisherigen Berufslaufbahn habe ich mehr Erfolge als Enttäuschungen erlebt.", da es eine zu geringe Trennschärfe aufwies.

	Trennschärfe	Itemschwierigkeit
Skala „Perfektionsstreben" (4 Items, Cronbach α = .74)		
Meine Arbeit soll stets ohne Fehl und Tadel sein.	.49	.49
Ich kontrolliere lieber noch dreimal nach, als dass ich fehlerhafte Arbeitsergebnisse abliefere.	.57	.46
Was immer ich tue, es muss perfekt sein.	.59	.43
Für mich ist die Arbeit erst dann getan, wenn ich rundum mit dem Ergebnis zufrieden bin.	.49	.48
Skala „Distanzierungsfähigkeit" (4 Items, Cronbach α = .81)		
Auch in der Freizeit beschäftigen mich viele Arbeitsprobleme.	.67	.38
Nach der Arbeit kann ich ohne Probleme abschalten.	.54	.35
Arbeitsprobleme beschäftigen mich eigentlich den ganzen Tag.	.67	.31
Meine Gedanken kreisen fast nur um die Arbeit.	.63	.21
Skala „Resignationstendenz" (4 Items, Cronbach α = .71)		
Wenn ich keinen Erfolg habe, resigniere ich schnell.	.52	.23
Misserfolge kann ich nur schwer verkraften.	.41	.33
Berufliche Fehlschläge können mich leicht entmutigen.	.61	.27
Wenn ich in der Arbeit erfolglos bin, deprimiert mich das sehr.	.46	.34
Skala „Offensive Problembewältigung" (4 Items, Cronbach α = .79)		
Ein Misserfolg kann bei mir neue Kräfte wecken.	.62	.45
Wenn mir etwas nicht gelingt, bleibe ich hartnäckig und strenge mich umso mehr an.	.59	.52
Misserfolge werfen mich nicht um, sondern veranlassen mich zu noch stärkerer Anstrengung.	.67	.47
Falls mir etwas nicht gelingen will, sage ich mir: „Jetzt erst recht".	.55	.46
Skala „Innere Ruhe und Ausgeglichenheit" (4 Items, Cronbach α = .68)		
Mich bringt so leicht nichts aus der Ruhe.	.45	.52
Ich glaube, dass ich ziemlich hektisch bin.	.43	.55
Hektik und Aufregung um mich herum lassen mich kalt.	.43	.41
Ich kann mich in fast allen Situationen ruhig und bedächtig verhalten.	.54	.51

	Trennschärfe	Itemschwierigkeit
Skala „Erfolgserleben im Beruf" (3 Items, Cronbach α = .71)		
Mein bisheriges Berufsleben war recht erfolgreich.	.58	.58
In meiner beruflichen Entwicklung ist mir bisher fast alles gelungen.	.53	.54
Mein bisheriges Leben ist durch beruflichen Erfolg gekennzeichnet.	.47	.46
Skala „Lebenszufriedenheit" (4 Items, Cronbach α = .80)		
Ich habe allen Grund, meine Zukunft optimistisch zu sehen.	.54	.61
Ich kann mich über mein Leben in keiner Weise beklagen.	.66	.59
Mit meinem bisherigen Leben kann ich zufrieden sein.	.63	.63
Im Großen und Ganzen bin ich glücklich und zufrieden.	.64	.64
Skala „Erleben sozialer Unterstützung" (4 Items, Cronbach α = .76)		
Meine Familie zeigt Verständnis für meine Arbeit.	.54	.67
Meine Familie interessiert sich nur wenig für meine Arbeitsprobleme.	.54	.61
Von meiner Familie wünschte ich mir mehr Rücksichtnahme auf meine beruflichen Aufgaben und Probleme.	.60	.61
Bei meiner Familie finde ich jede Unterstützung.	.55	.67

Alle eingesetzten Skalen wiesen somit zu t0 eine gute messtheoretische und belastbare Grundlage auf. Die wirklich sehr vereinzelten Deckeneffekte fallen hierbei nicht wesentlich ins Gewicht und können – aufgrund einer i.d.R. dennoch ausreichenden Varianz der vorliegenden Indikatoren, toleriert werden. Zu den weiteren Messzeitpunkten (t1 und t2) wiesen alle Skalen eine mit t0 vergleichbare messtheoretische Güte auf – in einigen Fällen konnte sogar eine noch gesteigerte Reliabilität festgestellt werden. Dies deutet auf eine gute Stabilität über die Zeit (Messinvarianz der Konstrukte) hin. Die Kennwerte der anderen Messzeitpunkte sind aus Gründen der Übersichtlichkeit jedoch nicht alle gesondert aufgeführt.

6.2.6 Skala zur Arbeitsbelastung

Beim letzten Messzeitpunkt (t2) wurde zudem eine Skala zur Erfassung der Arbeitsbelastung eingesetzt. Sie entstammt dem Instrument zur Bewertung der eigenen Arbeitszufriedenheit und -belastung („Hamburger Burnout Inventory" (HBI; Burisch, 2007) (vgl. auch Kapitel 5.3). Die hier verwendete Skala umfasst 5 Items und wies zu t2 eine sehr gute Reliabilität und gute Itemparameter auf (vgl. Tabelle 85).

Tabelle 85: Skala zur Arbeitsbelastung (5 Items, Cronbach α = .92)

	Trennschärfe	Itemschwierigkeit
Ich fühle mich von meiner Arbeit „ausgebrannt".	.79	.41
Ich denke manchmal, dass die Belastungen zu viel für mich sind.	.77	.40
Ich fühle mich erschöpft und kraftlos.	.79	.35
An manchen Stellen fühle ich mich einfach überlastet.	.78	.45
Ich fühle mich oft abgearbeitet und verbraucht.	.87	.39

6.3 Deskriptive Ergebnisse: Zustimmung der Fachkräfte zu den Skalen

In Tabelle 86 ist die Zustimmung der Fachkräfte zu den einzelnen Skalen aufgeführt (jeweils zu t0/Beginn des Projekts und zu t2/Ende des Projekts). Dabei werden der Wertebereich der Skala, die durchschnittliche Ausprägung der Antworten (= Mittelwert bzw. M) sowie die Unterschiedlichkeit der Antworten (Standardabweichung bzw. SD) berichtet. Diese dienen zunächst der generellen Einordnung des Antwortverhaltens (absolutes Niveau).

Eine Überprüfung der Unterschiede zu t0 und t2 (Überprüfung des Verlaufs bei denjenigen Fachkräften, die zu beiden Erhebungszeitpunkten teilnahmen) wird zu einem späteren Zeitpunkt vorgenommen (s. Kapitel 6.7 „Längsschnittliche Betrachtung der Verläufe")[45].

6.4 Multivariate Analysen: Unterschiede zwischen den Berufsgruppen

Zur Ermittlung möglicher Unterschiede zwischen den verschiedenen Berufsgruppen (*einschlägig-traditionell* qualifizierte Fachkräfte, *einschlägig-hoch* qualifizierte Fachkräfte, *nicht-einschlägig* qualifizierte Fachkräfte) in den vorgestellten Skalen wurde in einem weiteren Schritt für jeden Messzeitpunkt multivariate Mittelwertvergleiche (Varianzanalysen mit anschließen-

---

45 Ein direkter Vergleich der beiden Messzeitpunkte unter Annahme unabhängiger Gruppen ist aufgrund der Teilüberlappung der Stichproben (die Stichproben sind statistisch weder vollständig voneinander unabhängig, noch vollständig voneinander abhängig) an dieser Stelle nicht möglich – er würde zu verzerrten Ergebnissen führen.

Tabelle 86: Zustimmung zu den einzelnen Skalen

Skala	Wertebereich	M (SD) – t0	M (SD) – t2
Befürwortung multiprofessioneller Teams	1–4	3.43 (.50)*	3.29 (.57)
Wertschätzende und konstruktive Teamsituation	1–4	3.34 (.57)	3.19 (.52)
Zielklarheit/Aufgabenverteilung	1–6	4.50 (.80)	4.47 (.79)
Arbeitszufriedenheit	1–7	5.48 (.85)	5.42 (.84)
Subjektive Bedeutsamkeit der Arbeit	1–5	2.52 (.91)	2.48 (1.21)
Beruflicher Ehrgeiz	1–5	3.16 (.75)	3.17 (.74)
Verausgabungsbereitschaft	1–5	2.79 (.83)	2.87 (.79)
Perfektionsstreben	1–5	3.33 (.76)	3.39 (.74)
Distanzierungsfähigkeit	1–5	2.62 (.80)	2.69 (.52)
Resignationstendenz	1–5	2.47 (.70)	2.48 (.71)
Offensive Problembewältigung	1–5	3.37 (.66)	3.43 (.60)
Innere Ruhe und Ausgeglichenheit	1–5	3.48 (.62)	3.07 (.45)
Erfolgserleben im Beruf	1–5	3.65 (.67)	3.66 (.67)
Lebenszufriedenheit	1–5	4.10 (.67)	4.05 (.69)
Erleben sozialer Unterstützung	1–5	4.20 (.73)	3.13 (.40)
Arbeitsbelastung	1–7	–	3.37 (1.44)

Lesehilfe:
* zu t0 befürworten die Befragten multiprofessionelle Teams recht deutlich (3.43 von 4 möglichen Punkten). Im Mittel weichen sie dabei um 0.50 Punkte vom Durchschnitt ab.

den Post-Hoc-Vergleichen) durchgeführt. Hierbei ergaben sich Unterschiede zwischen den Berufsgruppen bzgl. verschiedener Skalen, die im Folgenden dargestellt werden.

6.4.1 Unterschiede zwischen den Berufsgruppen zu t0

Zu t0 ergaben sich bedeutsame (bzw. tendenziell bedeutsame) Gruppen-Unterschiede sowie kleine bis mittlere Effekte hinsichtlich der Skalen „Befürwortung multiprofessioneller Teams", „Zielklarheit/Aufgabenverteilung", „Beruflicher Ehrgeiz" sowie „Perfektionsstreben". Bzgl. einiger weiterer Skalen („Arbeitszufriedenheit", „Distanzierungsfähigkeit", „Offensive Problembewältigung", „Erfolgserleben" sowie „Lebenszufriedenheit") können zudem zumindest kleine Effekte – allerdings bei der vorliegenden Stichprobengröße keine Signifikanz – festgestellt werden. Die Ergebnisse der multivariaten Varianzanalyse sind in Tabelle 87 dargestellt, dabei werden der

Prüfwert (F), die Signifikanz (p) sowie die Effektstärke (partielles Eta²) angegeben.

Tabelle 87: Unterschiede zwischen den Berufsgruppen (t0)

Skala	F	p	partielles Eta²
Befürwortung multiprofessioneller Teams	8.60*	< .001**	.06***
Wertschätzende und konstruktive Teamsituation	.60	n. s.	.00
Zielklarheit/Aufgabenverteilung	2.78	< .10	.02
Arbeitszufriedenheit	.98	n. s.	.01
Subjektive Bedeutsamkeit der Arbeit	.01	n. s.	.00
Beruflicher Ehrgeiz	3.54	< .05	.02
Verausgabungsbereitschaft	.42	n. s.	.00
Perfektionsstreben	2.93	< .10	.02
Distanzierungsfähigkeit	1.01	n. s.	.01
Resignationstendenz	.59	n. s.	.00
Offensive Problembewältigung	.92	n. s.	.01
Innere Ruhe und Ausgeglichenheit	.06	n. s.	.00
Erfolgserleben im Beruf	1.18	n. s.	.01
Lebenszufriedenheit	.75	n. s.	.01
Erleben sozialer Unterstützung	.28	n. s.	.00

Lesehilfe:
* Der Prüfwert im Signifikanztest lag bei 8.60
** ein Wert < .05 (je nach Festlegung auch < .10) bedeutet: ein Unterschied, wie er zwischen den Gruppen gefunden wurde, ist mit ziemlich großer Sicherheit kein Zufall – die Berufsgruppen unterscheiden sich vermutlich tatsächlich voneinander
*** ein Wert > .06 bedeutet: Es handelt sich um einen Unterschied mittleren Ausmaßes (> .01 = klein, > .14 = groß)

Im Detail stellten sich die signifikanten Unterschiede hierbei wie folgt dar (Post-Hoc-Vergleiche):

Bzgl. der *Befürwortung multiprofessioneller Teams* zeigten die *einschlägig-traditionell* qualifizierten Fachkräfte mit einem Mittelwert von 3.36 (auf einer Skala von 1 bis 5) die geringste Befürwortung. Die *einschlägig-hoch* qualifizierten Fachkräfte zeigten mit 3.54 eine etwas größere Befürwortung. Die höchste Befürwortung fand sich mit einem Mittelwert von 3.67 bei den *nicht-einschlägig* qualifizierten Fachkräften (vgl. Abbildung 21). In Einzelvergleichen ist dabei nur der Unterschied zwischen *einschlägig-traditionell* qualifizierten Fachkräften und *nicht-einschlägig* qualifizierten Fachkräften bedeutsam. Der Unterschied zwischen *einschlägig-traditionell* qualifizierten

Fachkräften und *einschlägig-hoch* qualifizierten Fachkräften ist lediglich tendenziell (auf einem Signifikanzniveau von 10%) bedeutsam.

Abbildung 21: Befürwortung multiprofessioneller Teams (t0)

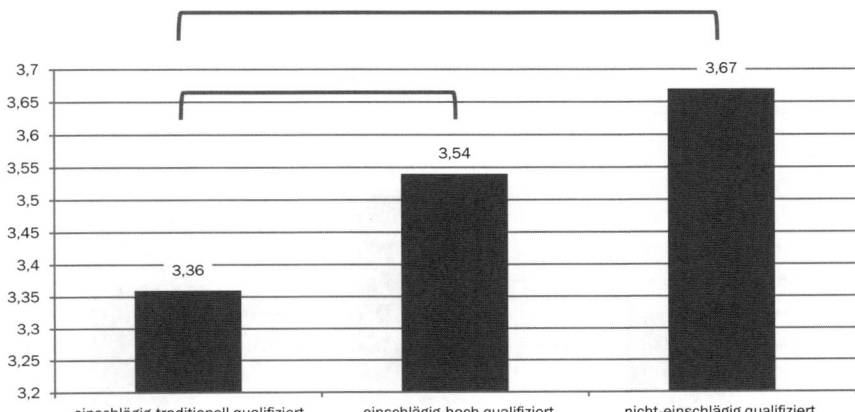

Bzgl. der *Zielklarheit/Aufgabenverteilung* zeigten die *einschlägig-traditionell* qualifizierten Fachkräfte mit einem Mittelwert von 4.40 (auf einer Skala von 1 bis 6) die geringste Zustimmung. Die *einschlägig-hoch* qualifizierten Fachkräfte zeigten mit 4.58 eine etwas höhere Zustimmung. Die höchste Zustimmung fand sich mit einem Mittelwert von 4.70 bei den *nicht-einschlägig* qualifizierten Fachkräften (vgl. Abbildung 22). In Einzelvergleichen ist dabei nur der Vergleich zwischen *einschlägig-traditionell* qualifizierten Fachkräften und *nicht-einschlägig* Fachkräften tendenziell (auf einem Signifikanzniveau von 10%) bedeutsam. Inhaltlich bedeutet dieser Unterschied, dass die *nicht-einschlägig* qualifizierten Fachkräfte in Bezug auf die Ziele (z.B. „Die Ziele sind uns klar") als auch auf die Aufgabenverteilung (z.B. „Die Teammitglieder kennen ihre Aufgaben") tendenziell eine größere Überzeugung formulieren als die *einschlägig-traditionell* qualifizierten Fachkräfte.

Bzgl. des *beruflichen Ehrgeizes* zeigten die *einschlägig-traditionell* qualifizierten Fachkräfte mit einem Mittelwert von 3.09 (auf einer Skala von 1 von 5) die geringste Ausprägung. Die *einschlägig-hoch* qualifizierten Fachkräfte zeigten mit einem Mittelwert von 3.39 die höchste Ausprägung. Die *nicht-einschlägig* qualifizierten Fachkräfte lagen mit einem Mittelwert von 3.30 zwischen den beiden anderen Gruppen (vgl. Abbildung 23). In Einzelvergleichen ist dabei nur der Unterschied zwischen *einschlägig-traditionell* qualifizierten Fachkräften und *einschlägig-hoch* qualifizierten Fachkräften bedeutsam. Beispielsweise stimmen die *einschlägig-hoch* qualifizierten Fachkräfte den Aussagen „Ich strebe nach höheren beruflichen Zielen als die meisten anderen" oder „Für meine berufliche Zukunft habe ich mir viel vorgenommen" (vgl. Tabelle 84) signifikant stärker zu als die *einschlägig-traditionell* qualifizierten Fachkräfte.

Abbildung 22: Zielklarheit/Aufgabenverteilung (t0)

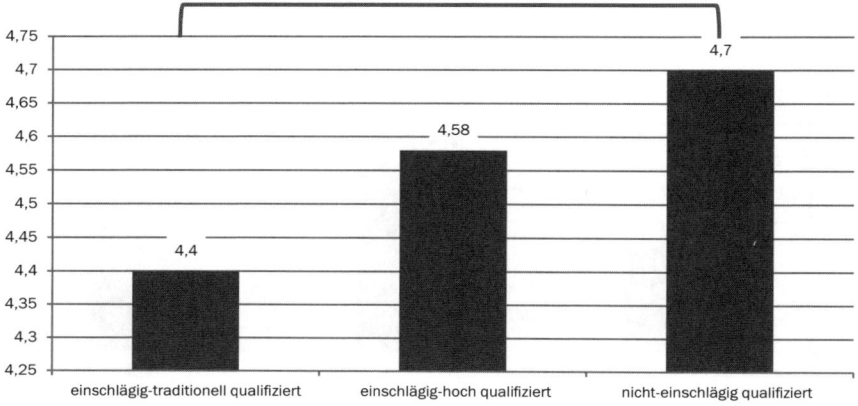

Abbildung 23: Beruflicher Ehrgeiz (t0)

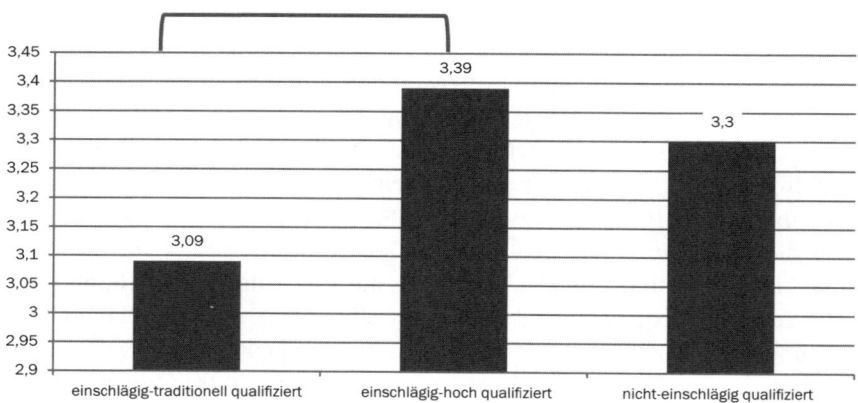

Bzgl. des *Perfektionsstrebens* zeigte sich ein ähnliches Bild: Die *einschlägig-traditionell* qualifizierten Fachkräfte zeigten mit einem Mittelwert von 3.26 (auf einer Skala von 1 bis 5) die geringste Ausprägung. Die *einschlägig-hoch* qualifizierten Fachkräfte zeigten mit einem Mittelwert von 3.53 die höchste Ausprägung. Die *nicht-einschlägig* qualifizierten Fachkräfte lagen mit einem Mittelwert von 3.49 zwischen den beiden anderen Gruppen (vgl. Abbildung 24). In Einzelvergleichen ist dabei nur der Vergleich zwischen *einschlägig-*

traditionell qualifizierten Fachkräften und *einschlägig-hoch* qualifizierten Fachkräften tendenziell (auf einem Signifikanzniveau von 10 %) bedeutsam. Inhaltlich äußert sich das höhere Perfektionsstreben bspw. in einer größeren Zustimmung zu Merkmalen wie „Meine Arbeit soll stets ohne Fehl und Tadel sein" oder „Für mich ist die Arbeit erst dann getan, wenn ich rundum mit dem Ergebnis zufrieden bin" (vgl. Tabelle 84).

Abbildung 24: Perfektionsstreben (t0)

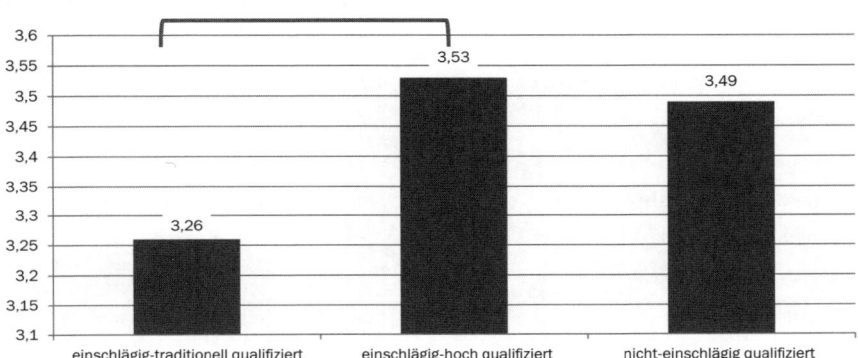

6.4.2 Unterschiede zwischen den Berufsgruppen zu t2

Zu t2 ergaben sich bedeutsame Gruppen-Unterschiede mit mittlerem Effekt hinsichtlich der Skala „Befürwortung multiprofessioneller Teams" und mit kleinem Effekt hinsichtlich der Skala „Arbeitsbelastung". Zudem ergab sich ein tendenziell bedeutsamer Gruppen-Unterschied bzgl. der Skala „Lebenszufriedenheit". Bei einigen weiterer Skalen („Wertschätzende und konstruktive Teamsituation", „Zielklarheit/Aufgabenverteilung", „Beruflicher Ehrgeiz", „Resignationstendenz" sowie „Erleben sozialer Unterstützung") können zudem zumindest kleine Effekte – allerdings bei der vorliegenden Stichprobengröße keine Signifikanz – festgestellt werden. Die Ergebnisse der multivariaten Varianzanalyse sind in Tabelle 88 dargestellt, dabei werden der Prüfwert (F), die Signifikanz (p) sowie die Effektstärke (partielles Eta^2) angegeben.

Im Detail stellten sich die signifikanten Unterschiede hierbei wie folgt dar: Bzgl. der *Befürwortung multiprofessioneller Teams* zeigten die *einschlägig-traditionell* qualifizierten Fachkräfte mit einem Mittelwert von 3.16 (auf einer Skala von 1 bis 5) die geringste Befürwortung. Die *einschlägig-hoch* qualifizierten Fachkräfte zeigten mit 3.57 die höchste Befürwortung. Eine nur geringfügig niedrigere Befürwortung fand sich mit einem Mittelwert von

3.51 bei den *nicht-einschlägig* qualifizierten Fachkräften (vgl. Abbildung 25). In Einzelvergleichen ist dabei der Unterschied zwischen *einschlägig-traditionell* qualifizierten Fachkräften und *einschlägig-hoch* qualifizierten Fachkräften sowie der Unterschied zwischen *einschlägig-traditionell* qualifizierten Fachkräften und *nicht-einschlägig* qualifizierten Fachkräften bedeutsam.

Tabelle 88: Unterschiede zwischen den Berufsgruppen (t2)

Skala	F	p	partielles Eta²
Befürwortung multiprofessioneller Teams	11.83	< .001	.09
Wertschätzende und konstruktive Teamsituation	2.16	n. s.	.02
Zielklarheit/Aufgabenverteilung	1.45	n. s.	.01
Arbeitszufriedenheit	.23	n. s.	.00
Subjektive Bedeutsamkeit der Arbeit	.08	n. s.	.00
Beruflicher Ehrgeiz	.59	n. s.	.01
Verausgabungsbereitschaft	.28	n. s.	.00
Perfektionsstreben	.50	n. s.	.00
Distanzierungsfähigkeit	.38	n. s.	.00
Resignationstendenz	.54	n. s.	.01
Offensive Problembewältigung	.22	n. s.	.00
Innere Ruhe und Ausgeglichenheit	.48	n. s.	.00
Erfolgserleben im Beruf	.43	n. s.	.00
Lebenszufriedenheit	2.78	< .10	.02
Erleben sozialer Unterstützung	1.55	n. s.	.01
Arbeitsbelastung	3.94	< .05	.03

Bzgl. der *Lebenszufriedenheit* zeigten die *einschlägig-traditionell* qualifizierten Fachkräfte mit einem Mittelwert von 3.98 (auf einer Skala von 1 bis 5) eine mittlere Ausprägung. Die *einschlägig-hoch* qualifizierten Fachkräfte zeigten mit 4.24 die höchste Ausprägung. Die geringste Ausprägung fand sich mit einem Mittelwert von 3.89 bei den *nicht-einschlägig* qualifizierten Fachkräften (vgl. Abbildung 26). In Einzelvergleichen ist dabei nur der Unterschied zwischen *einschlägig-traditionell* qualifizierten Fachkräften und *einschlägig-hoch* qualifizierten Fachkräften tendenziell (auf einem Signifikanzniveau von 10 %) bedeutsam. Die Skala „Lebenszufriedenheit" beinhaltet u. a. Merkmale wie „Ich habe allen Grund, meine Zukunft optimistisch zu sehen" oder „Mit meinem bisherigen Leben kann ich zufrieden sein" (vgl. Tabelle 84).

Abbildung 25: Befürwortung multiprofessioneller Teams (t2)

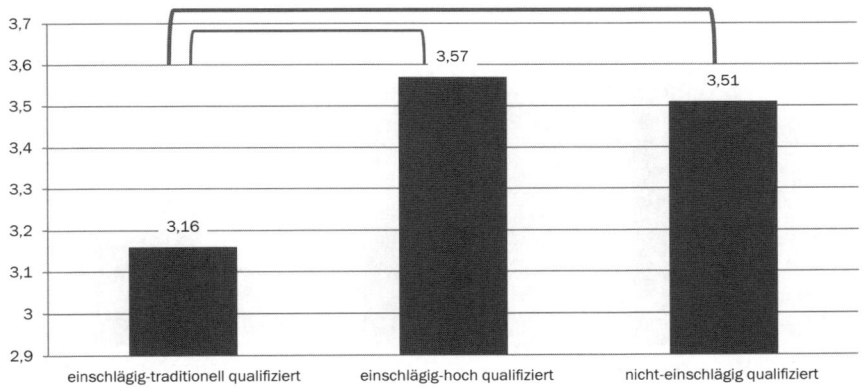

Abbildung 26: Lebenszufriedenheit (t2)

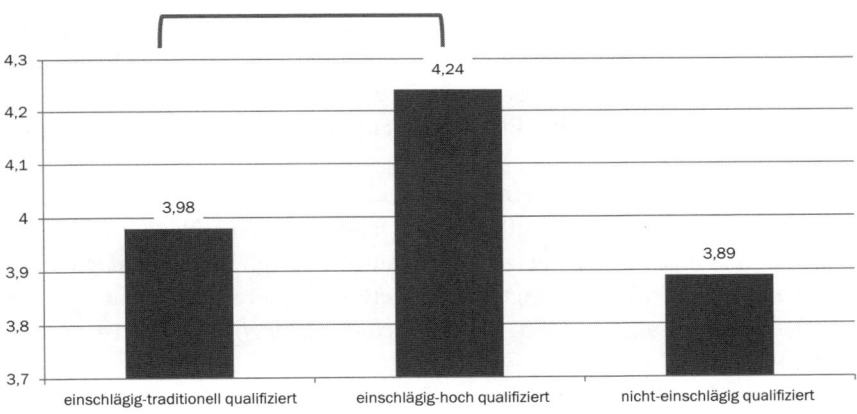

Bzgl. der *Arbeitsbelastung* zeigten die *einschlägig-traditionell* qualifizierten Fachkräfte mit einem Mittelwert von 3.59 (auf einer Skala von 1 bis 5) die höchste Belastung. Die *einschlägig-hoch* qualifizierten Fachkräfte zeigten mit 2.97 die geringste Belastung. Eine nur geringfügig höhere Belastung fand sich mit einem Mittelwert von 3.09 bei den *nicht-einschlägig* qualifizierten Fachkräften (vgl. Abbildung 27). In Einzelvergleichen ist dabei nur der Unterschied zwischen *einschlägig-traditionell* qualifizierten Fachkräften und *einschlägig-hoch* qualifizierten Fachkräften bedeutsam. In dieser Skala sind vier Items des Hamburger Burnout Inventars (Burisch, 2007) mit Merkmalen wie „Ich denke manchmal, dass die Belastungen zu viel für mich sind" und „Ich fühle mich erschöpft und kraftlos" enthalten (vgl. Tabelle 75).

Abbildung 27: Arbeitsbelastung (t2)

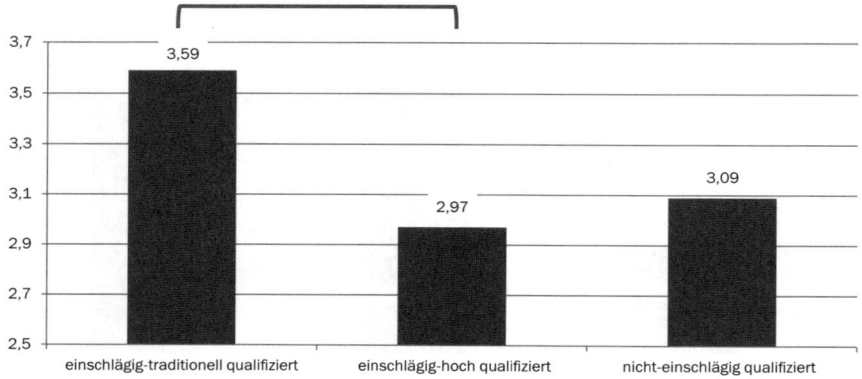

Bezüglich der bedeutsamen Unterschiede zwischen den Berufsgruppen zu t0 und t2 lässt sich somit zusammenfassend festhalten:

Zu beiden Erhebungszeitpunkten zeigten die *einschlägig-traditionell* qualifizierten Fachkräfte die geringste Befürwortung multiprofessioneller Teams. Die *einschlägig-hoch* qualifizierten sowie die *nicht-einschlägig* qualifizierten Fachkräfte zeigten zu beiden Erhebungszeitpunkten eine deutlichere Befürwortung.

Bzgl. der wahrgenommenen Zielklarheit/Aufgabenverteilung ergab sich lediglich ein Unterschied zu t0. Hierbei zeigten die *einschlägig-traditionell* qualifizierten Fachkräfte die geringste Zustimmung. Die *einschlägig-hoch* qualifizierten Fachkräfte zeigten eine etwas höhere Zustimmung. Die höchste Zustimmung fand sich bei den *nicht-einschlägig* qualifizierten Fachkräften.

Bzgl. des beruflichen Ehrgeizes und bzgl. des Perfektionsstrebens zeigten die *einschlägig-traditionell* qualifizierten Fachkräfte zu t0 die geringste Ausprägung, die *einschlägig-hoch* qualifizierten Fachkräfte zeigten die höchste Ausprägung. Die *nicht-einschlägig* qualifizierten Fachkräfte lagen zwischen den beiden anderen Gruppen.

Unterschiede in der Lebenszufriedenheit zeigten sich lediglich zu t2: die *einschlägig-traditionell* qualifizierten Fachkräfte zeigten hierbei eine mittlere Ausprägung. Die *einschlägig-hoch* qualifizierten Fachkräfte zeigten die höchste Ausprägung, die geringste Ausprägung fand sich bei den *nicht-einschlägig* qualifizierten Fachkräften.

Bzgl. der Arbeitsbelastung ergab sich ebenfalls ein Unterschied zu t2: Die *einschlägig-traditionell* qualifizierten Fachkräfte zeigten hierbei die höchste Belastung, die *einschlägig-hoch* qualifizierten Fachkräfte die geringste. Eine nur geringfügig höhere Belastung als bei den *einschlägig-hoch* qualifizierten Fachkräften fand sich bei den *nicht-einschlägig* qualifizierten Fachkräften.

6.5 Regressionsanalysen: Die Bedeutung von Teambesprechungen

In einem weiteren Schritt wurde überprüft, inwieweit sich zentrale Aspekte der Arbeitsprozesse und Arbeitszufriedenheit – abgebildet durch die gebildeten Skalen – zu t0 und t2 durch die Häufigkeit des teambezogenen Austauschs vorhersagen lassen. Dabei wurde angenommen, dass von einem grundsätzlich positiven Einfluss häufiger Teambesprechungen auszugehen ist, bei denen inhaltliche Themen und eine Auseinandersetzung mit den Teamstrukturen und -prozessen im Vordergrund stehen. Operationalisiert wurden diese Annahmen über zwei Prädiktoren: Die „Häufigkeit von Besprechungen über die Zusammenarbeit im Team" sowie die „Häufigkeit der Besprechung von Konflikten". Diese wurden der Studie „Schlüssel zu guter Bildung" (Viernickel et al., 2013) entnommen (vgl. Kapitel 5.3).

6.5.1 Zusammenhang der einzelnen Aspekte mit der Häufigkeit des teambezogenen Austauschs zu t0

Es zeigte sich, dass zu t0 die Teamsituation, die Zielklarheit/Aufgabenverteilung, die Arbeitszufriedenheit, die subjektive Bedeutsamkeit der Arbeit sowie die Lebenszufriedenheit umso höher ausfallen, je mehr Besprechungen zur Zusammenarbeit im Team stattfinden. Die subjektive Bedeutsamkeit der Arbeit fällt zudem v. a. dann hoch aus, wenn eher wenige Konfliktbesprechungen genannt werden. Die Ergebnisse sind in Tabelle 89 dargestellt, dabei sind die jeweiligen Regressionsgewichte b (SE) sowie ß und die Signifikanz p berichtet.

6.5.2 Zusammenhang der einzelnen Aspekte mit der Häufigkeit des teambezogenen Austauschs zu t2

Es zeigte sich, dass zu t2 die wahrgenommene wertschätzende und konstruktive Teamsituation, die Zielklarheit/Aufgabenverteilung sowie die innere Ruhe und Ausgeglichenheit umso höher ausfallen, je mehr Besprechungen zur Zusammenarbeit im Team stattfinden. Die wahrgenommene wertschätzende Teamsituation und die Zielklarheit/Aufgabenverteilung fallen zudem v. a. dann hoch aus, wenn eher viele Konfliktbesprechungen ge-

Tabelle 89: Regression zentraler Merkmale auf die Häufigkeit von Teambesprechungen bezogen auf … (t0)

Abhängige Variable	Prädiktor	b (SE)	ß	p
Befürwortung multiprofessioneller Teams	Zusammenarbeit	.1 (.09)	.08	n. s.
	Konflikte	−.07 (.05)	−.09	n. s.
Wertschätzende und konstruktive Teamsituation	Zusammenarbeit	.23 (.09)*	.18**	< .05**
	Konflikte	.06 (.06)	.07	n. s.
Zielklarheit/Aufgabenverteilung	Zusammenarbeit	.51 (.13)	.28	< .001
	Konflikte	.00 (.08)	.00	n. s.
Arbeitszufriedenheit	Zusammenarbeit	.42 (.14)	.21	< .01
	Konflikte	−.03 (.09)	−.02	n. s.
Subjektive Bedeutsamkeit der Arbeit	Zusammenarbeit	.30 (.16)	.13	< .10
	Konflikte	−.22 (.10)	−.15	< .05
Beruflicher Ehrgeiz	Zusammenarbeit	.13 (.13)	.07	n. s.
	Konflikte	−.11 (.08)	−.09	n. s.
Verausgabungsbereitschaft	Zusammenarbeit	.16 (.15)	.08	n. s.
	Konflikte	−.13 (−.09)	−.10	n. s.
Perfektionsstreben	Zusammenarbeit	.20 (.14)	.10	n. s.
	Konflikte	−.07 (.09)	−.06	n. s.
Distanzierungsfähigkeit	Zusammenarbeit	.13 (.14)	.07	n. s.
	Konflikte	−.03 (.09)	−.02	n. s.
Resignationstendenz	Zusammenarbeit	−.07 (.12)	−.04	n. s.
	Konflikte	.00 (.07)	.00	n. s.
Offensive Problembewältigung	Zusammenarbeit	.08 (.12)	.05	n. s.
	Konflikte	−.09 (.07)	−.09	n. s.
Innere Ruhe und Ausgeglichenheit	Zusammenarbeit	−.07 (.11)	−.05	n. s.
	Konflikte	−.08 (.07)	−.08	n. s.
Erfolgserleben im Beruf	Zusammenarbeit	−.08 (.11)	−.05	n. s.
	Konflikte	.01 (.07)	.01	n. s.
Lebenszufriedenheit	Zusammenarbeit	.24 (.12)	.15	< .05
	Konflikte	−.08 (.07)	−.08	n. s.
Erleben sozialer Unterstützung	Zusammenarbeit	.10 (.13)	.06	n. s.
	Konflikte	−.10 (.08)	−.09	n. s.

Lesehilfe:
* Steigt die Häufigkeit der Teambesprechung mit Fokus auf die Zusammenarbeit um eine Einheit, so wird die Teamsituation um 0.23 Einheiten wertschätzender wahrgenommen.
** Ein Wert > .01 bedeutet: Es handelt sich um einen kleinen Zusammenhang (>.03 = mittel, > .05 = groß).
*** Ein Wert < .05 (je nach Festlegung auch < .10) bedeutet: Der Zusammenhang ist mit ziemlich großer Sicherheit nicht zufällig, sondern darf wirklich als vorhanden angenommen werden.

154

nannt werden. Dagegen gibt es hinsichtlich des Perfektionsstrebens einen umgekehrten Zusammenhang: Das Perfektionsstreben fällt umso höher aus, je weniger Konflikte in Teambesprechungen berichtet werden. Die Ergebnisse (Regressionsgewichte und Signifikanz) sind in Tabelle 90 dargestellt.

Es zeigte sich somit, dass häufigere Besprechungen zur Zusammenarbeit im Team z.T. mit positiver empfundenen Arbeitsbedingungen assoziiert sind, bzgl. der Häufigkeit von Konfliktbesprechungen ergeben sich eher unterschiedliche Befunde.

6.6 Strukturgleichungsmodelle: Einflussgrößen auf Arbeitszufriedenheit und Einstellungen

Zur Ermittlung der Zusammenhänge der verschiedenen Aspekte (Befürwortung multiprofessioneller Teams, Teamsituation, Zielklarheit/Aufgabenverteilung, Arbeitszufriedenheit und arbeitsbezogene Verhaltens- und Erlebensmuster, Arbeitsbelastung (nur zu t2)) zu einem Messzeitpunkt wurden Strukturgleichungsmodelle eingesetzt. Hierbei handelt es sich rechnerisch um ein regressionsanalytisches Verfahren zur Analyse der Zusammenhänge zwischen den im Modell enthaltenen Variablen. Die in einem Modell postulierten Zusammenhänge lassen sich graphisch mit Hilfe von Pfeilen darstellen, wobei die jeweiligen Zusammenhänge (Vorhersagekraft und Stärke der Zusammenhänge) direkt an den jeweiligen Pfeilen abgetragen werden können. Vorteil hierbei ist u.a., dass auch komplexe Zusammenhänge (wie bspw. eine mehrstufig vermittelte Beziehung zwischen Variablen) übersichtlich dargestellt werden können. Für die vorliegenden Daten wurden dabei die folgenden Beziehungen angenommen:

(1) Zusammenhang der Arbeitszufriedenheit mit der Teamsituation und der Zielklarheit/Aufgabenverteilung: Hierbei wurde angenommen, dass eine wertschätzende und konstruktive Teamsituation (vgl. Skala in Kapitel 6.2.2) sowie eine positive Bewertung von Zielklarheit/Aufgabenverteilung (vgl. Skala in Kapitel 6.2.3) mit einer hohen Arbeitszufriedenheit einhergeht. Bei geringer Wertschätzung im Team bzw. unklaren Zielen und Aufgaben sollte hingegen eine geringere Arbeitszufriedenheit zu verzeichnen sein.

(2) Zusammenhang der Befürwortung multiprofessioneller Teams mit der Arbeitszufriedenheit: Hierbei wurde angenommen, dass v.a. diejenigen Fachkräfte die Arbeit in multiprofessionellen Teams befürworten, die in ihrem aktuellen multiprofessionellen Team eine hohe Arbeitszufriedenheit empfinden.

Tabelle 90: Regression zentraler Merkmale auf die Häufigkeit von Teambesprechungen bezogen auf ... (t2)

Abhängige Variable	Prädiktor	b (SE)	ß	p
Befürwortung multiprofessioneller Teams	Zusammenarbeit	.09 (.10)	.07	n. s.
	Konflikte	−.01 (.06)	−.01	n. s.
Wertschätzende und konstruktive Teamsituation	Zusammenarbeit	.20 (.08)	.17	< .05
	Konflikte	.14 (.05)	.19	< .05
Zielklarheit/Aufgabenverteilung	Zusammenarbeit	.37 (.12)	.22	< .01
	Konflikte	.14 (.08)	.12	< .10
Arbeitszufriedenheit	Zusammenarbeit	.22 (.14)	.12	n. s.
	Konflikte	.14 (.09)	.12	n. s.
Subjektive Bedeutsamkeit der Arbeit	Zusammenarbeit	.16 (.15)	.08	n. s.
	Konflikte	−.05 (.09)	−.04	n. s.
Beruflicher Ehrgeiz	Zusammenarbeit	.04 (.13)	.02	n. s.
	Konflikte	−.06 (.08)	−.06	n. s.
Verausgabungsbereitschaft	Zusammenarbeit	.03 (.13)	.01	n. s.
	Konflikte	−.12 (.09)	−.10	n. s.
Perfektionsstreben	Zusammenarbeit	.01 (.13)	.01	n. s.
	Konflikte	−.14 (.08)	−.13	< .10
Distanzierungsfähigkeit	Zusammenarbeit	.05 (.09)	.05	n. s.
	Konflikte	−.06 (.06)	−.08	n. s.
Resignationstendenz	Zusammenarbeit	−.13 (.12)	−.08	n. s.
	Konflikte	.03 (.08)	.03	n. s.
Offensive Problembewältigung	Zusammenarbeit	.14 (.11)	.10	n. s.
	Konflikte	−.06 (.07)	−.07	n. s.
Innere Ruhe und Ausgeglichenheit	Zusammenarbeit	.13 (.08)	.13	< .10
	Konflikte	−.03 (.05)	−.05	n. s.
Erfolgserleben im Beruf	Zusammenarbeit	−.01 (.11)	−.01	n. s.
	Konflikte	.06 (.07)	.06	n. s.
Lebenszufriedenheit	Zusammenarbeit	.02 (.12)	.01	n. s.
	Konflikte	−.10 (.07)	−.10	n. s.
Erleben sozialer Unterstützung	Zusammenarbeit	.09 (.07)	.01	n. s.
	Konflikte	.09 (.04)	.02	n. s.
Arbeitsbelastung	Zusammenarbeit	.05 (.25)	.02	n. s.
	Konflikte	−.19 (.16)	−.09	n. s.

(3) Zusammenhang der Befürwortung multiprofessioneller Teams mit der Arbeitsbelastung: Hierbei wurde angenommen, dass eine als belastend wahrgenommene Arbeitssituation eher mit einer Ablehnung multiprofessioneller Teams verbunden ist.

Zudem wurde die folgende Beziehung (zunächst ungerichtet) als potentiell relevant erachtet:

(4) Zusammenhang der Befürwortung multiprofessioneller Teams mit dem professionellen (Selbst-)Verständnis in Form von beruflichem Ehrgeiz bzw. Perfektionsstreben: Denkbar wäre hier, dass sich ein hoher berufliche Ehrgeiz auch in einer größeren (oder ggf. auch geringeren) Befürwortung multiprofessioneller Teams äußert. Bezüglich der anderen Aspekte des AVEM (Subjektive Bedeutsamkeit der Arbeit, Verausgabungsbereitschaft, Distanzierungsfähigkeit, Resignationstendenz, Offensive Problembewältigung, Innere Ruhe und Ausgeglichenheit, Erfolgserleben im Beruf, Lebenszufriedenheit, Erleben sozialer Unterstützung) wurden vorab keine expliziten Zusammenhänge vermutet.

6.6.1 Zusammenhang der einzelnen Aspekte zu t0

Für den ersten Messzeitpunkt ergaben sich in allen Bereichen erwartungskonforme Zusammenhänge: Die Arbeitszufriedenheit konnte sowohl durch die Teamsituation, als auch durch die Zielklarheit/Aufgabenverteilung bedeutsam vorhergesagt werden (Varianzaufklärung 32 %, für einzelne Vorhersagegewichte siehe Tabelle 91).

Die Befürwortung multiprofessioneller Teams konnte sowohl durch die Arbeitszufriedenheit als auch durch den beruflichen Ehrgeiz und das Perfektionsstreben (tendenziell) bedeutsam vorhergesagt werden, wenn auch mit geringer Varianzaufklärung (8 %, für einzelne Vorhersagegewichte siehe Tabelle 92). Ein direkter Pfad von der wertschätzenden und konstruktiven Teamsituation sowie von der Zielklarheit/Aufgabenverteilung auf die Befürwortung multiprofessioneller Teams ließ sich hingegen nicht feststellen.

Alle anderen Aspekte erwiesen sich im Hinblick auf die Befürwortung multiprofessioneller Teams (erwartungskonform) als nicht bedeutsam. Die Zusammenhangsstruktur der einzelnen Aspekte zu t0 kann somit wie folgt graphisch dargestellt werden (Abbildung 28). Zwischen einer wertschätzenden und konstruktiven Teamsituation sowie der Zielklarheit/Aufgabenverteilung und der Arbeitszufriedenheit besteht demnach ein mittlerer Zusammenhang. Alle anderen angegebenen Werte verweisen auf einen kleinen Zusammenhang.

Tabelle 91: Vorhersage der Arbeitszufriedenheit durch die Teamsituation
und die Zielklarheit/Aufgabenverteilung (t0)

Prädiktor	b (SE)	ß	p
Wertschätzende und konstruktive Teamsituation	.51 (.08)*	.34**	< .001***
Zielklarheit/Aufgabenverteilung	.33 (.06)	.31	< .001

Lesehilfe:
* Steigt die wahrgenommene Wertschätzung im Team um eine Einheit, so steigt die Arbeitszufriedenheit
um 0.51 Einheiten.
** Ein Wert > .03 bedeutet: Es handelt sich um einen mittleren Zusammenhang (> .01 = klein, > .05 = groß).
*** Ein Wert < .05 (mit ein bisschen Toleranz auch < .10) bedeutet: Der Zusammenhang ist mit ziemlich
großer Sicherheit nicht zufällig sondern darf wirklich als vorhanden angenommen werden.

Tabelle 92: Vorhersage der Befürwortung multiprofessioneller Teams durch die
Arbeitszufriedenheit sowie den beruflichen Ehrgeiz und das Perfektionsstreben (t0)

Prädiktor	b (SE)	ß	p
Arbeitszufriedenheit	.09 (.03)	.16	< .01
Beruflicher Ehrgeiz	.11 (.04)	.17	< .01
Perfektionsstreben	.07 (.04)	.11	< .10

Abbildung 28: Zusammenhangsstruktur der einzelnen Aspekte (t0)

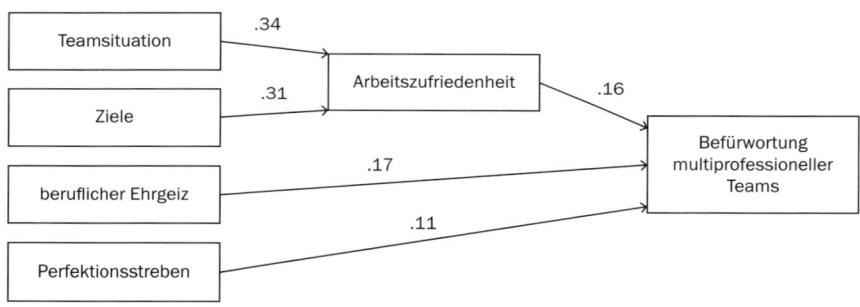

6.6.2 Zusammenhang der einzelnen Aspekte zu t2

Für den letzten Messzeitpunkt ergab sich ein anderes Bild: Nach wie vor
kann die Arbeitszufriedenheit durch die Teamsituation sowie durch die
Zielklarheit/Aufgabenverteilung bedeutsam vorhergesagt werden (Varianzaufklärung 30%, für einzelne Vorhersagegewichte siehe Tabelle 93).

Tabelle 93: Vorhersage der Arbeitszufriedenheit durch die Teamsituation
und die Zielklarheit/Aufgabenverteilung (t2)

Prädiktor	b (SE)	ß	p
Wertschätzende und konstruktive Teamsituation	.58 (.10)	.36	< .001
Zielklarheit/Aufgabenverteilung	.27 (.07)	.25	< .001

Die Befürwortung multiprofessioneller Teams konnte jedoch durch keinen
der zu t0 bedeutsamen Prädiktoren bedeutsam vorhergesagt werden. Statt-
dessen zeigte sich ein (zu t0 noch nicht vorhandener) direkter Zusammenhang zwischen der wertschätzenden und konstruktiven Teamsituation und
der Befürwortung multiprofessioneller Teams sowie ein bedeutsamer negativer Vorhersagewert der (nur zu t2 erhobenen) Arbeitsbelastung (ebenfalls
recht geringe Varianzaufklärung von 8 %, für einzelne Vorhersagegewichte
siehe Tabelle 94).

Tabelle 94: Vorhersage der Befürwortung multiprofessioneller Teams
durch die Teamsituation (t2)

Prädiktor	b (SE)	ß	p
Wertschätzende und konstruktive Teamsituation	.25 (.08)	.23	< .001
Arbeitsbelastung	–.05 (.02)	–.12	< .05

Alle anderen Aspekte erwiesen sich im Hinblick auf die Befürwortung multiprofessioneller Teams (wie auch zu t0) als nicht bedeutsam. Die Zusammenhangsstruktur der einzelnen Aspekte zu t2 zeigt Abbildung 29.

Abbildung 29: Zusammenhangsstruktur der einzelnen Aspekte (t2)

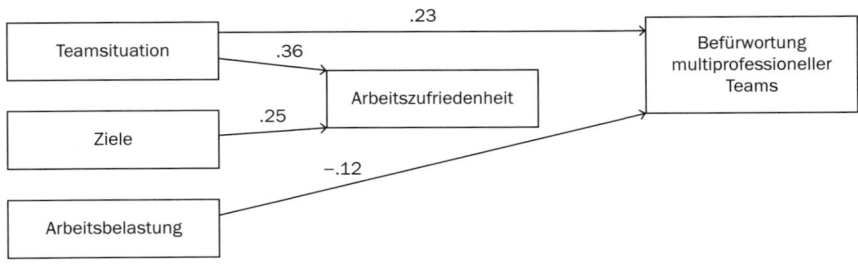

Somit ergeben sich zu den einzelnen Messzeitpunkten unterschiedliche Zusammenhangsstrukturen zwischen den einzelnen Merkmalsbereichen. Zentral ist hierbei u.a., dass Ehrgeiz und Perfektionsstreben nur zu t0, jedoch nicht zu t2 eine Vorhersagekraft für die Befürwortung multiprofessioneller Teams aufweisen. Es lässt sich zudem feststellen, dass die Teamsituation zu t0 zunächst nur eine indirekte (mediierte) Vorhersagekraft hat, zu t2 hingegen eine direkte. Zu t2 ist zudem die Arbeitsbelastung relevant (diese wurde allerdings auch nur zu t2 erfasst – über ihre Rolle zu t0 lässt sich somit nichts sagen).

6.7 Längsschnittliche Betrachtung: Verläufe

In einem weiteren Schritt wurde anhand der Daten derjenigen Fachkräfte, die zu beiden Erhebungszeitpunkten teilgenommen hatten (N = 85), längsschnittliche Analysen (Varianzanalysen mit Messwiederholung) durchgeführt um die Verläufe der einzelnen Aspekte abzubilden. Hierfür wurden die Verläufe der einzelnen Berufsgruppen kontrastiert.

Bezüglich der längsschnittlichen Verläufe wurde zunächst überprüft, ob sich über alle Gruppen ein Trend über die Zeit (t0 bis t2) abzeichnet. In einem weiteren Schritt wurde schließlich überprüft, ob die Verläufe in den unterschiedlichen Gruppen vergleichbar oder unterschiedlich sind. Bezüglich der *Verläufe über alle Gruppen* (vgl. Tabelle 95) zeigte sich hierbei ein signifikanter Abfall der Befürwortung multiprofessioneller Teams, der wahrgenommenen wertschätzenden und konstruktiven Teamsituation (von M = 3.35 auf M = 3.24), der inneren Ruhe und Ausgeglichenheit (von M = 3.47 auf M = 3.04) sowie beim Erleben sozialer Unterstützung (von M = 3.34 auf M = 3.08). Zudem zeigten sich kleine (bei der vorliegenden Stichprobengröße und v.a. der kleinen verbleibenden Gruppe *nicht-einschlägig* qualifizierter Fachkräfte jedoch nicht signifikante) Effekte bei der Arbeitszufriedenheit, der subjektiven Bedeutsamkeit der Arbeit, dem beruflichen Ehrgeiz, dem Perfektionsstreben, der Lebenszufriedenheit (alle mit tendenzieller Abnahme) sowie bei der offensiven Problembewältigung und dem Erfolgserleben im Beruf (beide mit tendenziellem Anstieg).

Tabelle 95: Längsschnittliche Verläufe über alle Gruppen

Abhängige Variable	Verlauf über alle Gruppen		
	F	p	part. Eta²
Befürwortung multiprofessioneller Teams (Abfall von 3.59 auf 3.43)	6.22*	< .05**	.07***
Wertschätzende und konstruktive Teamsituation (Abfall von 3.35 auf 3.24)	4.14	< .05	.05
Zielklarheit/Aufgabenverteilung	0.10	n. s.	.00
Arbeitszufriedenheit	1.84	n. s.	.02
Subjektive Bedeutsamkeit der Arbeit	1.99	n. s.	.03
Beruflicher Ehrgeiz	2.78	n. s.	.03
Verausgabungsbereitschaft	0.19	n. s.	.00
Perfektionsstreben	0.45	n. s.	.01
Distanzierungsfähigkeit	0.02	n. s.	.00
Resignationstendenz	0.24	n. s.	.00
Offensive Problembewältigung	0.54	n. s.	.01
Innere Ruhe und Ausgeglichenheit (Abfall von 3.47 auf 3.04)	28.06	< .001	.26
Erfolgserleben im Beruf	2.42	n. s.	.03
Lebenszufriedenheit	2.56	n. s.	.03
Erleben sozialer Unterstützung (Abfall von 3.34 auf 3.08)	101.64	< .001	.57

Lesehilfe:
* Der Prüfwert im Signifikanztest lag bei 6.22
** ein Wert < .05 (je nach Festlegung auch < .10) bedeutet: ein Unterschied, wie er zwischen den Messzeitpunkten gefunden wurde, ist mit ziemlich großer Sicherheit kein Zufall – die Messzeitpunkte unterscheiden sich vermutlich wirklich voneinander
*** ein Wert > .06 bedeutet: Es handelt sich um einen Unterschied mittleren Ausmaßes (> .01 = klein, > .14 = groß)

Bezüglich der *Unterschiedlichkeit der Verläufe* zeigte sich bei der Befürwortung multiprofessioneller Teams ein (auf einem Signifikanzniveau von 10%) tendenziell bedeutsamer Unterschied zwischen den Gruppen (stärkster Abfall der Befürwortung bei *einschlägig-traditionell* qualifizierten Fachkräften, geringster Abfall bei *einschlägig-hoch* qualifizierten Fachkräften). Ebenso zeigten sich bzgl. des beruflichen Ehrgeizes tendenziell bedeutsame Unterschiede (Signifikanzniveau 10%) zwischen den Gruppen (leichter Anstieg bei den *einschlägig-traditionell* qualifizierten Fachkräften, Abfall hingegen bei den *einschlägig-hoch* qualifizierten und den *nicht-einschlägig* qualifizierten Fachkräften). Die Ergebnisse der längsschnittlichen Analyse (Prüfwert, Signifikanz sowie Effektstärke) sind in Tabelle 96 dargestellt.

161

Tabelle 96: Längsschnittliche Analyse

Abhängige Variable	Unterschiede zwischen Gruppen		
	F	p	part. Eta²
Befürwortung multiprofessioneller Teams (stärkster Abfall bei den einschlägig-traditionell qualifizierten Fachkräften, geringster bei den einschlägig hochqualifizierten)	2.57*	< .10**	.06***
Wertschätzende und konstruktive Teamsituation	1.40	n. s.	.03
Zielklarheit/Aufgabenverteilung	0.01	n. s.	.00
Arbeitszufriedenheit	2.36	n. s.	.06
Subjektive Bedeutsamkeit der Arbeit	1.16	n. s.	.03
Beruflicher Ehrgeiz (leichter Anstieg bei den einschlägig-traditionell qualifizierten Fachkräften, geringer Abfall bei den einschlägig hochqualifizierten, starker Abfall bei den nicht-einschlägig qualifizierten)	2.92	< .10	.07
Verausgabungsbereitschaft	0.58	n. s.	.02
Perfektionsstreben	1.31	n. s.	.03
Distanzierungsfähigkeit	0.37	n. s.	.01
Resignationstendenz	1.10	n. s.	.03
Offensive Problembewältigung	0.69	n. s.	.02
Innere Ruhe und Ausgeglichenheit	0.56	n. s.	.01
Erfolgserleben im Beruf	0.03	n. s.	.00
Lebenszufriedenheit	0.33	n. s.	.01
Erleben sozialer Unterstützung	0.55	n. s.	.01

Lesehilfe:
* Der Prüfwert im Signifikanztest lag bei 2.57
** ein Wert < .05 (je nach Festlegung auch < .10) bedeutet: ein Unterschied, wie er zwischen den Gruppenverläufen gefunden wurde, ist mit ziemlich großer Sicherheit kein Zufall – die Gruppenverläufe unterscheiden sich vermutlich wirklich voneinander
*** ein Wert > .06 bedeutet: Es handelt sich um einen Unterschied mittleren Ausmaßes (> .01 = klein, > .14 = groß).

6.8   Personenzentrierte Betrachtungsweise: Typenbildung

In einem letzten Schritt wurde schließlich eine Typenbildung (und somit eine personenzentriertes Vorgehen) bzgl. der relevanten Variablen vorgenommen, die sich einer etwas anderen Herangehenslogik als die bis hierhin vorgestellten variablenzentrierten Verfahren bedient. Ziel einer personenzentrierten Methode ist die Identifikation von Sub-Gruppen von Individuen, die sich im Zusammenspiel verschiedener Merkmale ähnlich sind.

162

Als potentiell relevante Variablen zur Typenbildung wurden die Skala Arbeitszufriedenheit sowie alle Skalen zu arbeitsbezogenen Verhaltens- und Erlebensmustern genutzt – auf dieser Basis wurde schließlich zu t0 und zu t2 jeweils eine latente Klassenanalyse durchgeführt. Die Analyse schließt an die Burnout-Forschung von Schaarschmidt an und verwendet daher die gleichen Skalen (arbeitsbezogene Verhaltens- und Erlebensmuster). Um zusätzlich eine eher pauschale Zufriedenheitsbewertung miteinzubeziehen wurde zudem die Arbeitszufriedenheit aufgenommen. Zu beiden Zeitpunkten ergab sich dabei eindeutig eine 4 Klassenlösung, was bedeutet, dass es vier verschiedene „Typen" von Fachkräften gibt, die sich jeweils durch eine ganz bestimmte Merkmalskombination (Verhaltensweisen) unterscheiden.

6.8.1 Typenbildung zu t0

Die Modellgüte der unterschiedlichen Klassenlösungen zu t0 ist in Tabelle 97 dargestellt. Sowohl das Bayes'sches Informationskriterium als auch das konsistente Akaike-Informationskriterium[46] weisen durch ihr Minimum auf eine 4-Klassenlösung hin (es ist jeweils die Lösung zu bevorzugen, bei der in beiden Spalten ein Minimum erreicht wird).

Tabelle 97: Modellpassung der unterschiedlichen Klassenlösungen (t0)

Klassenanzahl	Bayes'sches Informationskriterium	Konsistentes Akaike-Informationskriterium
1-Klassen-Lösung	8350.99	8374.99
2-Klassen-Lösung	8087.81	8136.81
3-Klassen-Lösung	7922.54	7996.54
4-Klassen-Lösung	7876.57 (=> Minimum)	7975.57 (=> Minimum)
5-Klassen-Lösung	7886.84	8010.84

Inhaltlich lassen sich die Klassen zu t0 dabei wie folgt zusammenfassend beschreiben (hierbei werden nicht alle Merkmale dargestellt, sondern vielmehr diejenigen, die die Gruppe von den anderen Gruppen abheben):

---

46 Informationstheoretische Maße wie das BIC oder das CAIC geben an, ob ein Modell einem anderen Modell unter Berücksichtigung der jeweiligen Erklärungskraft sowie der dazu notwenigen Parameter vorzuziehen ist. Ein geringer Wert zeigt an, dass ein Modell bei ausreichender Sparsamkeit relativ viel Information in den Daten erklären kann.

- *Klasse 1* (111 Fachkräfte) weist eine vergleichsweise hohe Identifikation und ein vergleichsweise hohes Engagement auf – und gleichzeitig auch ein vergleichsweise eher hohes Erfolgserleben und eine vergleichsweise hohe Zufriedenheit.
- *Klasse 2* (110 Fachkräfte) weist eine vergleichsweise geringe Identifikation und ein vergleichsweise geringes Engagement auf – und gleichzeitig auch ein vergleichsweise geringes Erfolgserleben und eine vergleichsweise geringe Zufriedenheit.
- *Klasse 3* (50 Fachkräfte) weist eine vergleichsweise geringe Identifikation und ein vergleichsweise geringe Engagement auf – und gleichzeitig aber ein vergleichsweise hohes Erfolgserleben und eine vergleichsweise hohe Zufriedenheit.
- *Klasse 4* (35 Fachkräfte) weist eine vergleichsweise hohe Identifikation und ein vergleichsweise hohes Engagement auf – und gleichzeitig aber ein vergleichsweise geringes Erfolgserleben und eine vergleichsweise geringe Zufriedenheit.

Graphisch lassen sich die Klassen zu t0 wie folgt darstellen (Abbildung 30).

Abbildung 30: Graphische Darstellung der Klassen (t0)

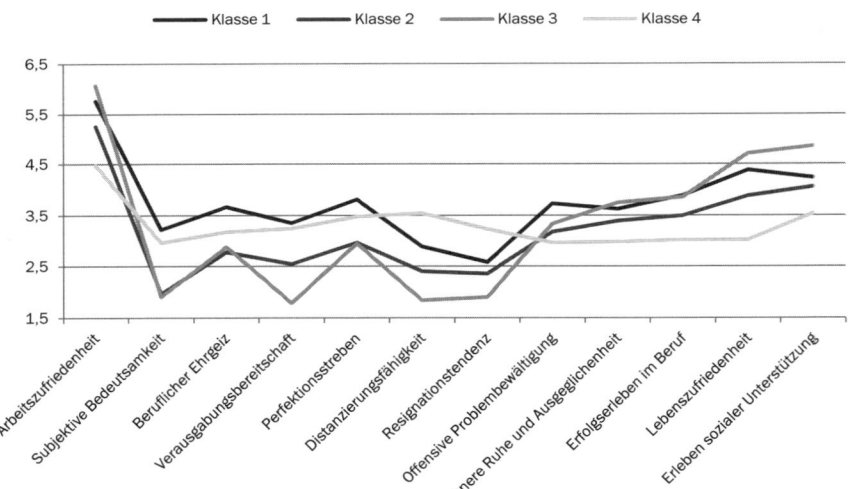

6.8.2 Typenbildung zu t2

Die Modellgüte der unterschiedlichen Klassenlösungen zu t2 ist in Tabelle 98 dargestellt. Sowohl das Bayes'sches Informationskriterium als auch das konsistente Akaike-Informationskriterium weisen durch ihr Minimum auf eine 4-Klassenlösung hin.

Tabelle 98: Modellpassung der unterschiedlichen Klassenlösungen (t2)

Klassenanzahl	Bayes'sches Informationskriterium	Konsistentes Akaike-Informationskriterium
1-Klassen-Lösung	7065.76	7089.76
2-Klassen-Lösung	6774.29	6823.29
3-Klassen-Lösung	6654.82	6728.82
4-Klassen-Lösung	6598.73	6697.73
5-Klassen-Lösung	6614.72	6738.72

Inhaltlich lassen sich die Klassen zu t2 dabei wie folgt beschreiben:

- *Klasse 1* (127 Fachkräfte) weist eine vergleichsweise hohe Identifikation und ein vergleichsweise hohes Engagement auf – und gleichzeitig auch ein vergleichsweise hohes Erfolgserleben und eine vergleichsweise hohe Zufriedenheit.
- *Klasse 2* (72 Fachkräfte) weist eine vergleichsweise geringe Identifikation und ein vergleichsweise geringes Engagement auf – und gleichzeitig auch ein vergleichsweise eher geringes Erfolgserleben und eine vergleichsweise geringe Zufriedenheit.
- *Klasse 3* (67 Fachkräfte) weist eine vergleichsweise geringe Identifikation und ein vergleichsweise geringes Engagement auf – und gleichzeitig aber ein vergleichsweise hohes Erfolgserleben und eine vergleichsweise hohe Zufriedenheit.
- *Klasse 4* (17 Fachkräfte) weist eine vergleichsweise hohe Identifikation und ein vergleichsweise hohes Engagement auf – und gleichzeitig aber ein vergleichsweise niedriges Erfolgserleben und eine vergleichsweise niedrige Zufriedenheit.

Graphisch lassen sich die Klassen zu t2 wie folgt darstellen (Abbildung 31).

Abbildung 31: Graphische Darstellung der Klassen (t2)

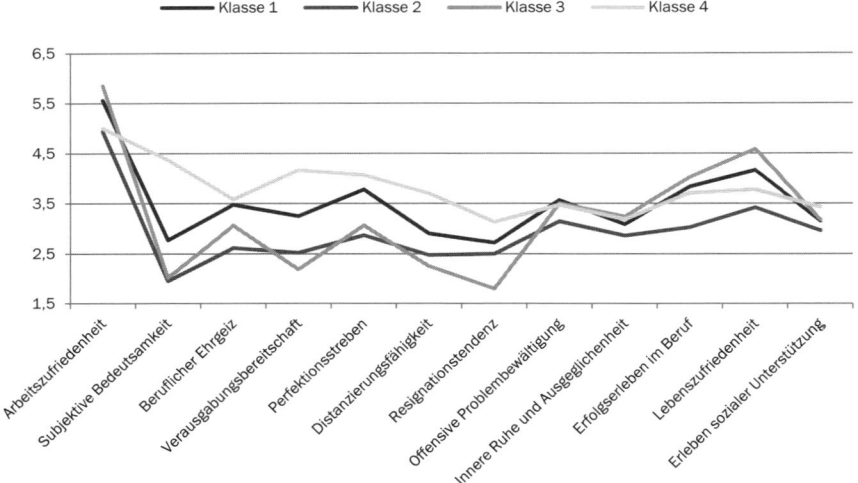

Die Klassen sind somit bzgl. der Charakteristika zu t0 und zu t2 vergleichbar – allerdings sind sie zu t2 inhaltlich nicht ganz so deutlich unterscheidbar/distinkt wie zu t0. Zudem sind sie zu den unterschiedlichen Zeitpunkten unterschiedlich stark besetzt.

6.8.3 Unterschiede in den Klassenzugehörigkeitswahrscheinlichkeiten

In einem weiteren Schritt wurde überprüft, ob sich die Wahrscheinlichkeiten, mit der die Fachkräfte einer bestimmten Klasse angehören, zwischen den verschiedenen Qualifikationen (*einschlägig-traditionell* qualifizierte Fachkräfte, *einschlägig-hoch* qualifizierte Fachkräfte, *nicht-einschlägig* qualifizierte Fachkräfte) unterscheiden. Hierfür wurde (jeweils zu t0 und zu t2) eine multivariate Varianzanalyse mit den Klassenzugehörigkeitswahrscheinlichkeiten als abhängige Variable und der Berufsgruppe als unabhängige Variable durchgeführt. Hierbei ergab sich jedoch weder zu t0 noch zu t2 ein bedeutsamer Unterschied zwischen den Berufsgruppen. Die Ergebnisse sind in Tabelle 99 und 100 dargestellt.

Tabelle 99: Unterschiede zwischen den Berufsgruppen (t0)

Zugehörigkeitswahrscheinlichkeit zu ...	F	p	partielles Eta²
Klasse 1	.41	n. s.	.00
Klasse 2	.50	n. s.	.00
Klasse 3	.22	n. s.	.00
Klasse 4	.02	n. s.	.00

Tabelle 100: Unterschiede zwischen den Berufsgruppen (t2)

Zugehörigkeitswahrscheinlichkeit zu ...	F	p	partielles Eta²
Klasse 1	.60	n. s.	.01
Klasse 2	1.11	n. s.	.01
Klasse 3	.21	n. s.	.00
Klasse 4	.13	n. s.	.00

Das bedeutet, dass in jeder der vier ermittelten Klassen sowohl Fachkräfte mit traditionellen Berufsabschlüssen als auch *neue* Fachkräfte (*einschlägig-hoch* oder *nicht-einschlägig* qualifiziert) vertreten sind. Damit müssen noch weitere Faktoren herangezogen werden, um der Frage nachzugehen, wie sich die Arbeitssituation und Arbeitszufriedenheit in multiprofessionellen Teams für die einzelnen Fachkräfte gestaltet. Diesen Fragen wird im Rahmen der qualitativen Analysen (Kapitel 7 und 8) weiter nachgegangen.

6.9 Zusammenfassung und Diskussion der weiterführenden Analysen

In weiterführenden statistischen Analysen wurden insgesamt 16 Skalen gebildet, die die Arbeitssituation, die Arbeitsprozesse und -zufriedenheit sowie die Einstellungen der Fachkräfte zu multiprofessionellen Teams abbilden.

In Gruppenvergleichen zeigten sich zum Zeitpunkt t0 bei den Skalen „Befürwortung multiprofessioneller Teams", „Zielklarheit/Aufgabenverteilung", „Beruflicher Ehrgeiz" sowie „Perfektionsstreben" bedeutsame (5-Prozent-Signifikanzniveau) bzw. tendenziell bedeutsame (10-Prozent-Signifikanzniveau) Gruppen-Unterschiede sowie kleine bis mittlere Effekte. Demnach war bei den *einschlägig-traditionell* qualifizierten Fachkräften die geringste Befürwortung multiprofessioneller Teams festzustellen. Auch zeigten sie bzgl. der Zielklarheit/Aufgabenverteilung, dem beruflichen Ehrgeiz und dem Perfektionsstreben im Gruppenvergleich jeweils die geringste Ausprägung. Die höchste Befürwortung multiprofessioneller Teams zeigten *nicht-einschlägig* qualifizierte Fachkräfte. Auch wiesen sie bei der Zielklarheit/Aufgabenverteilung eine bedeutsam höhere Ausprägung auf. Bei den *einschlägig-hoch* qualifizierten Fachkräften zeigte sich eine vergleichsweise höhere Ausprägung bei den Skalen „beruflicher Ehrgeiz" und „Perfektionsstreben".

Zum Erhebungszeitpunkt t2 zeigten sich statistisch signifikante Unterschiede zwischen den Gruppen mit mittlerem Effekt hinsichtlich der Skala „Befürwortung multiprofessioneller Teams" und mit kleinem Effekt hinsichtlich der Skala „Arbeitsbelastung". Zudem ergab sich ein tendenziell bedeutsamer Gruppen-Unterschied bzgl. der Skala „Lebenszufriedenheit". Auch zu diesem Zeitpunkt zeigten die *einschlägig-traditionell* qualifizierten Fachkräfte die geringste Befürwortung multiprofessioneller Teams – deutlich geringer als bei den beiden anderen Fachkräftegruppen. Auch gaben sie im Vergleich die höchste Arbeitsbelastung an. *Einschlägig-hoch* qualifizierte Fachkräfte zeigten bei der Skala „Lebenszufriedenheit" die höchste Ausprägung.

Regressionsanalysen bzgl. der Häufigkeit des teambezogenen Austauschs (über die Zusammenarbeit bzw. über Konflikte im Team) sowie zentraler Aspekte der Arbeitsprozesse und Arbeitszufriedenheit wiesen zum Zeitpunkt t0 auf einen positiven Zusammenhang zwischen Besprechungen zur Zusammenarbeit im Team und einigen Aspekten zur Arbeitszufriedenheit hin: Je mehr Zeit in den Einrichtungen zur Verfügung steht bzw. dafür genutzt wird, das Thema „Zusammenarbeit" konstruktiv anzugehen, desto günstiger werden Zielklarheit/Aufgabenverteilung, Arbeitszufriedenheit, die Bedeutsamkeit der Arbeit sowie die Lebenszufriedenheit bewertet. Konfliktgespräche stehen dagegen eher in einem negativen Zusammenhang zur subjektiven Bedeutsamkeit der Arbeit.

Zum Zeitpunkt t2 wurde die Teamsituation umso wertschätzender und konstruktiver wahrgenommen, je mehr Besprechungen zur Zusammenarbeit im Team stattfanden. Auch zeigte sich ein positiver Zusammenhang zwischen Teambesprechungen, Zusammenarbeit, Zielklarheit/Aufgabenverteilung (wie bei t0) sowie innerer Ruhe und Ausgeglichenheit. Auch Konfliktgespräche wiesen zum Zeitpunkt t2 einen Zusammenhang zur Wahrnehmung einer wertschätzenden Teamsituation und zur Zielklarheit/Aufgabenverteilung auf. Umgekehrt standen das Perfektionsstreben und Konfliktgespräche eher in einem negativen Zusammenhang.

Bei diesen Analysen ist dabei generell von ungerichteten Zusammenhängen – bzw. gegenseitigen – Wirkrichtungen auszugehen, so ist es durchaus möglich, dass eine wertschätzende und konstruktive Teamzusammenarbeit die Arbeitszufriedenheit in Bezug auf die genannten Aspekte positiv beeinflusst; umgekehrt kann aber auch eine grundlegende Zufriedenheit mit der Arbeit in der Einrichtung dazu beitragen, dass Teamgespräche konstruktiver und durchaus auch kritischer geführt werden und dass Konflikte nicht ausgeblendet werden.

In einem weiteren Schritt wurden mit Hilfe von Strukturgleichungsmodellen Vorhersagen zur Arbeitszufriedenheit und zur Befürwortung multiprofessioneller Teams getroffen. Dabei konnte zum Zeitpunkt t0 die Arbeitszufriedenheit sowohl durch die wertschätzende und konstruktive Teamsituation als auch durch die Zielklarheit/Aufgabenverteilung bedeutsam vorhergesagt werden – hier zeigten sich jeweils mittlere Zusammenhänge. Die Befürwortung multiprofessioneller Teams konnte zum gleichen Zeitpunkt sowohl durch die Arbeitszufriedenheit als auch durch den beruflichen Ehrgeiz und das Perfektionsstreben (tendenziell) bedeutsam vorhergesagt werden (allerdings geringe Zusammenhänge).

Für den Zeitpunkt t2 konnte die Arbeitszufriedenheit durch die wertschätzende und konstruktive Teamsituation (mittlerer Zusammenhang) sowie durch die Zielklarheit/Aufgabenverteilung (geringer Zusammenhang) bedeutsam vorhergesagt werden. Im Gegensatz zu t0 zeigte sich auch ein direkter Einfluss der Teamsituation auf Befürwortung multiprofessioneller Teams (geringer Zusammenhang). Auch konnte ein direkter negativer (geringer) Zusammenhang zwischen der wahrgenommenen Arbeitsbelastung der Fachkräfte und der Befürwortung multiprofessioneller Teams nachgewiesen werden.

Für beide Zeitpunkte t0 und t2 bleibt demnach festzuhalten: Zwischen einer wertschätzenden und konstruktiven Teamsituation sowie der Zielklarheit/Aufgabenverteilung und der Arbeitszufriedenheit besteht ein mittlerer Zusammenhang. Einen Einfluss auf die Befürwortung multiprofessioneller Teams haben Arbeitszufriedenheit, beruflicher Ehrgeiz und Perfektionsstreben (t0) sowie die Teamsituation (t2); dagegen trägt eine empfundene Arbeitsbelastung dazu bei, dass multiprofessionelle Teams eher abgelehnt werden.

In einer längsschnittlichen Betrachtung (N = 85) zeigte sich darüber hinaus, dass mehrere Aspekte der Arbeitszufriedenheit (wertschätzende und konstruktive Teamsituation, innere Ruhe und Ausgeglichenheit, Erleben sozialer Unterstützung) zwischen t0 und t2 signifikant abgenommen haben. Zwar sind die Veränderungen hinsichtlich der absoluten Ausprägung (Mittelwerte) eher gering, dennoch können sie Hinweise darauf liefern, dass sich in einigen Teams eine schlechtere Arbeitsstimmung oder auch eine Ernüchterung über die Potentiale in den Teams breit gemacht hat. Dies kann nicht unmittelbar auf die *neuen* Fachkräfte zurückgeführt werden, sondern es ist durchaus möglich, dass die Teams – unabhängig von der Zusammensetzung des Personals – im Längsschnittvergleich weniger zufrieden bzw. stärker belastet sind. Beispielsweise weisen unbesetzte Stellen, eine hohe Fluktuation in den Teams sowie hohe Anforderungen an Anleitung und Einarbeitung (vgl. Kapitel 5.1) darauf hin, dass die Teams neben den Herausforderungen der pädagogischen Arbeit zusätzliche Aufgaben zu bewältigen haben, die die Arbeitszufriedenheit beeinträchtigen können. Allerdings – auch dies zeigen die Längsschnittvergleiche – nimmt auch die Befürwortung multiprofessioneller Teams über die Messzeitpunkte ab. Dies könnte darauf hinweisen, dass in Zeiten höherer Belastungen eher die Neigung besteht, eine größere Homogenität hinsichtlich der Qualifikationen zu bevorzugen. So könnte es bspw. sein, dass Fachkräften mit anderen Qualifikationen als die traditionellen Ausbildungen zur ErzieherIn bzw. KinderpflegerIn in schwierigen Teamsituationen weniger Potentiale zugeschrieben werden als in gut funktionierenden Teams.

Eine latente Klassenanalyse konnte schließlich vier deutlich unterscheidbare Fachkräftetypen hinsichtlich Zufriedenheit und Arbeitserleben zu beiden Erhebungszeitpunkten aufzeigen: Typus 1 fasst Fachkräfte zusammen, die sich stark mit der Einrichtung identifizieren, hoch engagiert sind, Erfolge erleben und zufrieden sind. In Typus 2 sind Fachkräfte zusammengefasst, die sich weniger stark identifizieren und engagieren, und dabei auch ein geringeres Erfolgserleben haben und unzufriedener sind. Typus 3 fasst Fachkräfte mit geringerer Identifikation und Engagiertheit, aber dennoch mit höherem Erfolgserleben und höherer Zufriedenheit zusammen. In Typus 4 sind Fachkräfte mit höherer Identifikation und Engagiertheit, aber mit geringem Erfolgserleben und geringerer Zufriedenheit zusammengefasst. Einen direkten Zusammenhang zu den Berufsgruppen lässt sich statistisch jedoch nicht ermitteln. Damit liegt die Annahme nahe, dass die vier unterschiedlichen Typen in allen Einrichtungen und aus jeder Berufsgruppe kommen können: Erfolgreiche und Zufriedene finden sich ebenso wie wenig Engagierte und Unzufriedene in jeder der drei Berufsgruppen. Dies bedeutet, dass es statistisch gesehen keinen eindeutigen Zusammenhang zwischen Berufsgruppe und subjektivem Erlebenstyps gibt. Hierfür gibt es mehrere Interpretationsmöglichkeiten: Sowohl *einschlägig-traditionell* qualifizierte Fachkräfte als auch *neue* Fachkräfte können sich stark mit der Tätigkeit in Kindertageseinrichtungen identifizieren und mit ihrer Tätigkeit zufrieden sein. Fachkräfte, die *einschlägig-hoch* qualifiziert sind oder als Quereinsteiger aus anderen Berufen in die Einrichtungen kommen, können ebenfalls eine hohe Identifikation und eine hohe Engagiertheit zeigen.

Umgekehrt finden sich aber auch in allen Berufsgruppen Fachkräfte, die mit ihrer Arbeit unzufrieden sind und wenige Erfolge in der täglichen Arbeit erleben, selbst wenn sie dafür eine große Anstrengungsbereitschaft zeigen. Neben persönlichen Faktoren liegt ein möglicher Grund dafür in den Teams bzw. Einrichtungen: Gelingt es Einrichtungen, ihre Fachkräfte gut

mit den Zielen und Aufgaben der Einrichtung vertraut zu machen und ihnen Tätigkeitsbereiche anzubieten, mit denen sie sich identifizieren können
und ein persönliches Erfolgserleben haben, so ist nach den vorliegenden
Analysen unabhängig von der beruflichen Qualifikation eine hohe Zufriedenheit möglich. Umgekehrt muss allerdings auch die Gruppe der Fachkräfte, die zwar insgesamt zufrieden mit der Arbeit ist, sich jedoch weniger
engagiert und auch eine geringere Identifikation mit der Tätigkeit aufweist,
in den Blick genommen und nach Ursachen geforscht werden. Diese Gruppe ist zu beiden Zeitpunkten jeweils halb so groß wie die Gruppe der sehr
engagierten Fachkräfte.

Kapitel 7
Neue Fachkräfte:
Entscheidungs- und Einarbeitungsprozesse

7.1 Erläuterungen zum methodischen Vorgehen

Die Auswertungen der leitfadengestützten Interviews der *neuen* Fachkräfte erfolgten fallvergleichend und fallkontrastierend mit dem Ziel, prototypische Perspektiven auf das für diese Fachkräfte neue Handlungsfeld der Kindertageseinrichtungen herauszuarbeiten. Dabei wurde angesichts des umfangreichen Datenmaterials zunächst eine qualitative Inhaltsanalyse nach Mayring (2010) durchgeführt, so dass jeder Einzelfall zunächst – unabhängig von der beruflichen Qualifikation – kategoriengeleitet ausgewertet wurde. Hierbei standen Aspekte im Vordergrund, die zu der Entscheidung für eine Tätigkeit in der Einrichtung (Einstellungen, Motivationen, Erwartungen) führten, sich auf die bisherigen Arbeitsprozesse und Erfahrungen (Einarbeitung und Rollenfindung) sowie die zukünftigen Perspektiven und rückblickenden Bewertungen (Zeitpunkt t2) beziehen.

Mit Hilfe systematischer fallvergleichender und fallkontrastierender Analysen (Kelle & Kluge, 1999) erfolgte in einem weiteren Schritt eine stufenweise Verdichtung, bei der das jeweils Typische der Fälle herausgearbeitet und anderen Fällen gegenübergestellt wurde. In einem letzten Analyseschritt wurden die Fälle bzgl. ihrer jeweiligen beruflichen Qualifikationen verglichen. Dabei zeigte sich, dass bei zentralen Aspekten hinsichtlich der prototypischen Entscheidungen, Erfahrungen und Bewertungen deutlich mehr Gemeinsamkeiten innerhalb der jeweiligen Gruppe der *einschlägig-hoch* qualifizierten Fachkräfte bzw. der *nicht-einschlägig* qualifizierten Fachkräfte auftraten als zwischen den beiden Gruppen. Die Unterschiede zwischen den beiden Berufsgruppen erscheinen hinsichtlich der Frage nach zukünftigen Handlungsstrategien besonders relevant, daher werden die Ergebnisse der fallvergleichenden Analysen getrennt für die beiden Berufsgruppen (Kapitel 7.2 bzw. 7.3) dargestellt.

Es soll betont werden, dass die systematische Trennung nach Berufsgruppen, wie sie sich in den folgenden Kapiteln findet, nicht das Leitprinzip der Analysen war, sondern das Ergebnis einer auf den Einzelfall bezogenen, kriteriengeleiteten Vorgehensweise – zunächst unabhängig von der beruflichen Qualifikation. Bei einem solchen Vorgehen der systematischen Verdichtung müssen Besonderheiten des jeweiligen Einzelfalls unberücksichtigt bleiben. Wenn also im Folgenden bspw. von „HeilpädagogInnen" oder „HeilerziehungspflegerInnen" gesprochen wird, erfolgt dies nicht bezogen auf die einzelne Fachkraft dieser Berufsgruppe, sondern es geht um prototypische Merkmale dieser Berufsgruppen in Bezug auf die relevanten Aspekte. Bei – wiederum prototypischen – Sonderfällen innerhalb der Berufsgruppen wird hierauf explizit Bezug genommen. Zur Illustration werden insbesondere bei Fragen des subjektiven Erlebens und der subjektiven Bewertungen jeweils Ankerbeispiele angeführt.

7.2 Die Perspektiven *einschlägig-hoch* qualifizierter Fachkräfte

Für die Analysen wurden insgesamt 20 Fachkräfte zum Zeitpunkt t0, 21 Fachkräfte zum Zeitpunkt t1 und 21 Fachkräfte zum Zeitpunkt t2 einbezogen. Die Qualifikationsstruktur der Fachkräfte ist Tabelle 101 zu entnehmen. Von den vergleichenden Analysen ausgeschlossen wurden Fälle, die zum jeweiligen Erhebungszeitpunkt bereits länger als zwei Jahre in der Einrichtung tätig waren, weil die Phase der Entscheidung und Einarbeitung bereits sehr lange zurück lag. Auch wurden Fälle ausgeschlossen, bei denen sich erst im Rahmen des Interviews herausstellte, dass sie in der Einrichtung nicht als festes Teammitglied angestellt, sondern als zusätzliche Honorarkräfte tätig waren[47].

Mit einem Teil der *einschlägig-hoch* qualifizierten Fachkräfte (N = 13) wurden auch zu den Folgeerhebungen (t1 bzw. t2) Interviews durchgeführt. Damit war eine prozessuale Betrachtung möglich, und es konnten Veränderungen erfasst werden, die sich im Laufe des Untersuchungszeitraums für die Fachkräfte ergeben haben bzw. jeweils anstanden (vgl. hierzu auch Kapitel 7.4).

Im Folgenden werden zentrale Ergebnisse der Analysen zu den Entscheidungssituationen, den bisherigen Arbeitsprozessen und Erfahrungen sowie den zukünftigen Perspektiven und Bewertungen dargestellt.

---

47 Insgesamt wurden fünf Interviews in t0 und vier Interviews in t1 mit *einschlägig-hoch* qualifizierten Fachkräften nicht berücksichtigt.

Tabelle 101: Stichprobe der leitfadengestützten Interviews –
Gruppe der *einschlägig-hoch* qualifizierten Fachkräfte

Qualifikation (höchster Abschluss)	t0	t1	t2
KindheitspädagogIn (BA/MA)	4	7	8
SozialpädagogIn, SozialarbeiterIn, DiplompädagogIn, Diplom-ErziehungswissenschaftlerIn mit sozialpäd. Schwerpunkt oder B. A. dieser Fachrichtung	4	6	4
Grund- und HauptschullehrerIn, SonderschullehrerIn	3	3	2
Studienabschluss im päd., erziehungsw., psychol. Bereich mit mind. vier Semestern Pädagogik (Schwerpunkt Kinder und Jugendliche/Entwicklungspsychologie)	6	/	2
Person mit Studienabschluss der Heilpädagogik (Dipl., B. A.,M. A.)	2	4	4
HeilpädagogIn (staatl. anerk.)	1	1	1
Gesamtzahl einbezogener Interviews	20	21	21

7.2.1 Entscheidungssituationen und Erwartungen

„Erster Schritt" in die Praxis vs. beruflicher Veränderung

Auch wenn sich die Gruppe der *einschlägig-hoch* qualifizierten Fachkräfte
hinsichtlich vieler Merkmale von der Gruppe der *nicht-einschlägig* qualifizierten Fachkräfte unterscheidet, ist zunächst festzuhalten, dass es sich auch
bei den Fachkräften dieser Qualifikationen um eine hochgradig heterogene
Gruppe handelt, deren Einstellungen, Motivationen und Erwartungen an
die Tätigkeit von vielfältigen Faktoren beeinflusst wurde.

Die Einstiegs- bzw. Entscheidungssituationen waren in erheblichem
Maße davon beeinflusst, ob es sich um einen ersten Berufseinstieg (insbesondere bei der vergleichsweise jungen Berufsgruppe der KindheitspädagogInnen) oder um einen Berufswechsel handelte. Während sich bei den
BerufseinsteigerInnen das Motiv des *„Einstiegs in die Praxis"* als ebenso
notwendigen wie sinnvollen *„ersten Schritt"*[48] nach dem Studium darstellte,
spielten bei einem Berufswechsel sowohl berufliche Veränderungswünsche
(v. a. Unzufriedenheit mit bisherigem Arbeitsplatz, seltener finanzielle Ver-
besserungen) wie auch persönliche Gründe (z.B. Wiedereinstieg nach der
Familienphase, Umzug) eine Rolle. Eine spezielle Motivationslage ist bei
Fachkräften zu erkennen, die aus Bereichen der stationären Jugendhilfe ka-

---

48 Die in Anführungszeichen und kursiv formatierten Satzteile stammen aus Interviewtran-
skripten, zur besseren Lesbarkeit wurde im Text auf Quellenangaben verzichtet.

men. Hier spielten hohe Belastungsfaktoren in der vorherigen Tätigkeit und die Erwartung, eine geringere Arbeitsbelastung und höhere Arbeitszufriedenheit zu erreichen, eine Rolle für den Wechsel.

Weniger Unterschiede zeigten sich in den Entscheidungsspielräumen der Fachkräfte. Bis auf einen Fall, bei dem der Einstieg in das Feld der frühkindlichen Bildung, Betreuung und Erziehung mangels Angebote in dem eigentlich gewünschten Bereich der Jugendarbeit erfolgte, war es für alle Befragten eine bewusste und vor dem Hintergrund möglicher beruflicher Alternativen reflektierte Entscheidung. Die Vorstellung einer Tätigkeit mit Kindern in dem Altersbereich von ein bzw. zwei Jahren bis zum Schulalter (bzw. in Einzelfällen auch im Hortbereich) gehörte für die Befragten zu den wichtigsten Entscheidungsgründen. Dabei verfügten jedoch insbesondere die BerufseinsteigerInnen teilweise nur über geringe Praxiserfahrungen (die Kindheitspädagoginnen wiesen vergleichsweise mehr Praxiserfahrungen durch einschlägige, studienbegleitende Praktika auf als andere HochschulabsolventInnen), so dass sich die Entscheidung teilweise auf wenig erfahrungsbezogene Erwartungen begründete. Bei den sonder- bzw. heilpädagogisch qualifizierten Fachkräften spielten Vorstellungen einer alltagsintegrierten, beziehungsvollen Begleitung und Förderung der Kinder und eine engere Einbindung in ein Team (im Vergleich zur vorherigen Tätigkeit) ebenfalls eine Rolle für die Entscheidung. Bei den Lehrkräften für Grund- und Hauptschulen hatte sich der ursprüngliche Berufswunsch einer Tätigkeit an Schulen während oder nach dem Referendariat in Richtung „frühe Bildung" verlagert.

> „[...] Eigentlich wollte ich mit geistig behinderten Kindern arbeiten ursprünglich und dann hab ich mich für hier beworben, weil es hieß, es ist eine Inklusionsgruppe und die wird ganz neu eröffnet und das fand ich ganz spannend, mal von Anfang an mit dabei zu sein und so bin ich eigentlich hier gelandet." (Interview Kindheitspädagogin, Int2, Z. 10[49]).

> „[...] Also ich habe schon-, also es war so ein bisschen aufgrund der persönlichen Verhältnisse, weil ich jetzt ein Kind habe und einfach auch von den Arbeitszeiten her und auch was zu haben was jetzt psychisch nicht so sehr belastend ist. Es ist sehr anstrengend natürlich mit Kindern zu arbeiten, aber es ist nochmal ein Unterschied, ob ich jetzt mit Drogenabhängigen arbeite oder ja, genau das war so ein bisschen der Grund, warum ich halt mich hier beworben habe oder überhaupt auf Erzieherstellen mich beworben habe." (Interview Sozialpädagogin, Int22, Z. 14).

---

49 Alle Interviews wurden anonymisiert und kodiert. Int2, Z. 10 meint: Interviewtranskript 2, ab Zeile 10.

Allgemeine „Praxis auf Zeit" vs. Teil spezifischer Karriereplanung

Unterschiede bei den Motiven und Erwartungen der *einschlägig-hoch* qualifizierten Fachkräfte zeigten sich im Konkretisierungsgrad ihrer beruflichen Vorhaben. Während vor allem BerufseinsteigerInnen nach einem kindheits- oder sozialpädagogischen Studium *„erst einmal"* in die Praxis wollten, und damit eher diffuse berufliche Zukunftspläne verbunden waren, stellte sich für eine andere Gruppe von Fachkräften die Tätigkeit in der Einrichtung als Teil ihrer persönlichen Karriereplanung dar. Sie waren über öffentliche Projektmittel bzw. trägerseitige Programme mit Aufgaben der Sprachförderung (z.B. im Rahmen des Bundesprogramms „Schwerpunkt-Kitas Sprache & Integration"), als Integrationsfachkraft oder für besondere Vernetzungsaufgaben (Kooperation Kita-Grundschule, Familienzentrum) betraut. Ihre Anstellung für spezielle Funktionen war dabei zumeist zeitlich befristet und lag unterhalb einer Vollzeitstelle, jedoch (z.T. deutlich) besser vergütet als eine Anstellung als Gruppenfachkraft (S8 bis S11). Zusätzlich zu diesen Aufgaben waren diese Fachkräfte zumeist noch in der Gruppenleitung bzw. im Gruppendienst tätig und übernahmen mit dem entsprechenden Stellenanteil pädagogische Kernaufgaben, in Einzelfällen hatten sie auch eine stellvertretende Leitungsfunktion inne.

Die Erwartungen an das Arbeitsfeld leiteten sich von den jeweiligen Arbeitsverträgen bzw. Aufgabenstellungen ab: Für einige erfolgte der Einstieg in das Feld der frühkindlichen Bildung, Betreuung und Erziehung über befristete Projekt- bzw. Programmstellen, deren Verlängerung je nach Programm unsicher war, teilweise aber trägerseits in Aussicht gestellt wurde. Für andere war die Tätigkeit in der Einrichtung Teil eines vom Träger initiierten Qualitätsentwicklungsprojekts (z.B. im Kontext von Inklusion), so dass auch eine einrichtungsübergreifende Perspektive zu der Entscheidung beigetragen hatte. Im Vergleich zu diesen mit konkreten beruflichen Perspektiven verknüpften Tätigkeiten betrachtete die Gruppe von Fachkräften ohne spezielle Funktionen die Tätigkeit als Berufseinstieg, um als *„ersten Schritt"* nach der hochschulischen Ausbildung Erfahrungen zu sammeln, Theorie und Praxis zu verknüpfen und für sich weitere Ziele und Perspektiven zu entwickeln. Die Entscheidung für die Stelle wurde damit nicht mit längerfristigen, beruflichen Perspektiven verknüpft.

Auf eine Besonderheit bei dieser Gruppe von *einschlägig-hoch* qualifizierten Fachkräften soll hingewiesen werden. Erstaunlich viele dieser Fachkräfte (rd. ein Drittel) wiesen Doppelqualifikationen auf (z.B. ein Studium nach einer abgeschlossenen ErzieherInnenausbildung oder zwei verschiedene Studienabschlüsse). Eine weitere Gruppe nannte konkrete, berufsbegleitende Weiterbildungsvorhaben auf akademischem Niveau (bis hin zur Promotion). Dies ist angesichts der insgesamt geringen Akademikerquote in

176

Kindertageseinrichtungen überraschend und weist auf zweierlei hin: Zum einen war die Motivation zum Erwerb handlungspraktischer Erfahrungen im pädagogischen Feld offenbar so groß, dass finanziell attraktivere Tätigkeiten (z.B. in Lehre und Forschung) zumindest zeitlich nach hinten geschoben wurden. Zum anderen ist absehbar, dass die berufliche (Weiter-) Qualifizierung auch mit weiteren beruflichen Veränderungen verbunden sein wird. Dies wurde von einem Teil der Fachkräfte insbesondere vor dem Hintergrund der zu geringen Einkommens- und Aufstiegschancen innerhalb der Einrichtung deutlich formuliert. Für viele der Fachkräfte war es damit implizit (*„Praxiserfahrungen sammeln"*) oder explizit (Projektstellen) eine Tätigkeit auf Zeit.

Gemeinsam ist den Fachkräften, dass in der Entscheidungsphase mit den pädagogischen Kernaufgaben im Gruppendienst meist eine Zusatzoption – explizit über Verträge/verbindliche Absprachen oder implizit über eigene Erwartungen/Wünsche – verknüpft war. Eine Langfristperspektive als Gruppenfachkraft spielte dagegen kaum eine Rolle für die *einschlägighoch* qualifizierten Fachkräfte.

> *„[…] das war mehr oder wen- ja also Zufall es war so dass ich noch studiert hab zu der Zeit und im letzten Semester war und meine Masterarbeit geschrieben hab und sonst war eigentlich nur noch ein paar Vorlesungen hatte und ich das Gefühl, ich brauch jetzt irgendwie nach dieser Studiumszeit brauch ich was also ne ne Praxiserfahrung einfach."* (Interview Kindheitspädagogin, Int23, Z. 16).

> *„[…] Also ich bin in dem Bundessprachprojekt … eine Fünfzig Prozent Stelle bekommen, die speziell für den Bereich Sprache zuständig ist und das war für mich ganz toll im Studium als ich das dann so mitbekommen hab… das Bundessprachprojekt ist quasi so angelegt, dass man einfach Mitglied des Teams ist und man kann individuell arbeiten. Vor allen Dingen kann man bei den Erwachsenen ansetzen und eben des Team weiterqualifizieren… Ich hab Weiterbildungen gemacht im Bereich Schutzauftrag 8a und bin gerade dabei ne Weiterbildung bei der Deutschen Gesellschaft für Qualitätsmanagement zu machen. Hab den ersten Teil jetzt abgeschlossen zum- also mit dem Ziel, Qualitätsbeauftragter und interner Auditor genau. Ich bin viel nebenberuflich noch tätig als Fortbildnerin für den Bereich Sprache, Sonderpädagogik und Inklusion und auch in der Erzieherausbildung als Lehrer tätig."* (Interview Sonderpädagogin, Int48, Z. 12).

7.2.2 Bisherige Arbeitsprozesse und Erfahrungen

Einarbeitung und Rollenfindung als Herausforderung

Im Rückblick wurde die Einarbeitungsphase überwiegend als herausfordernd und anstrengend beschrieben, wobei vor allem personelle Engpässe in der Einrichtung und Zeitknappheit die ersten Wochen erschwerten. Teilweise wurden unzureichende Absprachen zwischen dem Träger bzw. der Leitung und den Fachkräften zu den Aufgaben und damit verbundenen Handlungs- und Entscheidungsspielräumen berichtet. Zwar wurden auch Schwierigkeiten innerhalb des Teams und Konflikte als problematisch bezeichnet, seltener jedoch grundlegende Widerstände gegen die eigene Person aufgrund ihrer akademischen Qualifikation genannt. Aus der Perspektive der Fachkräfte war bei den BerufseinsteigerInnen die Einarbeitung ein intensiver Lernprozess, und die relative Praxisferne der akademischen Ausbildung wurde von ihnen offen kommuniziert. Dabei wurde in der überwiegenden Zahl der Einrichtungen eine gute, persönliche (auch emotionale) Unterstützung durch die unmittelbaren Kolleginnen (Gruppenteam) und Leitungskräfte betont, auch wenn die geringen zeitlichen Ressourcen einen intensiven und von den *neuen* Fachkräften explizit gewünschten, fachlichen Austausch erschwerten.

> „[...] Der war fürchterlich, weil ich mich einfach komplett überfordert gefühlt habe, was offensichtlich, was ich dann erst so später mitbekommen habe, dass die Kollegen gleich mehr oder weniger mir sehr viel mehr zugetraut haben als ich mir selber und ich einfach das Gefühl hatte, ich komme hier rein, es ist ein teiloffenes Konzept, ich komme zum Dienst, dann sehe ich die Kinder zehn Minuten, dann sind sie plötzlich weg in irgendwelchen Bereichen von wann bis wann, also ich war einfach überfordert komplett. War auch recht schnell stundenweise dann einfach alleine, also schon am zweiten Tag, dann also das war eher schwierig, das war das, was es mir schwierig gemacht hat, was wahrscheinlich bei jeder Arbeitsstelle so ist, wenn man neu anfängt erstmal, aber das war da habe ich mich ganz klar überfordert gefühlt. Und musste mich einfach dann auch eine Zeitlang an die Arbeit mit diesen ganz kleinen Würmchen gewöhnen, weil es halt, man muss da schon nochmal oft auf eine andere Ebene dann gehen auch im Umgang, das hat einfach Zeit gebraucht. Vom Team her kann ich gar nicht sagen, dass mir das Team es irgendwie schwierig gemacht hat, es waren eher so praktische Alltagsdinge die mich, die ich mir nicht merken konnte und die einen dann halt echt überfordern und. Also das Team da habe ich schon gleich das Gefühl gehabt, da kann ich jeden ansprechen, da kann ich mir Hilfe holen, da wird mir Hilfe auch angeboten, also das war nicht so das Problem, also das war gut. Es waren eher persönliche Dinge nachher, dass man denkt, man packt das nicht und wann kann ich mir das Zeug merken und so, also das war es eher." (Interview Sozialpädagogin, Int16, Z. 236).

Erschließung komplexer Funktionen und Aufgaben

Bei *einschlägig-hoch* qualifizierten Fachkräften war die Einstiegsphase im Gruppendienst zugleich mit Sonderfunktionen (Projekt- oder Zusatzstellen) verbunden. Dies war nach eigener Einschätzung mit einem schwierigen Rollenfindungsprozess verbunden, der in der rückblickenden Betrachtung[50] allerdings überwiegend als gelungen beschrieben wurde.

Da diese Projektstellen kaum Tradition in den Einrichtungen hatten, sondern mit der Einstellung neu geschaffen wurden, bestand für die Fachkräfte die Herausforderung, sich als Teammitglied in die Alltagsroutinen und -abläufe einzufügen und gleichzeitig die mit der Funktionsstelle verbundenen (nicht immer klar definierten) Aufgaben zu erfüllen. Mit der Stelle verbunden waren auch teambezogene Aufgaben wie Coaching-/Beratungsangebote (z.B. im Hinblick auf Kinder mit speziellen Bedürfnissen) und Schulungs-/Fortbildungsangebote (z.B. für Sprache, Inklusion). Diese teambezogenen Aufgaben stellten für die Fachkräfte im Rückblick einerseits einen besonderen Reiz ihrer Tätigkeit dar, andererseits konnten die eigenen Ansprüche angesichts der gruppenbezogenen Aufgaben und Rollen nicht immer zur Zufriedenheit erfüllt werden.

> „[...] also dass klarzumachen, dass ich keine Erzieherin bin. Ich arbeite hier als Erzieherin zum Teil, aber ich bin es nicht." (Interview Kindheitspädagogin, Int23, Z. 103).

Persönliche Bereicherung und Zugewinn für das Team

Die bisherigen Erfahrungen mit pädagogischen Kernaufgaben wurden als persönliche Bereicherung und aus fachlicher Sicht auch als notwendig und hilfreich betrachtet, um die bisherigen, überwiegend theoretischen Inhalte der hochschulischen Ausbildung zu ergänzen (v.a. bei BerufseinsteigerInnen). Bemerkenswert ist dabei nicht nur die selbstbezogene Perspektive auf die eigene Kompetenzentwicklung und größere Handlungssicherheit, sondern auch der Begründungszusammenhang über die Vorteile einer alltagsintegrierten Förderung der Kinder (Sprache, sozialpädagogische Förderung etc.), die als beste Form der Begleitung und Unterstützung bezeichnet wurde.

Von Fachkräften, die mit heil- oder sonderpädagogischen Angeboten bisher überwiegend in der Einzelförderung tätig waren, wurde die Bedeutung einer alltagsintegrierten Förderung auch unter Präventionsgesichtspunkten, z.B. in Bezug auf herausforderndes Verhalten, betrachtet. Persön-

---

50 Je nach Teamzugehörigkeit lag zum Zeitpunkt des Interviews der Tätigkeitsbeginn zwischen sechs Monaten und eineinhalb Jahren zurück.

lich empfanden sie die Möglichkeiten der Interaktions- und Beziehungsgestaltung zu Kindern im pädagogischen Gruppenalltag als bereichernd
und bewerteten die besseren Zugangsmöglichkeiten zu Kindern mit Verhal-
tensproblematiken positiv. Betont wurde allerdings zugleich – auch in meist
impliziter Abgrenzung zu anderen Qualifikationen – dass für eine ange-
messene Begleitung der Kinder (bspw. in den Bereichen „Autismus" und
„ADHS") eine ausgesprochen hohe zusätzliche fachliche Kompetenz erforderlich ist, welche innerhalb der fachlichen Grundausbildung zur Erzieherin nicht vermittelt werden kann. Ähnliches wurde für den Bereich der
Sprachförderung beschrieben. Hier wurde der besondere Wert dieser Stellen und der eigenen Tätigkeit darin gesehen, dass sie eng mit dem pädagogischen Alltag verknüpft sind, so dass sie Kinder, Eltern und auch TeamkollegInnen in täglichen Arbeitszusammenhängen erleben und sich als Teil des
Bezugssystems erleben. Zugleich ermöglichte dies erweiterte Möglichkeiten,
die Qualitätsentwicklung mit fachlichen Inputs, Inhouse-Schulungen und
Coaching zu befördern. Die Einschätzung, dass sie als ExpertInnen für den
Bereich „Sprache" als festes Teammitglied (allerdings zeitlich befristet) wertvoll sind, erfolgte sowohl aufgrund eigener ausbildungs- und berufsbiogra-
phischer Erfahrungen als auch mit Verweis auf die zusätzlichen Kompetenzen, die im Rahmen von Doppelqualifikationen (Berufsausbildung und Studium) erworben wurden.

> *„[...] dass man vielleicht ein leichteren Zugang hat, wenn's darum geht, Hilfe-
> plangespräche vorzubereiten oder Lerngeschichten zu schreiben, dass man
> einfach was so des Schreiben angeht, dass man da nen leichteren Zugang hat.
> Oder was so Formulierungen angeht oder teilweise auch vielleicht Reflexions-
> vermögen, dass da einfach durch das Studium ein stärkerer Fokus draufgelegt
> oder auch wie man Video wie man Videosequenzen analysiert ... des hängt ein-
> fach mit dem Wissenshintergrund dann zusammen .. Durch die Erzieherinaus-
> bildung ist dann mehr die praktische Sichtweise im Vordergrund vielleicht und
> durch die Studiumssichtweise gerät das vielleicht in Hintergrund und man ist
> mehr auf der theoretischen Schiene und sieht die Dinge teilweise abstrahierter
> vielleicht, also ist dann gleich bei Piaget und so und sieht dann vielleicht gar
> nicht, dass dem Kind jetzt gar nicht der Ball wichtig ist, sondern es geht eigent-
> lich mehr um die Sprache zum Beispiel... aber da ist es dann nur von Vorteil,
> wenn beide Sichtweisen aufeinander treffen, dass man sich dann austauschen
> kann das ist ja gerade der Vorteil."* (Interview Kindheitspädagogin, Int23, Z. 213).

Prototypische Strategien: Spezialisierung, Diversifizierung, Aufstieg

Im Fallvergleich zeigen sich bei den *einschlägig-hoch* qualifizierten Fachkräften drei prototypische Strategien bzw. Verhaltensweisen, die diese Gruppe deutlich von anderen beruflichen Qualifikationen unterscheidet. Diese

lassen sich bei den untersuchten Fällen in verschiedenen Ausprägungen und Kombinationen finden:

- *„Spezialisierungsstrategie".* Bereits über die hochschulische Qualifikation (z.T. auch Doppelqualifikation bzw. Weiterqualifikation nach abgeschlossener ErzieherInnenausbildung) ist eine Spezialisierung auf besondere kindheits- oder sozialpädagogische bzw. heilpädagogische oder therapeutische Themenbereiche verbunden. Diese Schwerpunkte werden je nach Stellenanteil und vertraglich vereinbarten Aufgaben innerhalb der Kindertageseinrichtung sowie in Schnittstellenfunktionen (z.B. in der Zusammenarbeit mit Schulen, sozialen Diensten und Integrationsfachdiensten) umgesetzt. Damit verbunden ist der professionelle Anspruch, erworbenes Wissen und Können anzuwenden und die spezifischen Handlungskompetenzen weiterzuentwickeln. Die Spezialisierung bezieht sich auf die Zusammenarbeit mit Kindern und Eltern sowie auf die Ebene des Teams, für das eine fachliche Zuständigkeit in den speziellen Themenbereichen formuliert wird. Bei der Spezialisierung (und der damit verbundenen Sonderstellung) wird jedoch die Wichtigkeit einer festen Zugehörigkeit zum Team betont. Die Sonderstellung (und teilweise bessere tarifliche Eingruppierung), wird jedoch nicht als *„Besserstellung"* gegenüber den KollegInnen, sondern vielmehr als notwendige und sinnvolle Arbeitsteilung innerhalb eines Teams mit gemeinsamen pädagogischen Zielen und Aufgaben verstanden.
- Eine *„Diversifizierungsstrategie"* zeigt sich typischerweise bei den BerufseinsteigerInnen ohne spezielle Aufgaben und bei den Fachkräften, die teilweise als Gruppenfachkraft (z.B. 50%) arbeiten und zugleich eine Funktionsstelle (z.B. als Sprachförder-, Integrations- oder Kooperationsfachkraft) innehaben. Die BerufseinsteigerInnen übernehmen im Vergleich zu den *nicht-einschlägig* qualifizierten Fachkräften bereits nach wenigen Monaten zusätzlich zu ihren pädagogischen Kernaufgaben Funktionen in der Weiterentwicklung der pädagogischen Qualität (z.B. im Hinblick auf Beobachtung und Dokumentation, Bildungsfelder). Sie sehen darin eine Perspektive, einerseits ihre Handlungskompetenzen in der pädagogischen Alltagspraxis weiter entwickeln und gleichzeitig den Anspruch an gute (eigene) Fachpraxis realisieren zu können. Diese Strategie drückt sich darin aus, dass Aufgaben nicht einfach übernommen werden, weil sie den persönlichen Interessen entgegenkommen, sondern dass damit auch weitere Fortbildungen und umfangreiche Weiterqualifizierungen verknüpft werden. Damit wird der vorhandene akademische Abschluss (bzw. bei staatl. anerkannten HeilpädagogInnen die Weiterbildung nach der ErzireherInnenausbildung) nicht als Endstation der beruflichen Qualifizierung, sondern vielmehr als Ausgangspunkt des Be-

rufsweges betrachtet. Bei der Gruppe der Fachkräfte, die Kombinations-Modelle (teils Gruppenfachkraft teils Sprachförderkraft) praktizieren, ist die Diversifizierungsstrategie teilweise aus der Notwendigkeit heraus entstanden, eine Teilzeit-Funktionsstelle mit Gruppentätigkeiten „auf-zufüllen" (ein höherer Stellenanteil für die Sonderaufgaben wäre aus finanzieller Sicht meist attraktiver). Allerdings werden über die feste Gruppenanbindung, die Rolle als Bezugsfachkraft mit Eingewöhnungs-kindern und die Aufgabe der alltäglichen Zusammenarbeit mit Eltern auch Vorteile gegenüber „reinen" Funktionsstellen gesehen. So werden die Niedrigschwelligkeit über alltägliche Beziehungskontakte zu Kindern und Eltern und zu Teamkolleginnen überwiegend als Chance gesehen, Nähe und Vertrauen aufbauen zu können.

- Die „Aufstiegsstrategie" kann als dritte Strategie bezeichnet werden, die mehr oder weniger bewusst expliziert wird und meist in Zusammenhang mit besonderen Aufgaben und Funktionen steht. So sehen die einschlä-gig-hoch qualifizierten Fachkräfte wegen ihres speziellen Wissens und Könnens und/oder ihrer Bereitschaft, besondere Verantwortung für die Institution zu übernehmen, perspektivisch ihre Arbeitsbereiche in Lei-tungs- oder Schnittstellenfunktionen (z. B. auch in der einrichtungsüber-greifenden Weiterbildung, Fachberatung) oder in Gesamtleitungs- bzw. Trägerfunktionen. Diese Aufstiegsstrategie ist mit einem Ausstieg aus der unmittelbaren pädagogischen Tätigkeit in Gruppen-/Funktions-teams verbunden, dennoch wird bei den beruflichen Perspektiven eine Nähe zum Handlungsfeld der Kindertageseinrichtungen bzw. Familien-zentren zumeist explizit gewünscht. Die Strategie kann sich darin aus-drücken, dass die pädagogische Tätigkeit in der Einrichtung ausdrück-lich als „Praxisphase" zeitlich begrenzt wird (bei einigen Berufseinsteiger-rInnen oder nach einschlägigen Weiterbildungen) und bereits konkrete Veränderungspläne bestehen. In anderen Fällen entwickelt sich diese Strategie erst nach dem Berufseinstieg (und dem damit verbundenen „Praxisschock") und der Enttäuschung heraus, dass die akademisch er-worbenen Kompetenzen und damit verbundenen Ansprüche („For-schende Haltung", vgl. Nentwig-Gesemann, 2007, Robert-Bosch-Stif-tung, 2008) zu wenig Raum in der alltäglichen Praxis finden.

7.2.3 Bewertung der bisherigen Erfahrungen und zukünftige Perspektiven

Positives Feedback aber ungenutzte Potentiale

Insgesamt fiel die Bewertung der eigenen Rolle im Team positiv aus. Sie wurden nach eigener Wahrnehmung persönlich wertgeschätzt, zunehmend als ExpertInnen angefragt und standen in einem vertrauensvollen, kollegialen Austausch mit den TeamkollegInnen. Auch berichteten sie häufig von einer engen Nähe zur Leitung und deren vielfältigem positivem Feedback bezogen auf die eigene Arbeit.

Sofern die Fachkräfte über Zusatzaufgaben regelmäßige Außenbezüge hatten, wurden die Vernetzungs- und Kooperationsaktivitäten als Bereicherung und Chance zur eigenen Weiterentwicklung betrachtet (z.B. Qualitätszirkel Sprachförderung). Auch andere – nur teilweise über entsprechende Funktionen begründete – Aktivitäten wie externe Fortbildungsaktivitäten und Aktivitäten an Fach-/Hochschulen wurden von einem Teil der *einschlägig-hoch* qualifizierten Fachkräfte wahrgenommen und positiv bewertet.

Eine große Übereinstimmung in der Bewertung der bisherigen Erfahrungen besteht in dem fachlich-kritischen Blick auf die Handlungspraxis in der Einrichtung. So wurden in den Interviews vielfältige Kompetenzen von berufserfahrenen, reflektierten ErzieherInnen in den Teams benannt. Zugleich wurden aber auch Weiterentwicklungs- und teilweise dringende Handlungsbedarfe berichtet und vor dem eigenen fachlichen Hintergrund begründet.

Bezogen auf den Zugewinn der eigenen Qualifizierung für die Einrichtung wird dieser vor allem für die Teamebene (fachliche Inputs, kollegiale Beratung, Reflexion, Methodenrepertoire), seltener für die pädagogische Handlungspraxis formuliert. In der Gestaltung von Gruppenprozessen und in der Zusammenarbeit mit Eltern werden große Vorteile einer langjährigen Berufserfahrung und damit verbundenen Handlungsroutine und Sicherheit betont, dabei werden insbesondere erfahrene ErzieherInnen im Team als *„gute Orientierung"* benannt.

Die Ressource eines fundierten fachlichen Austausches auf Teamebene wurde nach Einschätzung der *einschlägig-hoch* qualifizierten Fachkräfte überwiegend noch zu wenig genutzt. Die oftmals als unzureichend bezeichneten Möglichkeiten zum regelmäßigen Austausch oder die wenig optimale Nutzung von Teamzeiten ebenso wie große personelle Umbrüche im Team wurden als Gründe dafür angegeben, dass die eigenen Kompetenzen noch nicht besser auf der Teamebene eingebracht werden konnten. Allerdings wurden teilweise auch eigene Überlastungsgefühle durch einen überkomplexen Alltag und besondere Herausforderungen mit Kindern oder Eltern als Gründe dafür genannt, dass das Potential der erworbenen theoretischen Kenntnisse noch zu wenig hervortreten konnte. Gleichzeitig wird das theoretische, methodische und reflexive Wissen und Können als grundsätzliche Stärke empfunden, um Qualitätsentwicklungsprozesse unterstützen zu können.

> „[...] also das Musikalische mache ich gerne und das liegt mir ganz gut, weil ich halt auch selber Instrumente spiele und also beherrsche ...ja also das Musikalische schon ... Studium jetzt nicht so direkt, das ist halt ein bisschen schwierig mich ans Studium zu erinnern, also und auch so die Sachen, so die Parallelen dazu, ... halt so diese psychologischen pädagogischen Bereiche, die ich auch theoretisch hatte ... wenn es jetzt-, ja also es gibt SGB VIII – geht oder so, da weiß ich so theoretisch so Sachen schon, also wenn es jetzt im Team um Besprechungen geht, da fällt mir das und das ein und das ist allerdings auch wieder so weit weg" (Interview Sozialpädagogin, Int22, Z. 141).

Gruppentätigkeit keine Langfristoption

Die bisherigen pädagogischen Aufgaben waren je nach Einrichtung vielfältig und orientierten sich an pädagogischen Kernbereichen wie Beobachtung und Dokumentation, Gestaltung der Beziehungen/Gruppen mit Kindern, Förderung von Bildungs- und Lernprozessen (insbesondere Sprache) sowie die Zusammenarbeit mit Familien/Eltern und die Zusammenarbeit mit anderen Institutionen (insbesondere Grundschulen).

Die Bewertung dieser pädagogischen Tätigkeiten wurde insbesondere zum Zeitpunkt t0 (Herbst 2014) im Kontext der schwierigen personellen Bedingungen in vielen Einrichtungen eher kritisch bewertet. Dabei wurden unbesetzte Stellen, häufiger Personalwechsel, krankheitsbedingte Ausfälle und eine (drohende) Destabilisierung des Teams als Schwierigkeiten genannt, die den eigenen Einstieg erschwerten und die pädagogische Arbeit beeinträchtigten. Auch wurden aus Sicht der befragten Fachkräfte teilweise MitarbeiterInnen eingestellt, die aus persönlichen oder fachlichen Gründen den Ansprüchen und Herausforderungen der Einrichtung nicht gewachsen waren und kaum auf fachliche Grundlagen zurückgreifen konnten.

Der kritische Blick richtete sich auch auf die eigene pädagogische Praxis, dabei fiel die Bewertung unterschiedlich aus. Während mit der „reinen" Gruppentätigkeit zwar eine grundsätzliche Zufriedenheit verbunden wurde, weil die Arbeit mit Kindern „Spaß macht" aber auch deutliche Widersprüche zu theoretisch erlernten Ansprüchen an „gute Fachpraxis" formuliert wurden, gab es eine große Zufriedenheit in den gruppenübergreifenden, konzeptions- oder leitungsorientierten Tätigkeiten. Wurden sie von Team und Leitung für spezielle Aufgaben, die mit ihrem erworbenen Wissen und

Können korrespondierte, fühlten sie sich nach eigener Einschätzung *„gefragt"* und äußerten eine hohe Zufriedenheit. Weniger die alltägliche pädagogische Arbeit als vielmehr das übergreifende Denken und Handeln wurde als besondere *„Highlights"* der Tätigkeit herausgestellt.

In Einrichtungen mit großen Umbrüchen und Personalengpässen wurde allerdings auch explizit eine Unzufriedenheit mit der pädagogischen Arbeit – auch der eigenen Handlungsspielräumen – geäußert. Es mussten zunehmend Abstriche an den eigenen fachlichen Ansprüchen gemacht werden und die *„bloße Bewältigung"* des Alltags schränkte die Möglichkeiten einer gemeinsamen fachlichen Weiterentwicklung des Teams deutlich ein, weil nur punktuell das eigene Spezialwissen eingebracht werden konnte.

Unabhängig von den aktuellen Strukturen und Bedingungen in der jeweiligen Einrichtung war eine überwiegende Einschätzung, dass die Arbeit in der Gruppe zeitlich begrenzt ist. Aufgrund der vollkommen unzureichenden zeitlichen Ressourcen (insbesondere im Hinblick auf Qualitätsentwicklungs- und Teamprozesse) und der unangemessenen Bezahlung als akademisch ausgebildete Fachkräfte sahen nur wenige der Befragten ihre derzeitige Tätigkeit als langfristige Option an. Teilweise bestanden – verstärkt durch den hohen Anteil an befristeten Verträgen bei BerufseinsteigerInnen und befristete Projektstellen – konkrete Pläne, die Einrichtung zu verlassen, die zumeist auch mit der Leitung bzw. mit dem Träger kommuniziert wurden. Teilweise wurden Anschlusstätigkeiten innerhalb der Trägerorganisation ins Auge gefasst, so dass weiterhin Kontakt zur Einrichtung besteht (z.B. in Form von Fachberatung, Coaching oder Fortbildungen). Nur ein kleiner Teil der Fachkräfte äußerte die feste Absicht, dauerhaft in der Einrichtung in Gruppentätigkeiten zu bleiben.

„[…]. (Wo sehen Sie sich 2015?) Immer noch hier mit weiteren Zusatzqualifikationen und Fortbildungen. Wir haben ja so ein Projekt … auf jeden Fall möchte ich mich da beteiligen da geht es um Familienstärkung. Ich möchte mich im Atelierbereich nochmal ein bisschen weiterentwickeln hab auch meine Fortbildungen schon alle beantragt also das steht auch fest. Und was war es noch? Traumazentrierte Spieltherapie interessiert mich wahnsinnig, das möchte ich noch dazu machen." (Interview Kindheitspädagogin, Int2, Z. 231).

„[…]. Also mir ist es wichtig möglichst viel von dem von meiner Ressource dem Team abzugeben, so dass ich wirklich vielleicht im besten Fall irgendwann überflüssig bin. Also das wünsche ich mir ich will nicht – ich find das immer ganz schlimm wenn Menschen ihre Ressourcen zurückhalten, ne das liegt mir das will ich gar nicht. Ich will möglichst viel teilen können von dem was ich mache und auch von den Inhalten, die ich jetzt noch weiterhin aufnehme. Das heißt QM oder das heißt 8a. Ich will da möglichst viel auch noch reinbringen und einfach auch die Zusammenarbeit im Team unterstützen, Abläufe vielleicht

auch nochmal zu gucken, wo könnt man vielleicht nochmal was vereinfachen, damit es einfach auch den Erziehern nochmal eine Unterstützung ist." (Interview Sonderpädagogin, Int48, Z. 633).

7.3 Die Perspektiven *nicht-einschlägig* qualifizierter Fachkräfte

In die vertiefenden Analysen der *nicht-einschlägig* qualifizierten Fachkräfte wurden insgesamt 21 leitfadengestützte Interviews aus t0, 18 Interviews aus t1 sowie 20 Interviews aus t2 einbezogen. Die Fallverteilung nach Qualifikationen verdeutlicht Tabelle 102. Die Qualifikationen der InterviewpartnerInnen decken damit die personellen Strukturen in den teilnehmenden Einrichtungen hinsichtlich der Gruppe der *nicht-einschlägig* qualifizierten Fachkräfte weitgehend ab. Die überwiegende Mehrheit der InterviewpartnerInnen war zum jeweiligen Erhebungszeitpunkt ein Jahr oder kürzer in der Einrichtung (max. zwei Jahre), so dass die berufliche Einstiegsphase noch gut rekonstruiert werden konnte.

Auch bei diesen Fachkräften ist es gelungen, mit 13 Fachkräften zu mehreren Erhebungszeitpunkten Interviews durchzuführen, so dass eine Rekonstruktion von Prozessverläufen und damit verbundenen Veränderungen möglich war (vgl. hierzu auch Kapitel 7.4).

Tabelle 102: Stichprobe der leitfadengestützten Interviews –
Gruppe der *nicht-einschlägig* qualifizierten Fachkräfte

Qualifikation (höchster Abschluss)	t0	t1	t2
HeilerziehungspflegerIn (staatl. anerk.) § 7 Abs. (2) 9 KiTaG	8	3	6
Andere pädagogische Fachkraft nach § 7 Abs. (2) 10 KiTaG (u. a.: ErgotherapeutInnen, Gesundheits- und KinderkrankenpflegerInnen, Fachkräfte mit erster Staatsprüfung für das Lehramt an Grund- u./o. Hauptschulen o. Sonderschulen)	9	11	9
Im Ausland erworbene, jedoch in Deutschland als gleichwertig anerkannte Qualifikation nach § 7 Abs. (3) KiTaG	4	4	5
Gesamtzahl einbezogener Interviews	21	18	20

Im Folgenden werden zentrale Ergebnisse der Analysen zu den Entscheidungssituationen, den bisherigen Arbeitsprozessen und Erfahrungen sowie den zukünftigen Perspektiven und Bewertungen für die Gruppe der *nicht-einschlägig* qualifizierten Fachkräfte vorgestellt.

7.3.1 Entscheidungssituationen und Erwartungen

Arbeit mit jungen Kindern und bessere Arbeitsbedingungen

Trotz der großen Heterogenität der Gruppe der *nicht-einschlägig* qualifizierten Fachkräfte gibt es Gemeinsamkeiten in den Entscheidungssituationen, die letztlich zu der Tätigkeit in der Einrichtung geführt hat. Eine Ausnahme stellen Lehrkräfte mit 1. Staatsexamen dar, die zur Überbrückung der Wartezeit auf ein Referendariat eine Stelle als pädagogische Fachkraft nach § 7 Abs. (2) 10 KiTaG angetreten hatten, aber deutlich machten, dass sie die Einrichtung und auch das Feld der frühkindlichen Bildung, Betreuung und Erziehung wieder verlassen werden, sobald sie eine Option auf ein Referendariat haben. Bei allen anderen interviewten Fachkräften war eine wesentliche Motivation, sich für eine dauerhafte Tätigkeit in Kindertageseinrichtungen zu bewerben, die Arbeit mit (jungen) Kindern.

Eine weitere Motivation stellen die Arbeitsbedingungen in den Kindertageseinrichtungen dar, die aufgrund der geregelten (und auch bei Teilzeit relativ flexibel zu vereinbarenden) Arbeitszeiten dar, die vor allem für Fachkräfte, die zuvor in der stationären Arbeit tätig waren, nach eigener Einschätzung eine deutliche Verbesserung darstellten. Hierfür wurden teilweise auch finanzielle Einbußen (aufgrund wegfallender Wochenend- und Schichtzulagen) in Kauf genommen. Eine weitere Motivation war die (vermeintlich) geringere psychische und körperliche Belastung, die vor allem von Fachkräften aus dem Bereich der Erwachsenenarbeit (Behinderten-, Kranken-/Pflegebereiche) als Entscheidungsgrund genannt wurde.

Auch von den Fachkräften mit einer im Ausland erworbenen pädagogischen Qualifikation war die Entscheidung mit einer deutlicheren Orientierung zur Betreuung jüngerer Kinder verknüpft, die in der ursprünglichen Ausbildung (häufig kombinierte Qualifikation für den Vor- und Schulbereich) nicht unbedingt gegeben war. Insofern handelte es sich auch für diese Fachkräfte um eine bewusste Entscheidungssituation für den Kita-Bereich, der zugleich als Chance auf eine Weiterqualifizierung und Spezialisierung für die Altersgruppe der Kinder in frühen Lebensjahren gesehen wurde.

Im Vergleich zu der Arbeit mit Kindern standen andere Handlungsfelder – die Zusammenarbeit mit Eltern/Familien, die Arbeit in/mit der Institution oder die Vernetzung/Kooperation (vgl. Fröhlich-Gildhoff, Weltzien et al. 2014b) – nicht im Fokus der Entscheidungsfindung. Eine Ausnahme bildeten hier Lehrkräfte mit 1. Staatsexamen, sofern sie die Tätigkeit in den Einrichtungen nicht als vorübergehende Zwischenlösung (vor einem späteren Referendariat) ansahen, sondern sich Kindertageseinrichtungen als längerfristiges Berufsfeld vorstellen konnten. In diesem Falle strebten sie an, besondere Schnittstellenfunktionen im Übergang Kita/Grundschule zu übernehmen.

> „[…] Es wurde eine pädagogische Kraft gesucht, also nicht den gezielten Erzieher, dadurch das wir auch einfach gemischtes Klientel an Kindern haben sind wir oder ist die Einrichtung relativ offen … mal was Neues auszuprobieren. Also ich habe sieben Jahre lang im Behindertenbereich gearbeitet, Erwachsenen und das war jetzt so 100 % Kehrwende und da habe ich gedacht, das probiere ich einfach mal aus." (Interview HeilerzierungspflegerIn, Int49, Z. 18).

Alltagsintegrierte Förderung im pflegerischen/therapeutischen Bereich

Fachkräfte, die aus dem therapeutischen/gesundheitlichen Bereich kommen, äußerten die Erwartung, die eigenen, in der Arbeit mit Menschen mit Behinderungen erworbenen Kompetenzen (Ergotherapie, Heilerziehungspflege) als festes Teammitglied in der Einrichtung einbringen zu können. Dagegen wurden kaum Erwartungen genannt, die Vernetzung mit Dritten (z.B. im Rahmen von Inklusion und sonderpädagogischer Förderung) zu befördern. Hier bestand eher die Überzeugung, dass Angebote für Kinder mit besonderem Förderbedarf besser in der eigenen Einrichtung, im Gruppengeschehen oder in spezifischen Wochenangeboten durchgeführt werden könnten. Dabei wurde auch vor dem Hintergrund der eigenen beruflichen Erfahrungen im pflegerisch-therapeutischen Bereich die Möglichkeit genannt, engere Beziehungen zu den Kindern mit besonderen Bedürfnissen herstellen zu können. Eine alltagsintegrierte Förderung und die Einbindung in ein interdisziplinäres Team wurden dabei positiver bewertet als die bisherige Tätigkeit, bspw. in einer ergotherapeutischen Praxis.

> „[…] also ich bin ganz normale Physiotherapeutin und mein Schwerpunkt also ich hätte jetzt auch in die Gynäkologie in die Orthopädie oder so gehen können, das wird nach medizinischen Fachbereichen aufgeteilt und ich hab mich eben von Anfang an für die Kinder entschieden und hatte jetzt auch schon ein paar Fortbildungen in dem Bereich. (Was war ausschlaggebend für die Entscheidung, die Stelle hier anzunehmen?) Mehr Zeit für die Kinder. Man hat nen 20-Minutentakt da hat man überhaupt keine Zeit, man muss die Kinder wegschicken, wenn's ihnen vielleicht teilweise vielleicht sogar noch 'n bisschen schlecht geht und hier hat man halt Zeit, die Kinder aufzufangen wenn's ihnen schlecht geht. Also pädagogische Kernaufgaben sind im Prinzip die von 'ner Erzieherin, das Kind assistiv in die Selbstständigkeit bringen und ja einfach das geistige körperliche emotionale Wachsen einfach unterstützen und begleiten … Zusatzaufgaben hab ich jetzt eigentlich keine, weil wir grad kein Inklusionskind haben in unserer Gruppe" (Interview PhysiotherapeutIn, Int35, Z. 36).

Diffuse Vorstellungen zur pädagogischen Handlungspraxis

Die Entscheidung für die Tätigkeit in der Einrichtung stellte außer bei wenigen Ausnahmen (Lehrkräfte ohne Anstellung) keine Notlösung dar, sondern wurde auch im Vergleich zu den bisherigen Arbeitsfeldern hinsichtlich der Vor- und Nachteile sorgfältig abgewogen. Kindertageseinrichtungen wurden dabei als attraktives, neues Berufsfeld eingeschätzt, mit der – trotz oftmals zunächst befristeter Verträge – eine langfristige Perspektive erwartet wurde.

Allerdings wurde zugleich von der eigenen Unkenntnis über die pädagogischen und bildungsbezogenen Handlungsfelder und Aufgaben der modernen Kindheitspädagogik berichtet. Vor Beginn der Tätigkeit bestanden oftmals nur diffuse Vorstellungen darüber, wie sich die pädagogische Handlungspraxis, Strukturen und Abläufe in den Gruppen sowie Leitbild und Konzeption der Einrichtung gestaltet.

Entsprechend wurden die Vorstellungen über die eigene zukünftige Tätigkeit in der Einrichtung weitgehend selbstreferentiell über die jeweiligen beruflichen Qualifikationen/Erfahrungen und damit standortgebunden – ohne Rückbezug auf die pädagogischen Kernaufgaben und Handlungsfelder des Praxisalltags in Kindertageseinrichtungen (wie sie bspw. in der Expertise von Fröhlich-Gildhoff, Weltzien et al., (2014b) an das BMFSFJ differenziert aufgeschlüsselt wurden) – abgeleitet. Damit verbunden war zumeist eine deutliche Unterschätzung der Komplexität der bildungsbezogenen, erzieherischen und auch betreuerischen Aufgaben in den Einrichtungen. Nur in wenigen Fällen konnte eine intensive fachliche Vorbereitung auf die Tätigkeit festgestellt werden.

> *„[…] ja also ein Erzieher lernt, glaub ich, eben dieses Spielerische, das Singen, zu Basteln und irgendwas dahin zu stellen und irgendwie Bi-Ba-Butzemann zu singen und ein Heilerziehungspfleger also eher weniger. Und dann hat man schon so eine Hemmschwelle, und das ist gar nicht so mein Ding am Anfang gewesen und nee, das mach ich nicht, das kann ich nicht, mach ich nicht und kann ich nicht, ich hab das nicht so gelernt oder ich komm mir dann eher komisch vor. Das ist wie ja zurückversetzt."* (Interview Heilerzieherungspflegerin, Int4, Z. 435).

> *„[…] Wir hatten auch eine Ausbildung, Pädagogik sowieso. Also die drei Jahre Pädagogik hatten wir genauso, nur mit dem Schwerpunkt Behinderung. Wir hatten aber auch Themenwochen speziell für Kinder und es lässt sich auch viel anwenden von dem. Bei Menschen mit Behinderung ist es ja auch so, dass man nicht ganz oben ansetzt, sondern man muss viele Sachen einfach runterbrechen und deswegen fiel mir das relativ leicht. Also weil ich es gewohnt war, Sachen einfach die man so im Kopf hat einfach auch, ja, runterzusetzen von*

den Ansprüchen her. ... Es ist kein großer Unterschied. Also dadurch, wie gesagt, dass wir auch die drei Jahre Pädagogik haben, viele Sachen überschnei-
den sich und wenn man so mit Kollegen spricht, also die ganzen Pädagogen
von denen man jetzt quasi aus den Lehrbüchern lernt, das sind dieselben. Also
das sind dieselben Ansätze, dieselben Theorien und da gibt es für mich keinen
großen- insofern keinen großen Unterschied, dass einzige was ist, dass sie
eben speziell halt auf Kinder ausgebildet sind und dass bei uns eben kein Kern-
schwerpunkt gewesen ist, aber so richtig große Unterschiede sehe ich ehrlich
gesagt nicht." (Interview Heilerziehungspflegerin, Int33, Z. 40).

7.3.2 Bisherige Arbeitsprozesse und Erfahrungen

„Einarbeitungsschock" und ungeklärte Rollenerwartungen

Mit dem Einstieg in die Einrichtung wurden die Erwartungen an eine
„leichtere" Arbeit im Vergleich zu den bisherigen Tätigkeiten im pflegerischen, teilweise vollstationären Bereich deutlich revidiert. Die Fachkräfte
berichteten überwiegend davon, dass sie mit Beginn ihrer Tätigkeit mit einer hochgradig anspruchsvollen und sowohl körperlich als auch psychisch
herausfordernden Arbeit konfrontiert waren. Die ursprüngliche Vorstellung, *„schnell und gut"* den pädagogischen Alltag bewältigen zu können,
stellten sie zumeist als Fehleinschätzung dar.

Die große Motivation und auch die Vorfreude auf die neue Tätigkeit
wurden in der überwiegenden Mehrheit der Fälle durch eine Phase abgelöst,
die als „Einarbeitungsschock" bezeichnet werden muss. In kaum einer Einrichtung bestand ein für die Fachkräfte transparentes und auf ihre Vorkenntnisse zugeschnittenes Einarbeitungskonzept bzw. entsprechende Qualitätsstandards konnten angesichts der angespannten Personalsituation (viele
der Fachkräfte übernahmen Stellen, die bereits seit längerem vakant waren
oder ihre Einarbeitungsphase traf mit einem größeren Personalwechsel zusammen) nicht umgesetzt werden. Tätigkeiten, Zuständigkeiten und Verantwortungen wurden mehr oder weniger im Prozess und in mündlichen
„Tür-und-Angel"-Gesprächen verteilt. Gespräche mit der Leitung fanden
zwar statt, waren aber nach Einschätzung der Fachkräfte eher unregelmä-
ßig, orientierten sich nicht an einem verbindlichen Einarbeitungskonzept
oder waren durch häufige Störungen oder Verschiebungen thematisch wenig ergiebig. Auch gab es – neben den unmittelbaren KollegInnen in den
Gruppen-/Funktionsbereichen – in den meisten Einrichtungen keine festen
Zuständigkeiten für die Anleitung bzw. Einarbeitung neuer und insbesondere *nicht-einschlägig* qualifizierter Teammitglieder. Auch bestanden zum
Zeitpunkt des Einstiegs nur in wenigen Einrichtungen bereits Erfahrungen
mit Fachkräften dieser beruflichen Qualifikationen. Vielmehr verstärkten

überhöhte Erwartungen an die Kompetenzen der Fachkräfte die eigenen Überforderungsgefühle.

> „[...] also wie gesagt, ich hatte davor keine Kenntnisse gehabt, überhaupt mit kleinen Kindern und hab den (Bereich) jetzt übernommen, weil die Vorgängerin schwanger wurde, habe jetzt auch nicht wirklich ja eine Einarbeitung gehabt. Ganz wenig Austausch eigentlich nur, hab mich da jetzt eigentlich selber bisschen eingelesen, eine Fortbildung beantragt." (Interview HeilerziehungspflegerIn, Int4, Z. 31)

> „[...] Ich hab ganz klar meine- oder dem Team mitgeteilt, dass- oder was ich so möchte oder welchen Stand ich hab, dass ich einfach jetzt auch mal mitwirken möchte, dass ich auch im Prinzip mich beruflich nicht nochmal- also ich muss hier nicht nochmal Karriere machen oder so, um Gottes Willen. Ich hab jetzt auch net- ich will auch keinem- ja, ich stell mich auch nicht auf eine Ebene. Ich komm komplett fachlich fremd her als Quereinsteigerin und hab gesagt und ich möchte einfach nur die Chance haben, dass ich eben das Team mit begleiten darf und mitwirken darf und so wusste eigentlich jeder oder ich hab gesagt, dass ich eben vom Beruf her als Ausbildung Kinderkrankenschwester gelernt hab und versuch, mich da auch noch ein bisschen einzubringen, wenn da Bedürfnisse sind und sonst möchte ich einfach nur im Team, da wo ich gebraucht werde, wo Hilfe nötig ist, einfach mitwirken können und den anderen quasi auch eine Hilfe sein und nicht noch eine zusätzliche Last. Genau." (Interview KinderkrankenpflegerIn, Int12, Z. 219)

> „[...] eigentlich in dem Sinne genauso wie die Erzieherin (...) das Wickeln ganz normal, das Anziehen von Kindern, die Mittagessenszeiten, Frühstück oder so. Also eigentlich mach ich genau die gleichen Aufgaben." (Interview Ergotherapeutin, Int3, Z. 35)

> „[...] und die schwierigen Kindern, sag ich jetzt mal, die entwicklungsverzögert sind, dass sie da nochmal einen besseren pädagogischen Fachmann haben, der da eben nochmal ein andres Auge drauf hat." (Interview Heilerziehungspflegerin, Int5, Z. 280)

Zwischen Über- und Unterforderung

Eine häufig gemachte Erfahrung der *nicht-einschlägig* qualifizierten Fachkräfte war eine weitgehende Unkenntnis ihrer bisherigen Qualifikationen und Erfahrungen sowohl im Team als auch bei den Eltern (vgl. hierzu auch Kapitel 11.2). So wurde davon berichtet, dass sie als *„pädagogische Fachkräfte"*, *„Fachkräfte"* oder *„ErzieherInnen"* vorgestellt oder bezeichnet wurden und dass zwischen den Qualifikationen im Team keine Unterschiede gemacht wurden. Ob dies aufgrund der angespannten Arbeitssituationen in vielen Teams übersehen wurde, oder ob dies bewusst als *„Inszenierung von Gemeinsamkeit"* (Cloos, 2008) so gewollt war, ist schwer zu beurteilen. Aus der Perspektive der InterviewpartnerInnen trug dies jedoch mit dazu bei, dass die (oben beschriebenen) fehlenden Handlungskompetenzen im pädagogischen Gruppenalltag in der rückblickenden Betrachtung noch deutlicher als eigener Mangel empfunden wurden. Zwar wurden viele positive Erfahrungen über die kollegiale Zusammenarbeit und Kooperationsbereitschaft und auch eine überwiegend offene Kommunikationskultur in den Einrichtungen berichtet, in der es möglich war, Schwierigkeiten und Probleme anzusprechen. Über das Gefühl der fachlichen Unzulänglichkeit aus Sicht der befragten Fachkräfte konnte diese persönliche Unterstützung durch das Team bzw. einem Teil des Teams jedoch kaum hinweg helfen. Nur in einzelnen Fällen hatten die Fachkräfte in den ersten zwei bis drei Monaten (teilweise auch länger) das Gefühl, die anstehenden Aufgaben gut bewältigen zu können und der damit verbundenen Verantwortung gerecht zu werden.

Im Gegensatz zu den *einschlägig-hoch* qualifizierten Fachkräften, die aufgrund ihrer fachlichen Nähe zu pädagogischen Kernaufgaben deutlich schneller ins Team fanden und mit ihren Zusatz- und Spezialkenntnissen anerkannt und gefragt waren, hatten es die *nicht-einschlägig* qualifizierten Fachkräfte deutlich schwerer, ihre theorie- und erfahrungsbasierten Kompetenzen in einer Art und Weise einbringen zu können, die sie selbst zufrieden stellte. So berichten sie von alltäglichen Schwierigkeiten bei der Umsetzung (beispielsweise von besonderen Förderangeboten im motorischen Bereich), teilweise auch von fehlender Anerkennung und Unterstützung durch die KollegInnen.

> *„[...] es ist was anderes als in der Praxis. Klar man hat mal 'ne Gruppe, aber das sind fünf, sechs Kinder höchstens und ja, einfach das Wissen von den Erziehern, das fehlt uns einfach auch teilweise. Das ist einfach so und ich glaub, durch dieses Anerkennungsjahr erkennt oder lernt man auch schon viele Dinge, wie man mit was umgeht in der Gruppe, wie man was am besten regelt. Ich glaub das ist einfach das, was uns dahingehend auch fehlt."* (Interview ErgotherapeutIn, Int6, Z. 87)

Prototypische Strategien: Anpassung, Reduzierung, Beziehung

Zur Bewältigung der Einstiegsphase zeigen sich im Fallvergleich bei den *nicht-einschlägig* qualifizierten Fachkräften drei prototypische Strategien bzw. Verhaltensweisen, die diese Gruppe deutlich von den *einschlägig-hoch* qualifizierten Fachkräften unterscheidet. Diese lassen sich bei den untersuchten Fällen in verschiedenen Ausprägungen und Kombinationen finden:

- *„Anpassungsstrategie".* Eine typische Strategie bezieht sich in der fallvergleichenden Analyse darauf, möglichst schnell die alltäglichen Handlungsroutinen der unmittelbaren ArbeitskollegInnen (im Gruppen-/Funktionsteam) zu adaptieren. Es werden Stuhl- und Singkreise sowie pflegerische und betreuerische Handlungsroutinen möglichst detailgetreu übernommen. Eine auf der Basis vorhandenen theoretischen Wissens (auch aus den bisherigen beruflichen Zusammenhängen) oder eine kritische (Selbst-)Reflexion von bestehenden Handlungsroutinen erfolgt kaum. Diese Anpassungsstrategie dient dazu, schnell eine möglichst konfliktfreie Alltagspraxis herzustellen und für reibungslose Abläufe zu sorgen.
- *„Reduzierungsstrategie".* Eine andere Strategie ist die Nicht-Anwendung des bisherigen Wissens und Könnens, z.B. aus dem ergotherapeutischen oder heilerziehungspflegerischen Bereich. Verzichten die Fachkräfte explizit darauf, ist sind Gründe dafür, erst einmal *„ankommen"* zu wollen und *„den Alltag"* kennen zu lernen aber auch nach kurzer Zeit *„aufgegeben"* zu haben. Spezifische Förderungen werden nicht (mehr) angeboten, weil weder Raum und Zeit noch Anerkennung durch das Team bzw. die Leitung erlebt wird. Eine besondere Form dieser „Reduzierungsstrategie" ist, sich auf einen Teil der Kinder *(„Problemfälle")* zu beziehen. Dabei wird allerdings eine unspezifische Einschätzung der Kinder ohne methodische Grundlage vorgenommen.
- *„Beziehungsstrategie".* Eine dritte Strategie ist, sich an einzelne KollegInnen eng anzuschließen und damit ein „Team im Team" zu bilden. Diese enge persönliche Bezogenheit auf wenige Teammitglieder erleichtert die Orientierung in den engen Arbeitsbeziehungen, verhindert aber einen Einblick in die gesamten Arbeits- und Organisationsabläufe. Kenntnisse über die grundlegenden pädagogischen Orientierungen und Leitziele sowie pädagogische Konzepte in jeweils anderen Arbeitseinheiten (Gruppen oder Funktionsbereiche) bestehen kaum. Damit wird weder eine ausreichende Sicherheit (z.B. in der Zusammenarbeit mit Familien bzgl. konzeptioneller Fragen oder organisatorischer Abläufe) erworben noch werden die Ressourcen im Team für die eigene fachliche Weiterentwicklung genutzt.

7.3.3 Bewertung der bisherigen Erfahrungen und zukünftige Perspektiven

Vorsichtige Verantwortungsübernahme

Hinsichtlich der Arbeitserfahrungen in der Berufseinstiegsphase lässt sich feststellen, dass der Einstieg umso positiver erlebt wurde, je intensiver sich die Fachkräfte auf die pädagogische Arbeit in Kindertageseinrichtungen vorbereitet hatten (über persönliche Beziehungen, Hospitationen/Praktika in anderen Einrichtungen, Selbststudium, eigene Kinder). Gelang es von Seiten der Leitung und des Teams, trotz angespannter Arbeitssituation eine geregelte Einarbeitungszeit mit strukturierter Anleitung und regelmäßigem kollegialen Austausch zu schaffen, desto eher konnte der Ausgleich zwischen den eigenen Erwartungen (spezifische Kompetenzen einbringen zu können) und alltäglichen Kernaufgaben (insbesondere die Gestaltung von Gruppenprozessen, Handlungsroutinen, Pflege- und Betreuungssituationen) hergestellt werden. Einen *„Meilenstein"* des Einarbeitungsprozesses stellte für viele die Verantwortung für eigene Bezugskinder und die Übertragung von Aufgaben, bspw. eigene Eingewöhnungen oder Elterngespräche durchzuführen, dar. Dies war für die Fachkräfte ein Signal, im pädagogischen Arbeitsfeld der Kindertageseinrichtungen *„angekommen"* zu sein.

Kritisch ist jedoch zu konstatieren, dass auch nach teilweise mehr als einem Jahr Teamzugehörigkeit Themen der „frühen Bildung", wie sie bspw. im Orientierungsplan von Baden-Württemberg als Lernfelder beschrieben sind, kaum eine Rolle in der Beschreibung und Bewertung der eigenen Arbeit spielten. Weder der Spracherwerb noch die Auseinandersetzung mit Weltphänomenen oder der ästhetisch-musisch-künstlerische Bereich wurden in der Auseinandersetzung mit der eigenen Handlungspraxis thematisiert. Auch die insgesamt eher geringen Möglichkeiten, das spezifische Fachwissen in alltagsintegrierten Angeboten umzusetzen (spezifische Realisierungsdilemma) prägt die Erfahrungen *nicht-einschlägig* qualifizierter Fachkräfte.

> *„[...] weil wir viele verhaltensauffällige Kinder haben, die keine Diagnose natürlich haben. Das stell ich hier auch nicht, aber man schaut dann glaube ich als Heilerziehungspfleger schon anders hin (...) da seh ich schon bisschen mein Vorteil, zum Beispiel die Verhaltensauffälligkeiten oder die Entwicklungsstörungen haben wir halt ganz anders gelernt als, denke ich, als ein Erzieher".* (Interview Heilerzieherungspflegerin, Int4, Z. 62).

> *„[...] wir haben jetzt auch schon zwei (Kinder mit Behinderungen) da drunter. Also leider nicht in meiner Gruppe, aber dafür ist es natürlich immer hilfreich wenn man dann Heilerziehungspfleger dabei hat, wenn das noch vermehrt*

kommt. ... ich würde es mir schon wünschen (Anm.: ein Kind mit Behinderungen in der eigenen Gruppe zu haben). Wenigstens einer, das wäre schon schön, ein behindertes Kind. ... Okay der eine besucht uns regelmäßig in unserer Gruppe, aber er gehört halt eine Gruppe weiter höher. Ne, eigentlich gehört er zu uns, aber da er kognitiv noch nicht so weit ist, ist er halt eine Gruppe weiter oben. Also in der Gruppe mit den Kindern von 2 bis 3. Sowas rum ... Ich bin in der Gruppe mit den Vorschulkindern. Von 3, 3 1/2 bis 6. ... Ich glaub, dass ich auch sehr einfühlsam bin, gerade durch meinen alten Beruf. Ja und ich hab ja auch noch einige medizinische Dinge in meiner Ausbildung gehabt, was auch sehr hilfreich ist bei den Kindern, wenn sie sich mal verletzen. Jetzt hat gerade eins Diabetes beispielsweise. Damit könnte ich umgehen, hatte es auch in der Ausbildung, das ist kein Problem... Ist leider auch nicht in meiner Gruppe. Das was mich interessieren würde, ist leider nicht in meiner Gruppe. ... es sind manchmal so Kleinigkeiten, wo ich manchmal nicht weiß, wie ich da so mit umgehen soll. Wenn ein Kind jetzt sehr aggressiv mir gegenüber wird oder einfach nicht auf das hört, was man sagt, damit weiß ich auch manchmal nicht, welche Methoden es da so gibt, wie ich da so drauf reagieren kann, weil das hatte ich nicht. Klar hatten wir auch mal fremdaggressive behinderte Menschen, aber da bin ich irgendwie besser mit zurechtgekommen als mit so einem Kind, was halt einfach nicht das tut was man möchte... bis jetzt bin ich immer noch mehr dabei mir was abzugucken von den anderen." (Interview Heilerziehungspflegerin, Int27, Z. 58).

Zwischen Bleiben und Weiterbilden

Die beruflichen Perspektiven von *nicht-einschlägig* qualifizierten Fachkräften lassen sich als ein Spannungsfeld zwischen einem längerfristigen Verbleib in der Einrichtung (Tätigkeit in der Gruppe) und einer spezifischen, auf das Feld von Kindertageseinrichtungen ausgerichteten Weiterbildung beschreiben. Selten wurde auch die Perspektive, wieder zurück in das frühere Berufsfeld gehen zu wollen, genannt.

Am deutlichsten drückten die im Ausland qualifizierten Fachkräfte ihre Vorstellungen aus, dauerhaft als Erzieherin in Kindertageseinrichtungen tätig bleiben zu wollen. Auch wenn bei diesen Fachkräften die Gleichwertigkeit anerkannt wurde (nach § 7 Abs. (3) KiTaG), sahen sie für sich dabei einen Weiterbildungsbedarf (bspw. im Hinblick auf eine stärker kindbezogene, responsive Pädagogik). Teilweise wurden auch explizite Weiterqualifizierungswünsche genannt bzw. konkret geplant (z. B. Fachkraft für Krippenpädagogik).

Bei anderen *nicht-einschlägig* qualifizierten Fachkräften waren die beruflichen Perspektiven zwar ebenfalls mit einer Tätigkeit in Kindertageseinrichtungen verknüpft, allerdings unter der Bedingung einer stärkeren Berücksichtigung (und auch Anerkennung) ihrer berufsspezifischen Kompetenzen. Eine „bloße" Tätigkeit als pädagogische Fachkräfte war dagegen langfristig weniger vollstellbar. Je nach Dauer der Tätigkeit in der Einrichtung konnte diese Vorstellung auf eine Unterschätzung der Komplexität der pädagogischen Kernaufgaben zurückgeführt werden (bei BerufseinsteigerInnen), teilweise drückte sich darin aber auch das strukturelle Dilemma aus, dass sie auf „normalen" ErzieherInnenstellen angestellt waren und kaum Perspektiven sahen, spezifische Angebote durchzuführen. Eine längerfristige Perspektive verknüpften sie daher mit der Frage, ob und in welcher Form sie von anderen Alltagshandlungen „entlastet" würden.

Eine weitere Gruppe von nicht-einschlägig qualifizierten Fachkräften (hierzu gehörten insbesondere junge Fachkräfte aus der Heilerziehungspflege) entwickelten die Perspektive eines Ausscheidens aus dem Feld und der Aufnahme einer umfangreichen Weiterbildung (bzw. Studium), bspw. im Bereich der Sozialen Arbeit oder der Kindheits-/Heilpädagogik. Dabei wurde betont, dass die pädagogische Tätigkeit als interessante und anspruchsvolle Tätigkeit mit Kindern und Familien erlebt wurde, und hierfür eine grundlegende fachtheoretische Basis geschaffen werden sollte.

Insgesamt ist damit festzustellen, dass von den nicht-einschlägig qualifizierten Fachkräften aus pflegerischen oder therapeutischen Berufsfeldern durchaus der Kindertagesbereich als langfristige Perspektive benannt wird. Dieses jedoch wird mit der Möglichkeit einer Spezialisierung und Funktionsübernahme und/oder mit einschlägigen Weiterbildungen verknüpft.

> „[…]. Frühjahr 2015. Ja vermutlich werde ich hier noch arbeiten. Also auf kurz oder lang, also ich werde es hier nicht für immer machen. Ich hab jetzt gemerkt das ich, also mir macht es super viel Spaß mit Kindern zu arbeiten, aber ich seh mich einfach wo anders... ich seh mich, ich weiß nicht ich hab mir schon ein paar Mal Gedanken gemacht und ich hab mir mal noch überlegt vielleicht nochmal in die Schulsozialarbeit oder so was rein zu gucken. Und mal, vielleicht mit Jugendlichen eher was zu machen, weil das fehlt mir jetzt noch." (Interview HeilerzierungspflegerIn, Int49, Z. 353).

> „[…]. Ich habe manchmal Angst, dass ich das (ergotherapeutisches Wissen und Können) komplett verliere. Das möchte ich eigentlich nicht, weil es ein schöner Beruf ist. Für später würde ich mir wünschen, dass sich das koppeln lässt. Ich liebe die Arbeit am Kind in der Einrichtung und ich liebe meinen gelernten Beruf. Ich würde mir wünschen, dass ich das verbinden kann, irgendwie." (Interview ErgotherapeutIn, Int111, Z. 165).

7.4 Veränderungen und Erfahrungen *neuer* Fachkräfte über den Untersuchungszeitraum

Ein Teil der Fachkräfte wurde über den gesamten Untersuchungszeitraum begleitet und zu zwei bis drei Erhebungszeitpunkten interviewt. Im Folgenden wird die Gruppe der *einschlägig-hoch* qualifizierten Fachkräfte sowie der *nicht-einschlägig* qualifizierten Fachkräfte, die zum Zeitpunkt t0 und t2 interviewt wurden, fallvergleichend analysiert. Ziel dabei ist, typische Veränderungen und Erfahrungen dieser Fachkräfte über einen Zeitraum von 15–18 Monaten zu rekonstruieren. Allerdings sollen auch Aussagen über die differenzierten Gründe des Ausscheidens von neuen Fachkräften getroffen werden. Hierzu wurden die Leitungsinterviews ausgewertet im Hinblick auf ausgeschiedene *neue* Fachkräfte im Team und (mögliche) Gründe. Die Tabelle 103 zeigt, wie sich diese Stichprobe im Einzelnen zusammensetzt.

Tabelle 103: Leitfadengestützte Interviews mit neuen Fachkräften (t2)

	t0	davon auch t2	davon nicht t2
einschlägig-hoch qualifizierte Fachkräfte	20	13	7
nicht-einschlägig qualifizierte Fachkräfte	21	13	8
Gesamt	41	26	15

Hohe Fluktuation bei *neuen* Fachkräften: Typische Gründe

Zunächst wird die Gruppe der Fachkräfte untersucht, die zum Zeitpunkt t2 nicht mehr in der Einrichtung waren. Tabelle 103 zeigt, dass 15 Fachkräfte zum Zeitpunkt t2 nicht interviewt werden konnten, die meisten von ihnen hatten die Einrichtung verlassen[51]. Teilweise wurde dies von den Fachkräften selbst (zum Zeitpunkt t0 bzw. t1) bereits angekündigt, teilweise wurden in den Leitungsinterviews zum Zeitpunkt t2 Gründe für den Weggang genannt. Unter dem Vorbehalt, dass diese Informationen mit Unsicherheiten behaftet sind (sie stützen sich teilweise auf Vorhaben bzw. Vermutungen), lassen sich drei wesentliche Abwanderungsgründe benennen und mit der Qualifikation der Fachkräfte verknüpfen:

- *Berufliche Weiterentwicklung.* Ein häufiger genannter Grund war der Wunsch der Fachkräfte, sich nach einer Praxisphase noch weiterqualifi-

---

51 In jeder Gruppe gab es Einzelfälle, die wg. Urlaub/Krankheit nicht interviewt werden konnten.

zieren zu wollen. Wenn bereits ein Studium absolviert wurde (*einschlägig-hoch* qualifizierte Fachkräfte), wurde ein einschlägiges Masterstudium (Kindheitspädagogik, Sonderpädagogik, Inklusion) aufgenommen oder geplant. Wenn noch kein akademischer Abschluss erworben wurde (*nicht-einschlägig* qualifizierte Fachkräfte), wurde ein Bachelorstudium (Kindheitspädagogik oder Soziale Arbeit) aufgenommen oder als Grund für das Ausscheiden angegeben (insbesondere bei HeilerziehungspflegerInnen).

- *Berufliche Veränderung.* Ein weiterer Grund war die Aufnahme einer Tätigkeit in einer anderen Kindertageseinrichtung (hier wurden räumliche Gründe aber auch bessere Konditionen genannt) oder in einem anderen Berufsfeld. Bei denjenigen Fachkräften, die aus dem kindheitspädagogischen Feld wieder ausschieden, wurde ein attraktives Stellenangebot genannt (Grundschule, Sonderpädagogische Einrichtung) in Tätigkeitsbereichen, für die die Fachkräfte ursprünglich qualifiziert waren, aber bislang keine Anstellung finden konnten. Daneben wurde auch davon berichtet, dass Fachkräfte in ihren ursprünglichen Beruf zurückgekehrt sind, weil sie befürchteten, ihre spezifischen Kompetenzen zu verlieren (insbesondere Ergo- und Physiotherapie, Krankenpflege).

- *Unzufriedenheit/Überforderung.* Ein dritter Grund, der sich im Einzelfall auch mit den beiden anderen Gründen überlagert, ist eine Unzufriedenheit oder Überforderung mit der Einrichtung bzw. mit den eigenen Handlungsmöglichkeiten in der Einrichtung. Während von den Fachkräften selbst eher Unzufriedenheit als Grund genannt wurde (teilweise, weil die eigenen Kompetenzen nicht entsprechend eingebracht werden konnten), wurde von Seiten der Leitung eher eine Überforderung konstatiert, die eine Weiterbeschäftigung nicht sinnvoll erscheinen ließ. Dies hat in wenigen Fällen zu Kündigungen bzw. zum Ausscheiden nach der Probezeit, häufiger zu einer Nicht-Verlängerung befristeter Verträge geführt. Dieser Ausscheidungsgrund wurde dabei überwiegend für *nicht-einschlägig* qualifizierte Fachkräfte genannt.

Auch wenn diese Ergebnisse aufgrund der geringen Anzahl nicht verallgemeinert werden dürfen, bleibt insgesamt festzustellen, dass es sich bei den *neuen* Fachkräften um eine insgesamt hoch mobile Gruppe handelt, die einerseits eine große Bereitschaft zeigten, sich das Feld der Kindertageseinrichtungen (neu) zu erschließen, für die andererseits aber auch eine vergleichsweise hohe Abwanderungsbereitschaft zu bestehen scheint, wenn andere – für die persönliche und berufliche Entwicklung attraktive – Möglichkeiten bestehen bzw. die Arbeitsbedingungen nicht den Erwartungen entsprechen und die Unzufriedenheit in der Einrichtung groß ist.

Vielfältige Entwicklungen bei *neuen* Fachkräften
und typische Erfahrungen

Bei den *neuen* Fachkräften, die über den Untersuchungszeitraum von 15 Monaten mehrfach wissenschaftliche begleitet werden konnten (jeweils 13 *einschlägig-hoch* und *nicht-einschlägig* qualifizierte Fachkräfte) zeigen sich sehr heterogene *Entwicklungen,* die im Folgenden überblicksartig zusammengefasst werden:

- *Einschlägig-hoch* qualifizierte Fachkräfte haben sich zum Zeitpunkt t2 überwiegend gut in der Einrichtung etabliert und spezifische Aufgabenbereiche (Inklusionskinder, Bildungsangebote, Sprachförderung, QM, stellvertretende Leitungsaufgaben) übernommen.
- Auch genießen *einschlägig-hoch* qualifizierte Fachkräfte nach eigener Wahrnehmung überwiegend eine hohe Anerkennung im Team und auf Leitungs-/Trägerebene, die sich allerdings weder in angemessener Bezahlung noch in langfristigen Perspektiven innerhalb der Einrichtung ausdrückt.
- *Nicht-einschlägig* qualifizierte Fachkräfte arbeiten zum Zeitpunkt t2 nach wie vor im Gruppenteam, Schwerpunkte sind hier der Krippenbereich, aber auch andere Altersgruppen. Es werden (nach wie vor) wenig besondere Angebote, die auf die Ursprungsqualifikation (Ergotherapie, Heilerziehungspflege, Gesundheitspflege) zurückgehen, angeboten. Zwar wird der Bedarf sowohl von den Fachkräften als auch von der Leitung gesehen, aber kaum oder nur temporär (Projekte) in der konkreten Handlungspraxis integriert.
- Teilweise haben *nicht-einschlägig* qualifizierte Fachkräfte ihre Handlungsfelder erweitert (eigene Bezugskinder, eigene Bildungsangebote), und dabei teilweise auch Bezugspunkte zu den eigenen Kernkompetenzen herstellen können (werden bspw. bei medizinisch-therapeutischen Fragen von Eltern/dem Team um Rat gefragt). Um nicht den Anschluss an das originäre Berufsfeld zu verlieren, werden teilweise noch nebenberufliche Tätigkeiten (freiberuflich oder in bestehender Praxis) aufgenommen.

Zufriedenheit und Perspektiven

Zum Abschluss des Untersuchungszeitraums (t2) wurden die Fachkräfte nach ihrer Zufriedenheit mit den Entwicklungen in den letzten zwei Jahren gefragt. Dabei wurden sie gebeten, ihre Zufriedenheit auf einer Skala von 1 („sehr unzufrieden") bis 10 („sehr zufrieden") zu beziffern und diese Einschätzung zu begründen[52]. Die Ergebnisse dieser Einschätzung zeigen, dass die Fachkräfte bis auf wenige Ausnahmen durchaus zufrieden waren: Sowohl bei den *einschlägig-hoch* qualifizierten als auch bei den *nicht-einschlägig* qualifizierten Fachkräften lag die Zufriedenheit im Durchschnitt bei 7,2 bei allerdings großer Streuung innerhalb der Gruppen (vgl. Tabelle 104).

Tabelle 104: Zufriedenheit mit den Entwicklungen in den letzten zwei Jahren. Interviews mit *neuen* Fachkräften (t2)

	N	M	SD	Min	Max
einschlägig-hoch qualifizierte Fachkräfte	13	7.20	2.05	4	9
nicht-einschlägig qualifizierte Fachkräfte	13	7.21	.91	6	8

Anmerkung:
1 = sehr zufrieden bis 10 = sehr unzufrieden

Gründe für die Zufriedenheit lagen zum einen in den als positiv erlebten unmittelbaren Arbeitsbeziehungen (Kleinteam), in der Zufriedenheit mit der eigenen Arbeit (insbesondere die Arbeit mit Kindern wurde als bereichernd hervorgehoben) sowie in der Anerkennung, die sie für ihre Arbeit bzw. ihre fachliche Weiterentwicklung von Team und Leitung bekommen. Anerkennung durch Eltern, den Träger oder Dritte wurden dagegen seltener als Gründe für die Zufriedenheit genannt. Wurden spezifische Funktionen in der Einrichtung übernommen (v. a. bei *einschlägig-hoch* qualifizierten Fachkräften), wurde dies als „*Bestätigung der eigenen Fachlichkeit*" positiv wahrgenommen und trug zur Gesamtzufriedenheit bei.

Trotz der insgesamt hohen Zufriedenheit der Fachkräfte, die über den Untersuchungszeitraum begleitet wurden, war dies nicht unmittelbar mit einer Bleibeperspektive in der Einrichtung verknüpft. Explizit wurden sowohl von *einschlägig-hoch* qualifizierten als auch von *nicht-einschlägig* qualifizierten Fachkräften Perspektiven außerhalb der Einrichtung genannt. Auch hier wurden – ähnlich wie bei den Fachkräften, die zum Zeitpunkt t2 nicht mehr in der Einrichtung waren – erweiterte berufliche Perspektiven (Weiterqualifizierung, attraktive Stellenangebote) aber auch die begrenzten beruflichen Perspektiven in der Einrichtung als Gründe für eine Veränderungsmotivation genannt. Auch wenn zum Zeitpunkt t2 ein Verbleib in der

---

52 Eine Frage im Rahmen des Leitfadeninterviews lautete: „Wenn Sie die Veränderungen rückblickend betrachten, wie zufrieden sind Sie mit diesen Prozessen gewesen? (Zwischen 0 = vollkommen unzufrieden und 10 = vollkommen zufrieden). Bitte begründen Sie Ihre Einschätzung".

Einrichtung geplant war, so wurde dies dennoch eher als befristete Option in der eigenen Lebensplanung eingeschätzt.

7.5 Zusammenfassung und Diskussion

Nach den bisherigen Analysen zeigen beide Gruppen der *neuen* Fachkräfte eine hohe Motivation zur Tätigkeit in den Einrichtungen, die auch nach einer überwiegend schwierigen Einstiegsphase noch vorhanden ist. Die Entscheidung für das Berufsfeld wurde bewusst getroffen und stellt – mit Ausnahme der LehrerInnen nach dem 1. Staatsexamen – keine Notlösung dar, wobei je nach beruflicher Qualifikation und Schwerpunktsetzung die Perspektive nicht unbedingt langfristig auf die pädagogische Alltagspraxis in Kindertageseinrichtungen ausgerichtet ist. Trotz großer Heterogenität der Gruppe verbindet sie eine große Bereitschaft und Freude in der Tätigkeit mit Kindern, eine große Empathie- sowie Teamfähigkeit, Kommunikationsbereitschaft und Belastbarkeit. Je nach biographischem und kulturellem Hintergrund können die Fachkräfte das Team über ihre personalen Kompetenzen bereichern. Von berufserfahreneren Fachkräften aus dem stationären Bereich wird dabei auch die Gelassenheit in schwierigen Situationen hervorgehoben.

Eine Gemeinsamkeit bei der Gruppe der *einschlägig-hoch* qualifizierten Fachkräfte ist die Überzeugung, dass für eine bestmögliche Begleitung der Kinder ein großes fachliches Wissen und Können notwendig ist. So wurde das Erkennen und Verstehen der kindlichen Bedürfnisse (bspw. bei herausfordernden Verhaltensweisen) unmittelbar in den Kontext (akademisch) erworbener Kompetenzen gestellt. Ebenso wurde eine kontinuierliche fachliche Auseinandersetzung und Weiterentwicklung als Selbstverständlichkeit formuliert. Eine weitere Besonderheit stellte insbesondere bei den KindheitspädagogInnen und den (Sonder-)SchulpädagogInnen die Betonung der gesellschaftlichen Bedeutung von Kindertageseinrichtungen als Bildungsorte dar.

Mit diesen *einschlägig-hoch* qualifizierten Fachkräften, die über Weiterqualifizierungen oftmals aktuelles Spezialwissen (z. B. zur Sprachentwicklung, Inklusion) erworben haben, geht nach eigener Einschätzung ein Qualitätsschub für die Einrichtungen einher, was von Teams und Leitungen gleichermaßen wertgeschätzt wird. Für die Fachkräfte, die eine hohe Zufriedenheit mit der eigenen Rolle im Team und der Wertschätzung (von Leitung/Team, Eltern, Externen) ausdrücken, ist die Tätigkeit aufgrund mangelnder Aufstiegs-/Einkommensoptionen innerhalb der Einrichtung (teilweise auch der Trägerschaft) allerdings nur von begrenzter Dauer. Damit sind auch die Möglichkeiten für Wissenstransfer und Team-/Qualitätsentwicklung begrenzt. Nur ein kleiner Teil der *einschlägig-hoch* qualifizierten Fachkräfte äußerte allerdings die Absicht, dauerhaft in der Einrichtung bleiben zu wollen. Damit zeigt diese Gruppe deutliche Unterschiede zu den *nicht-einschlägig* qualifizierten Fachkräften, die eher eine längerfristige Tätigkeit in der Einrichtung beabsichtigten. Diese Tätigkeit *„auf Zeit"* muss von Leitungs- und Trägerseite in den Blick genommen werden. Für Teams und Leitungen ist damit ein häufigerer Wechsel verbunden, der bislang weder personell (schwierige Personalbindung/-gewinnung) noch konzeptionell (Organisationsentwicklung) zufriedenstellend gelöst ist.

Bei den *nicht-einschlägig* qualifizierten Fachkräften ist trotz der großen Heterogenität der Gruppe als gemeinsames Muster festzustellen, dass das jeweils vorhandene handlungsfeldspezifische Wissen und Können aus den medizinischen, therapeutischen, pflegerischen oder sozialen Bereichen zwar grundsätzlich eine Ressource für die Einrichtungen darstellen könnte, aber nach den bisherigen Erfahrungen der Fachkräfte nur begrenzt zum Tragen kommt. Verantwortlich hierfür sind vor allem die großen zeitlichen und fachlichen Herausforderungen des pädagogischen Alltags, die von den Fachkräften (sofern sie im Rahmen des regulären Personalschlüssels eingestellt wurden) zu bewältigen sind. Hierauf werden sie vor Beginn der Tätigkeit und auch in der Einstiegsphase nur unzureichend vorbereitet und begleitet. Durch die mangelnden Vorkenntnisse und -erfahrungen im Feld der frühkindlichen Bildung, Betreuung und Erziehung wird die Komplexität der Handlungsfelder (Kinder, Eltern, Team, Vernetzung) deutlich unterschätzt. Erst mit Beginn einschlägiger Fortbildungen (z. B. im Rahmen der 25-Tage-Fortbildungen, die allerdings häufig erst nach längerer Zeit wahrgenommen werden konnten) wird diese Fehleinschätzung klarer reflektiert; vorher werden verschiedene *„Alltags-Anpassungsstrategien"* erprobt, um den Alltag zu bewältigen. Festzustellen ist auch, dass die pädagogischen Kernaufgaben (Beobachtung/Dokumentation, Bildungsangebote), aber auch die Erziehungsziele und Leitbilder der Einrichtungen vor bzw. mit Beginn der Einstellung weitgehend fremd sind. In der Einschätzung der Fachkräfte und auch in der Beschreibung der eigenen Handlungspraxis dominieren Betreuungsaspekte (Aufsicht, Pflege, Versorgung); einschlägige Bildungsthemen, wie sie im Orientierungsplan verankert sind, spielen bei den *nicht-einschlägig* qualifizierten dagegen insbesondere im Vergleich zu den *einschlägig-hoch* qualifizierten Fachkräften kaum eine Rolle.

Abschließend bleibt vor dem Hintergrund der vergleichenden Analysen festzuhalten, dass bei den *nicht-einschlägig* qualifizierten Fachkräften auch nach mehreren Monaten noch ein Mangel an pädagogischen Kernkompetenzen rekonstruierbar ist, der auch selbst – allerdings zumeist erfahrungs- und weniger theoriebezogen – reflektiert wird. Eine Aneignung der umfangreichen kindheitspädagogischen Wissensbestände *„im laufenden Prozess"* ohne umfangreiche Weiterbildungsmaßnahmen erscheint kaum realisierbar. Als problematisch ist auch das spezifische Realisierungsdilemma der *nicht-einschlägig* qualifizierten Fachkräfte zu bewerten. Zum einen können die ausbildungs- und berufsbezogenen Kompetenzen ohne ausreichende Handlungspraxis nicht realisiert und damit erhalten werden. Zum anderen besteht die Gefahr voreiliger Einschätzungen und Bewertungen von kindlichen Verhaltensweisen (Augenschein-Diagnosen) oder Rollenverteilungen (Zuständigkeit für die *„schwierigen"* Kinder), die für eine inklusive Arbeit nicht förderlich sind. Daher erscheinen eine kontinuierliche fachliche Anleitung, eine intensive Auseinandersetzung im Team sowie begleitende Weiterbildungsangebote für diese Fachkräfte dringend erforderlich.

Im Vergleich zu den *einschlägig-hoch* qualifizierten Fachkräften, die ebenfalls von schwierigen Bedingungen in der Einstiegsphase berichteten, wurden die erste Zeit im Rückblick als problematisch und herausfordernd bezeichnet. Dass dies auf die zufällig vorherrschenden Bedingungen zu der jeweiligen Einrichtung zurückzuführen ist, erscheint eher unwahrscheinlich. Vor dem Hintergrund, dass nur ein kleiner Teil der Fachkräfte bereits vor Beginn der Tätigkeit einschlägige Fortbildungen besucht hat, nicht alle Berufsgruppen zu Fortbildungen im Bereich der frühen Bildung im Rahmen der 25-Tage-Regelung verpflichtet sind (nicht Heilerziehungspfleginnen und Fachkräfte mit ausländischer Qualifikation) und zum Ende des Untersuchungszeitraum erst ein Teil der Fortbildungen im vollen Umfang absolviert wurden, ist dies als problematisch zu bewerten.

Kapitel 8
Ebene Träger/Leitung:
Planungs- und Organisationsprozesse

8.1 Erläuterungen zum methodischen Vorgehen

Alle Leitungsinterviews, die zu den drei Erhebungszeitpunkten t0 bis t2 durchgeführt wurden, wurden inhaltsanalytisch und einrichtungsvergleichend ausgewertet. Dabei wurde – entlang des Leitfadens – zunächst das gesamte Datenmaterial nach folgenden Grobkategorien ausgewertet:

- Entscheidungen und Vorbereitungen vor der Aufnahme *neuer* Fachkräfte in das Team
- Konzeption und Handlungspraxis der Einarbeitung *neuer* Fachkräfte
- Team- und Organisationsentwicklung in den Einrichtungen
- Erfahrungen und Bewertungen in Bezug auf die *neuen* Fachkräfte

Die systematischen Fallvergleiche erfolgten dabei unter Berücksichtigung der unterschiedlichen Strukturen und Rahmenbedingungen der Einrichtungen, wobei insbesondere folgende Aspekte berücksichtigt wurden (vgl. auch Kapitel 2.2):

- Die Einrichtungen haben eine unterschiedlich lange Tradition darin, Fachkräfte mit Qualifikationen außerhalb der *einschlägig-traditionell* qualifizierten ErzieherInnen und KinderpflegerInnen aufzunehmen. Einige Einrichtungen haben bereits seit mehr als zehn Jahren *neue* Fachkräfte im Rahmen von Ausnahmegenehmigungen und Zusatzstellen eingestellt (z.B. für Integration/Inklusion, Sprachförderung, Kooperationen).
- Die Leitungskräfte selbst haben unterschiedlich lange Erfahrungen mit multiprofessionellen Teams. Während einige Leitungskräfte erst seit einem Jahr oder kürzer in den Einrichtungen tätig sind, und das Team *„übernommen"* haben, verfügen andere bereits über mehrjährige Erfahrungen mit einem multiprofessionellen Team. Eine dritte Gruppe von Leitungskräften hat sich erst in den letzten ein bis zwei Jahren für *neue* Fachkräfte entschieden.
- Die Einrichtungen unterscheiden sich deutlich in ihren jeweiligen Anteilen von *neuen* Fachkräften und *nicht-einschlägig* qualifizierten Fach-

kräften. Angesichts der großen Heterogenität und der unterschiedlichen ausbildungs- bzw. berufsbezogenen Voraussetzungen, die die *neuen* Fachkräfte mitbringen und auch in den damit verbundenen jeweiligen Perspektiven (vgl. Kapitel 7.3) erscheint es notwendig, dies bei der Analyse der Leitungsperspektive mit zu berücksichtigen. Daher wurden in den Analysen die Perspektiven der Leitungskräfte, die keine *nicht-einschlägig* qualifizierten Fachkräfte beschäftigt haben, systematisch mit anderen Fällen verglichen.

Trotz der unterschiedlichen Ausgangsbedingungen und Strukturen gab es Gemeinsamkeiten in den untersuchten Einrichtungen, auf die ebenfalls vorab hingewiesen werden soll, weil sie bei der Einschätzung der Handlungsspielräume der Leitungskräfte, bspw. in der Entscheidungs- und Vorbereitungsphase eine Rolle spielen:

- Alle Leitungskräfte hatten in den letzten zwei Jahren den allgemeinen Fachkräftemangel unmittelbar in den eigenen Arbeitszusammenhängen erfahren und waren selbst unmittelbar von der Situation betroffen;
- sie traten in den Erhebungsphasen hoch motiviert und engagiert auf und zeigten angesichts der angespannten Situation eine hohe Einsatzbereitschaft (Überstunden; Gruppendienste trotz Freistellung), um die größten Engpässe abzufedern;
- die teilweise hohe Fluktuation innerhalb der Teams und die Schwierigkeit, geeignete neue Fachkräfte zu gewinnen, wurden von ihnen als problematisch und als die Handlungsspielräume einschränkend bezeichnet;
- als besonders schwierig wurden die zu geringen Einkommen für Gruppenfachkräfte bewertet, die angesichts der Anforderungen und Erwartungen nicht angemessen erschienen und zu dem Arbeitskräftemangel beitrugen.

Diese – ungünstigen – gemeinsamen Rahmenbedingungen variieren je nach Standort, Einzugsbereich und Trägerschaft zwischen den Einrichtungen. Auch hierauf ist hinzuweisen, um die auf der Ebene der Leitungskräfte bezogenen vergleichenden Analysen in den Gesamtkontext ihrer eigenen Rahmenbedingungen einordnen zu können. So gibt es zwischen den Einrichtungen unterschiedliche Spielräume der Vertragsgestaltung (befristet/unbefristet), der tariflichen Einstufung (z.B. S6/S8 bis zu S11) und auch der Fachkräftegewinnung (z.B. trägereigene Strategien). Auf diese – vor allem auf die Trägerebene bezogenen – Unterschiede wird in den folgenden Analysen nicht im Detail eingegangen, wenngleich die Fallstudien zu innovativen Planungs- und Organisationsprozessen (vgl. Kapitel 8.6) hier einen Einblick geben.

8.2 Entscheidungs- und Vorbereitungsphase(n)

Bis auf wenige Ausnahmen, bei denen Fachkräfte durch den Träger – praktisch ohne Kenntnis der Leitung – in die Einrichtungen kamen, werden die Leitungskräfte in die Entscheidungen bei der Einstellung von Personal einbezogen. In den meisten Fällen betonen die Leitungskräfte, dass auch das Team bzw. Kleinteams aus den unmittelbaren Arbeitszusammenhängen (Gruppen-/Funktionsräume) über Hospitationen und Auswahlgespräche in die Entscheidung einbezogen wurden. Die aktuellen Einstellungsentscheidungen in den letzten zwei Jahren standen dabei unter dem Zeichen großer personeller Engpässe und mangelnder Bewerberzahlen bei Stellenausschreibungen.

Diese generellen Ausgangsbedingungen lassen sich über die fallvergleichenden Auswertungen nach Auswahlkriterien, Entscheidungshandeln sowie der Gestaltung der Vorbereitung auf der individuellen und Teamebene weiter differenzieren.

Auswahlkriterien: Persönlichkeit, Nähe zum Feld, Theoriewissen und Praxiserfahrung

Bei aller Heterogenität aufgrund der träger-/einrichtungsbezogenen Rahmenbedingungen lassen sich hinsichtlich der Präferenzen bei Neueinstellungen typische Muster erkennen:

Als besonders wichtig wird die *„Persönlichkeit der Bewerberinnen"* angesehen: Neue Teammitglieder müssen ins Team *„reinpassen"*. Im Fallvergleich fällt nicht nur die starke Betonung der personalen Kompetenzen, die z.T. auch mit affektiven Attributen verknüpft werden (Sympathie, Ausstrahlung) auf. Auch werden die personalen Kompetenzen teilweise ausdrücklich *vor* die fachlichen Kompetenzen gestellt. Dabei fällt auf, dass einige personale Merkmale wie Beziehungsfähigkeit, Kommunikationsfähigkeit, Motivation oder Belastbarkeit häufig als Einstellungsvoraussetzung genannt werden; andere – in der aktuellen kindheitspädagogischen Professionsforschung jedoch zentrale – personale Kompetenzen wie die Realisierung einer pädagogischen Grundhaltung und die selbstreflexive Auseinandersetzung mit den Einstellungen, Werten und Normen (insbesondere im Umfang mit Vielfalt/Diversität)[53] hingegen allenfalls implizit eine Rolle spielen, wenn

---

53 Hier wurden bei den personalen Kompetenzen neun Dimensionen extrahiert: Auseinandersetzung mit der eigenen Persönlichkeit/Selbstreflexivität, Auseinandersetzung mit der eigenen Berufsbiographie und handlungsleitenden Orientierungen und Einstellungen, Realisierung einer professionellen pädagogischen Grundhaltung, Beziehungsfähigkeit, Motivationale, volitionale und emotionale Aspekte in pädagogischen Situationen, selbst-

misslungene Personalentscheidungen berichtet werden. Die personalen Kompetenzen, sofern sie als wichtig für Personalentscheidungen angegeben werden, werden jedoch nicht systematisch für Auswahlgespräche verwendet. Entsprechend erfolgt auch die Bewertung von BewerberInnen nicht auf Grundlage solcher Kriterien methodenbasiert und systematisch – bspw. in Form von kompetenzorientierten Einstellungsgesprächen oder Fallbesprechungen –, sondern eher unsystematisch nach dem Eindruck, den die BewerberInnen auf Team/Leitung machen.

Ein weiteres Muster hinsichtlich des Einstellungsverhaltens ist, dass personale Kompetenzen zumeist losgelöst von der beruflichen bzw. ausbildungsbezogenen Biographie der Bewerberinnen gesehen werden. So werden allenfalls bei BewerberInnen, die ihre fachlichen Qualifikationen im Ausland erworben haben, ausbildungsbezogene Einflüsse genannt. Selten wird dagegen in den Leitungsinterviews expliziert, dass die Berufsausbildung selbst – bspw. über die Bedeutung und Anteile einer biographischen, selbstreflexiven Auseinandersetzung mit Einstellungen, Normen und Werten oder der eigenen pädagogischen Grundhaltung – einen Einfluss auf die personalen Kompetenzen haben kann.

Neben der mehr oder weniger klaren Unterscheidung von Persönlichkeit und Fachlichkeit stellt sich als ein zweites typisches Muster die Differenzlinie „Nähe zum Feld (pädagogische Kernaufgaben)" vs. „besonderes Wissen und Können (Spezialfunktionen)" dar. Grundsätzlich wird bei BewerberInnen, die sich rasch in das Team und die Tätigkeit in der Einrichtung einfügen sollen, erwartet, dass sie die pädagogischen Kernaufgaben kennen und gute Handlungspraxis realisieren sollen. Die Präferenz einer „Nähe zum Feld" drückt sich in den Leitungsgesprächen darin aus, dass für die pädagogischen Kernaufgaben einschlägig qualifizierte und motivierte pädagogische Fachkräfte mit ersten Berufs-/Praxiserfahrungen gesucht werden. Auf andere Qualifikationen wird erst zurückgegriffen, wenn „richtige" ErzieherInnen nicht zur Verfügung stehen. Von BewerberInnen mit anderen Qualifikationen (z.B. Lehrkräfte für Grund- und Hauptschulen) wird erwartet, dass sie eine hohe Bereitschaft mitbringen, sich in die alltägliche Gestaltung pädagogischer Situationen einzufügen. Dass dies für Fachkräfte ohne bisherige einschlägige Praxiserfahrungen eine sehr große Herausforderung darstellt, wird von den LeiterInnen dabei sehr wohl gesehen und auch durch selbst gemachte Erfahrungen mit *neuen* Fachkräften, die dies

---

regulatorische Fähigkeiten, eigene Lernbereitschaft und Weiterbildungsbereitschaft/Forschende Haltung, Reflexion der eigenen Profession/Fähigkeit zur eigenen Weiterentwicklung der Profession, Umgang mit Grenzen, Konflikten und Fähigkeit zum Einholen von Unterstützung (Fröhlich-Gildhoff et al., 2014b).

nicht leisten konnten, bestätigt. Erwartet wird jedoch, dass von Beginn an eine hohe Bereitschaft da ist, die Nähe zum Feld herzustellen und nicht eine fremde Rolle in Team und Gruppengeschehen einzunehmen. Diese Bereitschaft lässt sich – nach Einschätzung der Leitungskräfte – in den alltäglichen pädagogischen Situationen erkennen (hierauf wird später noch einmal Bezug genommen). Festzuhalten bleibt jedoch, dass zwar eine große Nähe zum Feld (zumindest in motivationaler, volitionaler und emotionaler Hinsicht) vorausgesetzt wird, diese jedoch kaum für die BewerbertInnen konkretisiert und damit auch transparent gemacht wird. So werden die BewerberInnen in der Entscheidungs- und Vorbereitungsphase nicht explizit auf komplexe Alltagssituationen oder Besonderheiten in der Einrichtung vorbereitet, sondern die späteren Aufgaben- und Handlungsfelder bleiben oftmals eher diffus (*„dass die Leute hier erst einmal ankommen"*).

Besonderes Wissen und Können wird dagegen von Zusatzkräften, die für spezielle Aufgaben (z.B. Sprachförderung, Integration/Inklusion, Kooperation Kita-Grundschule) eingestellt werden, erwartet. Auch von diesen Fachkräften (die nur teilweise auf den Personalschlüssel angerechnet werden) wird eine „Nähe zum Feld" vorausgesetzt. Werden Fachkräfte explizit im Rahmen des Bundesprogramms „Frühe Chancen – Schwerpunkt-Kita Sprache" angestellt, wird von allen Leitungskräften die Erwartung geäußert, dass sie alltagsintegrierte Konzepte der Sprachförderung realisieren, das Team in seinen fachlichen Kompetenzen im Hinblick auf Sprachförderung unterstützen und auch alltagsintegrierte Angebote zur Zusammenarbeit mit Eltern umsetzen. Diese – aus fachlicher Sicht sicherlich richtigen Aspekte – werden jedoch bei der Auswahl und Einstellung von BewerberInnen nicht immer transparent kommuniziert. Auf diese Problematik, die teilweise zu Missverständnissen und Problemen bei der Einarbeitungsphase geführt hatte, weisen die LeiterInnen selbstkritisch im Rahmen der Gespräche hin.

Ein drittes Muster bei der vergleichenden Fallanalyse lässt sich anhand der beiden Dimensionen „Theoriewissen" vs. „Praxiserfahrung" aufzeigen. Sofern es die Entscheidungssituation gibt, dass entweder eine *einschlägig-traditionell* qualifizierte Fachkraft (ErzieherIn/KinderpflegerIn) mit Praxiserfahrung oder eine *einschlägig-hoch* qualifizierte Fachkraft ohne bzw. mit wenig Praxiserfahrung eingestellt werden könnte, zeigen sich im Vergleich der Einrichtungen prototypische Unterschiede:

•   Haben Einrichtungen bereits HochschulabsolventInnen eingestellt, die sich in den letzten Jahren in einem der einschlägigen baden-württembergischen Studiengänge zur/zum staatlich anerkannten Kindheitspädagogin qualifiziert haben, ist die Bereitschaft grundsätzlich höher, diese Fachkräfte einzustellen, als wenn es in der Einrichtung noch keine entsprechenden Erfahrungen gibt. Dabei sind die Studieninhalte und die zu

erwartenden Kompetenzen ausschlaggebend dafür, die Hochschulabsol-
ventenInnen einzustellen.

- Je näher die Studien-/Ausbildungsinhalte an zentralen pädagogischen
Handlungsfeldern ausgerichtet sind (bspw. die beziehungsvolle Gestaltung von Gruppen- und Lernkontexten mit Kindern/mit einem Kind,
die Zusammenarbeit mit Eltern), desto verzichtbarer scheint eine umfangreiche Praxiserfahrung vor Beginn der Tätigkeit in der Einrichtung
für die Leitungskräfte zu sein. So wird bei den KindheitspädagogInnen,
SonderpädagogInnen sowie SozialpädagogInnen eher erwartet, sich
schnell in die spezifischen Bedingungen und Notwendigkeiten der Einrichtung integrieren zu können als bei Lehrkräften.

*„[...] also die Leute hatte ich damals ausgesucht, weil ich einfach sicher war,
dass es gut passt hier in das Team und dass die Leute uns von ihrer Persönlichkeit einfach weiterbringen werden. Gar nicht unbedingt vom fachlichen Hintergrund her, das natürlich auch, aber eher von der Persönlichkeit her."* (Interview Leitung, Int9, Z. 98).

*„[...] Wir arbeiten seit letztem Jahr multiprofessionell, der Entschluss ging ei-
gentlich dadurch, dass hier eine Neubesetzung im Haus einfach anstand, und
viele Stellen frei waren und im Grunde genommen haben wir gesagt, wir nehmen eigentlich die Leute die einen guten Eindruck auf uns machen, es geht
nicht um den Abschluss sondern es geht darum, wie arbeiten sie mit den Kindern, wie arbeiten sie mit den Eltern, wie arbeiten sie als Team zusammen."* (Interview Leitung, Int5, Z. 9).

*„[...] Na das hat was mit dem Fachkräftemangel zu tun. Also als die Erzieherin-
nen immer weniger wurden, dann hat man natürlich auch geguckt was kann
man noch alles einstellen und so kam der Entscheidungsprozess."* (Interview
Leitung, Int14, Z. 7).

*„[...] Das war eine Not, eine Notlösung, also die die Grundschullehrerin ist mir
grad über den Weg gelaufen und wir kamen ins Gespräch und sie war interessiert, ich auch, also es war auch ein Gegenseitiges, Sympathie einfach."* (Interview Leitung, Int13, Z. 10).

Diffuse Erwartungen, Fehleinschätzungen und Missverständnisse

Im Hinblick auf *nicht-einschlägig* qualifizierte Fachkräfte (z.B. HeilerziehungspflegerInnen, ErgotherapeutInnen) gibt es unterschiedliche Haltungen bei den Leitungskräften, die sich auch in der Einstellungspraxis und damit in der Teamzusammensetzung ausdrücken. Während einige LeiterInnen
alle Qualifikationen *„unterhalb"* der ErzieherInnenausbildung grundsätzlich

ablehnen mit der Begründung, die pädagogische Qualität andernfalls nicht gewährleisten zu können, stehen andere Leitungskräfte diesen *„fremden"* Qualifikationen aufgeschlossen gegenüber. So werden als Einstellungsbegründungen für HeilerziehungspflegerInnen oder ErgotherapeutInnen genannt, diese für besondere Tätigkeiten (im Kontext einer integrativen/inklusiven Tätigkeit) als wertvolle Ergänzung zu den Kernkompetenzen, die im Team vorhanden sind, zu betrachten. Dabei fällt jedoch auf, dass das theoretische Wissen bei diesen *nicht-einschlägig* qualifizierten Fachkräften deutlich weniger stark als Begründung für eine Einstellung genannt wird als bei den *einschlägig-hoch* qualifizierten Fachkräften. Stärker ins Gewicht fallen die handlungspraktischen Kompetenzen.

Als weiterer Vorteil werden die – ebenfalls auf die berufliche Erfahrung zurückgeführte – Belastbarkeit und Handlungssicherheit genannt. Ein weiterer – allerdings unter fachlichen Gesichtspunkten nicht unproblematischer – Aspekt sind die vermeintlichen diagnostischen und therapeutischen Kompetenzen, die mit den *neuen* Qualifikationen verknüpft werden. Diese werden teilweise von Leitungsseite überschätzt, was mit einer Selbstüberschätzung der jeweiligen Fachkräfte korrespondiert. In anderen Bereichen (z. B. bei KinderkrankenpflegerInnen mit spezifischen medizinischen Aufgaben) sind die Erwartungen an das Wissen und Können jedoch eindeutig und treffen – soweit dies im Rahmen der Interviews rekonstruierbar war – auch die tatsächlichen Kompetenzen der Fachkräfte.

Festzuhalten im Hinblick auf die Entscheidungs- und Vorbereitungsphase bleibt, dass – nicht zuletzt vor dem Hintergrund einer äußerst angespannten Personalsituation in den Einrichtungen und mangelnder Bewerberzahlen – die Einstellungen von *neuen* Fachkräfte oftmals weder konzeptionell noch zeitlich ausreichend vorbereitet ist. Häufig wird die *„Persönlichkeit"* der BewerberInnen (insbesondere bei den *nicht-einschlägig* qualifizierten Fachkräften) vor deren Fachlichkeit gestellt. Die fachlichen Kompetenzen wiederum werden oftmals verkürzt als „Nähe zum Feld" oder „Praxis" definiert, ohne genaue Kriterien festzulegen, welches theoretische Wissen und welche Handlungskompetenzen als notwendige Voraussetzungen für *„gute Fachpraxis"* in der Einrichtung erwartet werden. Während bei HochschulabsolventInnen ohne Berufserfahrung insgesamt realistische Vorstellungen über die Handlungskompetenzen und entsprechende Schlussfolgerungen für die Einarbeitungsphase bestehen, sind die Vorstellungen über praxiserfahrene Fachkräfte, die aus dem pflegerischen, gesundheitlichen oder therapeutischen Bereich kommen, aber auch über die im Ausland qualifizierten Fachkräfte oftmals diffus. Da sie durch ihre jeweiligen Tätigkeiten bereits über Praxiserfahrungen verfügen, wird von ihnen erwartet, dass sie sich *„schneller"* in den Praxisalltag der Einrichtung einarbeiten können. Dabei werden die notwendigen pädagogischen Kernkompetenzen wenig berücksichtigt – sowohl in den Entscheidungsprozessen, ob bzw. für welche Aufgabenfelder die BewerberInnen geeignet erscheinen – noch in der konkreten Vorbereitungsphase vor Arbeitsbeginn.

Angesichts der in vielen Einrichtungen insgesamt eher improvisierten – aus der Not geborenen – Einstellungspraxis erscheinen die in der Gesamtschau schnellen Wechsel und unbefriedigenden Einstiegsverläufe von *neuen* Fachkräften plausibel. So wird in der rückblickenden Betrachtung von Missverständnissen und Fehleinschätzungen hinsichtlich der Komplexität von Gruppensituationen, von Schwierigkeiten in der Zusammenarbeit mit Eltern oder dem Team gesprochen, die für die *neuen* Fachkräfte herausfordernd waren. Trotz der aufgezeigten Probleme sind die Leitungen jedoch zumeist zufrieden mit der Entscheidung. Dies wird darauf zurückgeführt, dass es *„die beste Alternative"* war, dass man *„Glück gehabt"* hat oder auch, dass eine Vielfalt im Team mit unterschiedlichen Hintergründen grundsätzlich als *„der richtige Weg"* für die Einrichtung gesehen wird.

Die mangelnden Spielräume in der Entscheidungs- und Vorbereitungsphase aufgrund der personellen Engpässe werden dabei als belastend empfunden. Vor diesem Hintergrund, der für die Leitungskräfte jeweils eng mit teambezogenen Aspekten, Mehrbelastung und hohem Zeitaufwand verbunden ist, wird der große Wunsch nach personeller Kontinuität verständlich. Umso erstaunlicher ist, dass die Möglichkeit einer stärker vorausschauenden Personalplanung bzw. einer besseren Personalbindung kaum thematisiert wird.

> *„[...] Bei der rumänischen Mitarbeiterin, die habe ich selber erst eine Woche bevor sie hier angefangen hat überhaupt kennengelernt. Das war ein Experiment. Komm doch mal zu uns, schaun wir mal, weil ich wusste nichts, gar nichts, keinen Namen, keine Sprachkenntnisse, kein gar nichts. Und das habe ich natürlich dem Team auch transparent gemacht, im Vorfeld hatten die die Infos, die ich hatte und das war schon ein Wagnis und ich sage auch, wir haben Glück gehabt."* (Interview Leitung, Int9, Z. 23).

> *„[...] Ergotherapeuten, die dann einfach doch mal schneller ein ADHS Symptom erkennen, zwei drei Übungen machen – jetzt überspitze ich es mal – und tatsächlich ist das Kind wirklich ruhiger und kann sich wieder auf den Tagesablauf einlassen. Also sprich das Kind profitiert schneller von denen, während wir dann noch analysieren und schwupp die wupp sind schon wieder zwei Jahre rum, können da multiprofessionelle Menschen fürs Kind schneller arbeiten und für sich schneller arbeiten."* (Interview Leitung, Int2, Z. 67).

> *„[...] Die Tagesabläufe ... oder man bestimmte pädagogische Angebote, ein gesundes Frühstück ist für uns irgendwie klar, das und das mache ich, weil wir das halt hier schon tausendmal gemacht haben. Für eine Ergotherapeutin ist*

das nicht normal, also die Dinge des täglichen Lebens, also mit Kindern auf das WC zu gehen und zum Essen wie begleite ich das pädagogisch oder das Freispiel, also so wo wir halt sehr viel Wert drauf legen." (Interview Leitung, Int8, Z. 390).

8.3 Einarbeitungsphase, Aufgaben- und Rollenklärung

Hohe Belastung, große Einsatzbereitschaft

In Kapitel 7.3 wurde aufgezeigt, dass die ersten Monate von *neuen* Fachkräften oftmals als *„Einarbeitungsschock"* empfunden bzw. in der Retrospektive als solcher bewertet wurde. Ein ähnliches Bild ergibt sich, wenn die Beschreibungen der Leitungskräfte ausgewertet werden. Von Seiten der Leitungskräfte werden ebenfalls ungünstige Rahmenbedingungen wie personelle Umbrüche, nicht besetzte Stellen, fehlende Springerkräfte bzw. mangelnde Abfederung von kurzfristigen (z.B. schwangerschaftsbedingten) Ausfällen und eine insgesamt hohe Arbeitsbelastung sowie Überstunden im Team genannt, um die Arbeitssituationen zu beschreiben, die die *neuen* Fachkräfte bei ihrem Berufseinstieg vorgefunden haben.

Einen Unterschied im Vergleich zu der Perspektive der Fachkräfte ergibt sich dadurch, dass die Leitungskräfte ihr eigenes – teilweise erhebliches – zeitliches und fachliches Engagement in die Einarbeitung der neuen Fachkräfte hervorheben. Diese stellen neben den üblichen Leitungsaufgaben und neben der Springerfunktion, die die freigestellten bzw. teilweise freigestellten Leitungskräfte zur Abfederung der Engpässe in den Gruppen übernahmen, eine große Herausforderung dar. Dabei wird der Wunsch und Bedarf nach regelmäßigen *„Kurzreflexionen"* im pädagogischen Alltag, die vielen Rückfragen seitens der *neuen* Fachkräften zu den Strukturen und konzeptionellen Grundlagen, sowie deren oftmals große Unsicherheit in der Gestaltung komplexer Situationen als häufige Themen für Gespräche genannt. Dieser erhebliche Aufwand wird mit den Erfahrungen verglichen, die bei der Einstellung von *einschlägig-traditionell* qualifizierten Fachkräften (ErzieherInnen/KinderpflegerInnen) gemacht wurden, die nach Einschätzung vieler Leitungskräfte deutlich weniger Bedarf an Basisinformationen haben. Insbesondere bei BerufseinsteigerInnen – hier wird kaum zwischen den unterschiedlichen Qualifikationen unterschieden – fallen die mangelnden Praxiserfahrungen sowohl in der Organisation von Gruppenaktivitäten (z.B. die Gestaltung eines Morgenkreises) als auch in den Kontakten mit Eltern auf. Auch alltägliche und für das Team selbstverständliche Abläufe und die Verbindlichkeit von Regeln und Absprachen sind Gegenstand der Gespräche mit *neuen* Fachkräften.

Nach Einschätzung der Leitungskräfte haben *neue* Fachkräfte – weitgehend unabhängig von ihrer Qualifikation – eher Praktikantenstatus, gehören nach ihrem Vertrag jedoch bereits mit Arbeitsbeginn zum festen Team. Darin liegt letztendlich eine Problematik, die nur über Trägervereinbarungen (z. B. vertraglich vereinbarten Einarbeitungszeit unter 100 %) zu lösen ist.

Die Einschätzung der Leitungen, viel zu einer letztlich gelungenen Einarbeitung beigetragen zu haben, ist einerseits als Zeichen hohen persönlichen und fachlichen Engagements zu betrachten, das im Grunde genommen auch von Seiten der Fachkräfte bestätigt wird (vgl. Kapitel 7.4). Dennoch wird insbesondere von Fachkräften mit sehr geringer Praxiserfahrung der Wunsch nach engerer (fachlicher) Betreuung in den ersten Monaten geäußert, um das Gefühl der Überforderung zu verringern. Diese Diskrepanz ist aus dem Mangel an kompetenzorientierten, theoretisch und methodisch fundierten Einarbeitungskonzepten zur Einarbeitung *neuer* Fachkräfte verständlich. So werden zwar *„tägliche Runden"* gemacht, in denen die Leitungskräfte Einblicke in die Alltagspraxis der Gestaltung von Gruppensituationen bekommen, eine systematische fachliche Begleitung, die passgenau auf die erforderlichen Kompetenzen zugeschnitten ist, erfolgt aber kaum. Wird die Anleitung an Teammitglieder delegiert, erfolgt keine systematische Rückmeldung an die Leitung darüber, ob und in welcher Weise die Einarbeitung realisiert werden.

> *„[…] die Einarbeitung erfordert sehr viel mehr Zeit. Und viel Unterstützung und viel Reflexion und ja, es ist größerer Zeitaufwand würd ich sagen."* (Interview Leitung, Int10, Z. 18).

> *„[…] sehr schwierig weil ich unheimlich viel getan habe und nicht weiß ob es zu viel war oder zu wenig. Also es gab unheimlich viele Gespräche und dadurch weil einfach so viele auch kamen es kamen eben sechs neue Menschen zum gleichen Tag."* (Interview Leitung, Int6, Z. 128).

Mangel an Einarbeitungskonzepten und unterstützender Personalplanung

Offensichtlich wird häufig davon ausgegangen, dass die Einarbeitung als *„Lernen im Prozess"* mehr oder weniger beiläufig erfolgen kann, indem die *neuen* Fachkräfte die Handlungsroutinen ihrer erfahreneren KollegInnen übernehmen, um damit für reibungslose Abläufe zu sorgen und zu *„funktionieren"*. Dass hiermit eine deutliche Überforderung verbunden sein kann, wenn die fachliche Basis (pädagogische Kernkompetenzen) nicht ausreicht, um das neu erworbene Handlungswissen daran anschließen zu können, wird kaum reflektiert. So werden Missverständnisse und Konflikte auf die mangelnden Erfahrungen der *neuen* Kolleginnen zurückgeführt, nicht aber auf eine möglicherweise mehrdeutige und intransparente Handlungspraxis (die ja auch innerhalb des Teams nicht immer eindeutig ist). Abgesehen von der Annahme, dass ein unreflektiertes Übernehmen bestehender Handlungsroutinen zwar weniger Spannungen im Team erzeugt, im Hinblick auf eine Qualitätsentwicklung aber gerade der *„fremde Blick"* und das Hinterfragen von teilweise tradierten Routinen und Regeln wünschenswert wäre, ist also ein *„schwieriger Einarbeitungsprozess"* oftmals weniger auf die nicht vorhandenen Kompetenzen der *neuen* Fachkräfte, sondern fehlende oder nicht ausreichende Einarbeitungskonzepte (die mit entsprechenden zeitlichen und personellen Ressourcen abzusichern sind) zurückzuführen. So werden nur in wenigen Ausnahmen Hospitationen in verschiedenen Gruppen- und Funktionsräumen, eine systematische kollegiale Beratung, externes Coaching, Supervision oder praktizierte Methoden zur (Selbst-)Reflexion der Einstiegsphase *(„Lerntagebuch")* berichtet. Eine konzeptionell verankerte, zeitlich und inhaltlich strukturierte Einarbeitung mit jeweils verbindlichen, überprüfbaren Zielen fehlt fast vollständig. Das Fehlen solcher Konzepte ist vor dem Hintergrund, das die Leitungskräfte die unterschiedlichen Wissens- und Erfahrungsbestände der *neuen* Fachkräfte im Vergleich zu den *einschlägig-traditionell* qualifizierten Fachkräfte (ErzieherInnen/KinderpflegerInnen) offen thematisieren, verwunderlich. Zwar wird die Einstiegsphase der *neuen* Fachkräfte teilweise mit PraktikantInnen verglichen, dabei wird aber übersehen, dass sie weder hinsichtlich ihres Arbeitsprofils noch hinsichtlich begleitender Coaching-/Supervisionsangebote (z.B. seitens der Ausbildungsstätten oder trägerintern) vergleichbar sind.

Eine Ausnahme von dem aufgezeigten Muster einer eher zufälligen und von persönlicher Zuwendung geprägten Einarbeitungsphase bilden Einrichtungen, die bei (größeren) Trägern mit verbindlichen Qualitätsstandards zur Einarbeitung angesiedelt sind (vgl. dazu auch Kapitel 8.6.4). Zwar berichten auch in diesen Einrichtungen Leitungskräfte von Problemen in der Einarbeitung und Unzufriedenheit (auf beiden Seiten) wegen der personellen und damit verbundenen zeitlichen Engpässe. Im Vergleich zu anderen Einrichtungen ist jedoch eine größere Sicherheit im Umgang mit *neuen* Fachkräften festzustellen, die sich in der Strukturierung und Gestaltung von Gesprächen, in der Planung der Aufgaben und Funktionen sowie in der Benennung und Reflexion von Zielen (und deren Überprüfung) niederschlägt. Ein wesentlicher Unterschied lässt sich daran erkennen, ob von Leitungsseite Weiterentwicklungsbedarfe und auch fehlende Kompetenzen der Fachkräfte erkannt und angesprochen werden (die dann in ein passgenaues Weiterbildungskonzept einfließen können), oder ob die Leitungskraft eher allgemeine Wünsche und Bedarfe abfragt.

Dieses zwar wertschätzende und zugewandte, aber dennoch passive Leitungshandeln stellt für *neue* Fachkräfte, die sich in einer Phase der beruflichen Neuorientierung befinden, eine deutliche Überforderung dar. Denn das Erkennen von eigenen Wissenslücken und auch Schwächen in den Handlungskompetenzen setzt eine hohe Fähigkeit und Bereitschaft zur (Selbst-) Reflexion voraus, die wiederum vor einem fachlichen Hintergrund „pädagogische Grundhaltung, pädagogische Kernaufgaben, Leit- und Erziehungsziele der Einrichtung u. ä.) erfolgen muss. Eine bloße Abfrage nach den Wünschen und Bedürfnissen der *neuen* Fachkräfte ist daher nicht gewinnbringend, sondern unter Ressourcengesichtspunkten (z. B. Fortbildungskapazitäten und Zeiten für kollegialen Austausch) eher kritisch zu bewerten.

> „[…] Also das Konzept das wir haben, find ich gut so wie es ist. Ich merke nur, dass es manchmal in der Umsetzung trotzdem hapert, also gerade wenn es-also gerade in stressigeren Zeiten, leidet es manchmal ganz schnell und dann hat man eben nicht die Zeit, sich jeden Tag noch einmal eine halbe Stunde mit einer Person hinzusetzen und Sachen zu besprechen und auch zu reflektieren, Rückmeldung zu geben und so weiter." (Interview Leitung, Int9, Z. 123).

> „[…] eine Mitarbeiterin wird bei uns, sollte bei uns in den ersten Tagen begleitet werden, man zeigt ihr die Einrichtung, man erklärt den Tagesablauf, ist natürlich hier alles, dadurch dass wir relativ viel Personalwechsel hatten, nicht ganz so in dem Rahmen gelaufen." (Interview Leitung, Int5, Z. 133).

8.4 Organisationsentwicklung in multiprofessionellen Teams

Krisenbewältigung vs. Leiten und Führen

Die nicht (mehr) angemessenen oder unausgereiften Einarbeitungskonzepte spiegeln in vielen Einrichtungen festzustellende Mängel in der Organisationsentwicklung wieder. Die traditionellen Konzepte in den Einrichtungen, nämlich das Ausscheiden von älteren Teammitgliedern (die überwiegend langjährig in der Einrichtung blieben) durch Fachkräfte mit ähnlicher Ausbildung (i. d. R. ErzieherIn/KinderpflegerIn) zu ersetzen, funktioniert in dieser Form zumeist nicht mehr. Entweder fehlt es an geeigneten BewerberInnen, die nicht nur fachlich (Ausbildungshintergrund), sondern auch persönlich (hinsichtlich ihrer personalen Kompetenzen, wie sie oben genannt wurden) in die Einrichtung bzw. in das Team passen. Oder – auch dies wird von den Leitungen als Grund für eine Änderung der Einstellungspraxis genannt – die komplexeren und anspruchsvolleren Aufgaben der Kindertageseinrichtungen können kaum mehr nur noch von einer mehr oder weniger homogenen Gruppe von Fachkräften (mit gleichem Ausbildungshintergrund) abgedeckt werden. Ob das Einstellen *neuer* Fachkräfte also eher aus der Notlage eines allgemeinen Fachkräftemangels heraus oder aufgrund bewusster Entscheidungen für eine Vielfalt im Team getroffen wird: Bei der Einschätzung, dass die traditionellen Personalmodelle nicht mehr funktionieren, lässt sich eine große Übereinstimmung bei den Leitungskräften von multiprofessionellen Teams finden. Neben den jeweils unterschiedlich hohen Anteilen von *neuen* Fachkräften drückt sich die Strategie, neue Wege zur Fachkräftegewinnung zu gehen, auch in der Einstellung von Auszubildenden aus, die eine praxisintegrierte Ausbildung (PIA) machen. Dieses erst wenige Jahre alte Ausbildungsmodell ist bei 13 (t0) bzw. 17 (t2) der Einrichtungen zu finden (vgl. Kapitel 5.1). Die große Bereitschaft, PIA-Auszubildende einzustellen, verweist dabei im Vergleich zu der Gesamtheit der baden-württembergischen Einrichtungen auf eine besondere Aufgeschlossenheit und auch Verantwortung als Ausbildungsstätte.

Angesichts der Aufgeschlossenheit und inhaltlichen Überzeugung für *neue* Fachkräfte in den Einrichtungen ist es erstaunlich, dass auf Leitungs- und Trägerebene noch keine passgenauen Konzepte zur Personal- und Organisationsentwicklung entwickelt wurden. Auffällig ist auch, dass die Trägerverantwortung *nach* der Einstellung *neuer* Fachkräfte weder von ihnen selbst noch von Leitungsseite Erwähnung findet. Nur in wenigen Ausnahmen übernimmt der Träger eine deutliche Rolle in der Personal- und Organisationsentwicklung, bietet langfristige Modelle zur Weiterbildung (in Verbindung mit Personalbindung) sowie systematische Unterstützung für *neue* Fachkräfte (Schulungen, Supervision, Coaching) an (vgl. Kapitel 8.6.4).

Die Handlungspraxis der Leitungskräfte stellt sich vor dem Hintergrund fehlender (bzw. schlecht funktionierender) Einarbeitungskonzepte und einer weitgehenden Abstinenz der Träger (auch in finanzieller Hinsicht) als Krisenbewältigung dar. Planvolles Leiten und Führen im Hinblick auf die Personal- und Organisationsentwicklung kommt eher selten zum Ausdruck und tritt gegenüber fachlichen Themen (wie Beobachtung/Dokumentation, Sprachförderung, Integration/Inklusion etc.) vollständig in den Hintergrund. Personelle Entscheidungen stehen zumeist in unmittelbarem Kontext von dringenden Themen und Aufgaben, weniger jedoch als langfristige berufliche Perspektive mit gegenseitiger Verbindlichkeit im Raum. Diese Form des Leitungshandelns ist vor dem Hintergrund der häufig notwendigen Anpassungen im Team bzw. Reaktionen auf Trägervorgaben bzw. (fach-)politische Notwendigkeiten verständlich. Im Hinblick auf die Organisationsentwicklung des Teams (und einer damit verbundenen Personalbindung als Qualitätsbaustein) sind diese – weniger durch aktive Gestaltung als durch Reaktion und Krisenmanagement – gekennzeichneten Muster des Leitungshandelns eher schwierig.

> „[...] Wir haben es dann in einer Leitungstagung so präsentiert bekommen, aber wir hatten Null Vorlauf. Also da hat niemand uns gesagt, wenn die und die und die bei euch eingestellt werden, dann müsst ihr das und das machen, damit es mit dem Team funktionieren kann. Das muss man sich jetzt alles hinterher holen." (Interview Leitung, Int7, Z. 242).

> „[...] Ich wusste überhaupt nichts vom Fachkräftekatalog und den gibt es aber anscheinend schon seit 2012 ich habe erfahren davon von dieser Bewerberin im April 2013 und habe dann vom Träger die Aussage bekommen ich dürfte sie einstellen es wäre alles ok. Ja nix ist ok. Katastrophe." (Interview Leitung, Int6, Z. 231).

> „[...] Also sie sind ja wirklich fachfremd, aber bei der einen war es also wie gesagt in einer ziemlichen Krise, in Notzeit und sie kam und musste einfach da sein. Wir haben dann aber im regelmäßigen Gespräch festgestellt, dass ihr die Einarbeitung also schon gefehlt hat. Eine gute, differenzierte, klare, Schritt für Schritt Einweisung und Einarbeitung." (Interview Leitung, Int10, Z. 117).

> „[...] Wenn sie bei uns bleiben wollen. Wollen. Wenn sie wollen, dann müssen sie irgendwann die Entscheidung treffen: Will ich diese Schulfremdenprüfung da machen oder diese Erzieherausbildung oder die Fortbildungen. Denn ich denke für die Zukunft gesehen brauchen die mehr Know How noch, also unbedingt." (Interview Leitung, Int34, Z. 145).

Neues Teamgefüge: Steuerung und Moderation

Ein weiteres Feld für Leitungshandeln ergibt sich über Veränderungen im Teamgefüge, wenn *neue* Fachkräfte dazu kommen. So können Allianzen zwischen eher homogenen Fachkräften (*„die HeilpädagogInnen"*) oder vergleichbaren Qualifikationen (*„die Akademiker"*) im Team entstehen, die jeweils Chancen und Risiken für das Team bergen und von Leitungsseite gut geführt werden müssen. Auch können sich durch das Einkaufen *„professionellen Könnens"* (z.B. von FachlehrerInnen Musik) bisherige Fachkräfte aus Feldern herausgedrängt werden, in denen sie bislang mit großer Motivation tätig waren. Ein weiteres Risiko ist der Rückzug des Teams aus problematischen und herausfordernden Bereichen der Arbeit (*„Verhaltensauffälligkeiten"*, *„schwierige Eltern"*), um dies *neuen* Fachkräften mit Spezialwissen zu überlassen. Auch hieraus erwachsenen Chancen aber auch Risiken im Team, die auf Leitungs- und Teamebene offen und differenziert reflektiert und abgewogen werden müssen. Dieses zeitlich und fachlich-methodisch aufwendige Leiten und Führen eines multiprofessionellen Teams wird nur am Rande explizit als *neue* Aufgabe und Herausforderung von Leitungsseite beschrieben.

Besonders problematisch ist dies, wenn es den *neuen* Fachkräften nicht gelingt, ihre Kompetenzen tatsächlich einzubringen, weil sie zwar bspw. ergotherapeutische Angebote gestalten können, jedoch keine Erfahrungen in Gruppenkontexten haben, und daher Einzelsettings *„brauchen"*, um ihr fachlichen Wissen und Können entfalten zu können. Diese Settings sind aber im pädagogischen Kontext weder vorgesehen noch herstellbar, sondern vielmehr wird von ihnen erwartet, innerhalb eines Gruppenkontextes alltagsintegrierte Angebote durchzuführen. Die damit verbundenen Missverständnisse und auch Spannungen innerhalb des Teams werden von den Leitungskräften zwar beschrieben, jedoch sind bislang kaum Ansätze erkennbar, wie diese neuen Leitungsaufgaben im Sinne guter Fachpraxis zu lösen sind.

Insgesamt fällt auf, dass vor dem Hintergrund der beschriebenen und durchaus nachvollziehbaren Herausforderungen bei der Verteilung von Aufgaben, Zuständigkeiten und Verantwortungen die Konfliktpotentiale und Risiken (im Hinblick auf pädagogische Qualität) kaum thematisiert werden. Dagegen stehen die Chancen von Mehrperspektivität und Vielfalt im Team in der Leitungsperspektive deutlich im Vordergrund. Hervorgehoben wird der allgemeine Zugewinn für das Team auch dann, wenn die *neuen* Fachkräfte selbst bisher eher unzufrieden mit ihrer Rolle im Team bzw. der Zusammenarbeit im Team sind. In diesem Widerspruch zeigt sich, dass dem Austausch unterschiedlicher Perspektiven von Leitung und Team zwar generell ein hoher Wert beigemessen wird, der Umgang mit Heterogenität und Differenz in der Realisierung alltäglicher Praxis aber deutlich schwerer fällt.

Festzuhalten bleibt, dass bei den Leitungskräften insgesamt eine große Bereitschaft festzustellen ist, *neue* Fachkräfte in das Team zu integrieren. *Einschlägig-hoch* qualifizierte Fachkräfte sind in allen Teams zu finden und werden überwiegend als wertvoll bezeichnet. Bei *nicht-einschlägig* qualifizierten Fachkräften ist die Bereitschaft insgesamt geringer, es wird stärker auf die personalen Kompetenzen geachtet als auf den fachlichen Hintergrund.

Eine Ausnahme hiervon bildet das Leitungshandeln im Kontext der über Bundes- und Landesprogramme eingerichteten Funktionsstellen (z. B. Frühe Chancen – Schwerpunktkita Sprache). In Einrichtungen mit diesen Stellen werden die Fachkräfte für Sprachförderung eng in das Team eingebunden und es werden vielfältige und ausreichende Möglichkeiten eines systematischen fachlichen Austauschs genutzt (Fallgespräche, videographiegestützte Beobachtungen von Interaktionen o. ä.). Zugleich gibt es einen engen Austausch mit der Leitung, um Inhouse-Fortbildungen, Beratungsangebote für

Eltern oder Kooperationen mit externen Stellen zu konzipieren. Diese hohe Anerkennung auf Team- und Leitungsebene trägt dazu bei, dass die Fachkräfte als ExpertInnen im Team eine wichtige Rolle für die fachliche Weiterentwicklung spielen. Für die Leitungskräfte verbindet sich zugleich die Hoffnung, die erworbenen Wissensbestände und Kompetenzen auch nach Ablauf der Programme (und Stellen) im Team halten zu können. Teilweise werden mit Blick auf die zeitliche Begrenzung der Fördermittel bereits Qualitätsstandards und Nachhaltigkeitskonzepte auf der Team- und Leitungsebene entwickelt. Ziel dabei ist, die positiven Wirkungen, die im Kontext der alltagsintegrierten, intensiven Sprachförderung beobachtet werden, nicht verpuffen zu lassen.

> „[...] Das ist ein sehr großer Wunsch vom Träger, multiprofessionelle Teams zu haben und zwar auch weitergedacht als, ich sag jetzt mal in Anführungszeichen, nur Personal das vorher auch im sozialen Bereich irgendwie angesiedelt war ... Und ich bin selber aber auch froh darüber, dass wir ein bisschen eine Mischung drin haben, merke aber auch, dass es wichtig ist, dass wir Leute haben, die die ganz normale Ausbildung durchlaufen haben als Erzieherin oder Erzieher." (Interview Leitung, Int9, Z. 14).

> „[...] Eine große [Wirkung auf die Qualität] hinsichtlich dessen das wir Erzieher eben doch mehr im Sozialen zuhause sind wir unsere sozialen Blickwinkel haben" (Interview Leitung, Int6, Z. 194).

8.5 *Neue* Fachkräfte und Teamentwicklung: Bewertungen aus Leitungssicht

Zum Abschluss des Untersuchungszeitraums (t2) wurden die Leitungskräfte nach ihrer Zufriedenheit mit der Teamentwicklung in den letzten zwei Jahren gefragt. Dabei wurden sie gebeten, ihre Zufriedenheit auf einer Skala von 0 („sehr unzufrieden") bis 10 („sehr zufrieden") zu beziffern und diese Einschätzung zu begründen[54]. Die Ergebnisse dieser Einschätzung zeigen, dass es große Unterschiede zwischen den Einrichtungen gibt: Die rückblickende Zufriedenheit mit der Teamentwicklung bewegt sich zwischen 3 und 9 in den Einrichtungen (Mittelwert: 6.15, Standardabweichung: 2.33) (vgl. Tabelle 105).

---

54 Eine Frage im Rahmen des Leitfadeninterviews lautete: „Ganz generell gefragt: Wie erleben Sie persönlich als Leitungskraft die Teamentwicklung in den letzten zwei Jahren (im Hinblick auf Stabilität/Fluktuation)? (Zwischen 0 = vollkommen unzufrieden und 10 = vollkommen zufrieden)".

Tabelle 105: Zufriedenheit mit den Entwicklungen in den letzten zwei Jahren. Interviews mit *neuen* Fachkräften (t2)

	N	M	SD	Min	Max
Leitungskräfte	21	6.15	2.33	3	9

Eine inhaltsanalytische Auswertung der Gründe für diese Einschätzungen ergab folgende Ergebnisse:

Insgesamt wurden die letzten zwei Jahre aus Sicht der Leitungskräfte als *„schwer"* und anstrengend beschrieben, was insbesondere auf die allgemeinen personellen Engpässe im Kita-Bereich und auf die hohe Fluktuation bzw. Planungsunsicherheit zurückgeführt wurde. Einrichtungsbezogene Unterschiede können dabei Standort, Einzugsbereich der Einrichtung und/ oder Arbeitsschwerpunkte bedingen. Allerdings wurde in einigen Einrichtungen auch konstatiert, dass sich die Situation in den letzten Monaten hinsichtlich der Personalsituation leicht entspannt hat.

Zufriedenheit mit Teamprozessen trotz schlechter Strukturen

Im Fallvergleich zeigen sich allerdings Differenzierungen dieser generellen Einschätzung:

Die Problemanzeigen durch ungünstige Rahmenbedingungen, hohe Fluktuation, unbesetzte Stellen, hohe Krankenstände bzw. Personalausfälle (wg. Beschäftigungsverbot/Schwangerschaften) bei gleichzeitigem Mangel an geeigneten BewerberInnen waren in einigen Einrichtungen massiv *(„kaum noch Arbeiten möglich")*. In anderen Einrichtungen wurde eine *„an sich hohe"* Zufriedenheit mit der Teamentwicklung insgesamt durch die schwierigen Rahmenbedingungen beeinträchtigt.

Bezogen auf die *neuen* Fachkräfte im Team, die seit Beginn der Untersuchung dort tätig waren, variierte die Zufriedenheit in Abhängigkeit von deren Qualifikationen *und* ihren personalen Kompetenzen. Dabei wurde zumeist nicht deutlich differenziert zwischen dem fachlichen Wissen und Können der Fachkräfte und persönlichen Faktoren *(„kann ich gar nicht trennen, passt einfach zu uns")*. Schwierigkeiten wurden bei einer zu starken Spezialisierung *ohne* Teamorientierung oder einer grundsätzlich zu geringen Fachlichkeit gesehen. Diese Fachkräfte waren zum Zeitpunkt t2 oftmals nicht mehr in den Teams oder standen kurz vor dem Ausscheiden.

Die Zufriedenheit hing nicht unmittelbar mit der Zusammensetzung des Teams nach beruflichen Abschlüssen zusammen. Sowohl in Teams mit *einschlägig-hoch* qualifizierten als auch mit *nicht-einschlägig* qualifizierten Fachkräften äußerten sich Leitungskräfte zufrieden mit der Entwicklung in den letzten zwei Jahren. Umgekehrt wurde aber auch eine geringe Zufriedenheit sowohl in Teams mit einem hohen Anteil an Fachkräften mit *einschlägig-hoher* als auch mit *nicht-einschlägiger* Qualifikation geäußert. Damit war nicht die Qualifikation selbst ausschlaggebend für die Zufriedenheit, sondern die personelle Zusammensetzung im Team, die spezifische Zusammensetzung von Gruppenteams und die Bereitschaft zu einer engen, konstruktiven Zusammenarbeit in den jeweiligen Arbeitsbereichen. Im Fallvergleich zeigte sich, dass die Leitungskräfte auf der Grundlage ihrer Erfahrungen ein Kernteam bestehend aus berufserfahrenen ErzieherInnen und eine begrenzte und auf die Anforderungen im Team ausgerichtete spezialisierte Fachkräfte mit anderen Qualifikationen oder beruflichen Erfahrungen außerhalb von Kindertageseinrichtungen sowie Berufseinsteigerinnen befürworteten. Gelang es nicht, diese Mischung herzustellen bzw. aufrecht zu halten, war die Unzufriedenheit größer als bei einer ausgewogenen, auf die Besonderheiten der Einrichtung ausgerichteten Personalstruktur. Unzufriedenheit wurde in eher starren Teams geäußert, in denen die vorhandenen, *einschlägig-traditionell* qualifizierten Fachkräfte wenig aufgeschlossen gegenüber Veränderungen waren.

Die Zufriedenheit mit den Teamprozessen wurde auch innerhalb der Einrichtung differenziert bewertet, bspw. bezogen auf verschiedene Gruppenteams. Auch hier wurden sowohl fachliche als auch persönliche Gründe für Zufriedenheit bzw. Unzufriedenheit genannt. Besonders hoch war die Zufriedenheit mit den Teamprozessen, wenn es gelang, *neue* Fachkräfte eng an erfahrene Gruppenteams anzuschließen.

Wurde die Zufriedenheitseinschätzung speziell auf die Qualifikation der Fachkräfte fokussiert, dann wurden *einschlägig-hoch* qualifizierte Fachkräfte insgesamt im Kontext der Team- und Qualitätsentwicklung positiver bewertet. Besonders „*wertvoll*" wurden ihre Beiträge zur Konzeptions- und Qualitätsentwicklung (Beobachtung und Dokumentation, Sprachförderung, Zusammenarbeit mit Eltern, mit Grundschulen) sowie für die Weiterentwicklung in Richtung Inklusion und/oder Familienzentrum bezeichnet. *Nicht-einschlägig* qualifizierte Fachkräfte wurden dagegen rückblickend eher als „*gute Ergänzung*" der Teams für allgemeine pädagogische Tätigkeiten oder für spezielle Handlungsfelder gesehen, wobei diese in der Praxis bislang kaum realisiert werden konnten. Einzelerfahrungen mit *neuen* Fachkräften wurden dabei generalisiert und auf *die* Qualifikation übertragen.

„[…] Ich bin zufrieden mit den Entwicklungen. Wir sind ein offenes Team, viele Vorschläge finden Unterstützung und werden umgesetzt. Wir sind ein junges Team und noch nicht alle haben ihre Rolle im Team gefunden." (Interview Leitung, Int54, Z. 18).

„[…] Es ist eine Bereicherung, anfangs war es nicht ganz einfach, aber jetzt hat es sich eingespielt. Auch die Eltern gehen auf die Neuen zu und fragen." (Interview Leitung, Int61, Z. 238).

„[…] Am Anfang gab es noch eine große Abwehr gegen die Lehrerin, mittlerweile ist sie anerkannt." (Interview Leitung, Int66, Z. 175).

Abfederung von Praxisdefizit oder Theorieferne

Im Fallvergleich wird deutlich, dass bei *einschlägig-hoch* qualifizierten Fachkräften – sofern es sich um BerufseinsteigerInnen handelte, ein deutliches Praxisdefizit konstatiert wurde. Dieses wurde zu Beginn unterschätzt, allerdings über eine engmaschige Begleitung durch erfahrene Fachkräfte im Team sowie eine intensive Betreuung durch die Leitung abgefedert. Dagegen konnten sie in konzeptionellen Fragen sowie in der fachlichen Reflexion auf Teamebene von Beginn an wertvolle Beiträge liefern.

Bei *nicht-einschlägig* qualifizierten Fachkräften wurde ein deutliches Defizit an pädagogischem Basiswissen konstatiert. In diesem Zusammenhang wurden die vorbereitenden bzw. begleitenden Qualifizierungsmaßnahmen („25-Tage-Fortbildungen") überwiegend als nicht ausreichend, nicht passgenau und zu spät kritisiert. Gleichzeitig wurde die Motivation der Fachkräfte, sich weiterzubilden und erforderliche Wissensbestände zu vertiefen, als sehr hoch bezeichnet.

Nur in wenigen Einzelfällen, insbesondere, wenn die eigenen Trägerverbände spezifische Fortbildungskonzepte für *nicht-einschlägig* qualifizierte Fachkräfte in Gang gebracht haben, war die Zufriedenheit höher. Auch wurde kritisiert, dass sich die Nachqualifizierungen nicht auf alle Fachkräfte ohne einschlägige Grundausbildung beziehen (erst Fachkräfte, die seit Juni 2013 sind, keine HeilerziehungspflegerInnen, keine ErzieherInnen mit ausländischer Qualifikation). Auch wird ein überwiegender Kenntnismangel über die gesetzlichen Regelungen auf Leitungsebene deutlich, der zu Verunsicherungen in der Personalplanung und Teamentwicklung führte.

„[…] Das Team braucht einen Erzieherstamm. Ich habe bewusst nur eine Ergotherapeutin. Man darf das Team nicht so belasten … Fortbildungen müssen wahrgenommen werden. Sie hat seit 2013 schon 20 Fortbildungen absolviert. Heilerziehungspfleger brauchen auch Fortbildungen. Mehr als andere Fachkräfte." (Interview Leitung, Int54, Z. 102).

Anschlussfähigkeit: Fehleinschätzungen und Leitungshandeln

Die Zufriedenheit steht in engem Zusammenhang mit der Anschlussfähigkeit der Fachkräfte an die Strukturen und Bedingungen im Team. Dabei wurde neben einer *„generellen Teamfähigkeit"* betont, dass es auf die Bereitschaft und Fähigkeit der Fachkräfte ankommt, sich möglichst schnell in die realisierte Handlungspraxis einzufügen. Teilweise bestanden allerdings auch überhöhte Erwartungen an die Anschlussfähigkeit der *neuen* Fachkräfte von Seiten der Leitungskräfte, die im Rückblick auch als *„unrealistisch"* reflektiert wurden.

Im Fallvergleich zeigt sich, dass zufriedene Leitungen als Grund für ihre Zufriedenheit die gute Anschlussfähigkeit der *neuen* Fachkraft in das Team bzw. an die Anforderungen der Einrichtung nannten. Dies gelang sowohl bei *einschlägig-hoch* als auch bei *nicht-einschlägig* qualifizierten Fachkräften.

Hinsichtlich der Anschlussfähigkeit wurde dabei nicht explizit zwischen fachlichen und personalen Kompetenzen unterschieden, sondern eher auf eine enge Verknüpfung dieser Kompetenzen (berufsbiographische Erfahrungen, Reflexionsfähigkeit, Kommunikationsfähigkeit in Ausbildung und Beruf erworben) verwiesen, die zu den Anforderungen der Einrichtung und der Teamkultur passten.

Passungsschwierigkeiten wurde im pädagogischen Handeln der *neuen* Fachkräfte in den Gruppen-/Funktionsbereichen und in der Zusammenarbeit mit Eltern, weniger in der Zusammenarbeit im Team beschrieben, die überwiegend als konstruktiv, wertschätzend und kollegial bezeichnet wurde.

> *„[...] Neue müssen sich in Bestehendes integrieren ... Schwierigkeiten gibt es aber der Umsetzung des Kita-Auftrags bei Bezugskindern und in der Zusammenarbeit mit Eltern. Ich hätte mir andere Zuständigkeiten gewünscht, aber das wird vom Träger nicht gewollt."* (Interview Leitung, Int56, Z. 165).

Gestaltung von Berufseinstieg und Einarbeitung

Die Zufriedenheit mit Berufseinsteigerinnen, die ohne Berufserfahrung unmittelbar nach der fachschulischen oder hochschulischen Ausbildung in die Einrichtung kamen, war insgesamt unterschiedlich. Allerdings überwog die Erfahrung, dass der Einarbeitungsprozess bei *nicht-einschlägig* qualifizierten Fachkräften deutlich länger und aufwendiger war als bei ErzieherInnen nach dem Anerkennungsjahr (zwischen sechs Monaten und einem Jahr). Bei *einschlägig-hoch* qualifizierten BerufseinsteigerInnen dauerte die Einarbeitungszeit kürzer (drei Monate), bis sie als *„richtiges Teammitglied"* bezeichnet werden konnten, die alle kernpädagogischen Aufgabenbereiche kompetent abdeckten. Im Rückblick waren der Berufseinstieg und die damit verbundenen Herausforderungen für die *neuen* Fachkräfte auch mit Fehleinschätzungen seitens der Leitungsebene verknüpft.

Die Zufriedenheit mit dem Verlauf der Einarbeitung, dem Einbringen der *neuen* Fachkräfte bzw. ihrer spezifischen Kompetenzen und auch der zusätzlichen Belastungen für das Team/die Leitung, die mit der Einarbeitung verbunden waren, weist fallvergleichend typische Unterschiede auf. Je besser die konzeptionelle und organisatorische Vorbereitung auf die Einarbeitung von *neuen* Fachkräften war, desto einfacher und ertragreicher gestaltete sich der Prozess. Leitungskräfte und Teams, die weniger gut auf die neuen Anforderungen vorbereitet waren, drückten dagegen eine hohe Belastung aus, die kaum bewältigt werden konnte.

Die Erfahrungen haben während des Untersuchungszeitraums dazu geführt, dass Einarbeitungskonzepte entwickelt, überarbeitet oder spezifiziert wurden. Auch in dieser Hinsicht gibt es im Fallvergleich große Differenzen zwischen den untersuchten Einrichtungen. Während einige Einrichtungen – meist in Verbindung mit trägerspezifischen Qualitätsmaßnahmen – spezifische Einarbeitungskonzepte für *neue* Fachkräfte entwickelten, standen andere Einrichtungen trotz der ungünstigen Erfahrungen mit der Einarbeitung *neuer* Fachkräfte nach wie vor ohne Qualitätsstandards da.

Die besten Erfahrungen mit der Einarbeitung *neuer* Fachkräfte wurden gemacht, wenn es gelang, eine *„sanfte Einarbeitung"* zu gestalten, bei der eine mehrwöchige Übergangsphase bis zum Ausscheiden einer Fachkraft für die Einarbeitungsphase genutzt werden konnte. Dieses konnte jedoch nur *„zufällig"* realisiert werden, und ist bislang in keiner der untersuchten Einrichtungen ein Standard.

> *„[…] Unser Arbeitskreis überarbeitet gerade das Einarbeitungskonzept. Es soll für alle gelten. Ist aber zeitlich flexibler und soll auch auf die Persönlichkeit eingehen."* (Interview Leitung, Int59, Z. 214).

> *„[…] Eine optimale Einarbeitung wäre die ersten vier Wochen mitzulaufen. Heute ist es aber noch so, dass die neuen Kolleginnen sofort Bezugskinder haben, eine große Belastung."* (Interview Leitung, Int61, Z. 134).

> *„[…] Die Dauer der Einarbeitung ist ja nicht nur von der Qualifikation abhängig, sondern auch vom Arbeitsbereich. Im U3 Bereich dauert es ein Jahr, im Kindergarten zwei Jahre, bis die Kollegen richtig im Arbeitsbereich angekommen sind."* (Interview Leitung, Int68, Z. 244).

Zukünftige Perspektiven: Mehr Bildungsarbeit und Qualitätsentwicklung

Indirekt kann die Zufriedenheit mit den vergangenen zwei Jahren auch über die zukünftigen Perspektiven nachvollzogen werden. Als wichtigste Aufgaben wird neben *„Teamstabilität"* eine stärkere Wieder-Orientierung an dem Bildungsauftrag der Kindertageseinrichtungen gesehen. Hierbei werden die systematischere Entwicklungsdokumentation (Beobachtungsverfahren bestehen zwar in allen Einrichtungen, werden allerdings nur teilweise praktiziert), die im Orientierungsplan aufgeführten Lernfelder und spezielle Themenbereiche für die individuelle Begleitung und Förderung einzelner Kinder *("mit besonderen Bedürfnissen")* gesehen.

Im Fallvergleich zeigt sich eine insgesamt durchaus kritische Betrachtung dieser Handlungsfelder, selbst in Einrichtungen, denen eine vergleichsweise hohe pädagogische Qualität bescheinigt wurde (KES-Einschätzung). Insgesamt wurde einer allgemeinen *"Arbeitsfähigkeit"* im Team damit in Zeiten größerer personeller Umbrüche Priorität gegenüber einer Weiterentwicklung der pädagogischen Qualität bzw. spezifische Bildungsangebote eingeräumt.

Leitungskräfte, die diese genannten fachliche Themen trotz personeller Umbrüche weiterführen konnten und konkrete Planungen für die weitere Qualitätsentwicklung benannten, äußern sich zufriedener mit der Teamentwicklung als Leitungen, die *"im Teamthema stecken geblieben"* sind oder aufgrund aktueller großer Veränderungen in der Qualitätsentwicklung zurückgeworfen wurden.

Zusammenfassend lässt sich feststellen, dass es *die* beste Qualifikation für den Bereich der frühkindlichen Bildung, Betreuung und Erziehung derzeit nicht zu geben scheint. Zwar wird ganz generell Fachkräften mit Hochschulabschluss aufgrund ihres akademischen Hintergrundes eine hohe Aufmerksamkeit und Wertschätzung zuteil. So wird deutlich stärker der Wunsch nach *einschlägig-hoch* qualifizierten Fachkräften geäußert, weil von ihnen ein größeres und aktuelleres theoretisches Wissen (in den jeweiligen Bereichen) erwartet wird und zugleich die Fähigkeit, sich in neue Themen eigenständig und theoriegestützt einarbeiten zu können. Diese Erwartungen werden überwiegend mit den bisherigen (guten) Erfahrungen mit akademischen Fachkräften begründet, sofern diese mit hoher Motivation und Lernbereitschaft in die Praxis kommen. Die überwiegend fehlende Praxiserfahrung der Fachkräfte und gewisse Praxisferne der Ausbildung (die allerdings in Abgrenzung zur fachschulischen Ausbildung wenig spezifiziert wird), wird von den Leitungen als gegeben akzeptiert. Hierin unterscheiden sich die Leitungen der untersuchten Einrichtungen von anderen Studienergebnissen, die eher Vorbehalte gegenüber den AbsolventInnen kindheitspädagogischer Studiengänge hervorheben (vgl. Kirstein & Fröhlich-Gildhoff, 2013). Ein Grund hierfür könnte in dem insgesamt hohen Akademikeranteil in den hier einbezogenen Einrichtungen liegen, der zu einer gewisse *"Normalität"* von akademisch erworbenem Wissen und Können in den Einrichtungen geführt hat.

Die positive Einstellung *einschlägig-hoch* qualifizierten Fachkräften gegenüber ist jedoch in zweifacher Hinsicht zu relativieren: Zum einen wird nicht per se jede(r) AkademikerIn genommen, sondern die Entscheidung wird personenabhängig gemacht. Zum anderen gelten die Nicht-AkademikerInnen in den Teams (insbesondere die ErzieherInnen und HeilpädagogInnen mit fachschulischer Ausbildung und Berufserfahrung) als *„wertvolle Säulen"* in den Teams, was eine gewisse Überlegenheit gegenüber AkademikerInnen ausdrückt. Auch diese Einschätzung basiert auf Erfahrungen in der vorhandenen (oder früheren) Einrichtung. Dabei werden insbesondere das pädagogische Handeln, die Reflexionsbereitschaft und die große Handlungssicherheit hervorgehoben. Allerdings wird auch betont, dass es zunehmend schwieriger geworden ist, geeignete Fachkräfte mit entsprechender Qualifikation zu bekommen bzw. die wichtigen Basiskompetenzen wie Teamfähigkeit, Kommunikationsfähigkeit und Belastbarkeit auch bei AbsolventInnen der Fachschulen unzureichend sein können.

Bei den *nicht-einschlägig* qualifizierten Fachkräften (bei denen HeilerziehungspflegerInnen, ErgotherapeutInnen sowie Lehrkräfte mit 1. Staatsexamen und im Ausland qualifizierte Fachkräfte am stärksten vertreten sind), wird hinsichtlich der Qualitätsentwicklung in den Einrichtungen deutlich zwischen Handlungspotentialen und realisierter Handlungspraxis differenziert. Grundsätzlich wird mit speziellen Kompetenzen eine Bereicherung für die Einrichtung verbunden. Dies wird festgemacht an gesundheitlichen/pflegerischen Kompetenzen (insbesondere bei Kindern mit entsprechendem Unterstützungsbedarf), aber auch an möglichen motorischen Angeboten (ErgotherapeutInnen), der individuellen Begleitung von Kinder mit besonderen Bedürfnissen (HeilerziehungspflegerInnen) oder in Musik-/Kunstangeboten (Fachlehrkräfte mit 1. Staatsexamen). Bei den im Ausland qualifizierten Fachkräften werden eher die (formal anerkannten) pädagogischen Kompetenzen sowie kulturelle/sprachliche Kompetenzen als besondere Potentiale genannt. In der konkreten Beschreibung der Alltagspraxis nehmen diese spezifischen Kompetenzen jedoch kaum Raum ein – verglichen bspw. mit dem Wissen und Können von Sprachförderkräften oder Fachkräften für Inklusion, das von den Leitungskräften deutlich hervorgehoben wird. Diese Unterschiedlichkeit bei der fachlichen Bewertung der Kompetenzen *neuer* Fachkräfte im Hinblick auf die Qualitätsentwicklung korrespondiert mit der Selbsteinschätzung der Fachkräfte, nach der ihnen in Bezug auf ihre Fachlichkeit im Vergleich zu anderen Teammitgliedern bislang eher wenig Aufmerksamkeit gegeben wurde.

Hinsichtlich der zentralen Auswahlkriterien bei der Einstellung steht bei den *einschlägig-hoch* qualifizierten Fachkräften eher die Qualifikation im Vordergrund; mit diesen sind bestimmte Erwartungen verknüpft (z.B. aktuelles kindheitspädagogisches Fachwissen). Bei den *nicht-einschlägig* qualifizierten Fachkräften wird eher die Persönlichkeit in den Vordergrund gerückt. Zwar ist auch die Qualifikation bekannt, bis auf wenige Ausnahmen, scheint aber eher die allgemeine Lebens- und Berufserfahrung wertgeschätzt zu werden. Dabei treten teilweise auch erstaunlich geringe Kenntnisse auf der Leitungs-/Teamebene über die Ausbildungsgänge und die damit verbundenen (zu erwartenden) Kompetenzen hervor. Erst in Einzelfällen wurde beschlossen, die *neuen* Fachkräfte hinsichtlich ihrer besonderen Qualifikationen im Team vorzustellen.

> „[...] Was wir ja auch teilweise versucht haben zu besprechen, wo komme ich überhaupt her also wirklich dieses Interesse, was kannst du überhaupt, was hast du bisher auch schon geleistet? Dem Raum und Zeit zu geben. Das meine ich mit Offenheit und da musste ich sie schon ein bisschen zwingen, dass sie das jetzt machen, sich darüber zu unterhalten." (Interview Leitung, Int71, Z. 71).

Insgesamt lässt sich aus den vergleichenden Analysen erkennen, dass mit den *einschlägig-hoch* qualifizierten und den *nicht-einschlägig* qualifizierten Fachkräften jeweils unterschiedlich konkrete Vorstellungen über die Kompetenzen verbunden sind, die diese Fachkräfte mitbringen. Damit verknüpft sind auch unterschiedlich konkrete Erwartungen, wie sich die *neuen* Fachkräfte in die pädagogischen Handlungsfelder und besondere Aufgaben einbringen können. Zwar wird von allen Fachkräften erwartet, dass sie in der Lage sind, die pädagogischen Kernaufgaben zu bewältigen. Während das dafür notwendige Wissen und Können der *einschlägig-hoch* qualifizierten Fachkräfte in den Einrichtungen inzwischen erfahrungsbasiert (oder über persönliche Kontakte zu Hochschulen und AbsolventInnen) eingeschätzt werden kann, basieren die Einschätzungen anderer *neuer* Fachkräfte dagegen eher auf allgemeinen Hypothesen (z. B. zum *„guten Umgang"* mit Menschen). Im Vergleich zu der Erwartung, dass BerufseinsteigerInnen die Praxiserfahrung fehlt, werden fehlende theoretische Wissensbestände bei den *nicht-einschlägig* qualifizierten Fachkräften erstaunlicherweise kaum antizipiert. Hierin liegt ein möglicher Erklärungsansatz für die beschriebenen Schwierigkeiten und Missverständnisse in der Einarbeitungszeit. Ob diese wenig konkrete Auseinandersetzung mit den Kompetenzen der *nicht-einschlägig* qualifizierten Fachkräfte einen Einfluss darauf hat, dass von ihnen allenfalls hypothetisch ein Beitrag für die zukünftige Qualitätsentwicklung der Einrichtung zugetraut wird, lässt sich aus dem Material allerdings nicht eindeutig ableiten.

8.6 Innovative Planungs- und Organisationsprozesse: Drei Fallstudien

Im Folgenden werden drei Fallstudien hinsichtlich der verschiedenen Aspekte, die die Einführung multiprofessioneller Teams auf Einrichtungsebene mit sich bringen, vorgestellt. Dabei wurden Einrichtungen ausgewählt, die

hinsichtlich der Strukturen, Prozesse, Arbeitszufriedenheit und Leitungs-
kompetenzen als Einrichtungen *„guter Praxis"* bezeichnet werden können.
Ziel der vergleichenden Fallanalysen ist es, einerseits eine möglichst konkrete Vorstellung von den unterschiedlichen Formen möglicher Planungs- und
Organisationsprozesse zu entwickeln, andererseits nach typischen Kriterien
zu suchen, die die Arbeitsprozesse und Arbeitszufriedenheit in multiprofessionellen Teams bestimmen und als *„Erfolgskriterien"* betrachtet werden
können.

Gründe für die Auswahl der drei Einrichtungen für die nachfolgenden
Fallstudien waren:

- Die Einrichtungen weisen eine im Vergleich zur Gesamtstichprobe
  überdurchschnittliche pädagogische Prozessqualität auf (d.h., der KES-R
  Mittelwert liegt bei deutlich über 4.32; der ECERS-E Mittelwert liegt bei
  über 2.86);
- sie werden aufgrund ihrer inhaltlichen Ausrichtungen und Schwerpunkte als bedarfs- und zukunftsorientiert eingeschätzt;
- die Leitungen waren in den vergangenen zwei Jahren aus verschiedenen
  Gründen (Erweiterung, Umstrukturierung, Krankheiten/Elternzeit) mit
  großen personellen Veränderungen konfrontiert;
- die Teamzusammensetzung ist multiprofessionell und sowohl mit *einschlägig-hoch* qualifizierten als auch mit *nicht-einschlägig* qualifizierten
  Fachkräften besetzt;
- es wurden innovative Planungs- und Organisationsprozesse entwickelt
  und erprobt, um die Arbeitsprozesse und Arbeitszufriedenheit in den
  Teams zu unterstützen.

Zunächst werden die Strukturmerkmale der drei Einrichtungen zusammenfassend dargestellt (Kapitel 8.6.1), daran anschließend werden die drei Fallstudien jeweils getrennt vorgestellt (vgl. Kapitel 8.6.2 ff.). Dabei wurden die
Informationen aus den Leitungsinterviews zu drei Erhebungszeitpunkten
t0, t1 und t2 ausgewertet und mit allen verfügbaren Daten (Trägerangaben,
Strukturdaten, Interviews Fachkräfte, Gruppendiskussionen Teamebene)
validiert. Die Fallstudien werden entlang folgender Kategorien entwickelt:
Einstellungspraxis, Einarbeitungsphase, Personal-/Teamentwicklung, Orga-
nisations-/Qualitätsentwicklung, Rückblick, Einstellungen zu multiprofessionellen Teams bzw. *neuen* Fachkräften sowie Verständnis von Leiten und
Führen. Methodisch wurde das Textmaterial mit Hilfe der Qualitativen Inhaltsanalyse kriteriengeleitet ausgewertet und verdichtet. In einem weiteren
Schritt (Kapitel 8.6.5) wurden prototypische Merkmale fallvergleichend
herausgearbeitet (Kelle & Kluge, 1999) und in Form von Hypothesen verdichtet.

8.6.1 Übersicht Strukturmerkmale

Die drei Einrichtungen befinden sich in verschiedenen Trägerschaften (kommunale Trägerschaft, frei-gemeinnützige Trägerschaft), die Träger haben jeweils mehrere Einrichtungen vor Ort und sind innerhalb ihrer Verbände gut organisiert. Die Einrichtungen befinden sich an verschiedenen Standorten/Regionen in Baden-Württemberg und haben einen überwiegend städtischen bzw. gemischten (Stadt/Land) Einzugsbereich. Sie sind hinsichtlich der Anzahl der betreuten Kinder mittlere (50–100 Kinder) bis große (über 100 Kinder) Einrichtungen, arbeiten (teil-)offen mit Stamm- und Funktionsräumen und bieten Betreuung ab ein bzw. zwei Jahren an. Zwei Einrichtungen haben getrennte Krippenbereiche; zwei Einrichtungen haben Hortbetreuung, in zwei Einrichtungen besteht eine enge Kooperation mit Grundschulen; zwei Einrichtungen arbeiten eng mit anderen Netzwerken und Stellen (Kinder mit besonderem Bedarf) zusammen. Die Einrichtungen haben mittlere (10–20 Fachkräfte) bis große (mehr als 20 Fachkräfte) Teams. Alle drei Einrichtungen haben zusätzlich FSJler und AnerkennungspraktikantInnen, zwei Einrichtungen bilden PIAs aus, eine Einrichtung bereitet dies aktuell vor. Die Anteile der *neuen* Fachkräfte (nicht ErzieherIn/KinderpflegerIn) sind unterschiedlich hoch (zwischen 10 und 50%), die Anteile der *nicht-einschlägig* qualifizierten Fachkräfte liegen deutlich unter 20%. Zwei Einrichtungen arbeiten inklusiv und haben einen hohen Anteil an Kindern mit besonderem Bedarf an sozial-pädagogischer Förderung. Auch haben zwei Einrichtungen Zusatzkräfte für Sprachförderung. Eine Einrichtung entwickelt sich aufgrund des hohen Bedarfs an familienbezogenen Unterstützungsangeboten vor Ort zu einem Familienzentrum.

8.6.2 Fallstudie A

Einstellungspraxis

Im Untersuchungszeitraum waren viele Stellen neu zu besetzen, es wurden alle *„guten"* BewerberInnen eingeladen – unabhängig von der Qualifikation. *Nicht-einschlägig* qualifizierte Fachkräfte werden grundsätzlich nur eingestellt, wenn sie vorab eine entsprechende Weiterbildung („25-Tage-Regelung") abgeschlossen haben; auch werden diese allenfalls als Zweikräfte eingestellt. Bislang gab es aufgrund der günstigen Lage und der Attraktivität der Einrichtung sowie guter (unbefristeter) Verträge keine Engpässe bei der Bewerberlage. Bei frei werdenden Stellen haben MitarbeiterInnen erfolgreich *„Werbung"* bei KollegInnen gemacht, um gute Fachkräfte mit Berufserfahrung zu gewinnen.

Einarbeitungsphase

Bei *einschlägig-hoch qualifizierten* Fachkräften ohne Berufserfahrung wurde die Erfahrung gemacht, dass sie mit hohem theoretischem Wissen, aber nur mit geringer Praxiserfahrung in die Einrichtung kommen (*„sehr sehr wenig Praxisausbildung"*[55]).

Zur Erleichterung der Einarbeitungsphase wurde ein Dokument angelegt, in dem die Konzeption, aber auch Tagesabläufe, Strukturen und Vereinbarungen verschriftlich sind (*„quasi so einen Wegweiser, der durch das Haus führt"*). Auch wurde neuen Mitarbeiterinnen eine *„Einarbeitungspatin"* zur Seite gestellt. Am besten funktionierte die Einarbeitung dabei in Gruppen, in denen sich Strukturen und Abläufe fest etabliert haben, während sich die Einarbeitung in neu zusammengesetzten Gruppen (im Zuge der Erweiterung) schwieriger gestaltete.

Personal-/Teamentwicklung

Das Leitungsteam besteht aus einer vollständig freigestellten Leitung sowie zwei Fachkräften, die zu jeweils 15 % vom Gruppendienst befreit sind und eine höhere tarifliche Eingruppierung (S8) haben. Sie haben zusätzliche Bereichsleitungsaufgaben (Kindergarten/Krippe) und übernehmen jeweils die Abwesenheitsvertretung der Leitung; durch Schichtdienste ist damit die überwiegende Zeit des Tages mit Leitungsverantwortlichen abgedeckt. Dieses Konzept hat sich gegenüber einer einfachen Stellvertreterregelung (30 %) bewährt.

> *„Damit ist es einfach klar, einer hat den Hut auf im Haus und die anderen arbeiten zu und wir arbeiten insgesamt als Leitungsteam und das stellte sich als gut heraus und dadurch können wir auch einfach mehr Zeiten am Tag abdecken, dass jemand wirklich Verantwortliches im Haus ist."*

Alle Fachkräfte sind grundsätzlich im Gruppendienst eingesetzt, und haben die gleichen Arbeitsbedingungen (Erstkräfte, Arbeitszeiten/Schichten, Anforderungen). Auch werden spezielle Aufgaben vergeben, hier bekommen Qualifikationen und Kompetenzen der Fachkräfte ihre Bedeutung. Eine *einschlägig-hoch* qualifizierte Fachkraft hat die Konzeption abschließend verschriftlicht und ist für Elternbefragungen zuständig. *Nicht-einschlägig* qualifizierte Fachkräfte werden entsprechend ihrer Aus- oder Weiterbildungen für

---

55 Aus Gründen der besseren Lesbarkeit wird in den Fallstudien auf die Angaben von Interview und Zeile verzichtet. Alle Interviewauszüge stammen aus Interviews mit der Leitungskraft der untersuchten Einrichtung zu den Zeitpunkten t0, t1 und t2.

gesundheitliche oder therapeutische Angebote eingesetzt. Für Spezialfunktionen wurden „flexible Modelle" zur Entlastung der FunktionsträgerInnen entwickelt (Freiräume bei der Gestaltung der Vorbereitungszeit, weniger Bezugskinder, anteilige Freistellungen für Kooperationsbeauftragte, punktuelle Freistellungen für Sonderaufgaben/Veranstaltungsorganisation). Zukünftig wird angedacht, noch mehr Funktionsstellen für besonders qualifizierte Fachkräfte einzurichten, bspw. eine Beauftragte für Eltern, die bildungsbezogene Informations- und Beratungsangebote entwickelt und durchführt. Solche Funktionsstellen werden nicht nur im Hinblick auf die pädagogische Qualität der Einrichtung, sondern speziell auch zur Nachwuchskräfteförderung konzipiert.

> *„Dann sind das Sprungbrettstellen, auch da wieder mit der Klarheit, die werden sich irgendwann so entwickeln dass sie eine Leitung übernehmen werden und dann wechseln. Aber das macht ja nichts. Da wachsen ja Neue nach. Das ist ja das Schöne."*

Es gibt eine Leistungszulage (leistungsorientierte Bewertung), mit der besonders gute Fachkräfte auf 600–800 Euro Brutto (pro Jahr) zusätzlich kommen können, wobei die finanzielle Anerkennung aus Sicht der Leitung insgesamt noch deutlich zu gering ist.

Die Teamentwicklung wird einerseits durch eine ausgeprägte Qualitätsorientierung, andererseits über eine offene Fehlerkultur geprägt *(„dass immer klar ist, dass Fehler gemacht werden dürfen")*. Diese Grundprinzipien einer lernenden Organisation lebt die Leitungsebene vor und gibt damit vor allem BerufseinsteigerInnen Orientierung.

> *„Das lernen die Mitarbeiter am besten, wenn man selbst auch sagt: Ja das habe ich vergessen und das tut mir leid. (…) und dann wissen andere auch, sie dürfen das sagen und dadurch haben wir, glaube ich, zu einer recht hohen Ehrlichkeit gefunden und das bringt viel."*

Den Gruppenteams wird viel Eigenverantwortung und Autonomie übertragen; so gibt es einen jährlichen Rahmendienstplan, auf dessen Grundlage und unter Vorgaben (Betreuungsschlüssel) die Gruppenteams ihren Dienstplan selbst erstellen, Ausfallzeiten (Krankheiten) soweit wie möglich innerhalb des Teams abfedern und sich gegenseitig individuelle Freiräume eröffnen (Schichten, Wechsel). Die Leitungsebene wird informiert und bei Bedarf (hoher Krankenstand, Teamkonflikte) durch gruppenübergreifende Maßnahmen aktiv. Innerhalb des Stellenplans werden PraktikantInnen im Anerkennungsjahr mit 80% und Auszubildende nach dem PIA-Modell mit 20% angerechnet.

Alle Fachkräfte bekommen jährlich die Möglichkeit, Gruppen-/Funktions- oder im Einzelfall auch Altersbereiche der Einrichtung zu wechseln. Damit lernen alle Fachkräfte mehrere Bereiche des Hauses kennen und bekommen Einblick in die Gesamtstruktur des Hauses (*„Jeder Bereich weiß um die Vorzüge des anderen Bereichs, aber auch um die Schwierigkeiten."*). Vorteilhaft ist dies aus Leitungssicht für die Zusammenarbeit im Team, weil ein größeres Verständnis füreinander entsteht. Zugleich fördert es die individuelle berufsbiographische Entwicklung und Motivation der MitarbeiterInnen, was der Personalbindung dient.

> *„Sie müssen gar nicht die Stelle wechseln, wenn die was erleben wollen. Die wechseln einfach innerhalb vom Haus und das ist wirklich unsere große Chance, Mitarbeiter langfristig zu halten."*

Um gute Fachkräfte zu halten, werden ihnen umfangreiche Weiterbildungen (z.B. berufsbegleitendes Studium) ermöglicht, bspw. durch flexible Arbeitszeitverträge und punktuelle Freistellungen. Diese Nachwuchsförderung überwiegen die Vorteile der Personalentwicklung für die Einrichtung, auch wenn klar ist, dass die Fachkräfte nach Abschluss der Qualifizierungen die Einrichtung verlassen könnten. Vorteile ergeben sich einerseits durch eine gewisse Planungssicherheit (*„so hab ich sie jetzt wenigstens noch die drei Jahre"*), andererseits über die Qualitätsimpulse, die über Weiterbildungen in die Einrichtung kommen. Auch werden solche Modelle als Anreiz für zukünftige LeistungsträgerInnen angesehen (*„da bekommt man dann die Leute, die sich gut weiter entwickeln"*).

Unabhängig von berufsbegleitenden Maßnahmen werden allen MitarbeiterInnen bei Bedarf flexible Arbeitszeitmodelle angeboten, sofern dies vertretbar ist (*„Wenn die Mitarbeiter kommen und sagen, sie wollen vorübergehend für ein Jahr reduzieren, versuchen wir das immer zu machen."*). Zukünftig sollen weitere Arbeitszeitmodelle (z.B. *„Sabbat-Jahr"*) entwickelt werden, allerdings muss dies in Zusammenarbeit mit dem Träger geschehen.

Organisations-/Qualitätsentwicklung

Pro Jahr werden drei Konzeptionstage im Gesamtteam durchgeführt, zusätzlich sind alle Fachkräfte mindestens vier Tage pro Jahr auf externen Fortbildungen, die sie nach ihren Interessen und Bedarfen auswählen können. Von der Leitungsebene werden sie gezielt auf interessante Fortbildungen hingewiesen, oder es wird ihnen in Personalgesprächen zu bestimmten Fortbildungen geraten, um erforderliche Kompetenzen zu vertiefen. Bei Bedarf kann auch ein größerer Fortbildungsumfang ermöglicht werden, sofern dies zur Erhöhung der pädagogischen Qualität beiträgt *("Dann kriegt die einfach drei Tage mehr im Jahr. Mir ist wichtig, die macht das.")*. Alle Fortbildungen werden von den MitarbeiterInnen dokumentiert, der Nutzen kommentiert und mögliche Unterlagen zur Weitergabe angeboten. Ziel ist, die durchgeführten Fortbildungen transparent zu machen *("dass das dann auch für das ganze Haus belegbar wird")*.

Neben Gruppen- und Bildungsangeboten werden individuelle Zusatzangebote für Kinder mit besonderen Bedürfnissen entwickelt. Der Vorteil spezialisierter Fachkräfte (z.B. im heilpädagogischen Bereich) liegt darin, dass Zusatzangebote im eigenen Hause entwickelt und auf die spezifischen Bedürfnisse der Kinder ausgerichtet werden können, ohne auf externe Kräfte zurückgreifen zu müssen *("damit können wir ganz viel selber leisten")*. Ermöglicht werden solche zusätzlichen Angebote über eine flexible Personalplanung im Haus, wobei jeweils kurz- bis mittelfristige Planungszeiträume (z.B. monatlich) bestehen. Beispielsweise wird eine Mitarbeiterin während eines wöchentlich stattfindenden speziellen Angebots für eine Gruppe von Kindern durch andere Fachkräfte in ihrer Gruppe vertreten. Wird dieses Angebot nicht mehr benötigt bzw. nachgefragt, wird die Personalplanung entsprechend angepasst. Diese Planungen laufen auf der Leitungsebene zusammen. Als vorteilhaft wird dabei die Größe der Einrichtung bzw. der große Personalstamm angesehen.

> *"Dann weiß ich, ich brauch einmal die Woche in Gruppe drei jemand anders mit drin und dann schiebt halt Gruppe zwei jemanden rüber, das ist einfach die Gnade einer großen Einrichtung."*

Im Hinblick auf Inklusion wird im Einzelfall abgewogen, ob das Kind in der Einrichtung angemessen versorgt und betreut werden kann. Grenzen einer möglichen Aufnahme werden in Bezug auf den Behinderungsgrad des Kindes, den Personalschlüssel aber auch die Qualifikation der Fachkräfte gesehen. Eine Grundbedingung für die Weiterentwicklung hin zu einer inklusiven Einrichtung sind überdies Inhouse-Fortbildungen für das gesamte Team, um den inklusiven Gedanken tatsächlich zu verankern.

> *"Das heißt ich brauch ganz spezielle Schulungen, wie kann ich da arbeiten und was kann ich da tun. Quasi muss das Team wirklich spuren und dafür brauch ich Zeit und Geld als das eine und ich brauch die entsprechenden Fachkräfte, die das mitgestalten können und den entsprechend höheren Personalschlüssel. Ich glaube, das sind die drei Punkte und dann kann Inklusion gelingen."*

Zufriedenheit – Rückblick auf die vergangenen zwei Jahre

Die Leitung äußert zum Zeitpunkt t2 eine hohe Zufriedenheit mit dem Verlauf der letzten beiden Jahre (90-prozentige Zufriedenheit[56]) und begründet dies mit der guten personellen und konzeptionellen Bewältigung großer Herausforderungen, die mit der Erweiterung und Umstrukturierung der Einrichtung einhergingen. Pädagogisch ist nach Einschätzung der Leitung noch nicht der höchste Qualitätsstandard erreicht. Angesichts der Priorität, die in den vergangenen beiden Jahren in der Schaffung funktionierender Arbeitsprozesse und einer zukunftsorientierten Teamentwicklung lag, ist dies jedoch durchaus vertretbar.

> *„Wir haben uns pädagogisch noch längst nicht dahin entwickeln können, wo wir zum Schluss stehen wollen, das wäre eine Überforderung mit diesem Konzept. Aber ich denke, wir sind auf einem sehr guten Weg."*

Einstellungen zu Multiprofessionellen Teams bzw. *neuen* Fachkräften

Die Leitung steht multiprofessionellen Teams grundsätzlich und aufgrund bisheriger beruflicher Erfahrungen (eigene Tätigkeiten in multiprofessionellen Teams) positiv gegenüber. Dabei ist eine Mischung aus einschlägigen, praxisorientierten Qualifikationen und speziellen Qualifikationen eher in größeren Teams möglich. Wichtig sei es, *„ein gesundes Verhältnis zu haben"*. Auf hoch qualifizierte Fachkräften ohne Berufserfahrung muss ein Team gut vorbereitet werden, so dass es nicht zu einer zu großen, zusätzlichen Belastung für berufserfahrene ErzieherInnen im Team kommt, die für die allgemeine pädagogischen Arbeit in hohem Maße wertgeschätzt werden (*„weil sie einfach für diesen Job am besten ausgebildet sind"*). Nicht-einschlägig qualifizierte Fachkräfte muss ein Team aufgrund seiner Größe und Struktur *„verkraften"* können (*„ein oder zwei in Anführungszeichen Hilfskräfte, die können wir gut verkraften"*), allerdings werden Kurzqualifikationen (*„25-Tage-Regelung"*) keine besondere Bedeutung beigemessen, ein besseres Modell wäre eher individuell zugeschnittene berufsbegleitende Weiterbildungen für fachfremde Personen einzuführen.

> *„Diese Kräfte können eingestellt werden von mir aus auch nach einer Woche Grundkurs oder von Anfang an eingestellt werden. Aber dann mit der Klarheit, die müssen die nächsten zwei Jahre einmal die Woche in die Schule. Die müs-*

---

56 Zum Abschluss des Untersuchungszeitraums wurden die Leitungen gebeten, rückblickend eine Gesamteinschätzung zur Zufriedenheit mit den letzten zwei Jahren (auf einer Skala von 1 bis 10) abzugeben. „10" bedeutet dabei 100-prozentig zufrieden.

*sen keine volle Ausbildung mehr kriegen also grade die die mit 50, 55 wech-
seln ist es Blödsinn zu sagen, die müssen nochmal eine komplette Ausbildung
machen. Aber ich glaube, es ist wichtig, dass es fundierter wird und nicht in
diesem Crashkursverfahren."*

Multiprofessionalität darf aber nicht zur Beliebigkeit werden (*"unter dem
schönen Begriff 'multiprofessionelle Teams', der für mich wirklich positiv ist,
dann aber darunter nicht mehr 'multiprofessionell', sondern 'multi' verstanden wird und das 'professionell' verschwindet."*). In Bezug auf den Träger bedeutet das, deutlich zu machen, welche Qualifikationen in einem Team
hilfreich und notwendig sind, Notlösungen werden nicht akzeptiert.

Mit den unterschiedlichen Qualifikationen werden entsprechende Erwartungen verknüpft, so wird von ErzieherInnen erwartet, dass sie einen
pädagogischen Tag und eine Woche strukturieren können (*"Das muss flut-
schen."*) und pädagogisch kompetent handeln (*"sehr solide gute Erziehung
machen kann"*). Von *einschlägig-hoch* qualifizierten BerufseinsteigerInnen
werden andere Kompetenzen erwartet, so müssen sie vernetzt denken, konzeptionell arbeiten oder Gespräche methodisch gut vorbereiten können.
Nicht erwartet wird dagegen eine eigenständige Gestaltung pädagogischer
Angebote und die Leitung von Kindergruppen (*"Da ist eine Kindheitspädagogin zu Beginn völlig überfordert."*).

Leiten und Führen: Rollenverständnis und Auftrag

Die zentrale Rolle einer guten Leitung wird darin gesehen, ein Team aufzubauen und zu führen, das eigenverantwortlich und mit einer großen Überzeugung die inhaltlichen und strukturellen Vereinbarungen in konkretes
pädagogisches Handeln übersetzt. Eine Leitung muss nicht alles selbst können und wissen, sondern vielmehr Möglichkeiten eröffnen, in denen sich
Kompetenzen im Team entfalten können (*"es aber auch nicht mein Job ist
als Leitung alle Dinge zu wissen, sondern alle Dinge richtig zu managen und
zu wissen, wer es weiß."*). Eine Stärke von Leitung ist, die eigenen Stärken
und Schwächen offen zu benennen, um damit ein Modell für Teamarbeit zu
entwickeln, das über die enge Zusammenarbeit seine Potentiale entfaltet.

> *"Ich glaube, dass das dem ganzen Team leichter gefallen ist als Team auch zu-
> sammenzuwachsen und in dieser Größe auch so zusammenzufinden, dass ich
> nie einen Hehl daraus gemacht habe, dass ich nicht alle Dinge weiß. (…) dann
> kann sich jeder auf seine Stärken besinnen und kann die Themen, die er ein-
> fach nicht weiß, muss er nicht versuchen, die zu verheimlichen, sondern kann
> sie einfach sagen, hallo liebe Kollegin, in dem und dem Bereich hab ich keine
> Ahnung, wie macht man das denn."*

Eine hohe Arbeitszufriedenheit herzustellen, ist ein wichtiges Prinzip von Leitungshandeln und trägt zur Qualitätsentwicklung und -sicherung bei. Sie stellt sich eher indirekt als Ergebnis guter Personalführung ein, bei der die individuellen Stärken erkannt und gefördert werden. Eine reine „Fürsorgetätigkeit" für Mitarbeiter, bei der keine Aufgaben und Funktionen aufs Team verteilt werden, steht dem Prinzip, Potentialträger zu stärken, eher entgegen.

> „Ich glaube dadurch krieg ich ne sehr sehr hohe Mitarbeiterzufriedenheit und verhindere ne hohe ne höhere Fluktuation von Mitarbeitern, wenn ich weiß, Mitarbeiter können das, was sie gelernt haben, was sie gut können auch wirklich gezielt einbringen in die tägliche Arbeit. Um zum einen besser zu werden in der Arbeit, zum andern aber ganz klar mit dem Hintergrund, die Arbeitszufriedenheit bei den Mitarbeitern zu stärken und damit klar zu haben, die bleiben einem wirklich lang erhalten."

Eine geteilte Leitungsverantwortung sowie weitreichende Autonomie in den Gruppenteams (Dienstplangestaltung) sorgen auf der Grundlage eines gemeinsamen Leitbildes und eines ausgeprägten Qualitätskonzepts dafür, dass die Arbeitszufriedenheit im Team hoch ist. Dennoch verbleibt die letztendliche Verantwortung für Entscheidungen – und damit auch die Sicherheit, Fehler machen zu dürfen – bei der Leitung selbst. Aktives Leitungshandeln ist auch bei Konflikten im Team gefragt, die von den Fachkräften selbst nicht gelöst werden können. Dabei ist eine große Nähe zum Team erforderlich, um frühzeitig Probleme mitzubekommen und Eskalationen zu vermeiden.

> „Mit den Mitarbeitern gibt es die Vereinbarung, im Moment wo die Mitarbeiter merken, wir fangen an uns zu streiten und nicht erst wenn sie drin im Streit sind, sondern in dem Moment wo sie anfangen sich zu streiten. Weil die Endverantwortung selbstverständlich bei der Leitung liegt."

In Bezug auf die Zusammenarbeit mit dem Träger werden einerseits klare Zuständigkeiten vereinbart (Personalfragen, rechtlichen Angelegenheiten, Vertragsgestaltung), zugleich wird auch eine weitgehende Entscheidungs- und Handlungsautonomie (im Rahmen des Leitbilds) als notwendig erachtet, um im Hinblick auf die Qualitätsentwicklung der Einrichtung Prioritäten setzen zu können und das Team entsprechend der spezifischen Anforderungen des Hauses so zu führen, dass Bildung und Betreuung bestmöglich realisiert werden können. Letztendlich kann die pädagogische Qualität jedoch nur durch das Team selbst im alltäglichen Handeln realisiert werden. Daher ist es erforderlich, für ein langfristig gut funktionierendes, motiviertes und zufriedenes Team sorgen. Hierfür wird die Methapher des *„in einem Boot sitzen"* gebraucht.

> *„Als Leitung von so einer großen Einrichtung ich bin als Leitung immer drauf angewiesen auf ein gutes Team (...) das Team muss komplett in diesem Boot mit sitzen und gemeinsam rudern ansonsten fährt's vor die Wand."*

8.6.3 Fallstudie B

Einstellungspraxis

Aufgrund ihrer integrativen Ausrichtung (Aufnahme von Kindern mit Behinderungen) ist die Einrichtung bereits seit langem multiprofessionell besetzt, dabei waren Fachkräfte aus dem heilpädagogisch/therapeutischen Bereich auf zusätzlichen Integrationsstellen beschäftigt. Im Untersuchungs- zeitraum hat sich der Anteil *neuer* Fachkräfte ohne einschlägige ErzieherIn- nenausbildung im Team weiter erhöht. Grund hierfür waren zahlreiche Neubesetzungen im Team (aufgrund von Fortgängen), für die es keine aus- reichenden Bewerbungen von *einschlägig-traditionell* qualifizierte Fachkräf- ten gab.

> *„Das war eher eine Frage das eben ja die Bewerbungslage (...) da müssen wir auch auf andere Berufsabschlüsse zurückgreifen."*

Einarbeitungsphase – Erfahrungen

Die Einarbeitungsphase wird über eine Einführungswoche, in der Organisa- tion und Abläufe erklärt, aber auch eine Einweisung in Sicherheit und Hy- giene gegeben werden und ein Patensystem (unmittelbare Unterstützung für die ersten Wochen im Gruppenbezug) gerahmt. Allerdings wird das Haus aufgrund seiner Handlungsfelder und pädagogischen Aufträge (Inklu- sion, viele Kinder mit sozialpädagogischem Bedarf) insgesamt als sehr kom- plex und herausfordernd beschrieben, so dass die Einarbeitung längere Zeiträume in Anspruch nimmt und überwiegend über eine enge kollegiale Zusammenarbeit im Gruppenteam erfolgt *(„viele Dinge ergeben sich natür- lich auch dann erst im Tun")*.

Mit der Leitung werden während der Einarbeitungsphase regelmäßig Gespräche *(„Probezeitgespräche")* geführt, in denen der Unterstützungs- und ggf. Fortbildungsbedarf besprochen wird. Dabei wird davon ausgegangen, dass der individuelle Bedarf in Abhängigkeit von der beruflichen Qualifika- tion und Erfahrung bei jeder Fachkraft unterschiedlich ist, um die pädago- gischen Kernaufgaben bewältigen zu können. Daher werden Personalgespräche für die passgenaue Steuerung der Einarbeitungsphase als sehr wichtig eingeschätzt.

„Also da hat mir zum Beispiel eine gesagt, sie denkt jetzt, Elterngespräche denkt sie, dass sie das gut machen kann, dass sie den Bedarf eher woanders sieht. Das kann ich den Neuen nur mitgeben, dann müsst ihr euch melden oder mir auch einfach einen Bedarf weitergeben, wo brauch ich da nochmal vielleicht eine Qualifizierung oder eine Fortbildung."

Die Einarbeitungszeit wird nach Möglichkeit so gestaltet, dass neue Fachkräfte in erfahrene Gruppenteams kommen, in denen mehr Vollzeit- als Teilzeitkräfte arbeiten. Die Möglichkeiten zur pädagogischen Orientierung sind dort nach den Erfahrungen der Leitung größer, so dass entsprechend schneller Handlungssicherheit erworben werden kann (*„dass man jemand hat, der einfach auch längere Stunden am Tag abdeckt und einfach auch immer gut ansprechbar ist"*).

Wichtig bei der Gestaltung der Einarbeitung ist der Schutz von bestehenden Teammitgliedern vor zu großen Zusatzbelastungen, die bei hoher Fluktuation und zu vielen Neueinstellungen ohne Berufserfahrung berücksichtigt werden mussten (*„das ist ein Thema der länger-da-Seienden, dass die so das Gefühl haben, mir geht langsam die Puste aus"*). In einem Fall war es möglich, einen vierwöchigen Übergang zwischen zwei Fachkräften zu organisieren/finanzieren, was als Idealmodell im Sinne der Sicherung pädagogischer Kontinuität betrachtet wird.

„Dann haben alle gesagt das war einfach für alle Beteiligten ganz toll weil die neue Mitarbeiterin gut reinkommen konnte. Sie hatte noch eine Ansprechperson und die hatten auch noch Zeit zusammen, konnten auch einfach Kinder übernehmen und besprechen."

Auf Trägerebene wird zusätzlich ein einrichtungsübergreifendes Konzept für neue MitarbeiterInnen erprobt, bei dem *„kleine Fortbildungsinputs"* (jeweils einmal im Monat) zu *„klassischen Themen"* (Eingewöhnung, Elterngespräche, Zusammenarbeit mit Familien mit Migrationshintergrund, Sprachförderung) gegeben werden. Diese Angebote werden von Leitungskräften oder erfahrenen Fachkräften aus den Einrichtungen mit den jeweiligen Zusatzfunktionen übernommen.

Personal-/Teamentwicklung

Aufgrund der großen personellen Veränderungen zu Beginn des Untersuchungszeitrums wurden bei den Planungstagen die Themen „Teamzusammenarbeit und Teamentwicklung" in den Vordergrund gerückt. Ziel war es, das Haus „zu beruhigen", die Personalfluktuation einzudämmen und neue, gut funktionierende Team-/Gruppenstrukturen zu etablieren. Pädagogische Themen (Beobachtung und Dokumentation, Inklusion, herausforderndes Verhalten u.a.) wurden dagegen bewusst zurückgestellt und im Laufe des Untersuchungszeitraums in Form von Inhouse-Schulungen wieder aufgegriffen.

Zur Team-/Personalentwicklung wurde ein internes, kollegiales Coachingsystem eingeführt. Hierbei bietet ein langjähriges und einschlägig qualifiziertes Teammitglied Hospitationen in den Gruppen an und gibt Kleinteams bzw. einzelnen Fachkräften differenzierte Rückmeldungen, bspw. zur Dynamik in der Kindergruppe, zu Möglichkeiten gelingender Regulation, zur Gestaltung von Angeboten und Spielen. Auch wird Fachkräften die Möglichkeit gegeben, in anderen Gruppen zu hospitieren, um Anregungen und Orientierungen für das eigene Handeln zu bekommen. Dieses Angebot richtet sich an alle Fachkräfte (unabhängig von der beruflichen Ausbildung und Erfahrung), wird aber besonders von *neuen* Fachkräften ohne Berufserfahrung angenommen. Das Angebot wird explizit nicht als Verpflichtung oder gar „Kontrolle" verstanden, sondern als geeignete Möglichkeit, um eigene Handlungspraktiken zu reflektieren und auf der Grundlage theoretisch begründeten und durch Erfahrungen gesicherten Wissens des Coaches die eigene Handlungssicherheit zu stärken. Das System wird nach einem Jahr als überaus wertvoll von Seiten des Teams und der Leitung bewertet. Dabei wird betont, dass die Persönlichkeit und Kompetenz des Teammitglieds, das sich als Coach angeboten hat, ein besonderer Erfolgsfaktor ist.

> *„Das wurde auch sehr, sehr positiv erlebt und da finde ich auch, hat er einfach die Gabe, dass er nicht sagt: so jetzt sag ich euch mal wie das geht, sondern von seiner Person her sehr anerkannt und sehr geschätzt ist hier im Team."*

Das Modell des internen kollegialen Coachings stellt sich auch für das Teammitglied, das diese neue Rolle ausfüllt, als erweiterte Chance dar, die eigenen Kompetenzen ins Team einzubringen und den Handlungsspielraum der professionellen Tätigkeit zu vergrößern, was zur eigenen Arbeitszufriedenheit beiträgt (*„das hat er mir auch zurück gemeldet, dass er gut den Rollenwechsel hinbekam; ich bin Kollege und komm jetzt aber in einer anderen Rolle in die Kleinteams mit rein"*).

Für die Teamentwicklung stellt die Leitung als besonderen Aspekt auch die Fürsorge für ältere Teammitglieder heraus. Dabei wird darauf geachtet, dass gesundheitliche Aspekte (körperliche und psychische Anforderungen) und zusätzliche Belastungen (z.B. im Hinblick auf die Fluktuation in der eigenen Gruppe) auf der Teamebene sowie in Trägergesprächen in den Blick genommen werden (*„wie bleibt man hier gesund mit der Arbeit, wie kann man den Job auch länger machen, ohne krank zu werden"*).

Organisations-/Qualitätsentwicklung

Pro Jahr werden fünf Konzeptions- und Fortbildungstage durchgeführt, die je nach thematischen Schwerpunkten gestaltet werden. Ein thematischer Schwerpunkt war im Untersuchungszeitrum die Auffrischung des in der Einrichtung praktizierten Beobachtungs- und Dokumentationsverfahrens im Gesamtteam. Ziel ist dabei, dass auch bei größeren personellen Veränderungen der Standard in der Einrichtung nicht verloren geht. Hierfür wurde eine Inhouse-Fortbildung durch den Träger organisiert. Gleichwohl besteht die Erfahrung, dass die Qualitätssicherung gerade bei anspruchsvollen Verfahren eine dauerhafte Herausforderung in sich verändernden Teams darstellt.

> *„Wie kriegt man so die unterschiedlichen Wissensstände innerhalb des Teams angenähert, dass eben nicht so die Standards, die erarbeitet wurden, so schnell unter den Tisch fallen."*

Im Zuge der personellen Veränderungen und dem Anliegen, *„das Haus zu beruhigen"*, wurden Tages- bzw. Wochenabläufe umgestellt, so wurden an mehreren Tagen in der Woche Stammgruppenaktivitäten eingeführt und *„offene"* Angebote in Funktions-/Bildungsbereichen vorübergehend zurückgefahren. Diese Veränderungen haben nach Einschätzung von Leitung und Team nicht nur zu einer größeren Entspanntheit bei Kindern und Fachkräften im Haus geführt, sondern auch den Beziehungsaufbau zwischen den *neuen* Fachkräften und den Kindern befördert. Die nach wie vor an drei Vormittagen in der Woche stattfindenden spezifischen Bildungsangebote werden von den Kindern inzwischen wieder intensiver aufgegriffen.

> *„Vielleicht müssen wir das Haus in bisschen beruhigen, in dem wir zwei Stammgruppen-Tage anbieten. ... und dann haben wir gesagt, wir probieren das mal aus und nehmen den Montag und den Freitag als Stammgruppentag zum Ankommen und zum Ausklang in der Gruppe am Ende der Woche ... und das wurde sehr gut angenommen."*

Bei der Qualitäts-/Organisationsentwicklung werden neben den Grundlagen (Orientierungsplan, Beobachtung und Dokumentation, Beziehungsgestaltung, Zusammenarbeit mit Eltern) auch spezielle Themen in den Blick genommen, mit dem grundsätzlich alle Fachkräfte – unabhängig von ihrer beruflichen Ausbildung – zu tun haben, die aber *neue* Fachkräfte ohne Berufserfahrung besonders schnell an die Grenzen ihrer Handlungsfähigkeit bringen. Hierzu gehören Gruppenkonflikte zwischen den Kindern und herausforderndes, aggressives Verhalten bei einzelnen Kindern. Diese Schwerpunktthemen wurden im Rahmen der Konzeptions- und Planungstage in Form von Inhouse-Schulungen aufgegriffen. Damit werden „schwierige Themen" nicht den Teammitgliedern mit speziellen Qualifikationen oder Funktionen übertragen, sondern dies wird als Aufgabe für das gesamte Team begriffen.

> „Das sind dann ganz klassische pädagogische Themen die betreffen alle, also da ist keine Unterscheidung mehr bin ich Erzieher, Erzieherin oder bin ich Heilerziehungspflegerin, sondern ich glaub, da stehen alle irgendwie ganz schnell an der Wand und sagen, ich brauch da was, damit ich weiß, wie ich mit dem Kind oder mit dieser besonderen Situation, wie gehe ich damit um und wie kommen wir da raus."

Hinsichtlich der Weiterentwicklung hin zu einer inklusiven Einrichtung werden offen die begrenzten Möglichkeiten, die vor allem auf die räumlichen Bedingungen in der Einrichtung zurückgeführt werden, thematisiert. Zwar werden Kinder mit Behinderungen aufgenommen, bei körperlichen Einschränkungen werden jedoch enge Grenzen gezogen.

> „Wenn Kinder kommen die eine körperliche Beeinträchtigung mit sich bringen, muss ich eigentlich immer sagen, wir können das hier (nicht), das ist schwer leistbar weil das Haus einfach das nicht hergibt."

Rückblick auf die letzten zwei Jahre Team-/Qualitätsentwicklung

Die Leitung ist mit den letzten zwei Jahren sehr zufrieden und schätzt ihre Gesamtzufriedenheit auf 80 %. Zwar war es aufgrund eines sehr großen personellen Wechsels und dem eigenen Einstieg als Leitung in die Einrichtung eine Zeit großer Anstrengung und Herausforderung, die sie (als Team) aber „gut gemeistert" haben. Nach den Rückmeldungen vom Team sind sie („auf einem ganz anderen Stand als noch vor einem Jahr").

Nachdem im ersten Jahr die pädagogischen Inhalte „ein bisschen weg gerutscht" waren, ist das Beobachtungs- und Dokumentationsverfahren wieder gut etabliert und es wird zur Zufriedenheit von Team und Leitung wieder im Alltag damit gearbeitet.

Eine große Zufriedenheit empfindet sie im Rückblick bzgl. der Offenheit des Teams, das trotz hohen Personalwechsels jedes neue Teammitglied offen und wertschätzend empfangen hat und keinen Unterschied macht, welche Erfahrung die neuen Fachkräfte mitbringen. Auch ist sie mit der kooperativen Elternschaft zufrieden, die die Veränderungen in Team und pädagogischer Arbeit mitgetragen hat („*Also das schätze ich sehr. Das macht unsere Einrichtung auch wirklich aus.*").

Einstellungen zu multiprofessionellen Teams bzw. *neuen* Fachkräften

Die Leitung vergleicht das derzeitige, multiprofessionell besetzte Team mit früheren, homogeneren Teams, und stellt es „*viel offener, viel, also mit einem weiteren Blick*" dar. Im Vergleich der verschiedenen Gruppenteams innerhalb der Einrichtung beobachtet sie, dass ein mehrperspektivischer Blick insbesondere im Hinblick auf Verhaltensweisen von Kindern Vorteile haben kann, weil enge Normvorstellungen angemessener Verhaltensweisen im fachlichen Diskurs hinterfragt und aufgebrochen werden können. In Teambesprechungen erlebt sie insbesondere MitarbeiterInnen mit Erfahrungen aus der Erziehungshilfe oftmals als FürsprecherInnen für Kinder.

> „*Die einen sagen, die Kinder werden immer anstrengender und wir kriegen immer in Anführungsstrichen schlimmere Kinder oder die brauchen eine eins zu eins Betreuung, und wenn da jemand, der schon im Schulkindergarten gearbeitet hat, der dann sagt, das stimmt gar nicht. das ist eine andere Wahrnehmung.*"

Einerseits werden Teammitglieder darin unterstützt, ihre ausbildungs- und berufsspezifischen Wissensbestände außerhalb von Kindertageseinrichtungen in die pädagogische Arbeit einzubringen. Andererseits wird dem einschlägigen Wissen und Können von ErzieherInnen eine hohe Wertschätzung entgegengebracht. Diese einschlägigen Kompetenzen werden vor allem bei der Strukturierung des Alltags und der pädagogischen Arbeit mit Kindergruppen als „*nicht zu ersetzen*" bezeichnet.

> „*Da kriegen natürlich Erzieher, Erzieherinnen nochmal auch in ihrer Ausbildung Handwerkszeug, wie führe ich eine Gruppe, was ist wichtig, wie kriege ich da Struktur rein.*"

Die Vorteile multiprofessioneller Teams werden eher auf der Teamebene und bislang weniger im alltagstypischen Handeln wahrgenommen. Während die hohe Reflexionsfähigkeit und der aus den unterschiedlichen beruflichen Kontexten gespeiste „*kritische Blick*" auf das pädagogische Handeln in Teambesprächen als besondere Stärke des multiprofessionellen Teams wahrgenommen wird, treten in der konkreten Handlungspraxis eher die Vorteile großer Praxisnähe hervor. An der Handlungssicherheit und an dem breiten, pädagogischen Repertoire können und sollten sich *neue* Fachkräfte orientieren können. Ein kollegiales Coaching, eine enge Anleitung und Prozessbegleitung (inkl. Fortbildungen) während der Einarbeitungszeit werden daher als unumgänglich für *neue* Fachkräfte betrachtet.

> *„Also das sind natürlich so Dinge, wo ich auch mir nicht anmaßen würde zu sagen, dass kann man so nach zwei Wochen, das ist natürlich auch ganz viel Erfahrung, das muss man sich auch erst aneignen und lernen."*

Leiten und Führen: Rollenverständnis und Auftrag

In ihrer Rolle als Leitung beschreibt sie sich als jemand, der *„den Laden managed"* und dafür sorgt, den MitarbeiterInnen tragfähige und sichere Arbeitsbedingungen zu verschaffen (*„ich bin eigentlich auch so ein kleines Personalbüro"*). Inhaltlich sieht sie sich als Impulsgeber für pädagogische Themen und Qualitätsstandards, greift aber zugleich auch Unterstützungsbedarfe aus dem Team auf (*„Supervision in einer Gruppe mit einem schwierigen Kind."*).

In der Phase großer personeller Veränderungen im Team sah sie es als ihre zentrale Aufgabe an, zunächst wieder Beständigkeit ins Team und in die Einrichtung zu bringen. Pädagogische Schwerpunktthemen wurden bewusst zurückgestellt, dem Teamfindungsprozess wurde ausdrücklich Priorität eingeräumt. Gleichzeitig wurde das klare Ziel formuliert, in der nächsten Phase wieder anzuschließen an Qualitätsentwicklungsmaßnahmen und anstehende Bildungsthemen.

> *„Das wir so in der Besetzung auch arbeiten können, das ich merk, das lohnt sich auch so in Anführungsstrichen eben in die Leute zu investieren."*

Zur Förderung der Teamentwicklung gehört zum einen die individuelle Förderung und Begleitung der Fachkräfte, zum anderen auch die Beachtung der Teamgesundheit als Leitungsaufgabe.

> *„Zu gucken wie die Arbeitsbedingungen auch sind, was erleichtert den Mitarbeitern, also was brauchen die, dass sie die Arbeit gut machen können, dass die Arbeit nicht so kräftezehrend ist."*

Im Hinblick auf die Zusammenarbeit mit dem Träger sieht sie ihre Aufgabe darin, die Teaminteressen zu vertreten, für langfristig tragfähige Arbeitsbedingungen zu sorgen und angesichts der komplexen Anforderungen im Hause für bedarfsgerechte Unterstützungsmaßnahmen zu sorgen (Teamzeiten, Inhouse-Fortbildungen, Coaching, Supervision).

> *„Was braucht es auch, dass die Mitarbeiter hier gesund und bei Kräften bleiben können, einfach bei einem anstrengenden Arbeitstag oder auch bei einfach herausfordernden Arbeitsbedingungen und wie transportiert man das auch an den Träger, dass es eben nicht nur Gejammer oder wir stimmen in das allgemeine Gejammer ein, sondern da braucht es auch was für das Team oder da braucht es auch Entlastung"*

8.6.4 Fallstudie C

Einstellungspraxis

Die Einrichtung hat sich erst in den letzten Jahren zu einem multiprofessionellen Team entwickelt, zum einen über Sonderstellen (Sprachprojekt, Integrationshilfe), zum anderen konnten klassische Stellen im Gruppendienst nicht mehr mit traditionell ausgebildeten ErzieherInnen besetzt werden; hingegen kamen zunehmend Bewerbungen von *einschlägig-hoch* qualifizierten Fachkräften ins Haus.

Die Einstellungspraxis hat sich der höheren Mobilitätsbereitschaft jüngerer Fachkräfte entsprechend angepasst, wurde früher in drei- bis fünf Jahreszyklen Personalplanung betrieben, ist mittlerweile das jeweilige Kindergartenjahr der Planungszeitraum. Dabei wird die tendenziell höhere Fluktuation *einschlägig-hoch* qualifizierter Fachkräfte bzw. von Fachkräften auf befristeten Programm- oder Funktionsstellen angesichts des hohen Wissenstransfers in die Einrichtung, die damit verbunden ist, bewusst *„in Kauf genommen"*. Sehr kurze Verbleibzeiten bzw. eine zu hohe Fluktuation werden allerdings im Hinblick auf die Beziehungsarbeit mit Kindern und Familien kritisch gesehen.

> *„Wir führen Bewerbungsgespräche und dann gucken wir, welche Kollegin jetzt am besten zu uns, passt rein von deren eigenem Profil von der Art her, ..., aber das ist auch extrem schwierig in Bezug auf gelebte Erziehungspartnerschaft und auf Beziehungen zum Kind, ist das immer so eine Art Lotteriespiel."*

Einarbeitungsphase – Erfahrungen

Trägerseits wurde ein Einarbeitungskonzept (*„QM-System"*) entwickelt, in dem die Einrichtungen wichtige Informationen zur Konzeption der Einrichtung, Strukturen und Abläufen, Formatvorlagen sowie die Trägervorgaben verschriftlicht sind. Dieses umfassende Einführungssystem (*„das ist ein Riesen-Paket"*) macht nach Einschätzung von Leitung den Einarbeitungsprozess einfacher und erzeugt mehr Transparenz über pädagogische Grundlagen, Werte und Leitlinien der Einrichtung. Neuen Teammitgliedern soll es ein individuelles Tempo der Einarbeitung ermöglichen, gleichzeitig stellt es die Grundlage für Feedback- und Reflexionsgespräche mit der Leitung da (*„und dann immer wieder auch zu gucken, ja jetzt reflektieren wir mal, wo gibt's noch Unklarheit oder was ist nicht ganz klar"*).

Grundsätzlich wird neuen Teammitgliedern jeweils eine Patin/ein Pate aus dem Team zur Seite gestellt, die die fachliche Begleitung in der Einarbeitungsphase übernehmen. Als besonders gelungen werden Möglichkeiten der *„Überlappung"* (z.B. bei anstehenden Elternzeiten) bezeichnet, wenn die Einarbeitung neuer Fachkräfte von ausscheidenden Teammitgliedern übernommen werden kann. Dies hat sich besonders bei der Zusammenarbeit mit Eltern bewährt (*„das hat sie sehr geschätzt, dass sie da einfach mit der Kollegin, die sie da eben auch vertreten hat, noch bei Elterngesprächen dabei sein konnte"*). Allerdings konnte dies bislang nur in Ausnahmen realisiert werden. Für die neuen Teammitglieder ist es ein *„angenehmer Einstieg"*, insbesondere dann, wenn wenig einschlägige Berufserfahrung vorliegt.

Einschlägig-hoch qualifizierte Teammitglieder ohne Berufserfahrung weisen eine große Unsicherheit mit pädagogischen Alltagssituationen auf, die allerdings in Team- und Leitungsgesprächen offen kommuniziert werden (*„weißt du was, ich schwimm eigentlich ziemlich, ich schwimm ziemlich"*). Auf die mangelnde Berufserfahrung ist das Team vorbereitet und die Einarbeitungsphase wird entsprechend gestaltet (*„dass ich nen riesen Koffer an theoretischen Instrumenten hab, aber nicht an praktischen Instrumenten"*). Die Einarbeitungszeit wird kollegial im Team abgefedert, so dass neue Fachkräfte, die an die Grenze ihrer Handlungsfähigkeit stoßen oder unsicher im Umgang mit Kindern sind, Unterstützung bekommen (*„dass ich auf die Kollegin zugehe und sag, du ich komm jetzt da nicht weiter, hilf du mir mal"*).

Nach ihren Erfahrungen dauert es – unabhängig von der spezifischen Qualifikation – für BerufseinsteigerInnen bis zu einem Jahr, bis eine *neue* Fachkraft sämtliche Funktionen und Aufgaben kompetent übernehmen kann. Hierzu gehört auch eine qualitätsvolle pädagogische Arbeit in verschiedenen Bildungsbereichen und die systematische Beobachtung und Entwicklungsdokumentation nach den Qualitätsstandards, wie sie der Träger vorgibt.

Personal-/Teamentwicklung

Die Personalentwicklung wird durch spezialisierte Fachkräfte mit besonderen Zuständigkeiten (Sprachförderung, Inklusion) unterstützt, bspw. werden allen Gruppenfachkräften interne Fortbildungsangebote, Einzelcoaching, die Begleitung von Elterngesprächen und von Netzwerkaktivitäten angeboten. Allerdings wird von Leitungsseite auch darauf geachtet, dass die bisherige Arbeit dadurch nicht abgewertet, sondern in sinnvoller Weise ergänzt wird, hierfür waren auch Rollenklärungsprozesse und Regelungen über Zuständigkeiten zwischen Leitung und FunktionsträgerInnen erforderlich (*„es war so im ersten halben Jahr dreiviertel Jahr waren das schon ziemlich harte Auseinandersetzungen"*).

Ein weiterer Aspekt der Teamentwicklung ist die bewusste Auseinandersetzung mit der eigenen Biographie und den Einfluss biographischer Erfahrungen auf das pädagogische Handeln. Unabhängig vom theoretischen Wissen wird dieser biographische Zugang als Schlüssel für eine gute pädagogische Arbeit und eine stärkenorientierte, wertschätzende Zusammenarbeit im Team angesehen. Neben den verschiedenen fachlichen Zugängen wird die biographische Vielfalt im Team grundsätzlich als Potential betrachtet und gefördert (*„dass sich jede Fachkraft sozusagen über die andre Kollegin Gedanken macht, wo siehst denn du da jetzt die Stärken oder die Ressourcen"*).

Um *einschlägig-hoch* qualifizierte Fachkräfte möglichst lange in der Einrichtung zu halten, werden – soweit möglich – spezielle Funktionsstellen mit entsprechend höherer Eingruppierung eingerichtet (die allerdings jeweils zeitlich befristet sind). Einer Fachkraft konnte mit der stellvertretenden Leitungsstelle eine attraktivere Vergütung ermöglicht werden.

Als zentrales Instrument der Teamentwicklung wird die Herstellung gemeinsamer pädagogischer Grundlagen und Vereinbarungen betrachtet. Hierfür wird rd. die Hälfte der mittelbaren pädagogischen Arbeitszeit (dies beträgt insgesamt fünf Stunden pro Woche) als wöchentliches Gesamtteam gestaltet. Ziel dabei ist auch der fachliche, interdisziplinäre Austausch auf der Grundlage des praktizierten Beobachtungsverfahrens (*„der Austausch der da immer innerhalb dieser zweieinhalb Stunden stattfindet, der ist so viel wert ... die Meinungen, die werden gehört und das, was geäußert wird, das wird wieder versucht, zum Ganzen zusammenzufügen"*). Organisations- und Verwaltungsthemen werden in den Teamsitzungen dagegen auf ein Minimum reduziert (*„Themen wie ja Sommerfest, Weihnachten oder sowas, also die haben bei uns so gut wie gar keinen Raum"*).

Organisations-/Qualitätsentwicklung

Ziel ist eine weitere fachliche Entwicklung in Richtung Inklusion – hierfür sollen die Fachkräfte mit Spezialfunktionen noch stärker als bisher ihre Ressourcen (*„das fachspezifische Wissen"*) ins Haus tragen und zur Grundlage der pädagogischen Arbeit machen.

Insgesamt stehen dem Haus drei Fortbildungstage (als Schließtage) zu, die inzwischen regelhaft als Inhouse-Fortbildungen für das gesamte Team verwendet werden. Unabhängig von den konkreten thematischen Inhalten werden diese als wertvolle Grundlage für die pädagogische Arbeit und auch den Zusammenhalt im Team angesehen (*„Inhouse-Fortbildung: da hören alle zur selben Zeit das Gleiche, es wird diskutiert, entsteht ein Meinungsbild, welches man dann in die Arbeit transportieren kann"*).

Als wichtiges Ziel der Qualitätsentwicklung ist die Bündelung von Ressourcen und Know-How im Team im Sinne eines gemeinsamen Systems, das für das einzelne Kind und die Familien, aber auch für das einzelne Teammitglied die bestmögliche Unterstützung bereithält (*„Bündelung, die Bündelung, also wenn man wegkommt von der Einzelkämpferin zu der Sichtweise des Gemeinsamen"*). Dieser systemische Ansatz bezieht sich auf pädagogische Bereiche (z. B. Inklusion), aber auch auf die Zusammenarbeit zwischen den verschiedenen Gruppen bzw. Altersbereichen (Krippe, Kindergarten-/Hortbereich), die teilweise noch eher losgelöst voneinander tätig sind. Langfristig soll sich die Einrichtung weiter zum Familienzentrum mit einer starken Sozialraumorientierung sowie einer Vernetzung zu anderen familienunterstützenden Diensten entwickeln. Hierfür sind unterschiedliche Qualifikationen notwendig, bedeutsam erscheint hierbei auch eine Stärkung erwachsenpädagogischer Ansätze (*„mehr Bildungsarbeit auf der Erwachsenenebene … und da brauch ich ja dann auch ein höheres Know How in der Erwachsenenbildung, das ist ganz klar"*).

Rückblick auf die letzten zwei Jahre Team-/Qualitätsentwicklung

Die Leitung ist mit der Entwicklung in den letzten zwei Jahren mit insgesamt 80 % sehr zufrieden, insbesondere hat sich die Einarbeitung neuer Fachkräfte deutlich verbessert (*„Einarbeitungskonzept", „QM-System", „Patin"*). Sehr zufrieden ist sie auch insgesamt mit der stärker strukturierten, systematisierten und transparenteren Arbeitsweise, die auch durch die *einschlägig-hoch* qualifizierten Fachkräfte bzw. deren Sonderfunktionen in das Team hineingebracht wurde. Weniger zufrieden ist die Leitung allerdings mit der Teamstabilität, was zum einen mit einer zu geringen Bezahlung von hoch qualifizierten und spezialisierten Fachkräften und zum einen mit einer sehr hohen Arbeitsbelastung (Ganztagesbereich, hoher Anteil von Kindern und Familien mit besonderen Bedürfnissen) zusammenhängt. Hier müssten nach Einschätzung der Leitung bessere Rahmenbedingungen (Bezahlung, Personalschlüssel) geschaffen werden.

Einstellungen zu multiprofessionellen Teams bzw. *neuen* Fachkräften

Grundsätzlich sind traditionell-qualifizierte Fachkräfte die Basis für die pädagogische Arbeit (*„Die klassisch ausgebildete Erzieherin ist die praktisch denkende Erzieherin. Sie versteht einfach manche Dinge besser."*). Angesichts der hohen Anforderungen an Kita-Fachkräfte wird allerdings eine höhere und langfristig ausgerichtete (Weiter-)Qualifizierung als unumgänglich angesehen. Ein fachspezifisches Wissen muss dabei nicht unbedingt auf Hochschulebene angesiedelt sein, jedoch mit fundierten theoretischen Grundlagen – insbesondere im Hinblick auf die Zusammenarbeit mit Familien und entwicklungswissenschaftliche Themen – ausgestattet sein. Hier sieht sie einen grundlegenden Verbesserungsbedarf in der bisherigen fachschulischen Ausbildung für ErzieherInnen.

> *„Erzieherausbildung, die muss ganz anders aufgebaut werden, dass die noch einen ganz anderen Tiefgang bekommt, und dass da dann noch ganz andre Aspekte mit verankert werden, der Aspekt der Erwachsenenbildung, dass der viel mehr mit rein muss oder dann auch der der Entwicklungspädagogik, dass das noch viel fundierter ausgeprägt sein muss."*

Ein Team ohne *einschlägig-hoch* qualifizierte Fachkräfte ist nach den Erfahrungen der letzten drei Jahre für die Leitung nicht mehr vorstellbar (*„Das Team ist qualitativ besser geworden. … Ich würde mir wünschen, dass dies für Häuser wie unseres Standard wird, diese multiprofessionellen Teams.").* Den größten Gewinn in der Einrichtung sieht sich durch das Sichern von Wissen und den systematischen, strukturierten Umgang mit Qualitätsstandards, die zu mehr Transparenz und mehr Qualität geführt hat (*„da ist schon eine Steigerung, ich will nicht sagen von 100 Prozent, aber schon weit über 50 Prozent").* Ein weiterer Zugewinn ergibt sich aus dem anspruchsvolleren und differenzierten Umgang mit alltäglicher Handlungspraxis in Teamgesprächen und Reflexionen, während es in der gruppenbezogenen Arbeit kaum deutlich wird, welche Qualifikationen die einzelnen Teammitglieder haben. In Außenbezügen (Vernetzung und Kooperation, Hilfeplangespräche, Runde Tische) und auch in Elterngesprächen werden die Vorteile einer fundierten theoretischen Ausbildung dagegen klar erkennbar. Besonders gut gelungen ist dabei die Integration von Spezialwissen ins Team.

> *„Uns ist es in den letzten zwei Jahren gelungen, das Potential von dieser Sprachexpertin, das wir das verwoben haben mit unserem Team. Sowohl die ErzieherInnen als auch die Sprachexpertin haben die letzten Elterngespräche und Elternabende gemeinsam gestaltet. Da war nicht so ein Gefälle, das ist die Expertin und das ist die Erzieherin, sondern die haben das gemeinsam gestaltet."*

Problematisch werden pädagogische Ausbildungen dann, wenn sie *„zu verkopft"* sind, so dass die Intuition für pädagogisches Handeln verloren geht. Besonders auffällig sind die Unsicherheiten im Umgang mit Konflikten, hier fehlt es an der Fähigkeit, die Konflikte in der Situation angemessen zu lösen; eine Überforderung zeigt sich zunächst in einem *„Zutexten"* und später in *„Strafsanktionen"*, die weder sinnvoll noch umsetzbar sind *(„nicht zuerst zutexten und dann in irgendwelche Sanktionen verfallen, die wo ich sag das sind Sanktionen, die kann man nie einhalten, weil sie einfach über einen zu langen Zeitraum hinweg gehen")*. Insgesamt wird damit deutlich, dass Motivation, Biographiearbeit und die Bereitschaft zur Weiterentwicklung eine größere Bedeutung haben als die ursprüngliche Qualifikation, sowohl für die eigene Kompetenzentwicklung als auch für die Team- und Qualitätsentwicklung in der Einrichtung.

Leiten und Führen: Rollenverständnis und Auftrag

Die Leitung bezeichnet sich als „Gesprächsanker", die die Fachkräfte, Gruppen und Prozesse im Team zusammenführt, Klärungen herbeiführt und bei Bedarf fachliche und methodische Unterstützung gibt, wenn Teammitglieder *„nicht weiterkommen"* (*„ich bin hier so der Anker, der Gesprächsanker, wo unheimlich viele Prozesse zuerst mal mit mir geklärt werden")*.

Die Rolle der Leitung beschreibt sie als Doppelrolle – auf der einen Seite als *„ausgleichender Pol"*, deren Aufgabe es ist, die unterschiedlichen Qualifikationen und Kompetenzen gut zusammenzubringen, in Konflikten zu vermitteln und kollegiale Gespräche zu moderieren. Auf der anderen Seite sorgt sie für Professionalisierung durch *„Diskussionen mit Tiefgang"*, bspw. bei der Anwendung des Beobachtungs- und Dokumentationsverfahrens sowie der Einführung und Vertiefung aktueller Themenschwerpunkte (Inklusion, Zusammenarbeit mit Grundschule, Familienangebote).

Sehr wichtig ist in der Funktion der Leitung eine enge Verbindung zum Team und zu den einzelnen MitarbeiterInnen, um sie in ihren Entwicklungsprozessen aber auch bei individuellen Wünschen und Bedürfnissen bestmöglich zu unterstützen. Dabei nimmt sie auch an den pädagogischen Prozessen in den Gruppen oder Bildungsbereichen aktiv Anteil und beobachtet – teilweise durch die Abfederung von Personalausfällen in der Gruppe – das alltägliche Gruppengeschehen.

> *„Sie sollen auch das Gefühl haben, ok wenn ich jetzt irgendein Problem, ob das jetzt auf der beruflichen Ebene und auch auf der privaten Ebene ist es keine Frage, ich bin da und sie können das loswerden und wir versuchen dann gemeinsam auch Lösungen zu finden."*

Für sie als Leitung ist das Führen des Teams und die Herstellung einer arbeitsfähigen Basis (Anker) wichtiger als die Vermittlung von Spezialwissen, die sie sich über spezialisierte Fachkräfte ins Haus hineinholt oder über externe Fortbildnerinnen in Inhouse-Schulungen organisiert. Eine Leitung, die zwar eine hohe Spezialisierung aufweist, aber kein Team führen kann, wäre aus ihrer Sicht nicht hilfreich.

Eine weitere wichtige Funktion kommt der Leitung im Hinblick auf Qualitätssicherung zu, bei der die Einhaltung von vereinbarten Standards, die Nachqualifizierung (bei Beobachtung und Dokumentation) und auch das *„Nachjustieren"* hinsichtlich der Umsetzung in Einzelgesprächen mit neuen KollegInnen besondere Aufgaben sind. Hierbei nimmt sie dem Träger gegenüber eine aktive Rolle ein, die die Bedürfnisse des Teams formuliert und Lösungen herbeiführt.

> *„Ich seh es dann, wenn wir dann bei KollegInnen nachjustieren müssen und sagen, hey du das haben wir aber so und so besprochen, da kommen dann manchmal diese Zweifel, ist des jetzt verstanden worden oder was ist die Ursache, und aber ich denke immer, durchs Nachfragen komm ich dann dahinter."*

8.6.5 Zusammenführung der Fallstudien

Die vergleichende Analyse zeigt trotz großer Unterschiede in den strukturellen, personellen und auch leitungsbezogenen Merkmalen eine Reihe von Gemeinsamkeiten auf, die im Folgenden zusammengeführt werden. Zwar müssen dies nicht zwangsläufig Erfolgsmerkmale gut funktionierender, multiprofessioneller Teams sein – eine Verallgemeinerbarkeit ist angesichts einer kleinen Zahl von Fallstudien immer begrenzt – es weist aber insbesondere unter Hinzuziehung anderer, internationaler Befunde zum Leitungshandeln einiges darauf hin, dass die nachfolgend aufgeführten Kompetenzen förderlich für das Leiten und Führen multiprofessioneller Teams sind.

Klare Befürwortung multiprofessioneller Teams

Die Leitungen drücken eine eindeutige Positionierung *für* multiprofessionelle Teams aus und damit wenden sie sich ausdrücklich gegen eine Haltung, andere Qualifikationen als ErzieherInnen nur als *„Notlösung"* einzustellen. Zwar werden *neue* Fachkräfte nicht beliebig und zu einem hohen Anteil eingestellt, die verschiedenen Disziplinen und Zugänge werden aber als große Bereicherung des Teams gesehen. Damit geben die Leitungen sowohl nach innen (Team) als auch nach außen (Eltern, Träger, Dritte) eine eindeutige Orientierung, die in Richtung *„Öffnung"* homogener Teams und Anerkennung von Vielfalt im Team geht. Stärken und Schwächen (Theoriedefizite vs. Praxisferne) werden differenziert benannt und durch geeignete Maßnahmen in der Einarbeitungsphase sowie individuelle Personalentwicklungsstrategien abgefedert.

Hohe Anerkennung von speziellen theoretischen Wissensbeständen *und* breitem pädagogischem Erfahrungswissen

Ein weiteres, für die Zusammenarbeit im Team zentrales, Leitungssignal ist die Gleichwertigkeit von Theorie- und Erfahrungswissen. Vertiefte theoretische Grundlagen von *einschlägig-hoch* qualifizierten oder spezialisierten Fachkräften werden als wichtige Ressource für die weitere Qualitätsentwicklung der Einrichtung anerkannt, ohne jedoch das breite handlungspraktische Wissen berufserfahrener Fachkräfte abzuwerten. Diese Haltung ermöglicht eine gemeinsame Basis des fachlichen Austauschs, in der alle Perspektiven gleichberechtigt zu Wort kommen können und sollen (hierzu werden die Fachkräfte explizit aufgefordert). Nicht in den individuellen Kompetenzen der Fachkräfte, sondern in der Vermittlung dieser Kompetenzen im Team und in dem fachlich-reflexiven Austausch wird damit der Zugewinn für die Einrichtung gesehen.

Deutliche Ziel- und Qualitätsorientierung der Leitung

Die Leitungskräfte drücken eine deutliche Ziel- und Qualitätsorientierung aus, die sich jedoch nicht auf das Abarbeiten von Standards oder Trägervorgaben bezieht, sondern sich als konkrete Vorstellung zur zukünftigen Qualität der Einrichtung ausdrückt. In Phasen größerer Veränderungen, wie sie multiprofessionelle Teams, Erweiterungen und Umstrukturierungen mit sich bringen, ist für Teams von großer Bedeutung, dass die Leitung Visionen einer qualitätsvollen Einrichtung formuliert und dem Team (insbesondere auch *neuen* Fachkräften, die in die Einrichtung kommen) vermitteln kann. Diese Leitungskompetenz wird von Muijs et al. (2004) als „having a vision" and „being able to articulate this vision in practice" bezeichnet. Siraj-Blatchford & Manni (2006) sprechen ebenfalls von der Bedeutung, „identifying and articulating a collective vision", um Veränderungsprozesse im Team wirkungsvoll anstoßen zu können[57]. Um diese Vision erreichen zu können – ausgedrückt bspw. in einer hohen Prozessqualität (u.a. Beobachtung/Dokumentation, Bildungsangebote, individuelle Förderung) und in der Entwicklung hin zu neuen Handlungsfeldern (Inklusion, Familienzentrum) – sorgen die Leitungen einerseits für Strukturen, die die Ar-

---

57 Diese Untersuchungen zum Leitungshandeln wurden im Rahmen der Langzeituntersuchung EPPE (Effective Provision of Pre-School Education) bzw. der ELEYS-Studie (Effective Leadership in the Early Years Sector) in Großbritannien durchgeführt.

beitsprozesse und Arbeitszufriedenheit der Teammitglieder erhöhen, andererseits stärken sie die Identifikation mit den Zielen der Einrichtung.

Ausgeprägte Teamorientierung

Die Leitungskräfte verbindet trotz unterschiedlicher, persönlich geprägter Führungsstile eine ausgeprägte Teamorientierung in dem Sinne, als dass dem Team deutlich gemacht wird, dass komplexe Veränderungen nicht ohne die intensive Beteiligung des Teams vorstellbar sind. Zielvorstellungen und Maßnahmen zur Veränderungen von Strukturen und Prozessen werden nicht *„an dem Team vorbei"* entwickelt, sondern in einem intensiven kollegialen Austausch vereinbart. Der fachliche Dialog im Team wird systematisch als Teil der Qualitätsentwicklung konzipiert und es wird für eine gute Kultur der Kommunikation (offen, transparent, ehrlich, kollegial) gesorgt.

Zur Verteilung von Führungsverantwortung, aber auch zur Einbindung eines möglichst großen Teils des Teams werden klare Arbeitsstrukturen und Zuständigkeiten vereinbart. FunktionsträgerInnen werden in ihrer Kompetenzentwicklung und Rolle im Team gestärkt, indem ihnen Fortbildungs- und Coachingangebote gemacht, aber auch Handlungs- und Entscheidungsfreiräume ermöglicht werden. In ihren Tätigkeiten werden sie von Leitung und Team anerkannt und angefragt, ihre besonderen Ressourcen werden sowohl nach außen (Träger, Eltern, Dritte) als auch nach innen (Team) transparent gemacht.

Die Teamorientierung macht sich auch in der Einarbeitung von neuen, unerfahrenen oder unsicheren Teammitgliedern deutlich. Jedes Teammitglied wird in seinem individuellen Lernprozess unterstützt, und zugleich die jeweiligen Ressourcen in zeitlicher, persönlicher oder fachlicher Hinsicht berücksichtigt. Diese wichtige Führungskompetenz korrespondiert mit den Erkenntnissen aus der Gruppenforschung, nach denen eine positive Gruppenentwicklung unter drei Bedingungen zu erwarten ist (vgl. Wellhöfer, 1988): (1) Selbstverantwortlichkeit und gedankliche Unabhängigkeit der Teammitglieder; (2) Demokratische Entscheidungsprozesse und Transparenz in den Kommunikationsstrukturen sowie (3) Gegenseitige Wertschätzung und Akzeptanz sowie Integration schwächerer Gruppenmitglieder. Nicht nur in den besonders qualifizierten und motivierten Teammitgliedern, sondern auch in den vermeintlich schwächeren Teammitgliedern (in Bezug auf Fachwissen, Praxiserfahrungen, Gesundheit, Alter) wird eine große Ressource zur langfristigen Stärkung der Teams gesehen.

Große Innovations- und Veränderungsbereitschaft

Die Einführung multiprofessioneller Teams mit dem Ziel einer nachhaltigen Professionalisierung der pädagogischen Arbeit beinhaltet eine hohe Innovations- und Veränderungsbereitschaft – sowohl auf Leitungs- als auch auf Teamebene. Diese Bereitschaft wird in Leitungshandeln umgesetzt durch eine systematische Neugestaltung der Einarbeitungsphase, durch innovative Maßnahmen zur Personal- und Teamentwicklung, aber auch durch strukturelle Veränderungen (Dienstpläne, Tages-/Wochenstrukturen, Gruppen-/Alterskonzepte, Raumgestaltung/Funktionsbereiche u.ä.), um den veränderten personellen Bedingungen gerecht zu werden bzw. die erweiterten Potentiale im Team zur Entfaltung zu bringen. Innovationen bringen auch Unsicherheiten und Risiken mit sich, daher gehört zum Leitungshandeln auch eine kontinuierliche Beobachtung und Evaluation der pädagogischen Prozesse und die Bereitschaft, Fehlentwicklungen (auch eigene Fehlentscheidungen) zu korrigieren.

Nicht nur die sichtbaren Veränderungen in den Einrichtungen, sondern auch der Weg dorthin stellt einen durchaus bedeutsamen Qualitätsaspekt in der Leitungstätigkeit dar, der von Dialogqualität und Partizipation geprägt ist. Siraj-Blatchford & Manni (2006) sprechen in diesem Zusammenhang von der Kompetenz, den Professionalisierungsprozess im Team als selbstverständlich andauernden Prozess zu kommunizieren („commitment to ongoing, professional development: supporting staff to become more critically reflective in their practice").

Kompetenter Umgang mit Schwierigkeiten und Konflikten

Strukturelle Erschwernisse, dauerhafte Zeitknappheiten und personelle Engpässe sind Schwierigkeiten, die die Professionalisierung und Qualitätsentwicklung hemmen. Ein kompetentes Leitungshandeln benennt diese Schwierigkeiten (sowohl im Team als auch dem Träger gegenüber) und begreift die Herausforderungen systematisch als Leitungsaufgabe, die es zu bewältigen gilt. Dabei werden Prioritäten im Umgang mit Zeit gesetzt und diese deutlich kommuniziert. „Alte Zöpfe", die als Tradition beliebt, aber hinsichtlich der pädagogischen Qualitätsentwicklung keine Relevanz haben, werden „abgeschnitten", Teamzeiten werden systematisch für Team- und Qualitätsentwicklung verwendet.

Auch der Umgang mit Unsicherheiten, Spannungen und Konflikten im Team gehört zu den Leitungsaufgaben, denen eine hohe Priorität eingeräumt wird. So werden Teamkonflikte offen angesprochen („Streitkultur") und gleichzeitig flankierende Angebote zur Konfliktlösung gemacht. Konflikte werden dabei als notwendige Auseinandersetzung einer lebendigen und lernenden Organisation begriffen und nicht tabuisiert. Grundlage ist hierfür jedoch ein konkurrenz- und angstfreies Miteinander, jedem Teammitglied wird mit Respekt begegnet, die Vielfalt im Team wird als Ressource wertgeschätzt, fachliche Auseinandersetzungen laufen offen und dialogisch ab. Hierfür bieten sich die Leitungskräfte in ihrer Kommunikation mit dem Team als Modell an. Grundlage hierfür ist die Überzeugung, dass die Aufgaben nur gemeinsam als Team gemeistert werden können, in dem jedes einzelne Mitglied wichtig ist.

Persönliche Involviertheit in Team- und Qualitätsentwicklungsprozesse

Leitungskräfte in erfolgreichen Einrichtungen zeichnen sich durch ihr persönliches Engagement in dem Projekt im Sinne einer inhaltlichen Auseinandersetzung mit relevanten Themen und Methoden aus. Sie verstehen sich nicht als PersonalentwicklerInnen, die dafür sorgen, dass sich die Mitglieder ihres Teams weiterqualifizieren, sondern sind selbst Lernende und Forschende in dem gemeinsamen Entwicklungsprozess. Diese Haltung entspricht den Ergebnissen von Siraj-Blatchford und Manni (2006), wonach eine wichtige Leitungskompetenz „building a learning community and team culture" ist. Die Leitungskräfte nehmen an Inhouse-Fortbildungen und themenbezogenen Teamsitzungen teil und sind hoch motiviert, ihre eigenen Fach- und Methodenkompetenzen weiter zu entwickeln. Dazu gehört auch, dass sie offen darüber sprechen, in welchen Bereichen sie für sich selbst noch Bedarf zur Weiterqualifizierung sehen. Kenntnis- und Erfahrungslücken werden nicht als persönliche Schwäche betrachtet, die es zu verbergen gilt, sondern als selbstverständliche Erkenntnisse in einem Lernprozess.

Die Fach- und Methodenkompetenzen der Leitungskräfte nehmen im Laufe der Zeit kontinuierlich zu. Dieser Zuwachs wirkt als positiver Verstärker in den Einrichtungen, denn sie bringen damit nicht nur die fachlichen Entwicklungen voran, sondern sie können die Herausforderungen, die im Team mit Lernprozessen verbunden sind, nachvollziehen und individuelle Unterstützungsmöglichkeiten ausloten (u.a. Zusatzfortbildungen). Gleichzeitig vermitteln sie im Team auch die Notwendigkeit, sich mit neuen Themen fachlich auseinanderzusetzen und sich auf neue Formen der Zusammenarbeit und Prozessgestaltung einzulassen.

8.7 Zusammenfassung und Diskussion

Die fallvergleichenden Analysen zeigen auf Leitungsebene eine insgesamt hohe Aufgeschlossenheit gegenüber *neuen* Fachkräften. Die Leitungen beschreiben die größere Vielfalt im Team als bereichernd und anregend, allerdings beschränken sich die expliziten Nennungen von Kompetenzen der Fachkräfte zumeist auf *einschlägig-hoch* qualifizierte Fachkräfte (v. a. bei besonderen Aufgaben wie Sprachförderung, Inklusion) oder auf gesundheitlich-pflegerische Aspekte bei *nicht-einschlägig* qualifizierten Fachkräften, die für bestimmte Aufgaben in der Einrichtung gebraucht werden. In anderen Fällen zeigt sich ein eher allgemeines Interesse an ergänzenden Perspektiven *("die Heilberufe")* und eine unspezifische Wertschätzung von anderen Wissensbeständen außerhalb des pädagogischen Bereichs.

Hinsichtlich der Vorbereitung und Begleitung des beruflichen Einstiegs der *neuen* Fachkräfte zeigen die Fallvergleiche, dass es bislang eher selten – dann meist trägerspezifisch – passgenaue Konzepte für die Fort- und Weiterbildung von *neuen* Fachkräften gibt. Außer bei über zusätzlich finanzierte Funktionsstellen (z. B. Sprachförderung) wurden bislang kaum Aufgaben oder Bereiche speziell auf die Kompetenzen der *neuen* Fachkräfte zugeschnitten. Erwartet wird – entsprechend der Profile von ErzieherInnen im Stellenschlüssel – die Übernahme von pädagogischen Kernaufgaben in Gruppen-/Stammgruppen- oder Funktionsbereichen. Hierzu gehören die Gestaltung von Beziehungen mit Kindern (inkl. Bezugs- und Eingewöhnungskinder) und entwicklungsförderliche Angebote, die Zusammenarbeit mit Eltern sowie die Zusammenarbeit im Team und Vernetzung/Kooperation. Für diese Aufgaben sind insbesondere die *nicht-einschlägig* qualifizierten Fachkräfte allerdings fachlich kaum vorbereitet. Hier erscheint Handlungsbedarf mit zunächst vorbereitenden Schulungen *vor* Beginn der Tätigkeit insbesondere vor dem Hintergrund, dass die *neuen* Fachkräfte mit Beginn der Tätigkeit auf Teil-/Vollzeitstellen arbeiten und (im Gegensatz zu PraktikantInnen oder Ergänzungskräften) die volle Aufsichtspflicht und Verantwortung für die gesamte Gruppe übernehmen.

Die Leitungskräfte setzen sich überwiegend mit großem Engagement für die *neuen* Fachkräfte sowie die Zusammenführung des Teams ein. Angesichts der insgesamt angespannten Personalsituation in den Einrichtungen – fast alle Einrichtungen haben innerhalb des Untersuchungszeitraums mehrere Wechsel und Neueinstellungen zu verkraften – stellt dies hohe zeitliche und fachliche Anforderungen an die Leitungen. Insbesondere nicht oder nur teilweise freigestellte Leitungen bzw. Leitungskräfte, die trotz Freistellung aufgrund Personalmangels häufig im Gruppendienst einspringen mussten, um die größten Engpässe abzufedern, berichten von hoher Arbeitsbelastung und Engpässen. Im Rückblick konnten sie häufig zu wenig Zeit in die Einarbeitung der *neuen* Fachkräfte einsetzen bzw. Einarbeitungskonzepte (sofern sie in den Einrichtungen als Qualitätsstandard bestehen) nicht zufriedenstellend umsetzen. Die erweiterten Aufgaben durch *nicht-einschlägig* qualifizierte Fachkräfte sollten daher mit einer Erhöhung des Freistellungsanteils für Leitungskräfte einhergehen.

Eng mit der Gestaltung der Einarbeitungsphase verbunden ist die Funktions- und Aufgabenteilung in den Teams. Zwar gibt es Zuständigkeiten (z.B. durch die unmittelbaren KollegInnen in der Gruppe, PraxisanleiterInnen), allerdings sind auch hierbei in Bezug auf *nicht-einschlägig* qualifizierte Fachkräfte fehlende Erfahrungen und Konzepte in den Teams festzustellen. So werden mit den *neuen* Fachkräften verbundene Organisations- und Personalentscheidungen häufig eher als Notlösungen oder ad hoc-Entscheidungen im Rahmen von Teambesprechungen getroffen und sind eher auf kurzfristige Lösungen ausgerichtet. Längerfristige, an den speziellen Ressourcen aber auch Risiken von multiprofessionellen Teams ausgerichtete Konzepte, die vor allem auf eine Teamstabilität und das Halten der *neuen* Fachkräfte ausgerichtet sind (Stichwort: Personalbindung) werden dagegen auf Leitungsebene (bzw. Trägerebene) kaum entwickelt.

Die vergleichenden Analysen von drei Fallstudien, in denen multiprofessionell besetzte Einrichtungen „guter Fachpraxis" hinsichtlich ihres Leitungshandelns untersucht wurden, zeigen typische Gelingensfaktoren, wie Fachkräfte mit neuen Qualifikationen und geringen Praxiserfahrungen gut in das Team hineinfinden und ihre spezifischen Kompetenzen einbringen können. Hierzu gehören auf der Ebene der Leitung sieben Faktoren:

- Klare Befürwortung multiprofessioneller Teams
- Hohe Anerkennung von speziellen theoretischen Wissensbeständen *und* breitem pädagogischem Erfahrungswissen
- Deutliche Ziel- und Qualitätsorientierung der Leitung
- Ausgeprägte Teamorientierung
- Große Innovations- und Veränderungsbereitschaft
- Kompetenter Umgang mit Schwierigkeiten und Konflikten
- Persönliche Involviertheit in Team- und Qualitätsentwicklungsprozesse

Diese Gelingensfaktoren korrespondieren mit internationalen Befunden zum kompetenten Leitungshandeln, stellen sich aber in Phasen größerer personeller Veränderungen und der Einführung multiprofessionellen Teams als besonders wichtig und förderlich heraus.

Insgesamt zeigen die Analysen auf der Träger-/Leitungsebene trotz heterogener Strukturen und Bedingungen ähnliche Bedarfslagen. Zentral erscheint eine fundierte, berufsintegrierte Weiterbildung der *neuen* Fachkräfte, um die notwendigen Handlungskompetenzen erwerben zu können. Es sollten prozessbegleitende Angebote (Coaching, Supervision) konzeptionell für BerufseinsteigerInnen bzw. -wechslerInnen verankert werden, um die ersten Monate der Tätigkeit in teilweise vollständig unbekannten Handlungsfeldern und Situationen bearbeiten zu können. Wichtig wäre auch, die bisherigen, ausbildungs- und berufsspezifischen Kompetenzen systematisch mit den neuen Anforderungen zu verknüpfen und diese in die Team- und Qualitätsentwicklung einzubinden. Hierzu sind in einzelnen Einrichtungen erste Ansätze erkennbar, diese werden allerdings noch nicht in der breiten Praxis umgesetzt. Wichtig erscheint auch ein Teamentwicklungskonzept (Inhouse-Fortbildungen), das speziell auf die Zusammenarbeit in einer multiprofessionellen Institution ausgerichtet ist. Dabei geht es zum einen um ein besseres Verstehen der unterschiedlichen Perspektiven, um die Entwicklung einer gemeinsamen forschenden und reflexiven Haltung und um eine Stärkung von Anerkennung und professionellem Selbstverständnis. In dieser Hinsicht konnten auch die von den Leitungskräften teilweise selbst formulierten Ansprüche an Führung und Leitung in der gegebenen Praxis bislang nicht immer erfüllt werden.

Kapitel 9
Ebene Team

9.1 Erläuterungen zum methodischen Vorgehen

In einem weiteren analytischen Verfahren wurde der Frage nachgegangen, ob und in welcher Weise die Einrichtungen darauf vorbereitet sind, sich zu multiprofessionellen Teams (weiter) zu entwickeln. Die Zusammenarbeit im Team gilt ganz generell im Feld der frühkindlichen Bildung, Betreuung und Entwicklung als ein zentrales Handlungsfeld (Robert Bosch Stiftung, 2008; Fröhlich-Gildhoff, 2014b; Weiterbildungsinitiative Frühpädagogische Fachkräfte, 2011). Dabei können folgende Betrachtungsebenen unterschieden werden:

1. Die strukturellen Rahmenbedingungen der Einrichtungen. Hierzu gehören Trägerschaft (z.B. Erfahrungen mit multiprofessionellen Einrichtungen, auf die zurückgegriffen werden können), konzeptionelle Ausrichtung (z.B. Inklusion, Familienzentrum) sowie der Stellenplan (z.B. besondere Funktionsstellen);
2. Die grundsätzlichen Einstellungen, Erfahrungen und Erwartungen auf Träger-/Leitungsebene zu *neuen* Fachkräften;
3. Das Kompetenzniveau im Team angesichts komplexer pädagogischer Anforderungen;
4. Das professionelle Selbstverständnis des Teams im Hinblick auf den Bildungs-, Betreuungs- und Erziehungsauftrag sowie eine gemeinsame pädagogische Grundorientierung;
5. Die gegenseitige Anerkennung von Qualifikationen, fachlichen und personalen Kompetenzen im Team sowie der Umgang mit Vielfalt/Diversität auf Teamebene;
6. Die Prozessqualität in den Einrichtungen (mittels KES-R bzw. ECERS-E) (vgl. Kapitel 5.1.6).

Während die unterschiedlichen (1) strukturellen Rahmenbedingungen der Einrichtungen und auch die grundsätzlichen (2) Einstellungen, Erfahrungen und Erwartungen auf Träger-/Leitungseben mit Hilfe schriftlicher Befragungen standardisiert erhoben und ausgewertet wurden, wurde für die Themenfelder (3), (4) und (5) ein anderer methodischer Zugang gewählt. Hierfür wurden die zum Zeitpunkt t0 in allen teilnehmenden Einrichtungen durchgeführte Gruppendiskussionen, die auf der Grundlage von sog.

„Dilemma-Situationen" durchgeführt wurden, ausgewertet (zur Erhebungsmethode vgl. Kapitel 2.2.3).

Die den Teams vorgelegte standardisierte Dilemma-Situation ist eine konstruierte Situation, die sich dadurch auszeichnet, dass vielfältige, komplexe und mehrdeutige Interpretations- oder Handlungsmuster darüber offenbart bzw. entwickelt werden konnten. Eine erste Auswertung nach einem standardisierten Auswertungsraster nach Fröhlich-Gildhoff et al. (2014a, S. 148) ermöglichte es, die verschiedenen Dimensionen von Kompetenzen empirisch zu erfassen und darüber ein Kompetenzniveau auf Teamebene abzubilden. Die Auswertung erfolgte dabei auf der Grundlage von fünf Kategorien mit insgesamt 28 Items: 1. Situationswahrnehmung und -beschreibung, 2. Situationsanalyse und -interpretation, 3. Planung und Begründung des möglichen pädagogisch-professionellen Handelns, 4. Selbst-Reflexion sowie 5. Weiterführung und Entwicklung von Perspektiven. Jedes Item wird hinsichtlich des Kompetenzniveaus, das sich in einer fünfstufigen Skala abbildet (1 = niedrige Kompetenz, 5 = hohe Kompetenz). Insgesamt kann ein Maximalwert von 140 Punkten erreicht werden (vgl. hierzu Tabelle 106). Die Ergebnisse dieser Auswertung werden in Kapitel 9.2 vorgestellt.

Tabelle 106: Kompetenzraster – Punkteverteilung

Kategorie	Max. erreichbarer Wert
1. Situationswahrnehmung und -beschreibung	15
2. Situationsanalyse und -interpretation	40
3. Planung und Begründung	35
4. Selbst-Reflexion	30
5. Weiterführung und Entwicklung von Perspektiven	20
Gesamtpunktzahl	140

Ein zweites Auswertungsverfahren hatte das Ziel, auf Teamebene zu rekonstruieren, in welcher Weise die Teams pädagogische Qualität in der gemeinsamen Auseinandersetzung herstellen, woraus sich also die pädagogische Praxis speist. Während die Auswertung nach dem standardisierten Kompetenzraster ein Ergebnis dieses fachlichen Diskurses darstellt (z.B. welche Analyseebenen bzw. Reflexionstiefen in der Gruppendiskussion erreicht werden), geht es bei der Rekonstruktion der Teamdiskussion um den Diskurs selbst. Mit Hilfe der dokumentarischen Methode (Bohnsack & Nentwig-Gesemann, 2010) wird herausgearbeitet, ob und in welcher Weise die Teammitglieder ein gemeinsames professionelles Selbstverständnis hervorbringen und wie sich zugleich der Umgang mit unterschiedlichen Orientierungen und fachlichen Zugängen (kompetenzorientierte Anerkennung) im Diskursverlauf darstellt. Durch eine solche Rekonstruktion werden erweiterte Zugänge zu den inneren Strukturen und Prozessen von Teams eröffnet, die ihnen möglicherweise selbst als selbstverständlich erscheinen (habitualisierte Praxis). Gerade diese impliziten Wissens- und Erfahrungsbestände in einem Team können jedoch besondere Stärken von gut funktionierenden Teams sein (vgl. hierzu auch Viernickel et al., 2013; Fröhlich-Gildhoff, 2014b). Gleichzeitig können sich aber auch aus den fallvergleichenden Analysen Entwicklungsbedarfe in Teams zeigen, weil ein gemeinsames, professionelles Selbstverständnis auf Teamebene und eine Anerkennung der Vielfalt im Team (noch) nicht erreicht werden konnte.

> „Eine tiefergehende, fallvergleichende Analyse verhindert damit eine zu vereinfachende Sicht auf die Komplexität von Professionalität und Professionalisierung. Wenn bspw. in einer Gruppendiskussion geäußert wird, ‚bei uns wird die Beziehung zu Kindern immer wieder neu hergestellt, täglich‘, dann kann die Bedeutung dieser Aussage erst im Kontext der dahinterliegenden professionellen und kollektiv verankerten Grundhaltung richtig eingeschätzt werden. Eine Reduzierung auf die Kompetenz Beziehungsfähigkeit allein wird dieser Komplexität sicherlich nicht gerecht. Daher ist ein Analyseschritt, der sich mit typischen Mustern von Orientierungen, Selbstfindungs-, Aushandlungs- und Entscheidungsprozessen sowie Konflikt- und Bewältigungsansätzen in den Teams beschäftigt, geeignet, um der Vorstellung, notwendige Kompetenzen könnten einfach kopiert oder gar übergestülpt werden, entgegenzuwirken." (Fröhlich-Gildhoff, 2014b, S. 172).

9.2 Pädagogische Kernkompetenzen (Kompetenzniveau) im Team

Die Auswertung der Gruppendiskussion ergab, dass über alle Einrichtungen hinweg insgesamt das Kompetenzniveau in den Kategorien ‚Planung und Begründung des möglichen pädagogisch-professionellen Handelns‘, ‚Situationswahrnehmung und -beschreibung‘ sowie ‚Situationsanalyse und -interpretation‘ am deutlichsten abgebildet werden konnten, bezogen auf die jeweils erreichbare Gesamtpunktzahl (jeweils 70 %, 69 % bzw. 68 % der max. zu erreichenden Punktwerte). Etwas weniger deutlich ließen sich selbstreflexive Kompetenzen (rd. 58 %) bzw. Kompetenzen in der Weiterführung und Entwicklung von Perspektiven (rd. 54 %) abbilden. Das Kompetenzniveau der Teams insgesamt liegt nach dieser Einschätzung bei durchschnittlich 65 %.

Die nachfolgende Tabelle 107 gibt einen detaillierten Überblick der einzelnen Kategorien.

Tabelle 107: Mittelwerte einzelner Kategorien im Raster

Kategorie	M	SD	Min	Max
1. Situationswahrnehmung und -beschreibung	10.35	1.56	8	13
2. Situationsanalyse und -interpretation	27.13	5.39	19	39
3. Planung und Begründung	24.48	4.11	18	31
4. Selbst-Reflexion	17.52	3.23	13	25
5. Weiterführung und Entwicklung von Perspektiven	10.87	2.32	6	14
Gesamtpunktzahl	90.35	13.41	68	114

Anmerkung:
Maximal zu erreichende Punktzahl Kategorie 1 = 15; Kategorie 2 = 40; Kategorie 3 = 35; Kategorie 4 = 30; Kategorie 5 = 20. Je höher die entsprechende Punktzahl, desto ausgeprägter die Kompetenzen. Maximal erreichbare Punktzahl insgesamt = 140 (N = 23).

In Anlehnung an die bei Fröhlich-Gildhoff et al. (2014a) beschriebenen Kriterien zur Einschätzung standardisierter Dilemma-Situationen ließen sich anhand der dort beschriebenen Merkmale verschiedene Kompetenzniveaus in den genannten Kategorien abbilden. Werden die Einrichtungen fallvergleichend betrachtet, so liegen acht Einrichtungen auf einem guten bis ausgezeichneten Kompetenzniveau, drei auf einem eher niedrigen und die verbleibenden 13 Einrichtungen auf einem mittleren Kompetenzniveau. In der Kategorie Situationswahrnehmung und -beschreibung lagen die Kompetenzniveaus der Einrichtungen am engsten beieinander. Demgegenüber zeigte sich bzgl. der Situationsanalyse und -interpretation und in der Planung und Begründung des möglichen pädagogisch-professionellen Handelns eine deutlichere Varianz der gezeigten Kompetenzen.

Die nachfolgende Gliederung der verschiedenen Kategorien orientiert sich in der Darstellung an der im Kompetenzraster abgebildeten Struktur.

9.2.1 Situationswahrnehmung und -beschreibung

In dieser Kategorie sind die Unterschiede in den verschiedenen Teams eher gering ausgeprägt und variieren zwischen 8 und 13 Punkten bei einem möglichen Maximalwert von 15 Punkten. Dennoch lassen sich die Beobachtungskompetenzen über nachfolgende Niveaustufen beschreiben:

Das höchste Kompetenzniveau zeigt sich in zwei Gruppendiskussionen In der ersten Diskussion vermittelt sich das Kompetenzniveau vor allem darüber, dass die Fachkräfte in hohem Maß Fragen und Widersprüche thematisieren, welche sich aus der Situation ergeben. Zudem zeigt sich, dass diese aufkommenden Fragen nicht unbedingt beantwortet werden müssen, sondern auch prozesshaft betrachtet werden können („*Eine Erzieherin mit zwanzig Kindern die sich alle gleichzeitig anziehen sollen ist eine Situation die dürfte eigentlich nicht aufkommen. Ich möchte denjenigen sehen der das gut und pädagogisch wertvoll wuppt. Und so ein Kind in so einer Situation ist restlos überfordert und dass es da zu einem Konflikt kommt ist vorprogrammiert. Also sowas macht mich natürlich auch wütend obwohl ich weiß, dass es Alltag ist und dass es das bei uns auch immer mal wieder gibt, das ist eine heftige Dilemma-Situation*", GD3, Z. 102).

An verschiedenen Stellen wird immer wieder ein fachlicher Diskurs eröffnet, welcher über Fragen versucht, die Situation in ihren kontextuellen Bedingungen zu erfassen („*Warum kommt es zu dieser Situation, dass sie mit zwanzig Kindern alleine ist?*" Bzw. „*Also ich find grundsätzlich rausgehen natürlich wichtig, aber also ich stolpre da über den Satz ,Wie jeden Vormittag um die gleiche Zeit geht die ganze Gruppe gemeinsam raus.' Und da frag ich mich halt einfach ob das dann unbedingt an dem Tag sein muss, dass da jetzt eben alle Kinder gleichzeitig raus gehen*", GD3, Z. 86).

Des Weiteren werden in der Auseinandersetzung mit der Situation die unterschiedlichen Gefühlsäußerungen der beteiligten Personen weitestgehend auf einer phänologischen Ebene vorsichtig wahrgenommen und nach Ursachenforschung bzw. Handlungsoptionen gefragt („*Der Martin hat die Matschhose auf den Boden geknallt, andere Kinder wegschubst und ist auf die Fachkraft im Prinzip auch aggressiv zugegangen. Irgendwo verständlich und da muss man sich doch erst mal fragen woran könnte das liegen, was ist, wo kann ich Abhilfe schaffen?*", GD3, Z. 93).

In der zweiten Gruppendiskussion liegt die Stärke vor allem darin, dass über die gesamte Bearbeitung hinweg die Aktionen und Interaktionen aller Beteiligten sehr detailliert wahrgenommen und beschrieben werden. So ist eine wechselseitige Bezugnahme der handelnden Akteure deutlich und die Deutung der beschriebenen Situation wird von der Beschreibung getrennt.

Demgegenüber zeigen sich weniger stark ausgeprägte Kompetenzen bzgl. der Situationswahrnehmung und -beschreibung darin, dass in der Bearbeitung entweder überwiegend ein Akteur oder ein spezifischer Aspekt fokussiert wird und/oder die Beschreibung eher bruchstückhaft vorgenommen wird. Die Beschreibung und Interpretation/Deutung sind wenig trennscharf („*Der erste Abschnitt, find ich, der hört sich für mich so ein bisschen nach Aufmerksamkeit an. So ein Schrei nach Aufmerksamkeit; weil er macht ja andere Sachen kaputt, er horcht nicht. Vielleicht braucht er irgendwas*", GD10, Z. 149).

Gefühle bzw. -äußerungen der Beteiligten werden zwar erkannt und benannt, jedoch eher als Gewissheiten formuliert („*Es geht ihm ja eigentlich nicht gut, denn des sind ja Signale die er sendet: ,ja schau her mir geht's nicht gut' deswegen ist er ja auffällig*", GD13, Z. 243). Offene Fragen werden überwiegend gegenüber den Rahmenbedingungen bzw. Strukturen formuliert (*„Meine Frage ist, warum ist die Erzieherin alleine und warum kommt es dann so weit?"*, GD14, Z. 60). Weniger Beachtung wird dem Aspekt der Beziehung zwischen Fachkraft und Kind beigemessen, bzw. diese werden über den Abgleich mit eigenen Erfahrungen vorschnell interpretiert.

Ein eher mittleres Kompetenzniveau zeigt sich darin, dass die Situationsbeschreibung eher oberflächlich erfolgt, indem die Dilemma-Situation rezipiert wird (*„Da jetzt steht, er verhält sich zunehmend aggressiv und schubst auch die anderen Kinder weg"*, GD9, Z. 79) und wechselseitige Bezüge weniger deutlich herausgestellt werden. Die Gefühle bzw. -äußerungen werden zwar erfasst, jedoch wenig präzise beschrieben. Die emotionale Grundstimmung der Akteure bleibt weitgehend unberücksichtigt bzw. wird als Gewissheit unterstellt (*„Weil das Kind einfach immer aggressiv ist und dann hat sie schon ein vielleicht ein- also nicht Vorurteil aber sie weiß: ‚Ah der fängt jetzt wieder an' und denkt vielleicht ‚Ja der hat jetzt wieder was zu meckern'. Und weil er nicht gut drauf ist, sozusagen, hat sie schon von Anfang an keine Geduld"*, GD22, Z. 69).

9.2.2 Situationsanalyse und -interpretation

Die Kompetenzniveaus in dieser Kategorie variieren zwischen den Teams deutlich, wobei Werte zwischen 19 und 39 Punkten bei einem möglichen Maximalpunktwert von 40 erreicht wurden. Hier lassen sich folgende Niveaustufen beschreiben:

In Teams mit einem hohen Niveau werden sensibel und empathisch Interpretationen entwickelt, unterschiedliche Perspektiven eingenommen und diese gegeneinander abgewogen. So werden verschiedene Deutungen oder Lesarten entwickelt, welche sich sowohl auf die Fachkraft als auch das Kind beziehen und verschiedene Interpretationsmöglichkeiten über mögliche Ursachen für das gezeigte Verhalten beinhalten (*„Mir kommt so als Phantasie, dass er sich vielleicht wirklich in dieser Situation überfordert fühlt also ihn diese vielen Kinder stressen und dieses Durcheinander in der Garderobe ja und er keine andere Möglichkeit sieht als jetzt so zu reagieren"*; GD1, Z. 61; bzw. *„Bei zwanzig Leuten da würde ich auch durchdrehen und mich dann auch noch anzuziehen; also, es ist heiß weil die anderen dann noch zwanzig Minuten länger brauchen und ich mit meiner Matschhose und meinem Wintermantel dasitze"*, GD1, Z. 206).

Die Interpretationen werden durch theoretisches Wissen gerahmt (überwiegend in den Bereichen Beobachtung des Interaktionsverhaltens, Zusammenarbeit mit Eltern, Entwicklungspsychologie oder Bindung). Die theoretischen Bezüge werden sowohl gegenstandsbezogen hergestellt als auch inhaltlich gefüllt. Insbesondere wird die Bedeutung einer kontinuierlichen Beobachtung und Dokumentation herausgestellt („*Also zu Beobachten gibt's ja viel bei dem Kind: zum einen nimmt er Kontakt auf zu den andren? Wie nimmt er Kontakt auf? Ist es die Möglichkeit ‚ich mach dir was kaputt' ist das meine Kontaktaufnahme oder nimmt er auch auf andere Weise Kontakt auf? Weiter geht's im Gespräch mit den Eltern: wie verhält er sich zuhause, wie nimmt er Kontakt zuhause auf, wie äußert er seine Bedürfnisse?*", GD1, Z. 121).

Über die Orientierung an individuellen Besonderheiten wird gegenüber dem Kind eine anerkennende Haltung sowie Ressourcenorientierung deutlich („*Wo sind die Interessen des Kindes und wo kann ich das stärken? Und nicht immer dieses ‚ahh jetzt hast du schon wieder kaputt gemacht. Ja und jetzt guck dir mal das an'. Einfach, um das Kind aufzubauen und an seinen Stärken und an seinen Interessen anzuknüpfen*", GD1, Z. 116).

Über einen adäquaten Bezug zu selbsterlebten vergleichbaren Situationen wird in hohem Maße Erfahrungswissen reflektiert und auf die vorliegende Dilemma-Situation sensibel übertragen. Weiterhin machen sich ausgeprägte Kompetenzen darin deutlich, dass immer wieder nach einem tieferliegenden Sinn bzw. der Bedeutung des gezeigten Verhaltens gesucht wird:

> „*Ich finde es auch nochmal wichtig das Umfeld des Kindes anzugucken. Vielleicht ist grade zuhause irgendwas was ihn beschäftigt. In dem Beispiel steht ja, dass er in letzter Zeit öfters Ausdrücke sagt. Vielleicht gibt es zuhause irgendwie eine Situation, die ihn beschäftigt oder einfach Auffälliges, was zu dem Verhalten führt*" (GD1, Z. 207).

Demgegenüber werden in Teams mit eher weniger stark ausgeprägten Kompetenzen im Bereich Situationswahrnehmung und -beschreibung die Einschätzungen deutlich weniger sensibel dargestellt und die Haltung gegenüber dem Kind ist weniger wertschätzend („*Dann halt ohne Matschhose. Dann muss er halt draußen sitzen da wo es nicht matschig ist oder da, wo ich eine Decke ((mhm Zustimmung von anderen)) hinlege und dann soll er da sitzen (…). Ich würd ihm noch einen Regenschirm in die Hand geben und wenn er den wegschmeißt dann sitzt er halt im Regen*", GD21, Z. 71; oder „*Vielleicht reagiert sie* [die Fachkraft] *ja auch schon so weil sie das schon im Hinterkopf hat: ‚oh jetzt kommt das wieder, wenn er die Matschhose anziehen muss'. Vielleicht strahlt sie schon irgendwie sowas aus, dass der sich provoziert fühlt. Der Kleine denkt: ‚hä jetzt kann ich die wieder ärgern die regt sich jetzt auf*", GD21, Z. 164). Die Interpretation bleiben zunächst stark auf eine Perspektive fokussiert, das Verhalten der anderen Beteiligten wird weniger stark hinterfragt (keine Mehrperspektivität). Theoretische Bezüge werden wenig hergestellt und kaum auf die vorliegende Dilemma-Situation übertragen.

Ein mittleres Kompetenzniveau zeigt sich in Teams, in welchen zwar Deutungsmöglichkeiten bzw. Lesarten entwickelt werden, diese jedoch weniger vielfältig bzw. eher auf der Ebene des situativen Phänomens entfaltet werden. Die Perspektive der Fachkraft wird v. a. im Kontext einer Überforderungssituation thematisiert und dies wird mit eigenen Erfahrungen abgeglichen („*Wenn ich mir des so alles vorstelle, und ich dann da wär in der Situation, alleine, wenn dann so viel los ist, fühl ich mich auch immer gleich so hektisch, und dann fühl ich mich auch gestresst*", GD18, Z. 389).

Theoretische Bezüge werden z. B. im Bereich der Entwicklungspsychologie hergestellt, jedoch weniger systematisch genutzt. Teilweise wird eher eine unreflektierte Einschätzung des Common Sense vorgenommen („*Wir hatten sehr viele Verhaltensauffällige und manche konntest du nicht mal allein lassen*", GD18, Z. 1061). In Teams mit einem mittleren Kompetenzniveau ist die Orientierung an Ressourcen und Stärken der Beteiligten weniger deutlich zu erkennen, wenngleich eine wertschätzende Haltung offenkundig wird („*Das würde ich auch sagen, dass man da auch ruhig dazu steht und sagt: das schaffe ich jetzt nicht allein. Wir neigen ja auch oft dazu alles perfekt machen zu wollen, das alleine hinzubekommen, und vergessen das manchmal auch*", GD9, Z. 45).

9.2.3 Planung und Begründung des pädagogisch-professionellen Handelns

In dieser Kategorie unterscheiden sich die Teams in ihrem Kompetenzniveau deutlich voneinander. Bei einem möglichen Maximalwert von 35 Punkten wurden zwischen 18 und 31 Punkten erreicht.

In Teams mit einem hohen Kompetenzniveau ist ein deutlicher Einbezug der Rahmenbedingungen und Ressourcen zu erkennen, welche systematisch für die Planung und Umsetzung genutzt werden („*In dieser Situation hat sie nicht viel Wahlmöglichkeiten gehabt. Entweder hätte sie ihn so wie er ist mitgenommen, oder ihn angezogen, oder ihn allein drinnen gelassen. Aber dann verletzt sie ihre Aufsichtspflicht. Kommt ja immer drauf an, wie groß der Kindergarten ist. Bei 4,6 Jahre kannst auch mal ein Kind für fünf Minuten alleine lassen und immer wieder reingucken*", GD18, Z. 615). Auch die über die Situationsanalyse erarbeiteten Erkenntnisse werden einbezogen und für die Begründung weiterer Handlungsentwürfe genutzt („*Wenn ich das lese denk ich, dass konzeptionell in dem Kindergarten nicht sehr viel auf individuelle Lösungen geachtet wird: Jeden Vormittag geht die ganze Gruppe immer raus. Also des ist für mich nicht besonders individuell*",

GD25, Z. 406; oder „*Die Umzieh-Situation funktioniert sonst das nächste Mal ja wieder nicht; so ein strukturelles Problem lässt sich nur auflösen wenn man die Struktur ändert*", GD1, Z. 231).

Weiterhin werden auf einem hohen Niveau die verschiedenen Handlungsentwürfe gegeneinander abgewogen und mögliche Konsequenzen bzw. Folgen für die Beteiligten in die Überlegungen einbezogen („*Dann wären des so zwei Möglichkeiten der Intervention oder? Einmal so diese strukturelle Geschichte, diese Garderobensituation nochmal zu reflektieren – vielleicht auch im Team. Oder nochmal zu schauen wie man das besser hinbekommt. Und das andre: wirklich individuell bei Martin zu schauen und sich darüber auch auszutauschen; also in Form von Beobachtung. Und dass man dann wirklich als Team zusammen sitzt und ja sich da auch einfach auch nochmal Gedanken übern Martin macht*", GD1, Z. 119). Die Begründung der Handlungsentwürfe wird neben bereits beschriebenem sowohl über reflektiertes Erfahrungswissen als auch durch wissenschaftlich-theoretisches Wissen geleistet.

Demgegenüber stehen Teams, welche zwar *nicht-einschlägige* Handlungsmöglichkeiten entwickeln, diese jedoch kaum fachlich fundiert begründen („*Dass er dann am Tisch sitzen musste und halt allein ein Puzzle machen oder so. Also nicht dass er das so versteht ‚ah ich muss keine Matschhose anziehen dann krieg ich die Belohnung und darf woanders hin' sondern eher als Strafe*", GD23, Z. 50). Tendenziell werden die Handlungsoptionen eher über reflektiertes Erfahrungswissen begründet („*Du kannst später dann dein Handeln begründen durch Dinge die man gelernt hat, also wo man die Basis hatte. Aber in dem Moment muss man oft ganz schnell reagieren und greift dann eben auf die Erfahrung zurück*", GD11, Z. 221).

Wenngleich verschiedene Handlungsideen entwickelt werden, so zeigt es sich bei Teams auf diesem Kompetenzniveau, dass diese weniger aufeinander bezogen bzw. Vor- und/oder Nachteile weniger herausgearbeitet, sowie seltener Modifikationsmöglichkeiten bereits in der Planung antizipiert werden. Werden Ressourcen und Rahmenbedingungen betrachtet, so werden diese jedoch teilweise als unveränderlich beschrieben („*Bauplanerisch sind die Garderoben einfach prädestiniert, dass es solche Stresssituationen gibt. Das kommt ja ganz oft vor, dass die einfach auch zu wenig Platz haben, dass die alle so gestapelt sitzen mit ihren Regenhosen*", GD11, Z. 149).

Eine Mischform der beschriebenen Kompetenzniveaus zeigt sich in Teams, in welchen überwiegend am konkreten Beispiel *nicht-einschlägige* Handlungsmöglichkeiten entworfen werden, diese jedoch auf der situativen Ebene verhaftet bleiben und weniger nach einem Ausweg fragen („*Ich würde ein Kind schicken, wenn ich nicht selber als Erzieherin weg kämme. Eins auf das ich mich gut verlassen kann, dass es Hilfe holt*", GD6, Z. 53). Werden Rahmenbedingungen und Ressourcen einbezogen, so sind diese eher auf einer strukturellen Ebene (Personalsituation, Gruppengröße, Außengelände) angesiedelt; personale Potentiale innerhalb des Teams werden seltener herangezogen. Die entworfenen Handlungsideen werden etwas weniger differenziert über theoretische Kenntnisse begründet, Fachtermini werden unspezifisch verwendet. Ein Abwägen findet vereinzelt statt.

9.2.4 Selbst-Reflexion

Das Kompetenzniveau variiert in den Einrichtungen und liegt zwischen 13 und 25 Punkten bei einem maximal möglichen Punktwert von 30.

Teams mit eher ausgeprägten (Selbst-)Reflexionskompetenzen zeichnen sich durch einen sehr toleranten Umgang mit Unsicherheiten oder Mehrdeutigkeit aus. Selbsterlebte pädagogische Alltagssituationen werden dabei in ihrer Komplexität und Ambiguität erfasst und reflektiert sowie nach möglichen Gründen gefragt (*„Ich denke manchmal, dass es oft auf die eigene Verfassung in dem Moment an kommt; auf die Vorgeschichte. Darauf, dass man mit so einem kleinen Wassertropfen, der dann überfließt, auch mal falsch handelt. Pädagogische Fachkraft hin und her, ich kann nicht immer nur meine Pädagogik hinten im Kopf behalten. Ich bin Mensch und ich handle menschlich und ich muss nur schauen, dass ich das Kind in dem Moment nicht verletz"*, GD5, Z. 533; oder *„Es gibt ja immer mal die Situation – also es kennt ja jeder, der ehrlich ist mit sich als Erzieherin – dass ich in so eine Spirale gerat in der ich saudoof reagier. Und es ist ja gut wenn ich bemerke: ich bin unzufrieden und des waren jetzt nicht die höheren pädagogischen Weihen. Was ich wichtig find ist es dann mit einer Kollegin oder mit den Kollegen oder im Team noch mal anzugucken und zu sagen: Mensch so ist es mir jetzt gegangen; kennt ihr das auch? Wie könnte man das anders machen? Also, dass man auch im Team ne Offenheit hat, dass man auch da drüber reden kann. Des find ich noch mal ganz wichtig"*, GD4, Z. 271).

Gerade darin, nach ungewöhnlichen Lösungswegen zu suchen, zeichnet sich eine hohe Kompetenz aus. So werden bestehende Handlungsroutinen kritisch hinterfragt und nach neuen Handlungsoptionen gesucht (*„Wenn ich jetzt den individuellen Bildungsplan jedes Kindes mit einbeziehe, haben sie ja unterschiedliche Bedürfnisse. Und wenn ich jetzt sag alle machen zur selben Zeit des selbe, da rufen sie für die Pädagogen eine Stresssituation aus und von individueller Bildung ist überhaupt nix mehr vorhanden. In einigen Bereichen muss des vielleicht sein, es gibt halt zu einer bestimmten Zeit Mittagessen. Aber wir haben hier ja aber auch gespürt, dass also Dinge wie Mittagessen, dass man des sehr wohl anders betrachten kann, also dass nicht jeder immer zur gleichen Zeit essen muss. Das hat eine große Veränderung ge-*

bracht. Also, auch da wo man denkt, nö das ist halt so, da kann man weiter denken und wir haben hier glaub eine gute Lösung gefunden", GD2, Z. 159).

Weiterhin zeichnen sich Teams dieses Kompetenzniveaus darin aus, dass die (Berufs-)Biographie reflektiert wird, bestehende Haltungen immer wieder hinterfragt und darüber die Frage danach herausgearbeitet wird, ob die Fachkraft bzw. das Team die pädagogische Haltung einnimmt, die sie bzw. das Team gerne einnehmen will:

> *„Eine unbedingte Bereitschaft muss da sein, sich im pädagogischen Alltag auch mit seiner eigenen Thematik auseinanderzusetzen. Ich meine damit die Arbeit an der Haltung der Fachkräfte in der Arbeit. Das kann man extern nicht machen, ich kann meine Mitarbeiter nicht irgendwohin schicken, um das zu lernen. Sondern das ist ein Feld, welches im Haus durch Arbeit geleistet werden muss"* (GD8, Z. 349).

In diesem Rahmen erfolgt ebenso ein Blick auf Entwicklungspotentiale und/ oder Ressourcen. Die Begrenztheit des eigenen Wissens wird hinsichtlich der Notwendigkeit von Fort- und Weiterbildungen thematisiert:

> *„Dieser theoretische Input oder die Ausbildung liegt schon länger zurück. Meine Erfahrung ist so, dass es einfacher ist, sein ganzes erzieherisches Handeln immer wieder zu überdenken, wenn man dazu immer mal wieder den einen oder anderen Anstoß kriegt und den kriegt man bei Weiterbildungen definitiv"* (GD9, Z. 210).

In diese Auseinandersetzung wird ebenfalls einbezogen, dass das pädagogisch-professionelle Handeln nicht nur in der Fachkraft sondern auch in (konzeptionellen) Rahmenbedingungen begründet liegt und dass diese das Handeln beeinflussen (*„Du gehst in die Arbeitswelt und bekommst auf deine Theorie wieder ein anderes Konstrukt drauf. Wenn ich woanders arbeiten würde, dann hätt ich wieder ein anderes Konstrukt, dann würd ich vielleicht was ganz anderes sagen auf diese Situation"*, GD4, Z. 422). Unterstützungsstrategien werden einerseits hausintern (Kollegiale Beratung, Fallbesprechungen) entwickelt als auch im Kontext von Supervision thematisiert. Daneben werden externe Stellen (Beratungsstellen, Behörden/Ämter etc.) in die Überlegungen einbezogen.

Demgegenüber stehen Teams, die die bestehenden Handlungsroutinen kaum in Frage stellen und keine ungewöhnlichen Lösungswege explizieren (*„Also wenn ich jetzt alleine bei uns unten in der Gruppe in der Garderobe wäre, würde ich in die andere Gruppe rüber rufen"*, GD6, Z. 44). Zudem wird die eigene Standortgebundenheit, also die (Berufs-)Biographie nur in sehr geringem Maße reflektiert. Eine Auseinandersetzung mit eigenen Entwicklungspotentialen und/oder Ressourcen findet kaum statt.

In Teams auf einem mittleren Reflexionsniveau zeigt sich zwar eine Auseinandersetzung mit Unsicherheit oder Ambiguität sowie den Grenzen des eigenen Wissens – eine differenzierte Reflexion bleibt jedoch aus (*„Klar gibt's manchmal Situationen in denen man denkt: oh mir fällt nichts mehr ein, ich weiß gar nicht mehr was ich tun soll. Aber dann muss man halt irgendwie die Ruhe bewahren"*, GD22, Z. 679). Die eigene Perspektive oder (Wert-)Haltung werden zwar betrachtet, ein konkreter Bezug zum eigenen Erziehungsverständnis wird jedoch weniger deutlich hergestellt. Die entfalteten Lösungswege bewegen sich hier eher auf der Ebene der Ablenkung oder Entzerrung (*„Ich würde versuchen, die Situation zu entschärfen mit irgendwas. Irgendwie ein Wettrennen draußen machen oder in eine Geschichte verpacken. Dass einfach der Fokus von dem Ärger und der Aggression und so weg ist, damit er vergisst, dass er grad aggressiv ist"*, GD6, Z. 98). Die Standortgebundenheit der eigenen Perspektive wird im Kontext von Berufserfahrung reflektiert. Unterstützungsstrategien werden überwiegend auf institutioneller Ebene bzw. der Zusammenarbeit im Team (KollegInnen oder Kinder um unmittelbare Hilfe bitten, Fallbesprechungen in Teamsitzungen) thematisiert, externe Unterstützungsleistungen werden kaum bedacht.

9.2.5 Weiterführung und Entwicklung von Perspektiven

Insgesamt ließen sich in dieser Kategorie Kompetenzen weniger deutlich abbilden. Von möglichen 20 Punkten wurden zwischen 6 und 14 Punkten erreicht.

In Teams mit hohen Kompetenzen in der Entwicklung und Weiterführung von Perspektiven werden begründete Konsequenzen bzw. Schlussfolgerungen für das pädagogische Handeln formuliert. Diese beziehen sich einerseits auf die beschriebene Dilemma-Situation (*„Dann einfach den ganzen Überblick übers Kind gewinnen und nicht nur die Situation von der Matschhose und der Garderobe; sondern einfach so wie er sich überhaupt verhält und dann Eltern fragen und dann einen Interventions- oder Handlungsplan erstellen."* oder *„Er selbst dann mal die Erfahrung macht, wenn ich die jetzt nicht anziehe, dann werde ich halt mal nass. Das ist eine Erfahrung, die die Kinder brauchen"*, GD25, Z. 73) als auch auf vergleichbare Situationen (*„Stellen wir uns im Team genug die Frage nach dem Umgang mit solchen Kindern – oder müssen wir mehr hingucken wie wir in solchen Fällen vorbeugen können. Also das was wir hier diskutiert haben, findet das bei uns im Alltag statt oder wo müssen wir da noch nacharbeiten"*, GD15, Z. 784).

Wenngleich wenig konkrete Bildungs- oder Lernziele für die eigene Professionalisierung benannt werden, so wird auf einer Metaebene immer wieder auf die Notwendigkeit kontinuierlicher fachlicher Weiterentwicklung hingewiesen:

> *„Und was wichtig ist, ist immer am Ball zu bleiben. Wenn ich auf dem stehen bleiben würde, was ich in der Schule gelernt hab, da wäre ich schon lang baden gegangen. Also man muss immer dran bleiben in dem man Fachzeitschriften liest, im pädagogischen Gespräch ist"* (GD3, Z. 335).

Ein geringes Kompetenzniveau zeigt sich demgegenüber darin, dass die beschriebenen Konsequenzen auf der Ebene des Kindes und der Situation verhaftet bleiben und darüber die eigene Handlungspraxis für vergleichbare Situationen nicht beeinflusst wird. Eine Auseinandersetzung mit Entwicklungsaufgaben des Teams bleibt ebenso aus wie eine Formulierung weiterführender theoretischer Fragen.

In Teams im mittleren Kompetenzbereich werden zwar Schlussfolgerungen bzw. Konsequenzen aus der bearbeiteten Situation abgeleitet, eine fachliche Begründung wird jedoch nicht gegeben. Dies lässt sich gleichfalls auf selbsterlebte Situationen übertragen. Hier wird eher referierend wiedergegeben, welche Konsequenzen abgeleitet wurden. Auch hier geraten Lernaufgaben des Teams oder eine Auseinandersetzung mit übergeordneten theoretischen Fragen aus dem Blick.

9.3 Professionelles Selbstverständnis und gegenseitige Anerkennung auf Teamebene

In einem weiteren Schritt wurden die Gruppendiskussionen auf der Grundlage rekonstruktiver Fallanalysen ausgewertet. Dabei standen die Diskursverläufe der Teams, die darin enthaltenen impliziten Wissensbestände und Orientierungen im Team (professionelles Selbstverständnis) und der Umgang mit Vielfalt und Heterogenität (kompetenzorientierte Anerkennung) im Fokus der Analysen. Das professionelle Selbstverständnis des Teams äußert sich im Rahmen der Gruppendiskussionen insbesondere im Hinblick auf den Bildungs-, Betreuungs- und Erziehungsauftrag sowie die pädagogische Grundorientierung in der Einrichtung[58].

---

58 Bei dieser Definition von „professionellem Selbstverständnis" lassen sich enge Parallelen zu dem in der „Schlüssel"-Studie (Viernickel et al., 2013) formulierten Prototyp des „wertekernbasierten Teams" erkennen.

Im Hinblick auf die spezielle Frage der multiprofessionellen Zusammenarbeit in den Teams wurde darüber hinaus rekonstruiert, ob und in welcher Weise eine gegenseitige Anerkennung von Qualifikationen, fachlichen und personalen Kompetenzen im Team zum Ausdruck gebracht werden. Da alle Gruppendiskussionen in den Teams multiprofessionell besetzt waren (zur Durchführung vgl. Kapitel 1) und in den Leitungsinterviews besonders die neuen Perspektiven hervorgehoben wurden, die auf Teamebene wertvoll sein können, war davon auszugehen, dass die Gruppendiskussion diese professionelle Vielfalt hervorbringen. In den fallvergleichenden Analysen konnten jedoch prototypische Unterschiede zwischen den Teams rekonstruiert werden. Während in einem Teil der Teams ein hohes Professionalisierungsniveau, verbunden mit einer hohen Anerkennungskultur (Typ 1) herausgearbeitet werden konnte, zeigt sich in anderen Teams zwar ebenfalls ein hohes Professionalisierungsniveau, jedoch eine eher geringe Ausprägung von kompetenzorientierter Anerkennung (Typ 2). In einer dritten Gruppe von Einrichtungen besteht insgesamt noch Weiterentwicklungsbedarf, um Professionalisierung und Anerkennung der Kompetenzen im Team voranzubringen (Typ 3)[59]. Abbildung 32 zeigt schematisch die möglichen drei Fälle auf.

Abbildung 32: Professionelles Selbstverständnis und kompetenzorientierte Anerkennung auf Teamebene

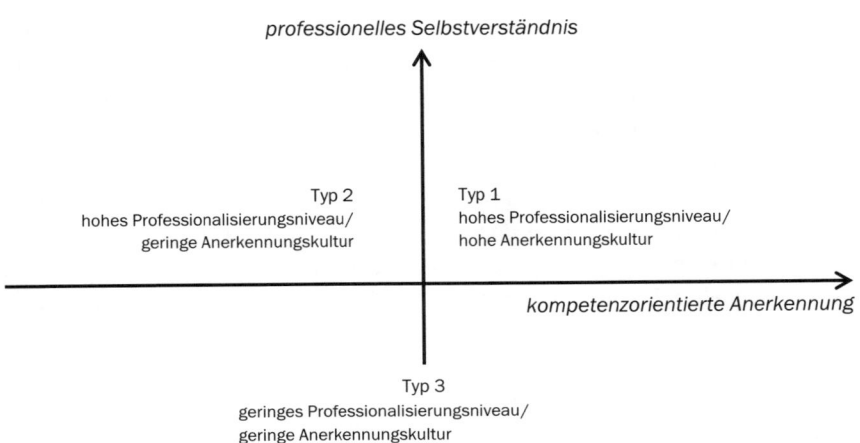

professionelles Selbstverständnis

Typ 2
hohes Professionalisierungsniveau/
geringe Anerkennungskultur

Typ 1
hohes Professionalisierungsniveau/
hohe Anerkennungskultur

kompetenzorientierte Anerkennung

Typ 3
geringes Professionalisierungsniveau/
geringe Anerkennungskultur

---

59 Bei der Ergebnisinterpretation muss beachtet werden, dass die ausgewerteten 25 Gruppendiskussionen nicht ausschließlich einen Typisierungsgrad in seiner „Reinform" verkörpern, ihm jedoch bezogen auf die untersuchungsleitenden Fragestellungen weitgehend entsprechen.

9.3.1 Typ 1: Hohes Professionalisierungsniveau/ hohe Anerkennungskultur

Bei Teams des ersten Typisierungsgrades zeigt sich auf kollektiver Ebene ein „pädagogischer Wertekern" (Garske, 2003; Viernickel et al., 2013). Dieser wird als „ein Bündel an reflexiv zugänglichen, im Team kollektiv geteilten pädagogischen Orientierungen, die sich auf das Bild vom Kind, von Eltern und Familien, auf kindliche Bildungsprozesse und die Rolle der pädagogischen Fachkraft sowie auf die Angemessenheit und Bedeutsamkeit pädagogischer Ziele und Methoden beziehen und sich in organisationalem Handeln widerspiegeln" (Viernickel et al., 2013, 14) beschrieben. Die grundlegend geteilte Orientierung kommt in der Wahrnehmung kindlicher Bedürfnisse (Perspektivenübernahme) und in der Reflexion des Verhaltens der handelnden Fachkraft in der vorgegebenen Dilemma-Situation zum Ausdruck (*„warum sie nicht mit ihm in Dialog geht, warum er die Hose nicht anziehen will, das würde mich interessieren. Also will er gar nicht raus, ist die Hose zu eng, ist sie zu warm"*, GD2, Z. 364).

Auch setzen sich die TeilnehmerInnen bezogen auf die Gestaltung von Fachkraft-Kind-Interaktionen (Weltzien, 2014) kritisch mit Machtverhältnissen im Alltag auseinander (*„es geht einfach gar nicht, egal was für eine Situation es ist, dass man dem Kind unter Zwang eine Hose anzieht"*, GD2, Z. 329).

Die TeilnehmerInnen bringen im Laufe des Diskurses wiederholt ihre (gegenseitige) kompetenzorientierte Anerkennung zum Ausdruck (vgl. auch Fröhlich-Gildhoff, 2014b). So nehmen sie den (fachlichen) Austausch und die enge Zusammenarbeit im multiprofessionellen Team im Alltag explizit als Bereicherung war. Begründet wird dies, indem das *„bunte Team einfach eine wahnsinnige Ressource ist, wirklich von der Praxis her diese verschiedenen Blickwinkel, die einfach da sind"* (GD4, Z. 642). Die gegenseitige Anerkennung pädagogischer Expertise zeigt sich auch in der Wahrnehmung spezieller Kompetenzen von KollegInnen, die im Alltag in unterschiedlichen Bereichen eingebracht werden (*„mit den ganzen Spezialisten, zum Beispiel [...] für mich bist du auch abgespeichert als Bewegungsexpertin, weil du da eine Zusatzausbildung hast [...], weil du die Profession für mich mitbringst im Bereich Bewegung. Ich bin in dem Bereich einfach nicht so fit, da komme ich dann auf dich zu"*, GD2, Z. 674 bzw. 645).

Ressourcen in diesen Teams werden jedoch nicht nur in fachspezifischen Kompetenzen, sondern auch im Sinne personaler Kompetenzen wahrgenommen: *„Das ist einfach eine Leidenschaft von dir und diese Leidenschaft, die nutzen wir hier."* (GD2, Z. 758). Positiv wird auch die Vielfalt der Angebote und die enge Zusammenarbeit dieser Bereiche im Alltag bewertet, die den individuellen Bedürfnissen der Kinder besser gerecht werden (*„dass jeder* versucht in seinem möglichen Bereich dieses Thema aufzunehmen, das finde ich schon sehr speziell hier, dass das wirklich so eine Vernetzung ist von allen Bereichen und dass es da die Möglichkeit gibt, dieses Netz auch als Stütze für das Kind zu nutzen", GD4, Z. 491).

Ein zentrales Kennzeichen von Professionalität ist nach Cloos (2008) auch, „[...] eine Einheit zu bilden und im Team an einem kollektiven Ziel zu arbeiten" (S. 197). Dieses Ziel einer gemeinsamen pädagogischen Grundhaltung kommt in den Gruppendiskussionen dieses Typs deutlich zum Ausdruck (*„Es ist auch eine Haltungssache, also ich denke, man muss dann, wenn man in die Einrichtung kommt, egal jetzt mit der Erzieherausbildung oder mit einer fachfremden Ausbildung, man muss schon auch die Haltung einfach mitbringen, dass man bereit ist, was zu verändern an sich selber, an seiner bisherigen Arbeitsweise und sich auch anschaut. Dass man sich inspirieren lässt oder sagt, ja ich guck mir das jetzt an und schaue, wie ich in diesen Fluss mit rein komme und das, was ich mitbringe, möglichst gut einbringen kann, und dann auch wertschätzend das sehe, was andere machen, das finde ich auch wichtig."* GD4, Z. 525).

Das Professionsverständnis wird auch in dem hohen Qualitätsanspruch an die eigene pädagogische Arbeit erkennbar. Dieser äußert sich in Reflexions- und Selbstklärungsprozessen im Team sowie einer forschende Haltung (*„also die Frage, die mir fehlt ist, warum sich der Martin so verhält, wie er sich verhält und das versucht die Fachkraft in dem Moment gar nicht heraus zu finden."* GD3, Z. 60). Den Prozess von Analyse, Entscheidung, Handeln und Reflexion stellen Teams dieses Typs in den Mittelpunkt ihrer kollegialen Auseinandersetzung (*„Dialogqualität im Team, das wäre für mich etwas Zentrales und je nachdem, wenn wir solche Situationen haben, wäre dann auch der Blick von außen wichtig"*, GD2, Z. 578).

Neben reflektiertem Erfahrungswissen zeigt sich ein hohes professionelles Selbstverständnis auch in dem ganzheitlichen Bildungsanspruch, der mit jedem pädagogischen Handeln verbunden wird. Hierbei ist ein differenziertes Wissen über Selbstbildungstätigkeiten von Kindern im Rahmen ihrer alltäglichen Selbst- und Welterfahrung (Neuß, 2014) von hoher Bedeutung (*„Also wenn ich jetzt den individuellen Bildungsplan miteinbeziehe, der ja sagt, die Kinder bilden sich selbst und haben unterschiedliche Bedürfnisse: wenn ich jetzt sage, alle Kinder machen zur selben Zeit dasselbe, rufen die Pädagogen eine Stresssituation hervor und von individueller Bildung ist dann wohl überhaupt nichts mehr vorhanden."* GD2, Z. 158). Das Bildungsverständnis begründet sich dabei auf der Erkenntnis, dass Kindern eine anregungsreiche, aber auch angstfreie Lernumgebung bereitgestellt werden sollte. Überforderungssituationen sind nach diesem Verständnis möglichst zu antizipieren und von vorne herein zu vermeiden (*„[...] dass man eigentlich schon im Vorfeld [...] ihn aus dieser Situation hätte rausnehmen sollen*

und sagen ‚ich nehme dich jetzt mal ganz aus diesem Gruppenverband raus'
weil ihm das sichtlich zu viel ist.“ GD4, Z. 76).

Ein weiterer Aspekt des professionellen Selbstverständnisses ist der kontinuierliche Wille zur (persönlichen und fachlichen) Weiterentwicklung im Sinne einer lernenden Organisation (Fröhlich-Gildhoff, Weltzien et al., 2014b) (*„[…] was ist uns aufgefallen und wie können wir es gemeinsam auch ändern.“* GD2, Z. 112). Diese Bereitschaft zeigt sich auf Teamebene auch in einem offenen Umgang mit eigenen Unterstützungsbedarfen, und dem Verbalisieren von Grenzen der Handlungsfähigkeit in herausfordernden Situationen (Fröhlich-Gildhoff et al., 2014a, S. 126) (*„Ich würde ja auch gut finden, wenn sie das ihrer Kollegin und im Team sofort rückmeldet, in der Situation danach, dass sie sich die Kollegin nimmt und sagt du, das war nicht in Ordnung. Mir ging es in der Situation richtig schlecht damit, dass möchte ich nicht mehr.“* GD2, Z. 422).

Der Leitung kommt in diesem Diskurs eine besondere Bedeutung zu. Sie bietet dem Team Orientierung an, regt mit gezielten Impulsen zum (kritischen) Fachdiskurs an und fordert zu Reflexion und Weiterentwicklung auf (Fröhlich-Gildhoff, Weltzien et al., 2014b) (*„[…] da muss es irgendetwas anderes geben, deswegen ist der Austausch nicht nur mit der Kollegin, sondern mit allen anderen im Team so wichtig, dass alle ihre Beobachtungen zusammen tragen, um zu schauen was machen wir jetzt? Wo gibt es vielleicht etwas, was das Kind gut kann, was macht es gern, wie kann man die Situation vielleicht entzerren.“* GD4, Z. 282).

9.3.2 Typ 2: Hohes Professionalisierungsniveau/ geringe Anerkennungskultur

Teams dieses Prototyps verfügen – analog zu Typ 1 – über pädagogische Kompetenzen, die in Theorie- und Erfahrungswissen eingebettet sind. Auch setzen sich die Teammitglieder intensiv mit der eigenen Hilflosigkeit bzw. Grenze der Handlungsfähigkeit in selbsterlebten kritischen Situationen auseinander (Fröhlich-Gildhoff et al., 2014a) (*„Ich kenne solche Situationen, wenn man so das Gefühl hat, man muss dem Kind seinen Willen aufzwingen, wo ich im Nachhinein auch immer denke, da fühle ich mich nicht wohl damit.“* GD5, Z. 40). Die Einrichtungsleitung nimmt auch bei diesem Prototyp eine wichtige Rolle im Hinblick auf professionelles Selbstverständnis, forschende Haltung und lernende Organisation ein. Auch bringt sie explizit den fachlichen Austausch im Team als wichtigen Baustein der Weiterentwicklung zum Ausdruck.

„[...] das wird immer wieder so sein, dass man eine Entscheidung fällt, die man hinterher vielleicht anders fällen würde. Dafür lernt man ja aber aus der Situation und Reflexion, dass das Team dringend in einem Fallgespräch darüber sprechen muss [...]." (GD17, Z. 389).

Im Gegenteil zu Prototyp 1 wird das Team jedoch nicht explizit aufgrund seiner multiprofessionellen Zusammensetzung als Ressource begriffen. Eine Anerkennung von Vielfalt findet eher auf einer allgemeinen Betrachtungsebene statt. Ausbildungs- oder berufsspezifisch erworbene Kompetenzen werden im fachlichen Diskurs nicht hervorgehoben (*„[...] Wir sind ja sehr unterschiedlich sowohl im Alter, eben auch mit dem, wo wir herkommen. Und da auch einfach zu gucken, ah ok, so gehen die jetzt damit um und dann eben auch also auch sich selber dann auch zu verändern und zu sagen, ah das war jetzt auch wieder eine Möglichkeit."* GD17, Z. 883).

In einer weiteren Ausprägung werden die spezifischen Ressourcen im Team zwar als mögliche Option der gegenseitigen Unterstützung benannt, diese Option dokumentiert sich aber noch nicht als realisierte Handlungspraxis in dem Team (*„[...] unsere Entscheidung wäre auch zu sagen, dass wir uns an die anderen Kolleginnen wenden. Dass wir ja immer sagen, wir arbeiten insoweit offen, dass wir ein Team sind und die Hilfe des anderen in Anspruch nehmen können, ohne dass es dann heißt, oh guck, die wird nicht fertig mit dem Kind, sondern das wir sagen, wir sind ein Team und wir helfen uns gegenseitig."* GD25, Z. 611).

In einer anderen Form zeigt sich dieser Prototyp einer wenig ausgeprägten Anerkennungskultur darin, dass zwar in dem fachlichen Diskurs eigene, spezifische Kompetenzen benannt werden, diese jedoch vom Team nicht aufgegriffen oder explizit als Ressource bestätigt werden (*„[...] also ich denk, Erfahrung dadurch, dass man das schon selber eigentlich auch mit Kindern erlebt hat. Oder ich auch schon mit traumatisierten Kindern gearbeitet hab und ich so Situationen kenne und einfach weiß, dass es dann da nix bringt, das Kind jetzt in die Matschhose reinzupressen, weil das hilft dem Kind nicht."* GD20, Z. 511).

Die geringe explizite Anerkennung und Nutzung spezifischer Ressourcen im Team kann die Handlungsmöglichkeiten in kritischen Situationen einschränken. Dies dokumentiert sich daran, dass Überforderungssituationen im Alltag zwar mit schlechten personellen Rahmenbedingungen (Personalbesetzung), nicht aber mit den personellen Ressourcen (Personalstruktur) in Zusammenhang gebracht gemacht werden (*„[...] in der Situation gab es wenig Handlungsspielraum und ich merke, dass sind Situationen, in denen viel mehr Personal da sein müsste [...] aber die Situation gibt es nicht her und man kommt eigentlich so an Grenzen, dass man gar nicht mehr adäquat reagieren kann, weil man der Situation einfach so ausgeliefert ist."* GD5, Z. 42).

9.3.3 Typ 3: Geringes Professionalisierungsniveau/ geringe Anerkennungskultur

Ein Merkmal dieses Prototyps sind die wenig ausgeprägten, gemeinsamen pädagogischen Grundorientierungen, die sich in konkreten Alltagshandlungen oder – wie in der Gruppendiskussion – in der Auseinandersetzung mit kritischen Alltagssituationen widerspiegeln. Zwar wird eine große Bandbreite an pädagogischen Orientierungen, Erziehungsstilen, Normen und Werten in dem Diskurs offen hervorgebracht, diese werden aber nicht „verhandelt", sondern stehen ohne gegenseitige Bezugnahme eher unverbunden nebeneinander. Die Leitung nimmt in diesen Diskursen eine wenig strukturierende, die fachlich-reflexive Auseinandersetzung einfordernde Rolle ein. Auch wird in dem Diskurs zwar von einer allgemeinen Zufriedenheit mit der Zusammenarbeit im Team gesprochen, nicht jedoch expliziert benannt, worin die besondere Stärke des Teams besteht. Ein professionelles Selbstverständnis kommt dabei ebenso wenig zum Ausdruck wie eine kompetenzorientierte Anerkennung der Teammitglieder. So wird kaum erklärt, dass Multiprofessionalität im Team eine Chance dafür darstellt, unterschiedliche Perspektiven zu entwickeln und auszutauschen. Auch wird kaum eine Entlastung in kritischen Alltagssituationen hervorgehoben, die über die unterschiedlichen fachliche Zugänge und damit verbundenen Kompetenzen möglich sind bzw. wären. Zwar werden Kinder in andere Gruppen „gebracht", wenn sie besondere Interessen haben (*„Jeder hat so seinen Schwerpunkt und [...] so wird das gemischt bei uns im Haus und das ist wichtig."* GD8, Z. 616). Die Zusammenarbeit im Team gestaltet sich dabei aber eher als Rollen- und Aufgabenverteilung und weniger als eine gemeinsame Erarbeitung von begründeten Handlungskonzepten und Bildungsangeboten im Team, bei der auch die Grundlagen des pädagogischen Handelns offengelegt und kritisch hinterfragt werden. Auch werden wenig gemeinsame Ideen und Konzepte zur Unterstützung der individuellen Bedürfnisse von Kindern entwickelt. Unterschiedlichkeit im Team wird daher allenfalls auf der handlungspraktischen Ebene thematisiert (*„[...] da ist jemand, der das kann."* GD8, Z. 616).

In einer weiteren Ausprägung zeigt sich der Prototyp in einer durch Wettbewerb der Kompetenzen geprägten Teamsituation. Dabei besteht die Gefahr, anderen Teammitgliedern Kompetenzen abzusprechen oder Ausbildungen abzuwerten. Stereotype Zuschreibungen von „Können" und „Nichtkönnen" im Team beeinträchtigen damit nicht nur die professionelle Weiterentwicklung der einzelnen Fachkräfte, sondern stehen auch einer ressourcenorientierten Betrachtung von Vielfalt im Team entgegen (*„[...] weil man eine andere Ausbildung hat, weil wir vielleicht eine Idee haben, eine Hypothese haben, warum das Kind das macht, weil wir vielleicht sagen kön-*

nen, da steckt vielleicht noch etwas ganz anderes dahinter, das die Erzieher vielleicht noch nicht gleich erkennen." GD8, Z. 633).

Ein Konsens in den Teams zeigt sich dagegen darin, dass die schwierigen Rahmenbedingungen Einfluss auf die Bewältigung schwieriger Situationen haben. Dabei kommt es auch zu „schnellen Lösungen", die einerseits mit Zeitmangel, andererseits mit dem Verweigerungshandeln der Kinder begründet werden („*Wenn Kinder einfach ihre Kleidung nicht anziehen wollen, herumtrödeln oder sich auch mal verweigern, dann geht der Erzieher hin und macht das dann halt [...]."* GD8, Z. 132). („*[...] ich würde ihm die Matschhose nicht anziehen [...] es geht ja um die Einsicht und um die Konsequenz, dass er dann eben einfach nicht draußen spielen kann."* GD9, Z. 51).

Die wenig vorhandene Bereitschaft, auf Ressourcen im Team zurückzugreifen bzw. anderen KollegInnen Unterstützung anzubieten führt dabei zu sehr ähnlichen Handlungsmustern, wie sie in der Dilemma-Situation beschrieben werden. Hierin drückt sich die Hilflosigkeit des Teams im Umgang mit herausfordernden Situationen im pädagogischen Alltag aus („*vielleicht könnte man auch ein bisschen Zeit überbrücken, indem man das Kind bei offener Tür zurück in den Stuhlkreis schickt, [...] und sagt, jetzt überlegst du erst mal kurz für dich, was gerade dein Problem ist und ich komme dann nochmal auf dich zu [...]."* GD9, Z. 96).

9.4 Zusammenfassung und Diskussion

Auf der Teamebene zeigen sich in der fallvergleichenden Betrachtung deutliche Unterschiede zwischen den Einrichtungen im Hinblick auf das Kompetenzniveau, das professionelle Selbstverständnis und die Anerkennungskultur.

Die Teams unterscheiden sich darin, welche Kompetenzen im Umgang mit herausfordernden Alltagssituationen im fachlichen Austausch hervorgebracht werden. Dabei variiert das Kompetenzniveau nach einer standardisierten Einschätzung (Kompetenzraster) zwischen 49 % und 81 % der maximal zu erreichenden Kompetenzwerte.

Auch in vergleichenden Analysen zum professionellen Selbstverständnis auf der Grundlage einer Rekonstruktion der Diskursverläufe zeigen sich Unterschiede zwischen den Teams. Dies äußert sich in der Auseinandersetzung mit dem Bildungs-, Betreuungs- und Erziehungsauftrag sowie mit den pädagogischen Grundorientierungen im Team. In dem gemeinsamen Ringen um ein gemeinsames pädagogisches Verständnis, und dem Bestreben, „[...] eine Einheit zu bilden und im Team an einem kollektiven Ziel zu arbeiten" (Cloos, 2008, S. 197) sind die Teams unterschiedlich weit vorangeschritten.

Im einrichtungsbezogenen Vergleich der beiden Analyseverfahren (Kompetenzraster und professionelles Selbstverständnis/kompetenzorientierte Anerkennung) zeigen sich dabei ähnliche Tendenzen, die Ergebnisse sind aber nicht deckungsgleich. Das bedeutet, dass in Einrichtungen, in denen Teammitglieder ein hohes Kompetenzniveau im Umgang mit herausfordernden Situationen erreichen, nicht unbedingt auch ein breites, gemeinsames Verständnis vorhanden sein muss. Denn in diesen Einrichtungen wird das (im Kompetenzraster eingeschätzte) hohe analytische oder reflexive Kompetenzniveau nur von einem Teil des Teams hervorgebracht, ein gemeinsames vom Team getragenes Verständnis ist aber nicht rekonstruierbar. Umgekehrt gibt es auch Einrichtungen, in denen das Kompetenzniveau auf Teamebene zwar noch nicht sehr ausgeprägt ist, dennoch auf breiter Basis eine hohe Lern- und Veränderungsbereitschaft expliziert wird und auch offen die eigenen Grenzen der Handlungsfähigkeit reflektiert werden (*„lernende Organisation"*). Für die Entwicklung der Teams bedeutet dies unterschiedliche Weiterentwicklungsoptionen: Im ersten Fall kann die gemeinsam getragene pädagogische Haltung (professionelles Selbstverständnis) durch die explizite Bearbeitung unterschiedlicher Zugänge, Wissens- und Könnensbestände im Team gestärkt werden. Im zweiten Fall kann aktuelles Fachwissens (z.B. über kindliche Entwicklungsthemen, herausforderndes Verhalten) in das Team hineingebracht werden, um erweiterte Handlungs- und Entscheidungsspielräume in der pädagogischen Praxis zu erarbeiten.

Unterschiede zwischen den Einrichtungen wurden auch hinsichtlich des Umgangs mit Vielfalt/Diversität auf Teamebene (Anerkennungskultur) herausgearbeitet. Diese Unterschiede beziehen sich auf formale Qualifikationen, fachliche und personale Kompetenzen im Team. Während die multiprofessionelle Zusammensetzung des Teams in einigen Einrichtungen explizit als Bereicherung wahrgenommen und als Ressource bewertet wird, um den individuellen Bedürfnissen der Kinder besser gerecht werden zu können, findet in anderen Einrichtungen eher auf einer allgemeinen Betrachtungsebene eine Anerkennung von Vielfalt statt. Ausbildungs- oder berufsspezifisch erworbene Kompetenzen werden im fachlichen Diskurs nicht hervorgehoben, sondern nur als mögliche Option für gegenseitige Unterstützung benannt, ohne diese in der Handlungspraxis zu realisieren. In anderen Fällen werden zwar eigene, spezifische Kompetenzen benannt, ohne dass diese jedoch vom Team aufgegriffen oder explizit als Ressource bestätigt werden. Andere Teamsituationen sind – teilweise steht dies im Widerspruch zur Wahrnehmung durch die Leitungskräfte – durch einen Wettbewerb der Kompetenzen geprägt. Dabei werden (zumindest implizit) anderen Teammitgliedern Kompetenzen abgesprochen oder *„fremde"* Ausbildungen abgewertet.

Werden die Ergebnisse mit den Teamstrukturen in Verbindung gebracht, zeigt sich zwar im Vergleich, dass Teams mit einem hohen Anteil an *einschlägig-hoch* qualifizierten Fachkräften eher zu den Einrichtungen mit hohem Kompetenzniveau und hohem professionellen Selbstverständnis gehören. Eine einfache Formel – mehr akademisch ausgebildete Fachkräfte bedeutet mehr Qualität – gibt es jedoch nicht.

Auch zeigen die Analysen, dass auch *nicht-einschlägig* qualifizierte Fachkräfte durchaus einen hohen Anteil am Kompetenzniveau des Teams sowie an einer intensiven fachlichen Auseinandersetzung über handlungsleitende Orientierungen in der Einrichtung haben können. Damit bestätigen sich die in den Einzelinterviews sowohl bei Leitungskräften als auch bei den *nicht-einschlägig* qualifizierten Fachkräften selbst beschriebenen Potentiale spezifischer Kompetenzen auch auf Teamebene. So gibt es nach den vorliegenden Befunden Hinweise dafür, dass es gelingen kann, die vielfältigen Ressourcen im Team zusammenzuführen und ein hohes fachliches Niveau zu erreichen. Eine bedeutende Rolle kommt in diesen Prozessen der Leitungs- bzw. Trägerebene zu, die nicht nur Entscheidungsverantwortung bei der Personalauswahl, Einstellung und Einarbeitung übernimmt, sondern auch für eine ressourcenorientierte, langfristige fachliche Weiterentwicklung auf Teamebene Sorge trägt. In Kapitel 12.2. wird daher ein Passungsmodell entworfen, das die unterschiedlichen Eckpfeiler und Rahmenbedingungen, in denen sich multiprofessionelle Teams entwickeln können, zusammenführt.

Teil III **Einstellungen zu
multiprofessionellen Teams:
Die Perspektiven
von Trägern, Leitungen
und Eltern**

Kapitel 10
Träger und Leitungen: Einstellungen zu multiprofessionellen Teams

Im November 2013 wurde im Rahmen des Projekts „Team-Evaluation bezüglich der Arbeitsprozesse und Arbeitszufriedenheit multiprofessioneller Kindertageseinrichtungen in Baden-Württemberg" (TEAM-BaWü) eine schriftliche Befragung (online-gestützt) durchgeführt. Die Ergebnisse dieser Befragung werden im Folgenden zusammenfassend dargestellt (vgl. auch Weltzien et al., 2014 a, b).

10.1 Stichprobenbeschreibung

Im November 2013 wurden insgesamt 7.000 Fragebögen an Einrichtungsleitungen und 1.500 Fragebögen an Träger von Kindertageseinrichtungen in Baden-Württemberg elektronisch versandt. Die Adressen wurden vom Kultusministerium bereitgestellt. Das Kultusministerium wiederum bezog diese Adressen über den Kommunalverband für Jugend und Soziales (KVJS). Von diesen versandten Fragebögen konnten ca. 700 nicht zugestellt werden, dies ergab sich bspw. durch veraltete Adressen, welche trotz erneuter Recherche nicht aktualisiert werden konnten.

An der Befragung beteiligten sich 159 Träger und 768 Leitungskräfte. Die erreichte Stichprobe umfasst 11 % der Grundgesamtheit; sie entspricht in zentralen Kennwerten (Einrichtungsgröße, Stadt/Land-Relation, Trägerzugehörigkeit) der Grundgesamtheit, daher kann von einer einigermaßen hohen Repräsentanz der Daten ausgegangen werden. Erfasst wurden Teamstrukturen, Einstellungen zu multiprofessionellen Teams, Einschätzungen zur Team- bzw. Arbeitssituation, die gegenwärtige Einstellungspraxis sowie die zukünftige Personalentwicklungsplanung.

Die nachfolgenden Abbildungen (33 und 34) zeigen die Verteilung nach Trägerschaft. Demnach konnten von den 159 Trägern mehr als die Hälfte (56,8 %) öffentlichen Trägern und 32,3 % freien Trägern zugeordnet werden. Bei den Einrichtungsleitungen lag die Verteilung nach Trägerschaft bei 43,3 % (öffentliche Träger) bzw. 40,7 % (freie Träger).

Anzumerken ist, dass im Vergleich mit den Angaben der Bildungsberichterstattung 2013 für Baden-Württemberg überproportional viele öffentliche Träger bzw. Einrichtungen in öffentlicher Trägerschaft an der Befragung teilgenommen haben. Nach den statistischen Angaben des Landesinstituts für Schulentwicklung befanden sich zum Stichtag 2013 41,2 % der Einrichtungen in öffentlicher und 58,5 % in freier Trägerschaft (davon: 22,4 % Caritasverband und sonstige katholische Träger; 19,2 % Diakonisches Werk und sonstige der EKD angeschlossene Träger; 3,1 % Arbeiterwohlfahrt; 3,1 % Deutscher Paritätischer Wohlfahrtsverband; 1,2 % Wirtschaftsunternehmen; 12,0 % sonstige Freie Träger) (vgl. Landesinstitut für Schulentwicklung und Statistisches Landesamt, 2013, S. 72 f.).

Abbildung 33: Verteilung der Trägerschaft nach Angabe der Träger und Einrichtungsleitungen

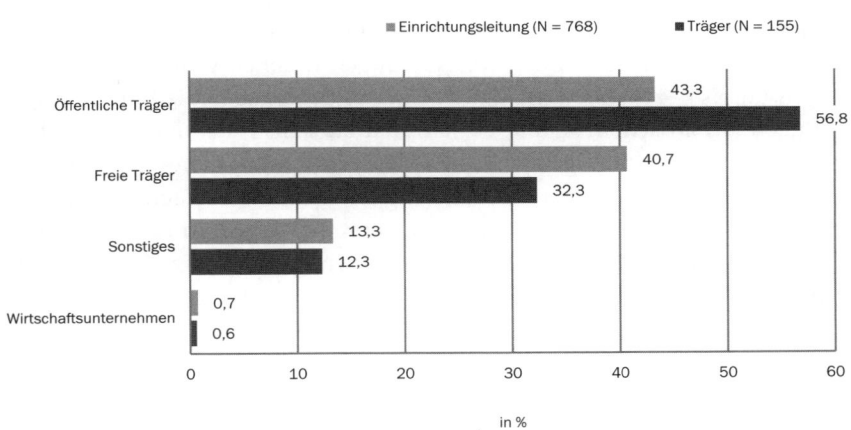

Abbildung 34: Verteilung der Freien Träger nach Angabe der Träger und Einrichtungsleitungen

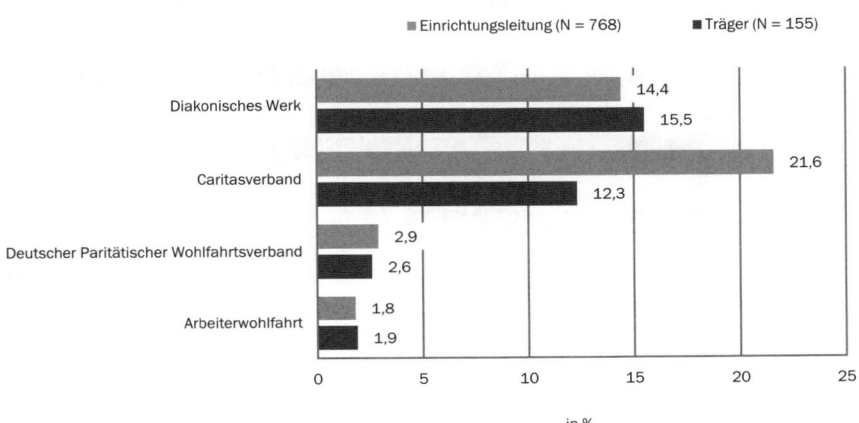

283

Hinsichtlich der regionalen Verteilung zeigte sich, dass die Mehrzahl der Einrichtungsleitungen (52,1%, N = 224) bzw. Träger (62,3%, N = 99) angaben, die Einrichtung liege eher im ländlichen Bereich. Einrichtungen, die eher im städtischen Bereich liegen, waren dagegen deutlich seltener vertreten (Angabe Einrichtungsleitung: 29,3%, N = 224; Angabe Träger: 21,4%, N = 34). Von 18,6% (N = 142) der Einrichtungsleitungen bzw. 16,4% (N = 26) der Träger wurde angegeben, dass die Einrichtung gleichermaßen in beiden Bereichen liege.

Die Frage, ob die jeweilige Einrichtung in einem Einzugsgebiet mit besonderem sozialen Entwicklungsbedarf (z.B. hohe Arbeitslosigkeit, Armut) liegt, beantworteten 9,9% (N = 75) der Einrichtungsleitungen mit „ja", 66,2% (N = 503) mit „nein" und 23,9% (N = 182) mit „teilweise".

Bezogen auf soziodemographische Merkmale lässt sich sagen, dass die Mehrheit der Befragten Einrichtungsleitungen weiblich waren (93,6%, N = 719); 6,1% (N = 41) waren männlich. Überwiegend gaben die Einrichtungsleitungen an, zwischen 41 und 60 Jahre alt zu sein. Nach der eigenen Leitungserfahrung befragt gaben 35,1% der Einrichtungsleitungen an, fünf Jahre oder weniger als Leitungskraft tätig zu sein. Die Befragten gaben zudem an, im Mittel 11,47 Jahre (min = 1, max = 42 Jahre) in der derzeitigen Einrichtung zu arbeiten. Als Einrichtungsleitung arbeiteten die Befragten bisher durchschnittlich 9,17 Jahre (min = 1, max = 40 Jahre). Eine detaillierte Darstellung bieten die Abbildungen 35 und 36.

Abbildung 35: Verteilung der Altersstufen unter den Einrichtungsleitungen (N = 762)

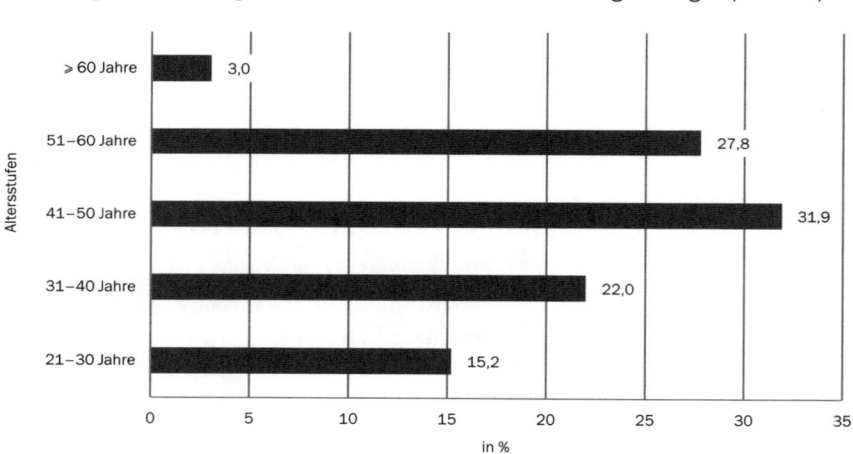

Abbildung 36: Berufserfahrung als Leitungskraft (N = 766)

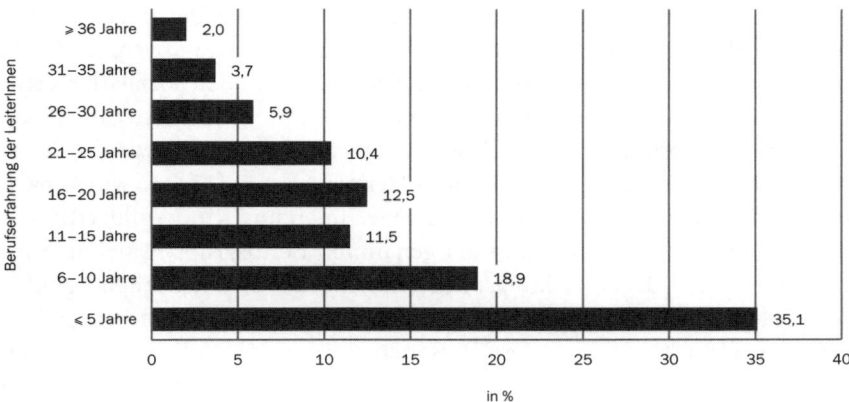

10.2 Personelle Besetzung

Einrichtungsleitungen und Träger wurden in der Befragung gebeten, die jeweilige personelle Besetzung – getrennt nach internem und externem Personal – anzugeben. Dabei standen – anders als in üblichen Fachkräftestatistiken – nicht die jeweiligen Anteile des pädagogischen Personals im Vordergrund, sondern es wurde allein danach gefragt, ob bestimmte berufliche Qualifikationen in der Einrichtung (Leitungsbogen) bzw. der Trägerschaft (Trägerbogen) vertreten sind oder nicht.

Ziel war es, Anhaltspunkte dafür zu bekommen, wie üblich es ist, Personal außerhalb der traditionellen beruflichen Abschlüsse in Kindertageseinrichtungen (staatlich anerkannte ErzieherInnen bzw. staatlich anerkannte KinderpflegerInnen) einzustellen. Anders ausgedrückt können diese Angaben Hinweise darauf liefern, ob Träger bzw. Leitungen bereits auf Erfahrungen mit verschiedenen Berufsabschlüsse zurückgreifen können oder ob bestimmte berufliche Abschlüsse bislang kaum eine Rolle spielen. Hierfür wurden alle beruflichen Abschlüsse aufgelistet, die nach § 7 Abs. (2) 10 KiTaG in Kindertageseinrichtungen ohne Ausnahmegenehmigung möglich sind. Für die Interpretation ist allerdings zu beachten, dass die gesetzliche Neuregelung wahrscheinlich nur in den wenigsten Fällen innerhalb der vorliegenden Befragung bereits abgebildet wurde. In den meisten Fällen dürfte es sich um Personal handeln, das bereits *vor* Inkrafttreten der Gesetzesänderung z. B. über Ausnahmegenehmigungen, beschäftigt worden ist.

285

Angaben zur personellen Besetzung – internes Personal

Die Tabellen 108 und 109 zeigen die Auffächerung von Personal verschiedener Qualifikationen nach Trägerschaft bzw. Einrichtung (November 2013): 30,8 % der Träger beschäftigten SozialpädagogInnen oder SozialarbeiterInnen, 21,4 % KindheitspädagogInnen mit Bachelor- oder Masterabschluss. Diese beiden beruflichen Abschlüsse auf Hochschulniveau sowie die ErzieherInnen für den Bereich Jugend- und Heimerziehung (17,6 %) waren nach den traditionellen Qualifikationen (ErzieherInnen und KinderpflegerInnen) die von den Trägern am häufigsten genannten Berufsgruppen bei dem internen Personal. HeilerziehungspflegerInnen (12,6 %) und HeilpädagogInnen (11,3 %) sowie Grund- und HauptschullehrerInnen, SonderschullehrerInnen (10,1 %) sowie andere Personen mit einem Studienabschluss im pädagogischen, erziehungswissenschaftlichen oder psychologischen Bereich (8,2 %) waren dagegen deutlich seltener vertreten.

Tabelle 108: Personelle Besetzung des pädagogischen Personals nach Angaben der Träger

	internes Personal		externes Personal	
	%	(N)	%	(N)
ErzieherInnen (staatl. anerk.)	94,3	(150)	1,9	(3)
ErzieherInnen für den Bereich Jugend- und Heimerziehung (staatl. anerk.)	17,6	(28)		
KindheitspädagogInnen (B.A. oder M.A., staatl. anerk.)	21,4	(34)	1,3	(2)
SozialpädagogInnen, SozialarbeiterInnen etc. (staatl. anerk.)	30,8	(49)	3,1	(5)
Grund- und HauptschullehrerInnen, SonderschullehrerInnen	10,1	(16)	5,7	(9)
Personen mit einem Studienabschluss (päd., erziehungsw., psychol. Bereich)	8,2	(13)	2,5	(4)
KinderpflegerInnen (staatl. anerk.)	73,6	(117)	1,3	(2)
HeilpädagogInnen (staatl. anerk.)	11,3	(18)	9,4	(15)
Studienabschluss der Heilpädagogik (Dipl., B.A., M.A.)	1,3	(2)	2,5	(4)
HeilerziehungspflegerInnen (staatl. anerk.)	12,6	(20)	1,3	(2)
Im Ausland erworbenen Qualifikation (§ 7 Abs. 5 KiTaG)	8,2	(13)	0,6	(1)
PraktikantInnen	59,7	(95)	6,9	(11)
Praxisintegrierte Ausbildung (PIA)	40,9	(65)	1,9	(3)
Ohne abgeschlossene Berufsausbildung	22,6	(36)	1,9	(3)

Anmerkung:
Mehrfachnennungen möglich.

Lesehilfe:
94,3 % der Träger gaben an, mindestens eine/n staatlich anerkannte ErzieherIn zu beschäftigen.

Tabelle 109: Personelle Besetzung des pädagogischen Personals nach Angaben
der Einrichtungsleitungen

	internes Personal		externes Personal	
	%	(N)	%	(N)
ErzieherInnen (staatl. anerk.)	96,5	(741)	1,0	(8)
ErzieherInnen für den Bereich Jugend- und Heimerziehung (staatl. anerk.)	11,3	(87)	1,0	(8)
KindheitspädagogInnen (B. A. oder M. A., staatl. anerk.)	10,9	(84)	1,0	(8)
SozialpädagogInnen, SozialarbeiterInnen etc. (staatl. anerk.)	23,3	(179)	3,8	(29)
Grund- und HauptschullehrerInnen, SonderschullehrerInnen	6,1	(47)	6,4	(49)
Personen mit einem Studienabschluss (päd., erziehungsw., psychol. Bereich)	3,6	(28)	2,2	(17)
KinderpflegerInnen (staatl. anerk.)	51,2	(393)	1,4	(11)
HeilpädagogInnen (staatl. anerk.)	7,7	(59)	8,1	(62)
Studienabschluss der Heilpädagogik (Dipl., B. A., M. A.)	2,5	(19)	2,5	(19)
HeilerziehungspflegerInnen (staatl. anerk.)	8,9	(68)	1,0	(8)
Im Ausland erworbenen Qualifikation (§ 7 Abs. 5 KiTaG)	9,1	(70)	0,5	(4)
PraktikantInnen	62,8	(482)	6,1	(47)
Praxisintegrierte Ausbildung (PIA)	26,8	(206)	1,0	(8)
Ohne abgeschlossene Berufsausbildung	12,5	(96)	4,8	(37)

Anmerkung:
Mehrfachnennungen möglich.

Lesehilfe:
In 96,5 % der Einrichtungen war nach Auskunft der Leitung mindestens ein/e staatlich anerkannte ErzieherIn tätig.

Auf Einrichtungsebene bezogen ergab sich nach Auskünften der Einrichtungsleitungen folgendes Bild: In 23,3 % der Einrichtungen waren SozialpädagogInnen oder SozialarbeiterInnen tätig, in 10,9 % der Einrichtungen KindheitspädagogInnen mit Bachelor- oder Masterabschluss und in 11,3 % der Einrichtungen ErzieherInnen für den Bereich Jugend- und Heimerziehung. Auch auf Einrichtungsebene waren andere berufliche Qualifikationen wie HeilerziehungspflegerInnen (8,9 %) und HeilpädagogInnen (7,7 %) sowie Grund- und HauptschullehrerInnen, SonderschullehrerInnen (6,1 %) sowie andere Personen mit einem Studienabschluss im pädagogischen, erziehungswissenschaftlichen oder psychologischen Bereich (3,6 %) vergleichsweise seltener vertreten.

Zusammenfassend zeigen diese Ergebnisse, dass ein breites Repertoire an unterschiedlichen Ausbildungen und Qualifikationen in baden-württembergischen Kindertageseinrichtungen bereits im November 2013 vorhanden war. Neben den traditionellen Ausbildungsformen, die in 96,5% (ErzieherIn) bzw. 51,2% (KinderpflegerIn) der Einrichtungen vertreten waren, haben sich die beruflichen Qualifikationen im Arbeitsfeld der Kindertageseinrichtungen nach den Ergebnissen dieser Befragung in den letzten Jahren weiter ausdifferenziert.

Angaben zur personellen Besetzung – externes Personal

Bei dem externen Personal *ohne* vertragliche Anstellung, das z.B. auf Honorarbasis die Arbeit in der/den Einrichtungen regelmäßig unterstützt, spielten im November 2013 nur wenige berufliche Qualifikationen eine nennenswerte Rolle. Als externes Personal wurden nach Aussagen der Befragten in Kindertageseinrichtungen am häufigsten staatlich anerkannte HeilpädagogInnen mit 9,4% (Träger) bzw. 8,1% (Einrichtungsleitung), gefolgt von Grund-/Haupt- bzw. SonderschullehrerInnen mit 5,7% (Träger) bzw. 6,4% (Einrichtungsleitung) beschäftigt. Alle anderen Abschlüsse waren deutlich seltener vertreten.

Angaben zur personellen Besetzung unter Berücksichtigung von § 7 Abs. (2) KiTaG

Die Auffächerung des Fachkräftekatalogs im Sinne des § 7 Abs. (2) KiTaG dürfte sich in der im November 2013 durchgeführten Befragung nur in den wenigsten Fällen bereits widerspiegeln. Vielmehr ist davon auszugehen, dass das im pädagogischen Bereich tätige Personal mit entsprechenden beruflichen Qualifikationen bereits vorher über Ausnahmegenehmigungen angestellt wurde. Unter dieser Annahme zeigte sich, dass im November 2013 nur Gesundheits- und KinderkrankenpflegerInnen in nennenswertem Umfang vertreten waren. 10,1% der Träger und 6,0% der Einrichtungsleitungen gaben an, dass Gesundheits- und KinderkrankenpflegerInnen in der/ den Einrichtung/en beschäftigt sind. Alle anderen beruflichen Abschlüsse spielten bislang nach Auskunft der Befragten nur eine eher geringe Rolle.

Als externe Fachkräfte unterstützen nach Angaben der Befragten FachlehrerInnen für musisch-technische Fächer (Träger: 4,4%; Einrichtungsleitung: 6,9%), LogopädInnen (Träger: 6,3%; Einrichtungsleitungen: 4,4%) sowie in geringerem Maße ErgotherapeutInnen (Träger: 3,8%; Einrichtungsleitungen: 3,6%) das fest angestellte pädagogische Personal der Einrichtung(en) (vgl. Tabellen 110 und 111).

Tabelle 110: Anderes pädagogisches Personal nach § 7 Abs. (2) KiTaG nach Angaben der Träger

	internes Personal		externes Personal	
	%	(n)	%	(n)
PhysiotherapeutInnen	0,6	(1)	1,9	(3)
KrankengymnastInnen	1,3	(2)	1,3	(2)
ErgotherapeutInnen	3,8	(6)	3,8	(6)
Beschäftigungs- und ArbeitstherapeutInnen	3,1	(5)	1,9	(3)
LogopädInnen	0,6	(1)	6,3	(10)
Gesundheits- und KinderkrankenpflegerInnen	10,1	(16)	1,9	(3)
Hebammen/Entbindungspfleger	3,8	(6)	0,6	(1)
Haus- und FamilienpflegerInnen	1,9	(3)	0,6	(1)
DorfhelferInnen			0,6	(1)
FachlehrerInnen für musisch-technische Fächer			4,4	(7)
Erste Staatsprüfung (Lehramt Grund-, Haupt-, Sonderschulen)	5,0	(8)	1,9	(3)

Anmerkung:
Mehrfachnennungen möglich.

Lesehilfe:
10,1 % der Träger gaben an, mindestens eine Gesundheits- und Kinderkrankenpflegerin zu beschäftigen.

Tabelle 111: Anderes pädagogisches Personal nach § 7 Abs. (2) KiTaG nach Angaben der Einrichtungsleitungen

	internes Personal		externes Personal	
	%	(N)	%	(N)
PhysiotherapeutInnen	1,0	(8)	1,6	(12)
KrankengymnastInnen	0,3	(2)	0,7	(5)
ErgotherapeutInnen	3,0	(23)	3,6	(28)
Beschäftigungs- und ArbeitstherapeutInnen	0,7	(5)	0,8	(6)
LogopädInnen	0,9	(7)	4,4	(34)
Gesundheits- und KinderkrankenpflegerInnen	6,0	(46)	1,4	(11)
Hebammen/Entbindungspfleger	0,7	(5)	0,3	(2)
Haus- und FamilienpflegerInnen	1,2	(9)	0,9	(7)
DorfhelferInnen	0,3	(2)	0,4	(3)
FachlehrerInnen für musisch-technische Fächer	0,5	(4)	6,9	(53)
Erste Staatsprüfung (Lehramt Grund-, Haupt-, Sonderschulen)	2,3	(18)	3,0	(23)

Anmerkung:
Mehrfachnennungen möglich.

Lesehilfe:
In 6,0 % der Einrichtungen ist nach Auskunft der Leitung mindestens eine Gesundheits- und Kinderkrankenpflegerin tätig.

Zertifizierte Zusatzqualifikationen und spezielle pädagogische Tätigkeitsbereiche

Träger und Einrichtungsleitungen wurden danach gefragt, ob es pädagogisches Personal in der/den Einrichtung/en gibt (*ohne* externes Personal), das eine mindestens ein- bis zweijährige zertifizierte Zusatzqualifikation absolviert hat. Aufgeschlüsselt nach der Art der Zusatzqualifikationen ergibt sich folgendes Bild (vgl. Abbildung 37).

Abbildung 37: Verteilung der Zusatzqualifikationen des pädagogischen Personals

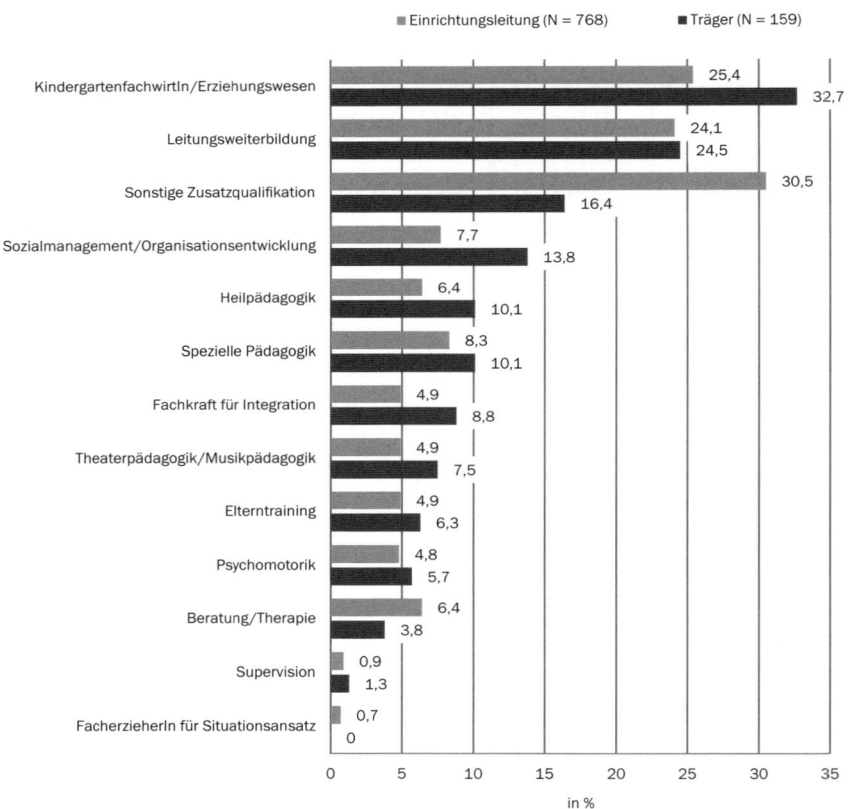

Lesehilfe:
25,4 % der Einrichtungsleitungen gaben an, dass die Zusatzqualifikation „KindergartenfachwirtIn bzw. FachwirtIn für Erziehungswesen" von mindestens einer Fachkraft dieser Einrichtung abgeschlossen wurde.

Am häufigsten genannt wurden die Zusatzqualifikationen „Kindergarten-fachwirtIn, FachwirtIn für Erziehungswesen", 32,7 % der Träger und 25,4 % der Einrichtungsleitungen gaben an, dass mindestens eine Person in der/den Einrichtungen im November 2013 diese Zusatzqualifikation abgeschlossen hatten. Eine weitere, häufig genannte Zusatzqualifikation war die Leitungsweiterbildung, die jeweils von 24,5 % der Träger und 24,1 % der Einrichtungsleitungen genannt wurde. Darüber hinaus spielten nicht näher benannte „sonstige Zusatzqualifikationen" mit 16,4 % (Träger) bzw. 30,5 % (Leitungen) eine Rolle.

Nach diesen Ergebnissen ist festzuhalten, dass Zusatzqualifikationen im November 2013 eine durchaus beachtenswerte Bedeutung in den Kindertageseinrichtungen haben. Werden alle von den Einrichtungsleitungen genannten Zusatzqualifikationen zusammengezählt, gaben 44,7 % der Träger und 65,9 % der Leitungen an, dass mindestens eine der aufgeführten Zusatzqualifikationen (mindestens ein- bis zweijährig, zertifiziert) in der/den Einrichtung/en vertreten ist (vgl. Tabelle 112).

Tabelle 112: Pädagogisches Personal mit Zusatzqualifikationen und festgelegten Tätigkeitsbereichen

	Träger		Leitung	
	%	(N)	%	(N)
Pädagogisches Personal mit zertifizierter Zusatzqualifikation	44,7	(67)	65,9	(500)
Pädagogisches Personal ausschließlich für bestimmten päd. Tätigkeitsbereich	44,6	(70)	39,3	(298)

Anmerkung:
Mehrfachnennung möglich.

Eine weitere Frage richtete sich an die speziellen Zuständigkeiten des pädagogischen Personals. Auf die Frage: „Gibt es pädagogisches Personal (*ohne* externes Personal), das ausschließlich für einen bestimmten pädagogischen Tätigkeitsbereich zuständig ist?" antworteten 44,6 % der Träger und 39,3 % der Leitungen, dass es pädagogisches Personal gibt, dass spezielle Zuständigkeiten hat. Am häufigsten genannt wurden Sprachförderung (Träger: 31,4 %, Leitung: 27,9 %) und Integration/Inklusion (Träger: 16,4 %, Leitung: 11,5 %) (vgl. Abbildung 38).

Abbildung 38: Verteilung der Zuständigkeiten für spezifische Bereiche
des pädagogischen Personals

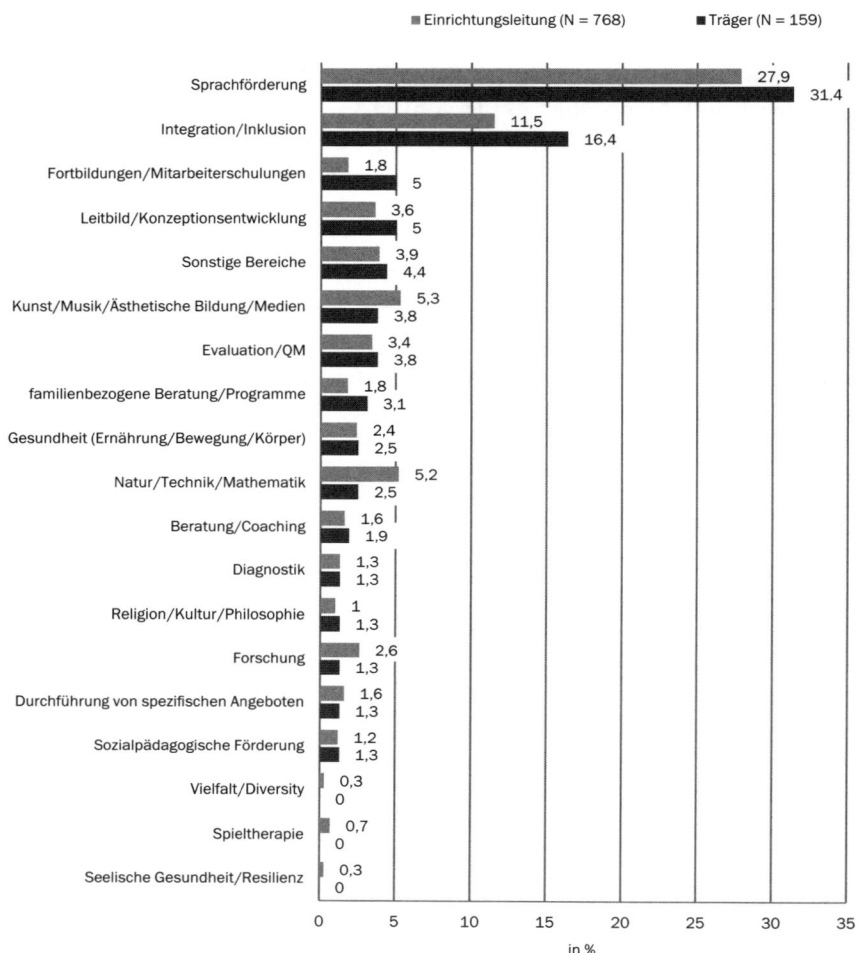

Lesehilfe:
27,9 % der Einrichtungsleitungen gaben an, dass es pädagogisches Personal in den Einrichtungen (ohne externes Personal) gibt, das ausschließlich für den Bereich „Sprachförderung" zuständig ist.

Zufriedenheit mit der Stellenbesetzung und der personellen Zusammensetzung

Sowohl bei Trägern als auch bei Einrichtungsleitungen war die Zufriedenheit mit den Stellenbesetzungen im November 2013 und auch mit der damaligen personellen Zusammensetzung in den Einrichtungen insgesamt hoch (M = 3.09, SD = .82; Einrichtungsleitungen und M = 3.22, SD = .65; Träger) auf einer vierstufigen Skala, dabei bedeutet „1 = trifft gar nicht zu" und „4 = trifft voll und ganz zu". Auch zeigte sich, dass die Befragten überwiegend zufrieden mit der damaligen personellen Zusammensetzung des/der Teams in ihrer/ihren Kindertageseinrichtungen waren (Träger: M = 3.33, SD = .60; Einrichtungsleitung: M = 3.29, SD = .71). Allerdings geben 29,1 % der Träger[60] und 19,5 % der Einrichtungsleitungen an, dass zum Zeitpunkt der Befragung (November 2013) Stellen unbesetzt waren. Gleichzeitig bestand bei den Befragten Einigkeit darüber, dass überwiegend sowohl die beruflichen Qualifikationen des Personals zu den Anforderungen an die pädagogische Tätigkeit (Träger: M = 3.44, SD = .57; Einrichtungsleitung: M = 3.28, SD = .64) als auch die Zusatzqualifikationen passend waren (Träger: M = 3.30, SD = .62; Einrichtungsleitung: M = 3.19, SD = .73). Es zeigte sich, dass Einrichtungsleitungen und Träger überwiegend zufrieden mit dem damaligen externen Personal waren, welches die Arbeit des/der Teams regelmäßig unterstützt (Träger: M = 3.53; SD = .55; Einrichtungsleitung: M = 3.34; SD = 0.76) (siehe Abbildung 39).

Abbildung 39: Zufriedenheit mit der personellen Stellenbesetzung
(1 = trifft gar nicht zu bis 4 = trifft voll und ganz zu)

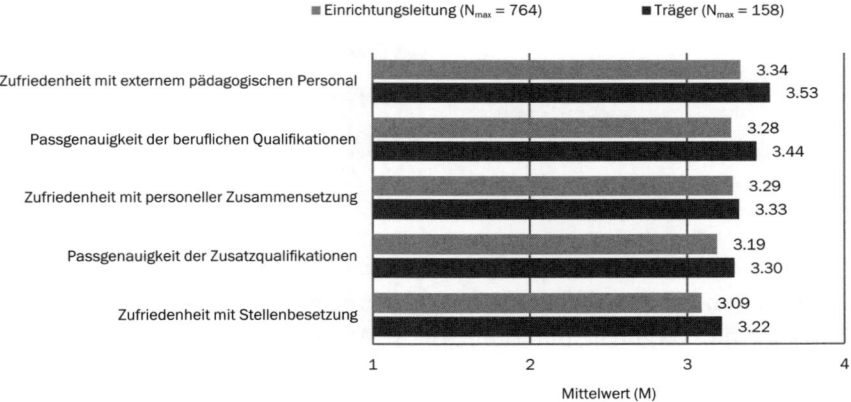

60 Hierbei ist zu berücksichtigen, dass nicht alle Befragten Trägervertreter für die Einstellung von Personal zuständig waren. Nach Angaben der Träger waren 68,8 % von ihnen zuständig für die Einstellung des gesamten Personals. 19,1 % teilweise und 12,1 % gar nicht für die Einstellung des Personals zuständig.

Die Notwendigkeit, anderes Personal für allgemeine pädagogische Aufgaben einzustellen, traf aus Sicht der Leitungen eher nicht zu (Träger: M = 1.55, SD = .67; Einrichtungsleitung: M = 1.78, SD = .84). Träger und Einrichtungsleitungen sahen wenig Bedarf für die Beschäftigung von weiterem Personal für spezielle pädagogische Aufgaben (Träger: M = 1.87; SD = 0.85; Einrichtungsleitung: M = 2.09; SD = 1.00). Auch schien nach Einschätzung von Trägern und Leitungen insgesamt kaum weiteres externes Personal notwendig zu sein (Träger: M = 1.75, SD = 1.00, Einrichtungsleitung: M = 2.15, SD = 1.09) (siehe Abbildung 40).

Abbildung 40: Zustimmung zu Aussagen zum Bedarf an weiterem pädagogischen Personal (1 = trifft gar nicht zu, 2 = trifft eher nicht zu, 3 = trifft überwiegend zu, 4 = trifft voll und ganz zu)

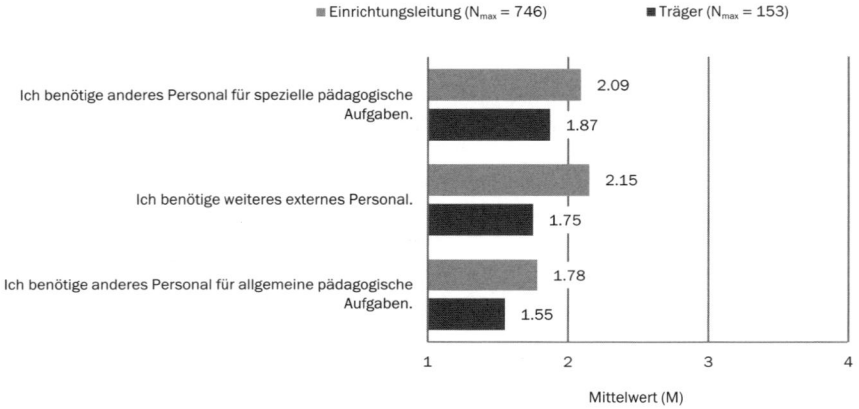

Als Reaktion auf den Fachkräftemangel wurde bei 39,5% der Träger als eine Strategie die vergütete praxisintegrierte Ausbildung (PIA) genannt. Daneben stellen 30,3% der Träger gezielte Weiterbildungsangebote zur Verfügung, um KinderpflegerInnen bzw. SozialassistentInnen höher zu qualifizieren. Zukünftig könnten diese beiden Strategien (PIA und Weiterbildungsangebote) weiter zunehmen, denn 18,5% der Träger gaben an, die praxisintegrierte Ausbildung (PIA) zukünftig als Strategie vorzusehen, 16,0% der Träger planten zukünftig Weiterbildungsangebote. Andere Strategien, bspw. Angebote zur Anpassungsqualifizierung, spielen dagegen eher eine geringe Rolle, damit werden in der überwiegenden Mehrheit weiterhin pädagogische Grundqualifikationen vorausgesetzt (vgl. Tabelle 113).

Tabelle 113: Strategien zur Fachkräftegewinnung von Seiten der Träger

	Ja		nein, aber vorgesehen		nein, nicht vorgesehen		weiß nicht/ k. A.	
	%	(N)	%	(N)	%	(N)	%	(N)
Weiterbildungsangebote zur Höher-qualifizierung	30,3	(36)	16,0	(19)	41,2	(49)	26,1	(31)
Informationen zur Anerkennung im Ausland erworbener Abschlüsse	26,9	(32)	4,2	(5)	41,2	(49)	26,1	(31)
Angebote zu Anpassungsqualifizie-rungen	17,6	(21)	14,3	(17)	49,6	(59)	15,1	(18)
Berufsbezogene Sprachkurse	–		3,4	(4)	60,5	(72)	30,3	(36)
Fachliche Betreuung während der Anpassungsqualifizierung	22,7	(27)	14,3	(17)	35,3	(42)	21,8	(26)
Praxisintegrierte Ausbildung (PIA)	39,5	(47)	18,5	(22)	35,3	(42)	5,9	(7)
Freistellung berufserfahrener Fach-kräfte zur Ausbildungsanleitung	23,5	(28)	8,4	(10)	61,3	(73)	4,2	(5)

Zufriedenheit mit dem Team

Zur Beurteilung der Zufriedenheit bzgl. der Zusammenarbeit im Team wur-de auf Items der Studie „Schlüssel zu guter Bildung, Erziehung und Be-treuung – Bildungsaufgaben, Zeitkontingente und strukturelle Rahmenbe-dingungen in Kindertageseinrichtungen" (Viernickel et al. 2013) zurückge-griffen. Dies ermöglicht einen Vergleich der vorliegenden Daten mit den Ergebnissen dieser bundesweiten, repräsentativen Befragung.

Die Zufriedenheit mit dem Team wurde insgesamt sehr hoch einge-schätzt (Skala: „1 = trifft gar nicht zu" bis „4 = trifft voll und ganz zu"). Die Leitungen bewerten den Zusammenhalt im Team als sehr zufriedenstellend (M_{gesamt} = 3.45; SD = .17), wobei der Zufriedenheitsgrad noch höher ausfällt als in der sog. „Schlüssel-Studie" von Viernickel et al. (2013, S. 61; M = 3.19 bei n zwischen 1.161 und 1.234). Die höchste Zufriedenheit wurde bei der Bewertung der Wertschätzung und Akzeptanz der Heterogenität der Mitar-beiterInnen deutlich (M = 3.71; SD = .48). Die Ergebnisse zeigen, dass die Zufriedenheit sowohl auf der internen Ebene des Teams als auch hinsicht-lich der Kooperation sehr hoch ist (vgl. hierzu Abbildung 41).

Abbildung 42 zeigt, dass die Zufriedenheit mit Innovationsprozessen im Team sehr hoch war, auch wenn der Gesamtwert etwas niedriger ausfällt als bei der Zufriedenheitsskala zum Zusammenhalt im Team (M_{gesamt} = 3.43; SD = .18). Am höchsten ausgeprägt war die Zufriedenheit mit der Aufnah-me und Umsetzung von Ideen der MitarbeiterInnen im Team (M = 3.66; SD = .52). Gleichzeitig wurde die notwendige Unterstützung zur Umsetzung von Veränderungen etwas weniger zufriedenstellend bewertet (M = 3.18; SD = .63).

Abbildung 41: Zufriedenheit mit dem Zusammenhalt im Team (N_max = 670) nach Angaben der Einrichtungsleitungen (1 = trifft gar nicht zu, 2 = trifft eher nicht zu, 3 = trifft überwiegend zu, 4 = trifft voll und ganz zu)

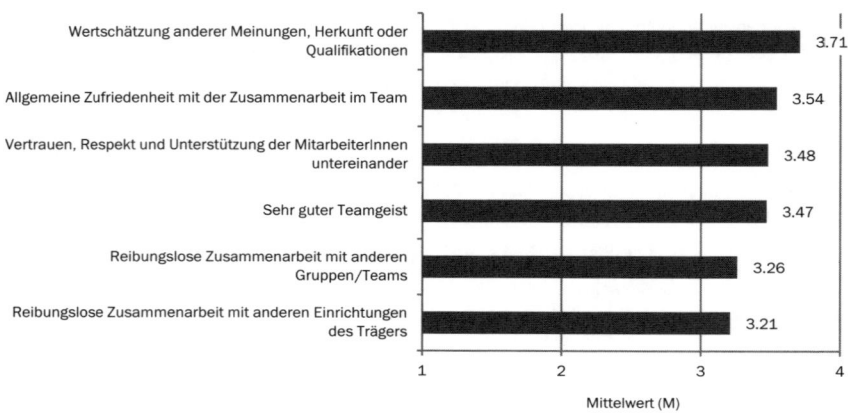

Abbildung 42: Zufriedenheit mit Innovationsprozessen im Team (N_max = 666) nach Angaben der Einrichtungsleitung (1 = trifft gar nicht zu, 2 = trifft eher nicht zu, 3 = trifft überwiegend zu, 4 = trifft voll und ganz zu)

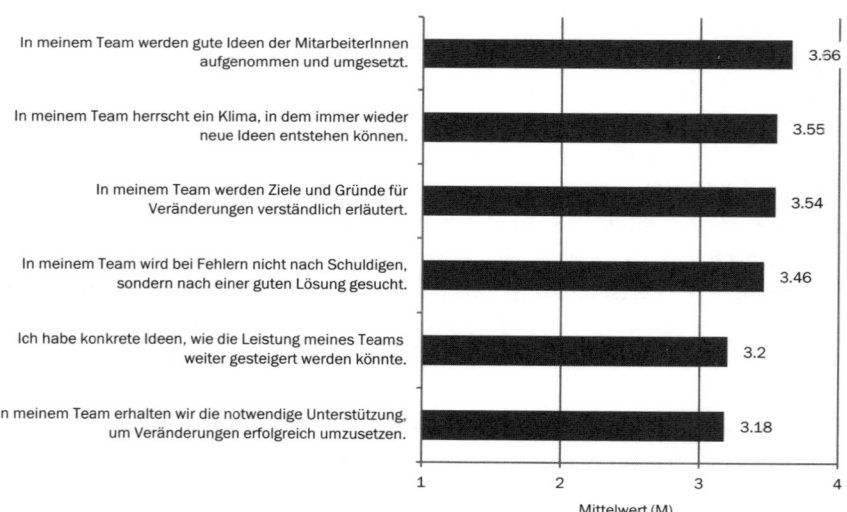

Einstellung zu multiprofessionellen Teams

Hinsichtlich der Einstellungen zu multiprofessionellen Teams zeigen sich nur wenige Unterschiede zwischen Einrichtungsleitungen und Trägern (Skala: „1 = trifft gar nicht zu" bis „4 = trifft voll und ganz zu"). Weitgehende Übereinstimmung bestand in der Einschätzung, dass die Einarbeitung von neuen MitarbeiterInnen in multiprofessionellen Teams mehr Zeit erfordert (Träger: M = 3.33; SD = .76; Einrichtungsleitung: M = 3.44; SD = .75), jedoch zugleich eine Chance zur Weiterentwicklung darstellt (Träger: M = 3.28; SD = .60; Einrichtungsleitung: M = 3.37; SD = .67). Eher kritisch wurde eine Öffnung nach „unten" (geringere Qualifikation) bewertet (Träger: M = 2.90; SD = 1.02; Einrichtungsleitungen: M = 3.08; SD = 1.04), während eine Öffnung nach „oben" eher positiv eingeschätzt wurde (Träger: M = 1.84; SD = .84; Einrichtungsleitungen: M = 1.70; SD = .74).[61]

Hinsichtlich zukünftiger Personalentscheidungen wurden speziellen pädagogischen Bereichen, insbesondere Sprachförderung, seelische Gesundheit bzw. Resilienz, den Bereichen Gesundheit bzgl. Ernährung/Bewegung/Körper sowie Integration/Inklusion und der sozialpädagogischen Förderung eine besondere Relevanz beigemessen (siehe hierzu Abbildung 43, 44 und 45). Von zukünftigen pädagogischen Fachkräften wurden dabei jedoch auch grundlegende Kompetenzen, insbesondere eine konstruktive Zusammenarbeit im Team, die Begleitung individueller Entwicklungsverläufe sowie die Beziehungs- und Interaktionsgestaltung mit Kindern erwartet. Eine geringere Bedeutung nahmen dagegen die Planung und Realisierung von zielgruppenspezifischen und passgenauen Angeboten für Familien sowie die Weiterentwicklung der Vernetzung im Sozialraum bei Personalentscheidungen ein. Allerdings wurde ein Bündel an personalen Kompetenzen wie Team- und Beziehungsfähigkeit, Verantwortungs- und Kooperationsbereitschaft, Empathiefähigkeit, Reflexionsvermögen, Belastbarkeit, Kritikfähigkeit und Lernbereitschaft sowie wertebezogene Grundhaltungen erwartet. Weniger wichtig erschienen Auslandserfahrung, politisches Engagement, die eigene Elternschaft sowie Mehrsprachigkeit oder ehrenamtliches Engagement. Der Bezug zum Stadtteil und zu dem sozialen Milieu der Familien, der kulturellen und religiösen Hintergrund sowie die Berufs- und Lebenserfahrung nahm bei Personalentscheidungen eher eine mittlere Bedeutung ein.

---

61 Hierbei ist die umgekehrte Polung zu beachten, das einzuschätzende Statement lautete: „Eine Öffnung nach ‚oben' (höhere Qualifikation) lehne ich grundsätzlich ab." bzw. „Eine Öffnung nach ‚unten' (geringere Qualifikation) lehne ich grundsätzlich ab."

Abbildung 43: Relevanzeinschätzung spezieller pädagogischer Bereiche
(1 = weniger wichtig für uns bis 5 = unverzichtbar für uns)

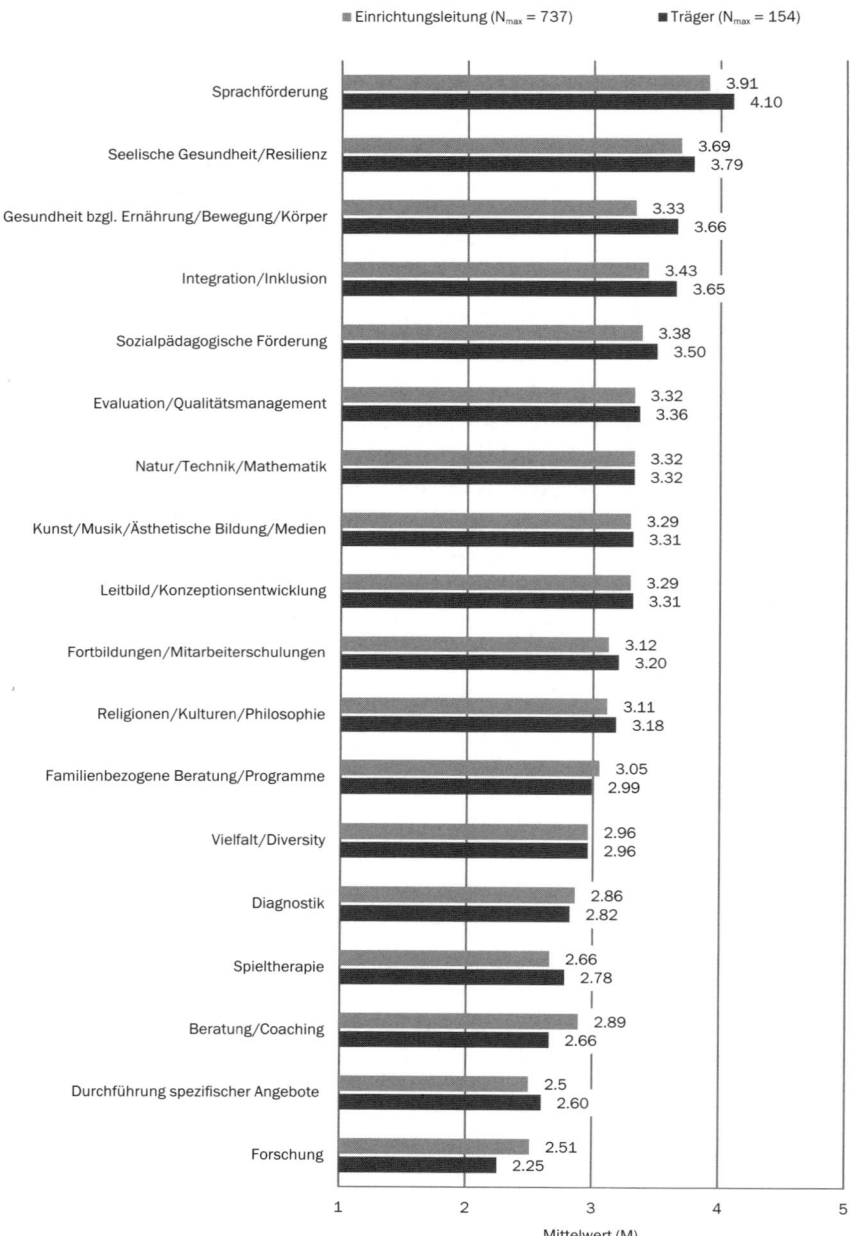

■ Einrichtungsleitung (N$_{max}$ = 737)　　■ Träger (N$_{max}$ = 154)

Abbildung 44: Relevanzeinschätzung spezifischer Aufgaben und Tätigkeiten
(1 = weniger wichtig für uns bis 5 = unverzichtbar für uns)

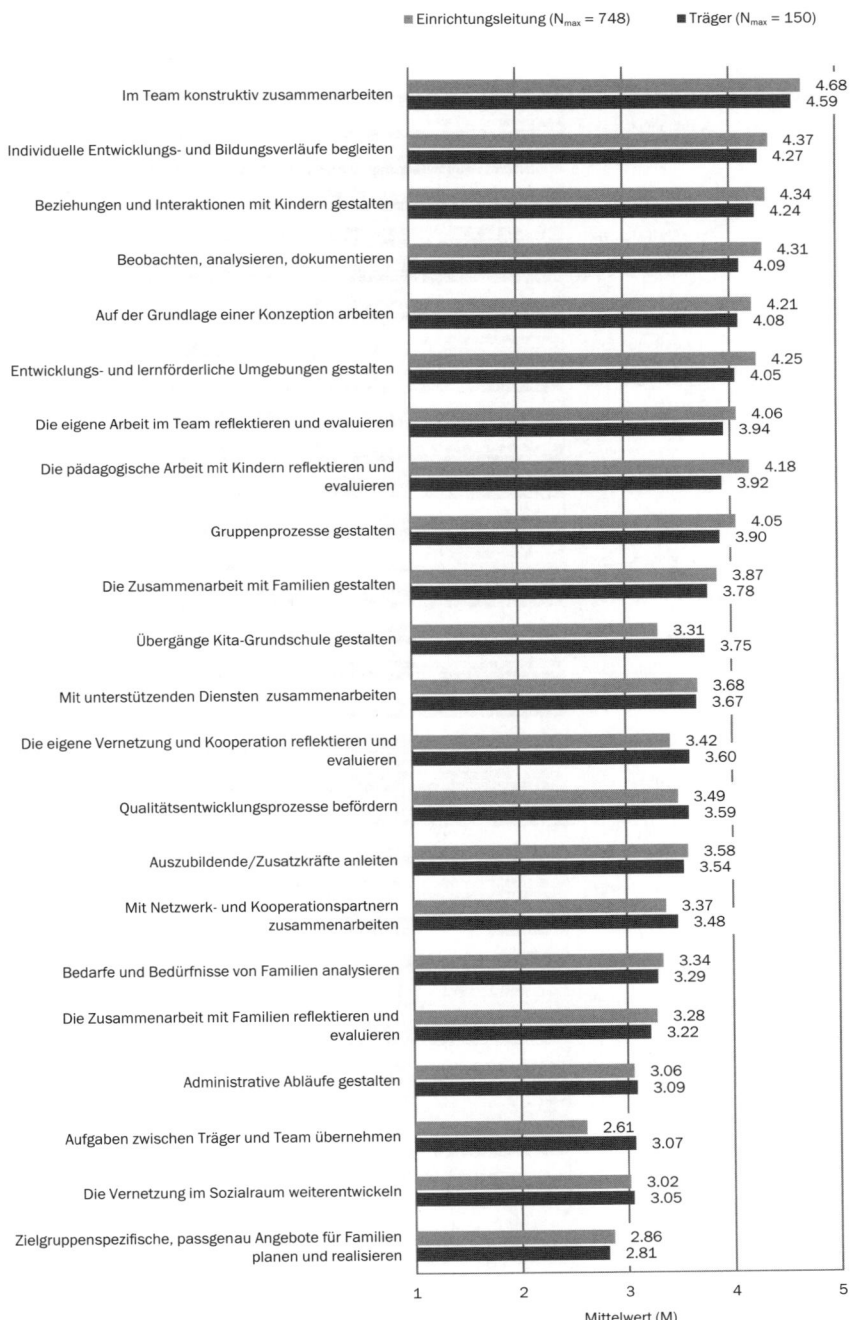

■ Einrichtungsleitung (N_{max} = 748)   ■ Träger (N_{max} = 150)

Aufgabe/Tätigkeit	Einrichtungsleitung	Träger
Im Team konstruktiv zusammenarbeiten	4.68	4.59
Individuelle Entwicklungs- und Bildungsverläufe begleiten	4.37	4.27
Beziehungen und Interaktionen mit Kindern gestalten	4.34	4.24
Beobachten, analysieren, dokumentieren	4.31	4.09
Auf der Grundlage einer Konzeption arbeiten	4.21	4.08
Entwicklungs- und lernförderliche Umgebungen gestalten	4.25	4.05
Die eigene Arbeit im Team reflektieren und evaluieren	4.06	3.94
Die pädagogische Arbeit mit Kindern reflektieren und evaluieren	4.18	3.92
Gruppenprozesse gestalten	4.05	3.90
Die Zusammenarbeit mit Familien gestalten	3.87	3.78
Übergänge Kita-Grundschule gestalten	3.31	3.75
Mit unterstützenden Diensten zusammenarbeiten	3.68	3.67
Die eigene Vernetzung und Kooperation reflektieren und evaluieren	3.42	3.60
Qualitätsentwicklungsprozesse befördern	3.49	3.59
Auszubildende/Zusatzkräfte anleiten	3.58	3.54
Mit Netzwerk- und Kooperationspartnern zusammenarbeiten	3.37	3.48
Bedarfe und Bedürfnisse von Familien analysieren	3.34	3.29
Die Zusammenarbeit mit Familien reflektieren und evaluieren	3.28	3.22
Administrative Abläufe gestalten	3.06	3.09
Aufgaben zwischen Träger und Team übernehmen	2.61	3.07
Die Vernetzung im Sozialraum weiterentwickeln	3.02	3.05
Zielgruppenspezifische, passgenau Angebote für Familien planen und realisieren	2.86	2.81

Mittelwert (M)

Abbildung 45: Relevanzeinschätzung persönlicher Ressourcen
(1 = weniger wichtig für uns bis 5 = unverzichtbar für uns)

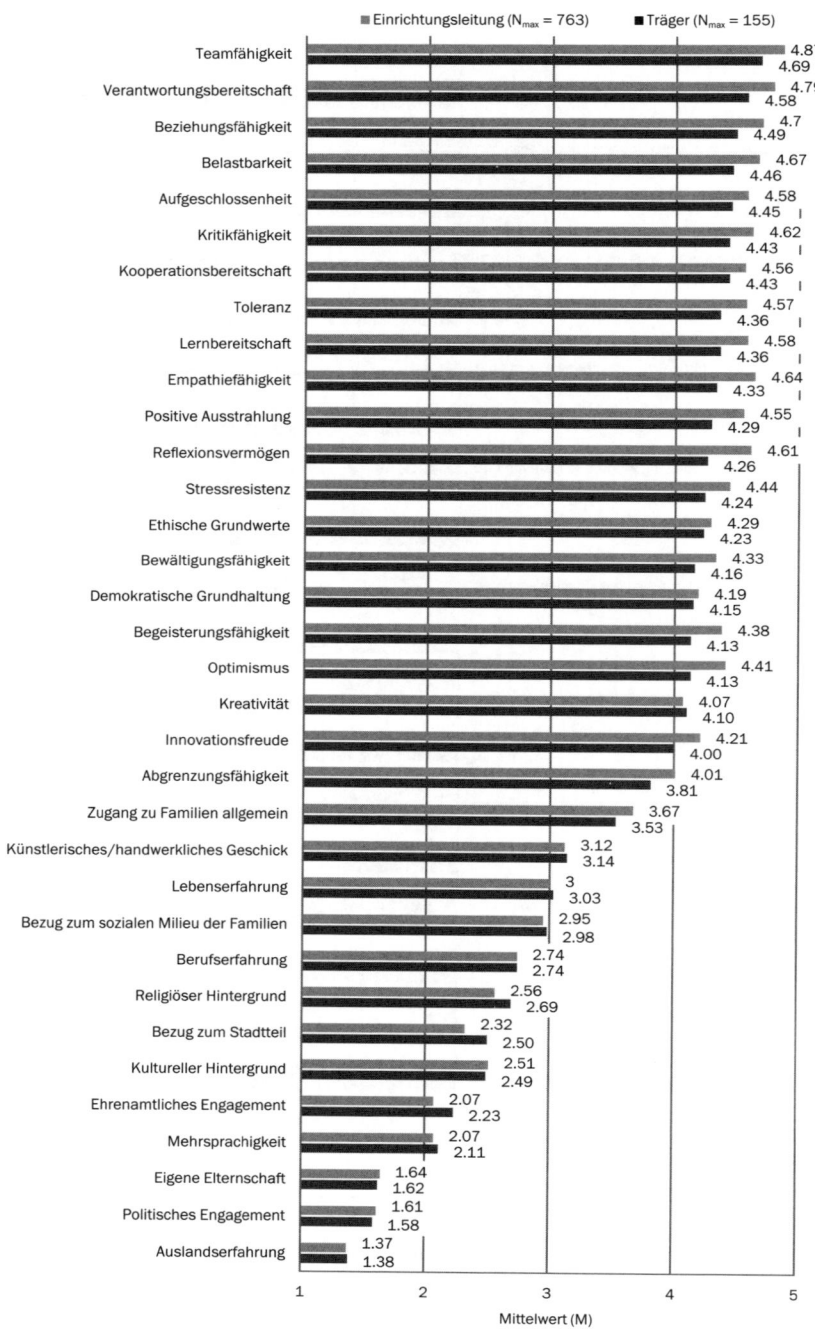

10.3 Sonderauswertungen: Traditionelle und multiprofessionelle Teams im Vergleich

Vorbemerkung: Um Einrichtungen nach ihrer personellen Besetzung miteinander vergleichen zu können, wurden zwei Gruppen von Einrichtungen miteinander verglichen: (1) Einrichtungen, die ausschließlich mit staatlich anerkannten ErzieherInnen und KinderpflegerInnen besetzt sind und (2) Einrichtungen, die zusätzlich noch weitere berufliche Abschlüsse im Team haben.[62]

10.3.1 Strukturen von traditionellen und multiprofessionellen Teams

Eine Sonderauswertung nach *beruflichen Qualifikationen* ergab folgendes Bild: 46,0 % (N = 353) aller Einrichtungen haben ausschließlich staatlich anerkannte ErzieherInnen bzw. staatlich anerkannte KinderpflegerInnen beschäftigt. 54,0 % (N = 415) Einrichtungen waren multiprofessionell besetzt, d. h. neben den beiden o. g. Berufsabschlüsse arbeiteten weitere Fachkräfte mit einem beruflichen Abschluss nach § 7 Abs. (2) 10 KiTaG in den Einrichtungen. Die nach dieser Definition arbeitenden multiprofessionellen Teams sind hinsichtlich der professionellen Besetzung sehr heterogen. Neben einer Vielzahl verschiedener beruflicher Abschlüsse, die an Hochschulen, Fachschulen oder Berufsfachschulen erworben wurden, waren die Einrichtungen auch nach dem Grad der Multiprofessionalität unterschiedlich. 29,4 % (N = 226) der Einrichtungen hatten neben den traditionellen Berufen (staatlich anerkannte ErzieherInnen bzw. staatlich anerkannte KinderpflegerInnen) Fachkräfte aus einer anderen Berufsgruppe beschäftigt, 13,4 % (N = 103) hatten Fachkräfte aus zwei anderen Berufsgruppen, 6,3 % (N = 48) aus drei und 4,9 % (N = 38) der Einrichtungen sogar aus vier und mehr Berufsgruppen im Team (vgl. Abbildung 46).

Zudem zeigte sich, dass multiprofessionelle Teams eher in größeren Einrichtungen zu finden waren. 57,6 % der multiprofessionell besetzten Einrichtungen hatten mehr als 50 Kinder, während die traditionell besetzten Einrichtungen nur 40,1 % mehr als 50 Kinder hatten (vgl. Abbildung 47 und 48).

---

62 In der online-gestützten Befragung wurden ErzieherInnen aus dem Jugend- und Heimbereich dabei nicht zu den „traditionellen" Berufsabschlüssen gezählt.

Abbildung 46: Anzahl zusätzlicher Berufsabschlüsse in multiprofessionellen Kindertageseinrichtungen

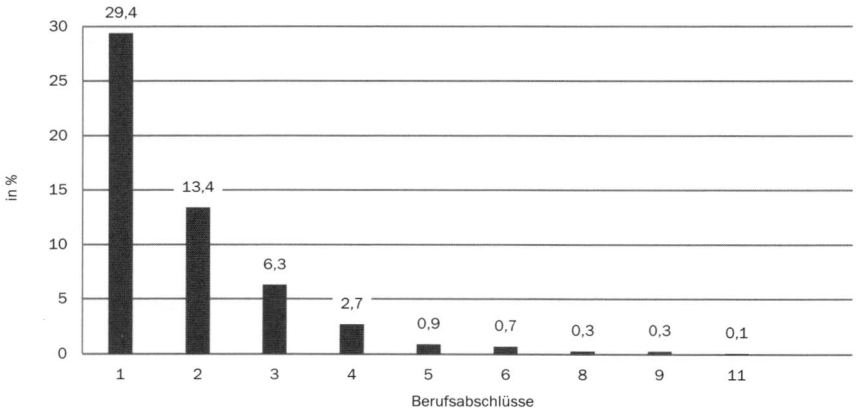

Abbildung 47: Verteilung der Einrichtungsgröße (Kinder insgesamt) in multiprofessionellen Kindertageseinrichtungen

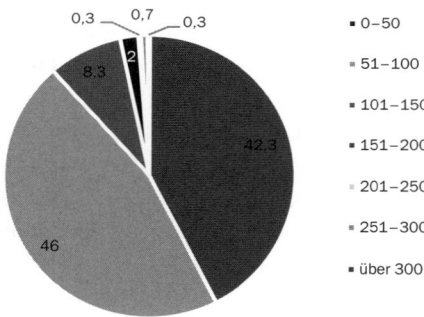

Abbildung 48: Verteilung der Einrichtungsgröße (Kinder insgesamt) in traditionellen Kindertageseinrichtungen

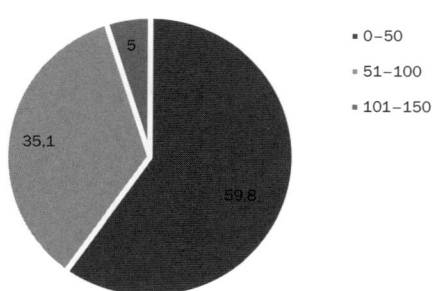

Die unterschiedlichen Größenstrukturen bildeten sich auch in der Häufigkeit von Leitungsfreistellungen ab. In den multiprofessionellen Teams waren 24,1 % der Leitungen vollständig und 48,8 % teilweise vom Gruppendienst freigestellt. Bei den traditionell besetzten Einrichtungen waren dagegen nur 8,5 % der Leitungen vollständig und 44,2 % teilweise freigestellt (vgl. Abbildung 49).

Abbildung 49: Leitungsfreistellungen im Vergleich zwischen multiprofessionellen und traditionellen Kindertageseinrichtungen

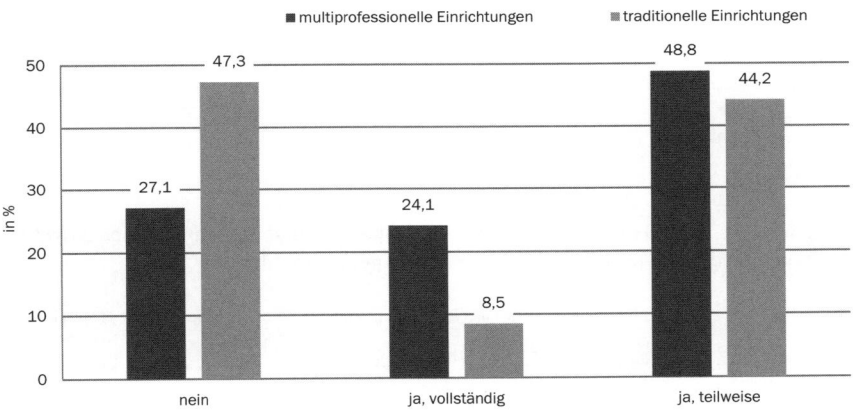

Hinsichtlich der Trägerschaft gab es nur geringe Unterschiede zwischen multiprofessionellen und traditionellen Einrichtungen (siehe hierzu Abbildung 50). Bei den multiprofessionellen Teams war der Anteil kommunaler Träger etwas geringer als bei traditionellen Teams (38,7 % vs. 48,9 %), die Anteile von kirchlichen Trägern war dagegen fast gleich. Der Anteil der Einrichtungen in sonstiger Trägerschaft (z. B. Elterninitiativen, private Anbieter) lag bei multiprofessionellen Teams etwas höher als bei traditionell Besetzten (15,2 % im Vergleich zu 11,0 %). Hinsichtlich der Größenstruktur der Trägerschaften zeigte sich folgendes Bild: Bei multiprofessionellen Teams gab es vergleichsweise mehr kleine Träger, die nur eine Einrichtung haben (29,2 % im Vergleich zu 26,1 %), aber auch mehr Träger mit mehr als 16 Einrichtungen (12,1 % im Vergleich zu 8,9 %) (vgl. Abbildung 51).

Abbildung 50: Trägerschaften im Vergleich zwischen multiprofessionellen und traditionellen Kindertageseinrichtungen

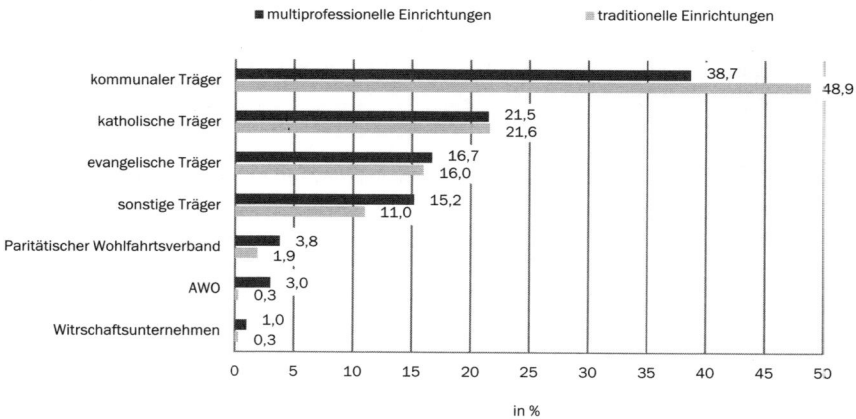

Abbildung 51: Anzahl der Einrichtungen unter einer Trägerschaft im Vergleich zwischen multiprofessionellen und traditionellen Kindertageseinrichtungen

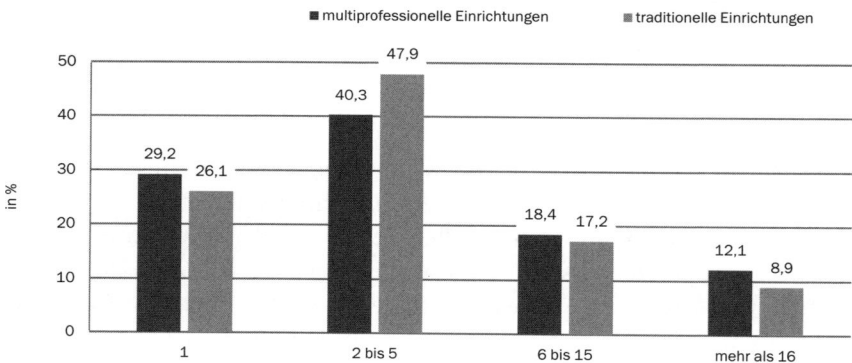

Einrichtungen mit multiprofessionellen Teams waren überproportional häufig in städtischen Gebieten zu finden (37,9 %; traditionell ausgerichtet 19,1 %) und dort in Stadtteilen mit besonderem Entwicklungsbedarf (13,2 %, traditionell ausgerichtet 6,0 %) (vgl. Abbildung 52 bzw. 53).

Auch richteten sich multiprofessionelle Teams eher zu Familienzentren aus. Zwar bezeichneten sich nur 4,1 % der multiprofessionell ausgerichteten Einrichtungen als Familienzentrum (traditionell ausgerichtet 3,2 %), weitere 10,2 % planten jedoch die Weiterentwicklung zu einer solchen Angebotsform (traditionell ausgerichtet 4,0 %) (vgl. Abbildung 54).

Abbildung 52: Lage der Kindertageseinrichtungen (Angabe in %)

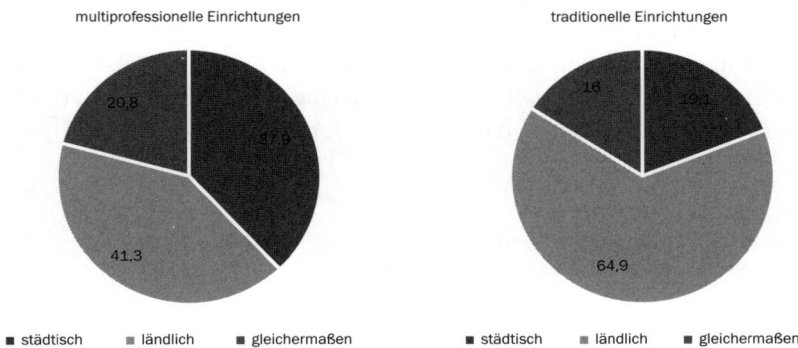

Abbildung 53: Einzugsgebiet mit besonderem sozialen Entwicklungsbedarf
(Angabe in %)

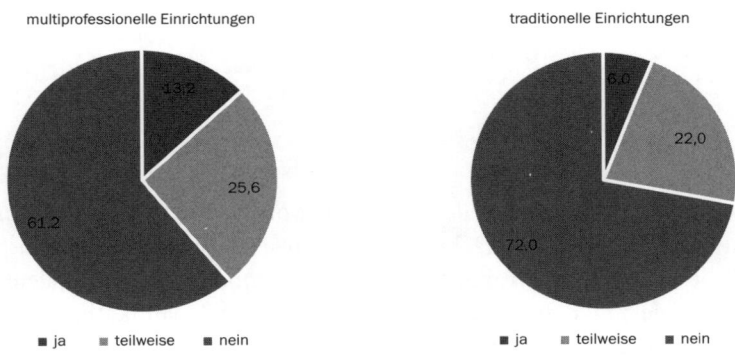

Abbildung 54: Ausrichtung auf Familienzentren (Angabe in %)

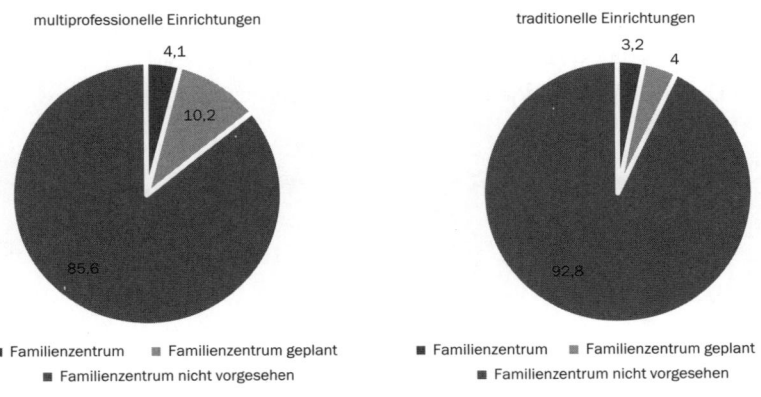

In Bezug auf besondere Anforderungen der Teams wie Integration oder besonderen Förderbedarf (sonderpädagogisch bzw. sprachlich) gab es hingegen kaum Unterschiede zwischen multiprofessionellen und traditionellen Einrichtungen. Traditionell arbeitende Teams berichteten sogar häufiger von Kindern mit individuellem/sonderpädagogischem Förderbedarf bzw. Kindern mit besonderem Bedarf an Sprachförderung (siehe hierzu Abbildung 55).

Abbildung 55: Besondere Anforderungen in Bezug auf Integration, besonderem Förderbedarf (sonderpädagogisch bzw. sprachlich)

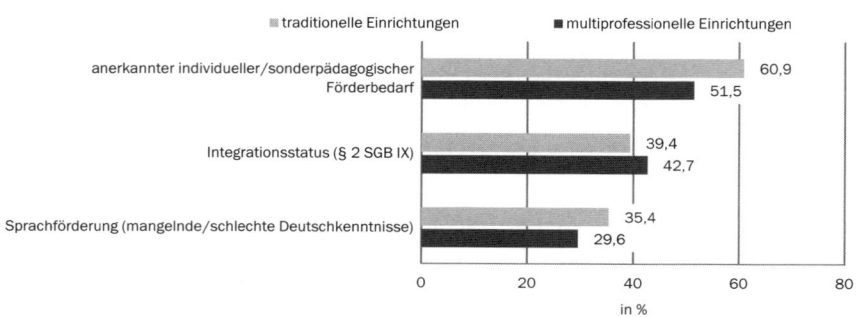

Hinsichtlich der Bewertung der Teamsituation und der Teamstruktur gab es kaum signifikante Unterschiede zwischen multiprofessionell und traditionell besetzten Einrichtungen[63]. Die Zufriedenheit mit den Stellenbesetzungen sowie mit den damaligen Strukturen und Qualifikationen war in beiden Teams überwiegend groß. Nur in einem Bereich zeigte sich ein signifikanter Unterschied (auf dem Signifikanzniveau von $p < 0.05$) zwischen beiden Teams: Die Leitungskräfte von traditionell besetzten Teams gaben etwas häufiger an, dass die beruflichen Qualifikationen des Personals genau zu den Anforderungen an die pädagogische Arbeit passen (Traditionelle Teams: M = 3.34; SD = .59; Multiprofessionelle Teams: M = 3.23; SD = .67). Diese Unterschiede sind jedoch insgesamt sehr gering.

---

63 Hierzu wurden statistische Mittelwertvergleiche (t-Test für unabhängige Stichproben) durchgeführt. Signifikanzniveaus: *** $p < 0.001$; ** $p < 0.01$; * $p < 0.05$.

10.3.2 Einstellungen zu multiprofessionellen Teams

In den Einstellungen zu multiprofessionellen Teams gab es geringe, aber fast durchweg signifikante Unterschiede zwischen den beiden Teamtypen. Leitungen multiprofessioneller Teams gingen noch stärker davon aus, dass mehrere Berufsabschlüsse im Team angesichts der neuen Herausforderungen notwendig sind (M = 3.06; SD = .80) und die Zusammenarbeit in einem multiprofessionellen Team ein abwechslungsreiches und mehrperspektivisches Arbeiten ermöglicht (M = 3.34; SD = .72). Auch trägt in der Selbsteinschätzung der Leitungskräfte Multiprofessionalität eher zur Professionalisierung bei (M = 3.23; SD = .79), fördert die professionelle Gestaltung von Bildungs- und Erziehungsprozessen (M = 3.21; SD = .73) und eröffnet Chancen zur individuellen Weiterentwicklung (M = 3.42; SD = .65). Zwar zeigten sich traditionelle Teams hinsichtlich Professionalisierungs- und Weiterentwicklungsmöglichkeiten ebenfalls überwiegend aufgeschlossen gegenüber einer professionellen Erweiterung, sahen jedoch im November 2013 weniger Notwendigkeit dazu. Im Gesamtbild war die Bildung von multiprofessionellen Teams auf bewussten Entscheidungen begründet (keine „Notlösungen"), was sich in den Erfahrungen der Leitungskräfte bestätigte. Demgegenüber zeigten sich traditionelle Teams zögerlicher hinsichtlich der Einstellung anderer Berufsabschlüsse, oder diese Fragen waren im Team etwas umstrittener (M = 2.83; SD = .95). Auch gingen sie (noch) stärker davon aus, dass die Einarbeitung bei multiprofessionellen Teams mehr Zeit erfordert (M = 3.49; SD = .74) und, dass das Team mit der bisherigen Aufstellung weiterhin gut zurechtkomme (M = 3.24; SD = .75) (vgl. Tabelle 114).

Tabelle 114: Einstellungen zu multiprofessionellen Teams

Item	N		M (SD)		Sig. (2-seit.)
	Multi	Tradit.	Multi	Tradit.	
Ich finde multiprofessionelle Teams *sind* angesichts der neuen Herausforderungen notwendig.	391	324	3.06 (.80)	2.73 (.80)	< .01
Die Frage ist in meinem Team/meinen Teams sehr umstritten.	350	267	2.43 (.96)	2.83 (.95)	< .01
Die Einstellung von Fachkräften hängt auch von den finanziellen Ressourcen ab, man kann nicht in erster Linie teure Fachkräfte einstellen.	377	301	2.41 (1.06)	2.71 (1.10)	< .01
Die Zusammenarbeit in einem multiprofessionellen Team ermöglicht ein abwechslungsreiches und mehrperspektivisches Arbeiten.	391	314	3.34 (.72)	3.12 (.77)	< .01

Item	N		M (SD)		Sig. (2-seit.)
	Multi	Tradit.	Multi	Tradit.	
Ein multiprofessionelles Team trägt zur Professionalisierung bei.	380	302	3.23 (.80)	2.98 (.89)	< .01
Die Einarbeitung erfordert bei multiprofessionellen Teams mehr Zeit.	373	287	3.39 (.75)	3.49 (.74)	n. s.
Es wird schwerer, sich zu einem Team zu entwickeln, wenn man nicht auf die gleiche Ausbildung zurückblicken kann.	381	304	2.39 (.94)	2.71 (.93)	< .01
Ich habe mich noch nicht mit der Frage auseinandergesetzt.	352	287	1.66 (.90)	2.03 (1.1)	< .01
Ein multiprofessionelles Team fördert die professionelle Gestaltung von Bildungs- und Erziehungsprozessen.	367	277	3.21 (.73)	3.02 (.76)	< .01
Ein homogenes Team beinhaltet weniger Störfaktoren.	368	287	2.27 (.96)	2.61 (1.00)	< .01
Ein multiprofessionelles Team kann die Belastung für die einzelne pädagogische Fachkraft verringern.	334	284	2.77 (.89)	2.77 (.87)	n. s.
Eine Öffnung nach „unten" (geringere Qualifikation) lehne ich grundsätzlich ab.	389	329	3.02 (1.04)	3.16 (1.04)	n. s.
Eine Öffnung nach „oben" (höhere Qualifikation) lehne ich grundsätzlich ab.	395	323	1.67 (.71)	1.72 (.78)	< .05
Ein multiprofessionelles Team erschwert den fachlichen Austausch im Team.	375	295	1.98 (.84)	2.26 (.89)	< .01
Ich meine, dass wir mit der bisherigen Aufstellung weiterhin gut zurechtkommen.	379	329	3.05 (.77)	3.24 (.75)	< .01
Wir müssen zusehen, wie wir die Stellen besetzen.	328	274	2.49 (1.11)	2.36 (1.16)	n. s.
Wichtiger als die fachliche Qualifikation ist für uns die Persönlichkeit der Fachkräfte.	380	321	2.99 (.81)	2.96 (.82)	n. s.
Neue Qualifikationen und Ressourcen sind eine Chance zur Weiterentwicklung.	392	330	3.42 (.65)	3.32 (.69)	< .05

Anmerkung:
1 = trifft gar nicht zu, 2 = trifft eher nicht zu, 3 = trifft überwiegend zu, 4 = trifft voll und ganz zu.

10.3.3 Personalentwicklungsplanung

Der Vergleich zwischen multiprofessionell und traditionell besetzten Teams zeigte nur geringe signifikante Unterschiede hinsichtlich der Personalentwicklungsplanung für *spezielle pädagogische Bereiche*. Von insgesamt 18 abgefragten Bereichen zeigten sich nur in den drei Bereichen Gesundheit bzgl. Ernährung/Bewegung/Körper, seelische Gesundheit bzw. Resilienz sowie Forschung signifikante Unterschiede ($p < 0.05$). Während in den beiden erst genannten Bereichen multiprofessionelle Teams einen (noch) größeren Bedarf/Wunsch äußerten (Gesundheit bzgl. Ernährung/Bewegung/Körper: $M = 3.42$; $SD = 1.25$ [traditionelle Teams: $M = 3.22$; $SD = 1.30$]; seelische Gesundheit bzw. Resilienz: $M = 3.78$; $SD = 1.18$ [traditionelle Teams: $M = 3.57$; $SD = 1.32$]), war es bei dem Bereich „Forschung" umgekehrt. Hier sahen traditionell besetzte Teams einen etwas größeren Bedarf ($M = 2.63$; $SD = 1.23$ [multiprofessionelle Teams: $M = 2.42$; $SD = 1.19$]). In allen anderen Bereichen gab es keine signifikanten Unterschiede zwischen den beiden Teamtypen.

Auch hinsichtlich der Einschätzung, welche *Aufgaben und Tätigkeiten* unverzichtbar bzw. weniger wichtig für zukünftige Personalentscheidungen sind[64], unterscheiden sich multiprofessionelle und traditionelle Teams kaum. Nur in dem Bereich „Entwicklungs- und lernförderliche Umgebungen gestalten" gab es signifikante Unterschiede: Multiprofessionelle Teams schätzten diesen Aufgabenbereich auf der fünfstufigen Skala (noch) etwas wichtiger ein ($M = 4.32$; $SD = 1.02$) als traditionell besetzte Teams ($M = 4.17$; $SD = 1.10$). Ähnliches konnte bezogen auf persönliche Ressourcen festgehalten werden: Von insgesamt 34 aufgeführten Kompetenzen zeigten sich bei elf Merkmalen Unterschiede. Während in multiprofessionellen Teams Reflexionsvermögen, Beziehungsfähigkeit, der Bezug zum sozialen Milieu der Familien sowie eine demokratische Grundhaltung etwas mehr Bedeutung beigemessen wurde, spielten in traditionellen Teams der religiöse Hintergrund, das ehrenamtliche Engagement, Belastbarkeit, Aufgeschlossenheit, Kreativität, Begeisterungsfähigkeit und Künstlerisches/handwerkliches Geschick eine etwas größere Rolle bei zukünftigen Personalentscheidungen. Insgesamt waren die Unterschiede jedoch eher gering und hatten einen maximale Abweichung von weniger als 0,3 Punkten auf der fünfstufigen Skala.

---

64 Die genaue Formulierung der Frage lautete: „Bezogen auf diese Personalentscheidung: Gibt es Aufgaben und Tätigkeiten, die diese Fachkraft übernehmen sollte?"

10.4 Zusammenfassung und Diskussion

Im November 2013 wurde im Rahmen des Projekts „Team-Evaluation bezüglich der Arbeitsprozesse und Arbeitszufriedenheit multiprofessioneller Kindertageseinrichtungen in Baden-Württemberg" (TEAM-BaWü) eine schriftliche Befragung (online-gestützt) durchgeführt, an der sich 159 Träger und 768 Leitungskräfte beteiligt haben. Erfasst wurden Teamstrukturen, Einstellungen zu multiprofessionellen Teams, Einschätzungen zur Teambzw. Arbeitssituation, die gegenwärtige Einstellungspraxis sowie die zukünftige Personalentwicklungsplanung. Dabei können folgende Ergebnisse zusammengefasst werden:

Neben den traditionellen Berufen der staatlich anerkannten ErzieherInnen und KinderpflegerInnen, die in 96,5 % bzw. 51,2 % der Einrichtungen vertreten sind, sind in zahlreichen Kindertageseinrichtungen weitere berufliche Qualifikationen zu finden. Überwiegend waren in den Einrichtungen SozialpädagogInnen oder SozialarbeiterInnen, KindheitspädagogInnen mit Bachelor- oder Masterabschluss und ErzieherInnen für den Bereich Jugend- und Heimerziehung beschäftigt. Daneben waren HeilerziehungspflegerInnen und HeilpädagogInnen, Grund- und HauptschullehrerInnen, SonderschullehrerInnen sowie andere Personen mit einem Studienabschluss im pädagogischen, erziehungswissenschaftlichen oder psychologischen Bereich vertreten. Eine Sonderauswertung nach dem Grad der Multiprofessionalität ergab, dass 54,0 % (N = 415) der Einrichtungen multiprofessionell besetzt sind, wenn alle Berufe „außerhalb" der beiden traditionellen Qualifikationen (staatlich anerkannte ErzieherInnen bzw. staatlich anerkannte KinderpflegerInnen), die nach § 7 Abs. (2) KiTaG in den Einrichtungen tätig sein dürfen, berücksichtigt werden. In der Mehrheit der Einrichtungen waren *ein* weiterer Berufsabschluss vertreten, zwei oder mehr Berufsabschlüsse deutlich weniger.

Bei diesen Ergebnissen ist zu berücksichtigen, dass die Auffächerung des Fachkräftekatalogs im Sinne des § 7 Abs. (2) KiTaG nur in den wenigsten Fällen zum Tragen kommen dürfte. Vielmehr ist davon auszugehen, dass das im pädagogischen Bereich tätige Personal mit entsprechenden beruflichen Qualifikationen bereits vorher über entsprechende Ausnahmegenehmigungen angestellt wurde. Hinsichtlich der *neuen* Berufsabschlüsse spielten im November 2013 nur Gesundheits- und KinderkrankenpflegerInnen eine nennenswerte Rolle. Alle anderen beruflichen Abschlüsse spielten nach Auskunft der Befragten nur eine eher geringe Rolle. Eine große Bedeutung wurde hingegen den Zusatzqualifikationen in den Kindertageseinrichtungen beigemessen. In 65,9 % der Einrichtungen ist mindestens eine pädagogische Fachkraft mit einer umfangreicheren Zusatzqualifikation (mindestens ein- bis zweijährig, zertifiziert) beschäftigt.

Sowohl bei Trägern als auch Einrichtungsleitungen war die Zufriedenheit mit den Stellenbesetzungen und auch mit der personellen Zusammensetzung in den Einrichtungen insgesamt hoch, wenngleich 29,1 % der Träger und 19,5 % der Einrichtungsleitungen angaben, ungesetzte Stellen zu haben. Im Vergleich mit der sog. „Schlüsselstudie" (Viernickel et al. 2013) zeigte sich ein höherer Zufriedenheitsgrad mit dem Zusammenhalt im Team (M_{gesamt} = 3.45; SD = .17, Schlüsselstudie: M = 3.19).

Hinsichtlich der Einstellungen zu multiprofessionellen Teams zeigen sich nur wenige Unterschiede zwischen Einrichtungsleitungen und Trägern. Weitgehende Übereinstimmung besteht in der Einschätzung, dass die Einarbeitung von neuen MitarbeiterInnen in multiprofessionellen Teams mehr Zeit erfordert, jedoch zugleich eine Chance zur Weiterentwicklung darstellt. Eher kritisch wird eine Öffnung nach „unten" (geringere Qualifikation) bewertet, während eine Öffnung nach „oben" eher positiv eingeschätzt wird. Hinsichtlich zukünftiger Personalentscheidungen werden speziellen pädagogischen Bereichen, insbesondere Sprachförderung, seelische Gesundheit bzw. Resilienz, den Bereichen Gesundheit bzgl. Ernährung/Bewegung/Körper sowie Integration/Inklusion und die sozialpädagogische Förderung eine besondere Relevanz beigemessen. Von zukünftigen pädagogischen Fachkräften werden dabei jedoch auch grundlegende Kompetenzen, insbesondere eine konstruktive Zusammenarbeit im Team, die Begleitung individueller Entwicklungsverläufe sowie die Beziehungs- und Interaktionsgestaltung mit Kindern erwartet. Hinzu kommt ein Bündel an personalen Kompetenzen wie Team- und Beziehungsfähigkeit, Verantwortungs- und Kooperationsbereitschaft, Empathiefähigkeit, Reflexionsvermögen, Belastbarkeit, Kritikfähigkeit und Lernbereitschaft sowie wertebezogene Grundhaltungen.

Als Strategie zur Fachkräftegewinnung gaben 39,5 % der Träger an, die vergütete praxisintegrierte Ausbildung (PIA) sowie gezielte Weiterbildungsangebote (30,3 %) zur Höherqualifizierung von KinderpflegerInnen bzw. SozialassistentInnen anzubieten. Diesen Strategien kommt besondere Bedeutung zu, da 18,5 % (PIA) bzw. 16,0 % (Weiterbildung) der Träger angeben, diese künftig weiter auszubauen.

Ein Vergleich zwischen multiprofessionellen und traditionellen Teams zeigte, dass multiprofessionelle Teams eher in größeren Einrichtungen und deutlich häufiger in städtischen Gebieten, insbesondere in Stadtteilen mit besonderem Entwicklungsbedarf, angesiedelt sind. Der Anteil kommunaler Träger war etwas geringer als bei traditionellen Teams, die Anteile von kirchlichen Trägern waren dagegen fast gleich. Der Anteil der Einrichtungen in sonstiger Trägerschaft (z. B. Elterninitiativen, private Anbieter) lag bei multiprofessionellen Teams etwas höher als bei traditionellen. Hinsichtlich der besonderen Anforderungen der Teams in Bezug auf Integration, besonderem Förderbedarf (sonderpädagogisch bzw. sprachlich) gab es hingegen kaum Unterschiede zwischen multiprofessionellen und traditionellen Einrichtungen. Traditionell arbeitende Teams berichten sogar von mehr Kindern mit individuellem/sonderpädagogischen Förderbedarf und mehr Kindern mit besonderem Bedarf an Sprachförderung.

Hinsichtlich der Bewertung der Teamsituation und der Teamstruktur ließen sich kaum signifikante Unterschiede zwischen multiprofessionell und traditionell besetzten Einrichtungen aufzeigen. Die Zufriedenheit mit den Stellenbesetzungen sowie mit den derzeitigen Strukturen und Qualifikationen war in beiden Teams überwiegend groß. In den Einstellungen zu multiprofessionellen Teams gab es geringe Unterschiede. Leitungen multiprofessioneller Teams gingen noch stärker davon aus, dass mehrere Berufsabschlüsse im Team angesichts der neuen Herausforderungen notwendig sind und die Zusammenarbeit in einem multiprofessionellen Team ein abwechslungsreiches und mehrperspektivisches Arbeiten ermöglicht. Auch trägt in der Selbsteinschätzung der Leitungskräfte Multiprofessionalität eher zur Professionalisierung bei, fördert die professionelle Gestaltung von Bildungs- und Erziehungsprozessen und eröffnet Chancen zur individuellen Weiterentwicklung. Zwar zeigen sich traditionelle Teams hinsichtlich Professionalisierungs- und Weiterentwicklungsmöglichkeiten ebenfalls überwiegend aufgeschlossen gegenüber einer Erweiterung, sehen jedoch derzeit weniger Notwendigkeit dazu. Insgesamt ist die Bildung von multiprofessionellen Teams auf bewussten Entscheidungen begründet. Demgegenüber sind traditionelle Teams zögerlicher hinsichtlich der Einstellung anderer Berufsabschlüsse oder diese Fragen sind im Team etwas umstrittener.

In Bezug auf zukünftige Personalentscheidungen zeigte der Vergleich zwischen multiprofessionell und traditionell besetzten Teams kaum Unterschiede, sowohl hinsichtlich notwendiger pädagogischer Bereiche, Aufgaben und Tätigkeiten als auch in Bezug auf persönliche Ressourcen. Wenn es signifikante Unterschiede gab, waren diese hinsichtlich der Ausprägung (Mittelwertvergleiche) gering.

Insgesamt weisen die Vergleiche hinsichtlich Strukturen und Einstellungen zwischen multiprofessionell und traditionell besetzten Einrichtungen nicht auf grundsätzliche, sondern eher auf graduelle Unterschiede hin. Im Hinblick auf zukünftige Personalentscheidungen ist davon auszugehen, dass die Ausrichtung der Kindertageseinrichtung (im Hinblick auf die pädagogischen Aufgaben und Herausforderungen) sowie konzeptionelle Neuausrichtungen bzw. Weiterentwicklungen (z. B. Familienzentren, Inklusion) im Wesentlichen die Personalentscheidungen bestimmen werden. Bei den Vergleichen zwischen den beiden betrachteten Teamformen (multiprofessionelle und traditionelle Teams) ist allerdings zu berücksichtigen, dass die multiprofessionellen Einrichtungen ihrerseits hinsichtlich wesentlicher Strukturmerkmale und der personellen Zusammensetzung eine große Heterogenität aufweisen und bis zu elf unterschiedliche berufliche Qualifikationen im Team vertreten waren. Auch ist zu betonen, dass eine solche schriftliche Befragung nur allgemeine Hinweise über die Arbeitsprozesse und Arbeitszufriedenheit der Teams sowie Einstellungen und Erwartungen hinsichtlich der jeweiligen Qualifikationen liefern kann. Die berufliche Alltagswirklichkeit multiprofessioneller Teams ist vielmehr durch spezifische Rahmenbedingungen, Entscheidungsmöglichkeiten sowie Leitungs-/Teamkonstellationen geprägt, wie die vergleichenden Analysen der 25 einbezogenen Einrichtungen aufzeigten.

Kapitel 11
Eltern und Träger: Einstellungen zu multiprofessionellen Teams

Im Rahmen der wissenschaftlichen Begleitung von 25 multiprofessionell zusammengesetzten Teams in Baden-Württemberg wurden Eltern und Träger zu zwei Erhebungszeitpunkten (t0 und t2) schriftlich nach ihren Einstellungen und Erfahrungen befragt. Die Ergebnisse dieser Befragungen werden im Folgenden zusammenfassend dargestellt.

11.1 Stichprobenbeschreibung (Elternbefragung)

Erhebungszeitpunkt t0

Für den ersten Erhebungszeitraum gingen 432 Fragebögen in die Berechnungen mit ein, was nach einer Schätzung des Rücklaufs[65] einen Anteil von 26,4% ergibt. Die Bögen wurden überwiegend von Frauen (86,8%) ausgefüllt. Die Mehrheit der Eltern war zwischen 31 und 40 Jahre alt, über die Hälfte gab als höchsten Bildungsabschluss einen Hochschulabschluss an. Die nachfolgenden Abbildungen zeigen die Verteilung der Bildungsabschlüsse (Abbildung 56) und Altersstufen (Abbildung 57).

Erhebungszeitpunkt t2

Bei der Enderhebung gingen 253 Fragebögen in die Berechnungen mit ein, was einem geschätzten Rücklauf von 13,6% entspricht. Nur 18 Fragebögen konnten eindeutig beiden Zeitpunkten zugeordnet werden konnten (Längsschnitt). Auch hier wurden die Bögen überwiegend von Frauen (89,6%) ausgefüllt. Die Mehrheit der Eltern war zwischen 31 und 40 Jahre alt, fast die Hälfte gab als höchsten Bildungsabschluss überwiegend einen Hochschulabschluss (siehe Abbildungen 58 und 59).

---

65 Hierzu wurde von der Gesamtanzahl der Kinder aller Einrichtungen 5% abgezogen. Somit sind auch Geschwisterkinder berücksichtigt.

Abbildung 56: Verteilung der Altersstufen der befragten Eltern (t0) (N = 416)

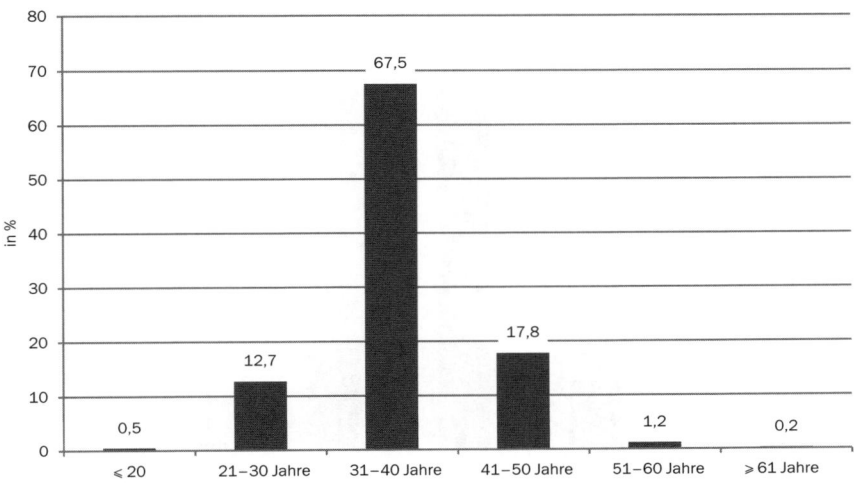

Abbildung 57: Verteilung der (höchsten) Bildungsabschlüsse der befragten Eltern (t0) (N = 394)

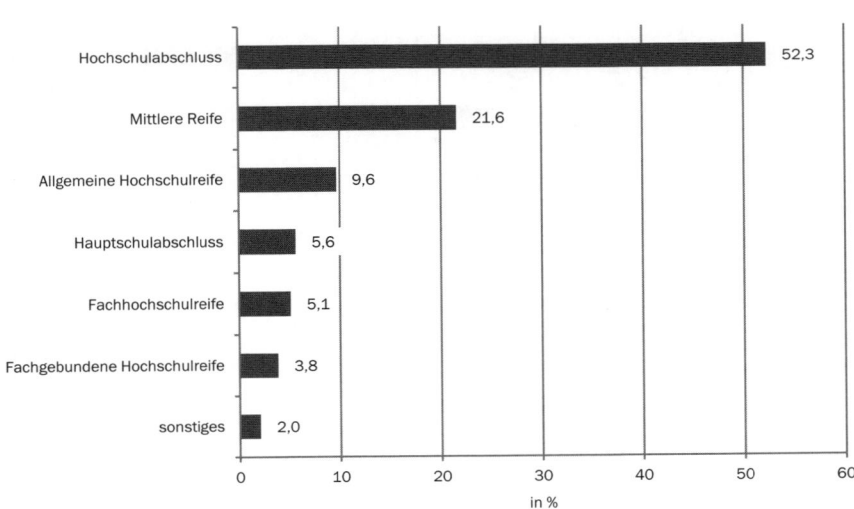

Abbildung 58: Verteilung der Altersstufen der befragten Eltern (t2) (N = 253)

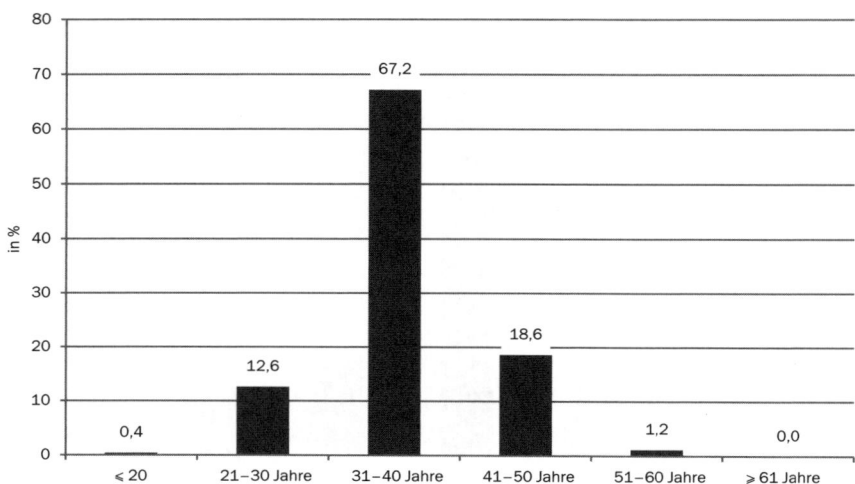

Abbildung 59: Verteilung der (höchsten) Bildungsabschlüsse der befragten Eltern (t2) (N = 249)

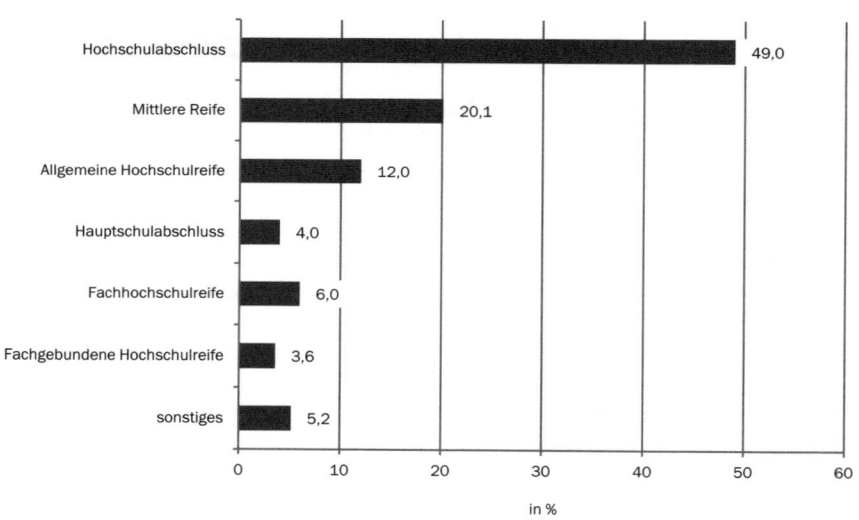

11.2 Personelle Besetzung aus Sicht der Eltern

11.2.1 Internes und externes Personal

Die Eltern wurden zum *Zeitpunkt t0* darum gebeten, die ihnen bekannte personelle Besetzung – getrennt nach internem und externem[66] Personal – anzugeben[67]. Analog zu den Fragebögen der Fachkräfte wurden hierzu die Qualifikationen des Fachkräftekatalogs abgefragt. Der Mehrheit der Eltern (80,1%) war die Qualifikation der Fachkräfte unbekannt bzw. war unklar, wie diese angestellt sind; 15,2% der Eltern nannten internes, 4,5% externes Personal. Bei dem *internen* Personal war den Eltern die/der staatlich anerkannte ErzieherIn (88,5%, N = 363), die/der, SozialpädagogIn, SozialarbeiterIn bzw. ErziehungswissenschaftlerIn (37,2%, N = 141) sowie die/der KinderpflegerIn (29,7%, N = 112) am bekanntesten. Bezogen auf die Qualifikationen des *externen* Personals waren den Eltern die/der LogopädIn (21,4%, N = 69), die/der FachlehrerIn für musisch-technische Fächer (11,5%, N = 36) bzw. die/der PhysiotherapeutIn (10,4%, N = 31) am bekanntesten.

Werden die Antworten danach betrachtet, ob aus Sicht der Eltern ein einschlägig-traditionell besetztes Team (staatl. anerk. ErzieherIn, staatl. anerk. Jugend- und HeimerzieherIn sowie staatl. anerk. KinderpflegerIn) oder ein multiprofessionell besetztes Team in der Einrichtung ihres Kindes/ihrer Kinder arbeitet, so zeigte sich, dass die Mehrheit (69,2%, N = 299) von einem multiprofessionellen und 30,8% (N = 133) von einem traditionellen Team ausgingen (Hierbei ist anzumerken, dass nach der Definition im Projekte „TEAM-BaWü" alle einbezogenen Einrichtungen multiprofessionell besetzt sind).

Für den *Zeitpunkt t2* lässt sich bzgl. der Bekanntheit der beruflichen Qualifikationen folgendes feststellen: 80,2% konnten nicht angeben, welche Qualifikationen in der Einrichtung vertreten sind, bzw. wie die entsprechenden Personen angestellt sind, 16,1% kreuzten internes, 3,8% externes Personal an. Beim *internen* Personal war den Eltern die/der staatlich anerkannte ErzieherIn (90,2%, N = 211), die/der, SozialpädagogIn, SozialarbeiterIn bzw. ErziehungswissenschaftlerIn (38,7%, N = 89) sowie die/der KinderpflegerIn (36,4%, N = 79) am bekanntesten. Beim *externen* Personal wurden die/der Gesundheits- und KinderkrankenpflegerIn (15,9%, N = 30),

---

66 Externes Personal sind hier Fachkräfte, die keine vertragliche Anstellung haben, sondern auf Honorarbasis die Arbeit in der/den Einrichtungen regelmäßig unterstützen.

67 Die genaue Formulierung lautete: „Wissen Sie, ob in Ihrer Einrichtung folgende berufliche Abschlüsse vertreten sind? Bitte kreuzen Sie jeweils an, ob es sich um festangestellte oder externe Personen handelt, sofern dies Ihnen bekannt ist."

die/der LogopädIn (9,9%, N = 18) sowie die/der Grund- und HauptschullehrerIn bzw. SonderschullehrerIn (7,3%, N = 15) am häufigsten genannt.

71,5% (N = 181) der Eltern hielten das Team für multiprofessionell besetzt und 28,5% (N = 72) für einschlägig besetzt.

11.2.2 Zusatzqualifikationen

Die Eltern wurden zum *Zeitpunkt t0* danach gefragt, ob ihnen spezielle Zusatzqualifikationen der Fachkräfte bekannt sind. Etwas mehr als der Hälfte
der befragten Eltern (53,7%, N = 232) waren Zusatzqualifikationen bekannt, 46,3% (N = 200) kannten keine Zusatzqualifikationen. Aufgeschlüsselt nach der Art der Qualifikation wurde am häufigsten die Sprachförderung genannt (40,5%, N = 175), gefolgt von einer speziellen pädagogischen
Ausrichtung (z.B. Montessori) (13,2%, N = 57) sowie der Weiterbildung
zur Fachkraft für Integration (12,3%, N = 53) und einer Leitungsweiterbildung (12,3%, N = 53).

Auch zum zweiten *Zeitpunkt t2* waren 54,8% (N = 136) der Eltern Zusatzqualifikationen bekannt, 45,2% (N = 112) waren diese unbekannt. Als
bekannteste Zusatzqualifikationen wurde die Sprachförderung (41,5%, N =
105) sowie eine spezielle pädagogische Ausrichtung (14,5%, N = 36) angegeben, gefolgt von der Weiterbildung zur Fachkraft für Integration (13,8%,
N = 35).

11.3 Aufgaben und Tätigkeiten aus Sicht der Eltern

Ein weiterer Aspekt der Befragung zum *Zeitpunkt t0* bezog sich auf eine
Relevanzeinschätzung der Aufgaben und Tätigkeiten der Fachkräfte. Hierzu
wurden 21 Aufgaben bzw. Tätigkeiten genannt, welche mittels einer fünfstufigen Skala eingeschätzt werden konnten (1 = ‚weniger wichtig' bis 5 =
‚unverzichtbar für die pädagogische Arbeit'[68]). Am bedeutsamsten für die
Eltern war es, dass die Fachkraft Beziehungen und Interaktionen mit Kindern gestalten (M = 4.59, SD = .85) und im Team konstruktiv zusammen-
arbeiten (M = 4.53, SD = .79) kann. Weniger wichtig für die pädagogische
Arbeit war den Eltern, dass zielgruppenspezifische, passgenaue Angebote
für Familien geplant und realisiert werden können (M = 3.08, SD = 1.08)
(siehe Abbildung 60).

---

68 Alle 21 Aufgaben bzw. Tätigkeiten wurden zwischen Minimum = 1 und Maximum = 5
    eingeschätzt.

Abbildung 60: Relevanzeinschätzung der Eltern zu pädagogischen Aufgaben und Tätigkeiten der Fachkräfte (1 = weniger wichtig bis 5 = unverzichtbar für die pädagogische Arbeit) (t0) ($N_{max.}$ = 428)

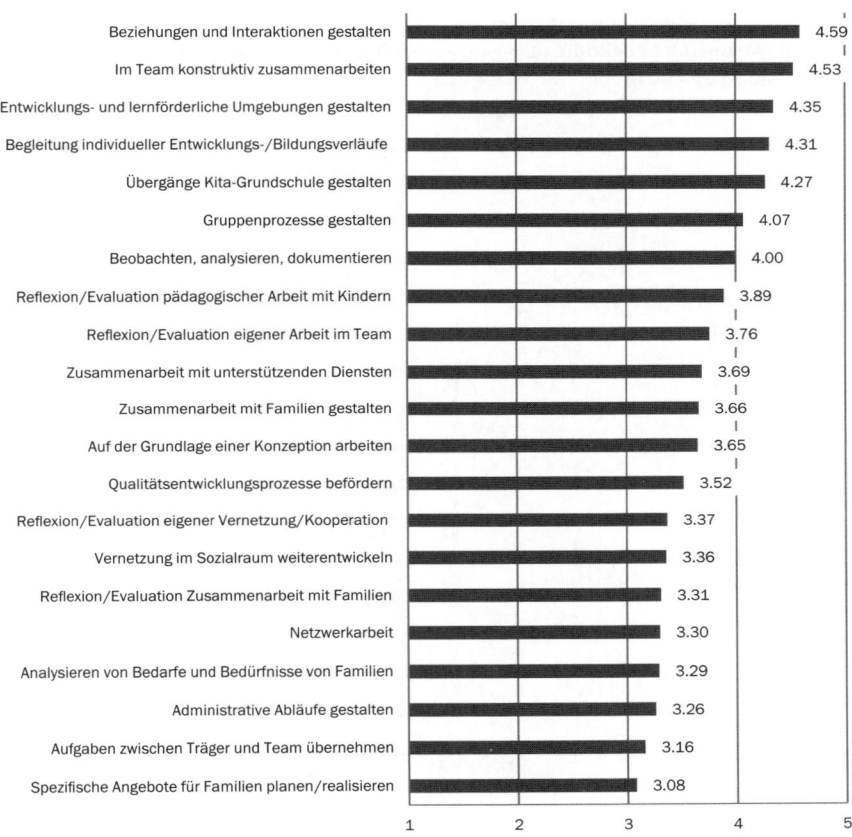

Eine differenzierte Betrachtung der Einschätzungen getrennt danach, ob die Eltern von einem traditionell oder multiprofessionell besetzten Team ausgingen, ergab keine bedeutsamen Unterschiede.[69]

Zum zweiten *Erhebungszeitpunkt t2* gaben die Eltern folgende Aufgaben und Tätigkeiten als besonders wichtig an: Die Gestaltung von Beziehungen und Interaktionen mit Kindern (M = 4.71, SD = .71) und die Gestaltung einer entwicklungs- und lernförderliche Umgebung (M = 5.54, SD = .69). Weniger wichtig für die pädagogische Arbeit war den Eltern, dass zielgrup-

---

69 Bei den Mittelwertvergleichen wurde bei einem Signifikanzniveau von mind. 5 % von einem „bedeutsamen", nicht-zufälligen Unterschied ausgegangen.

penspezifische, passgenaue Angebote für Familien geplant und realisiert werden können (M = 3.19, SD = 1.02) (siehe Abbildung 61).

Abbildung 61: Relevanzeinschätzung der Eltern zu pädagogischen Aufgaben und Tätigkeiten der Fachkräfte (1 = weniger wichtig bis 5 = unverzichtbar für die pädagogische Arbeit) (t2) (N$_{max.}$ = 253)

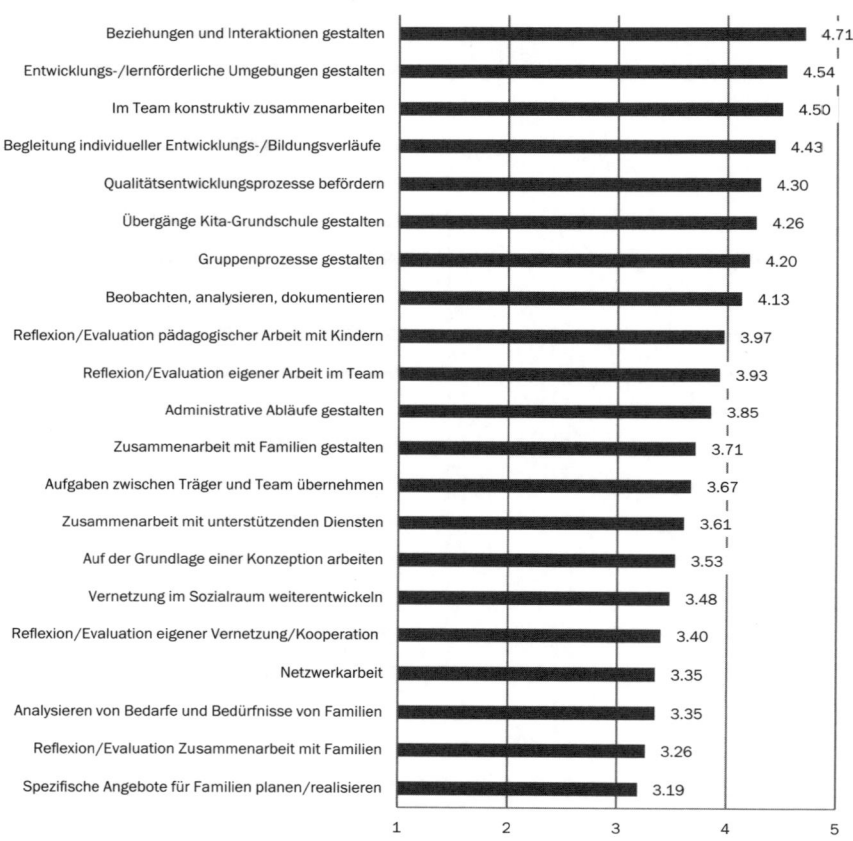

Eine differenzierte Betrachtung der Einschätzungen getrennt danach, ob die Eltern von einem traditionell oder multiprofessionell besetzten Team ausgingen zeigte bedeutsame Unterschiede bei folgenden Aufgaben und Tätigkeiten:

Die Reflexion bzw. Evaluation der pädagogischen Arbeit mit Kindern besaß für Eltern, die von einem multiprofessionell besetzten Team ausgingen, mehr Gewicht (M$_{Trad}$ = 3.75, SD = 1.02, N = 72; M$_{Multi}$ = 4.60, SD = 0.92, N = 180; p = .021). Auch das Arbeiten auf der Grundlage einer Konzeption wurde von diesen Eltern bedeutungsvoller eingeschätzt (M$_{Trad}$ = 3.31, SD =

320

.82, N = 72; M_{Multi} = 3.62, SD = .93, N = 180; p = .021). Gleichfalls schätzten sie sowohl die Reflexion der eigenen Arbeit (M_{Trad} = 3.75, SD = .88, N = 72; M_{Multi} = 4.01, SD = .89, N = 176; p = .027) als auch die Gestaltung der Zusammenarbeit mit Familien (M_{Trad} = 3.56, SD = .82, N = 72; M_{Multi} = 3.77, SD = .99, N = 178; p = .033) relevanter ein. Bei allen anderen Aussagen ließen sich keine signifikanten Unterschiede feststellen.

Ein Vergleich zwischen den beiden *Erhebungszeitpunkten t0 und t2*[70] zeigt bedeutsame Unterschiede in folgenden Aspekten: „Gestaltung einer entwicklungs- und lernförderlichen Umgebung abbilden" (M_{t0} = 4.34; M_{t2} = 4.54; p = .007), „Aufgaben zwischen Träger und Team übernehmen" (M_{t0} = 3.16; M_{t2} = 3.37; p = .000), „Administrative Abläufe gestalten" (M_{t0} = 3.26; M_{t2} = 3.85; p = .000), „Qualitätsentwicklungsprozesse befördern" (M_{t0} = 3.52; M_{t2} = 4.30; p = .000) sowie die eigene Arbeit im Team reflektieren und evaluieren zu können (M_{t0} = 3.76; M_{t2} = 3.93; p = .000).

11.4 Erforderliche persönliche Ressourcen aus Sicht der Eltern

Zum *Zeitpunkt t0* wurden die Eltern um eine Relevanzeinschätzung von 35 möglichen persönlichen Ressourcen von Fachkräfte gebeten, welche ihnen neben der beruflichen Qualifikation bedeutsam erscheinen (1 = ‚weniger wichtig' bis 5 = ‚unverzichtbar'). Für die Eltern war besonders die Belastbarkeit (M = .65, SD = .77, N = 426) sowie die Empathiefähigkeit der Fachkräfte am bedeutsamsten (M = 4.59, SD = .82, N = 422). Weniger wichtig für die Eltern war das politische Engagement (M = 1.65, SD = 1.04, N = 424) sowie der religiöse Hintergrund (M = 1.86, SD = 1.15, N = 425) der Fachkräfte.

Eine differenzierte Betrachtung der Einschätzungen getrennt danach, ob die Eltern von einem traditionell oder multiprofessionell besetzten Team ausgingen, zeigte keine signifikanten Unterschiede.

Zum zweiten *Erhebungszeitpunkt t2* waren für die Eltern ebenfalls die Belastbarkeit (M = 4.75, SD = .50, N = 252) sowie die Empathiefähigkeit (M = 4.64, SD = .71, N = 253) der Fachkraft am bedeutsamsten. Das politische Engagement (M = 1.43, SD = .77, N = 250) sowie der religiöse Hintergrund (M = 1.78, SD = 1.02, N = 252) der Fachkräfte blieb eher unbedeutend.

---

70 Da 18 Eltern in beiden Stichproben geantwortet haben, liegen streng genommen keine unabhängigen Stichproben vor. Aufgrund der geringen Schnittmenge können die Ergebnisse jedoch als Tendenzen gewertet werden.

Eine differenzierte Betrachtung der Einschätzungen gentrennt danach, ob die Eltern von einem traditionell oder multiprofessionell besetztem Team ausgingen zeigte, dass Eltern, die von einem traditionell besetzten Team ausgingen, die Aufgeschlossenheit der Fachkraft als relevanter bewerteten (M_{Trad} = 4.32, SD = .69, N = 72; M_{Multi} = 4.09, SD = 0.78, N = 180; p = .044).

Ein Vergleich zwischen den Erhebungszeitpunkten (t0-t2) zeigt, dass der Bezug zum sozialen Milieu der Familie (M_{t0} = 2.95; M_{t2} = 3.21; p = .001) sowie eine allgemeinen Bewältigungsfähigkeit (M_{t0} = 4.17; M_{t2} = 4.40; p = .001), Zugang zu Familien (M_{t0} = 3.52; M_{t2} = 3.77; p = .002) sowie Stressresistenz (M_{t0} = 4.35; M_{t2} = 4.54; p = .031) wichtiger werden. Das politischen Engagement der Fachkräfte (M_{t0} = 1.65; M_{t2} = 1.43; p = .013), Optimismus (M_{t0} = 4.27; M_{t2} = 4.17; p = .023), ehrenamtliches Engagement (M_{t0} = 2.11; M_{t2} = 1.88; p = .026) sowie der kulturelle Hintergrund (M_{t0} = 2.30; M_{t2} = 2.09; p = .037) erscheinen den Eltern dagegen weniger wichtig als noch zum Zeitpunkt t0.

11.5 Einstellungen von Eltern zu multiprofessionellen Teams

Zum *Zeitpunkt t0* wurden die Eltern außerdem zu ihren Einstellungen gegenüber multiprofessionellen Teams befragt („Ganz generell gefragt: Was halten Sie von multiprofessionellen Teams in Kindertageseinrichtungen?"). Hierzu wurden 18 Aussagen aufgelistet, welchen über eine vierstufige zugestimmt werden konnte (1 = ‚trifft gar nicht zu' bis 4 = ‚trifft voll und ganz zu'; zudem konnte auch ‚weiß nicht' angekreuzt werden). Eine detaillierte Darstellung aller Aussagen ist Tabelle 115 zu entnehmen.

Es zeigte sich, dass die Eltern am deutlichsten der Aussage zustimmen, dass multiprofessionelle Teams ein abwechslungsreiches Arbeiten ermöglichen (M = 3.52, SD = .66). Auch sahen die Eltern in den neuen Qualifikationen und Ressourcen eine Chance zur individuellen Weiterentwicklung (M = 3.48, SD = .59). Zudem stimmten sie ebenfalls überwiegend zu, dass multiprofessionelle Teams angesichts neuer Herausforderungen notwendig sind (M = 3.32, SD = .67). Der Aussage „Fachkräfte mit höherer Qualifikation lehne ich grundsätzlich ab" wurde am wenigsten zugestimmt (M = 1.55, SD = .70).

Eine differenzierte Betrachtung der Einschätzungen getrennt danach, ob die Eltern von einem traditionell oder multiprofessionell besetztem Team ausgingen zeigte, dass Eltern, die von einem multiprofessionell besetzten Team ausgingen, eine Öffnung der Einrichtung für geringere Qualifikationen etwas kritischer betrachten. Dieser Aussage („Fachkräfte mit geringer Qualifikation lehne ich grundsätzlich ab.") wurde signifikant häufiger zugestimmt

Tabelle 115: Einstellung von Eltern zu multiprofessionellen Teams

Item	t0			t2			
	N	M	SD	N	M	SD	sig.
Ich finde multiprofessionelle Teams sind angesichts der neuen Herausforderungen notwendig.	396	3.32	.67	235	3.44	.75	n. s.
Die Frage, ob multiprofessionelle Teams sinnvoll sind, ist in der Kita meines Kindes/meiner Kinder sehr umstritten.	172*	1.73	.83	115*	3.44	.78	n. s.
Die Beschäftigung von Fachkräften hängt auch von den finanziellen Ressourcen ab, man kann nicht in erster Linie teure Fachkräfte einstellen.	358	2.58	.96	227	2.76	.93	n. s.
Die Zusammenarbeit in einem multiprofessionellen Team ermöglicht ein abwechslungsreiches Arbeiten.	399	3.52	.66	244	3.66	.61	n. s.
Ein multiprofessionelles Team trägt zur Professionalisierung bei.	363	3.3	.76	233	3.49	.73	n. s.
Die Einarbeitung erfordert bei multiprofessionellen Teams mehr Zeit.	297	2.92	.89	190	3.34	.94	n. s.
Es wird schwerer, sich zu einem Team zu entwickeln, wenn man nicht auf die gleiche Ausbildung zurückblicken kann.	388	1.91	.83	237	1.98	.78	n. s.
Ich habe mich noch nicht mit der Frage auseinandergesetzt.	333	2.38	1.12	195	2.72	1.15	n. s.
Ein multiprofessionelles Team fördert die professionelle Gestaltung von Bildungs- und Erziehungsprozessen.	347	3.28	.65	217	3.55	.67	n. s.
Ein Team, das aus Personen mit gleicher Qualifikation besteht, beinhaltet weniger Störfaktoren.	351	2.26	1.01	225	2.24	.81	< .01
Ein multiprofessionelles Team kann die Belastung für die einzelne pädagogische Fachkraft verringern.	314	2.97	.76	192	3.44	.86	n. s.
Fachkräfte mit geringer Qualifikation lehne ich grundsätzlich ab (Öffnung nach „unten").	381	2.36	1.02	235	1.86	.88	< .01
Fachkräfte mit höherer Qualifikation lehne ich grundsätzlich ab (Öffnung nach „oben").	381	1.55	.70	237	1.58	.67	< .01
Ich meine, dass die bisherigen Qualifikationen weiterhin ausreichen.	342	2.89	.79	197	3.17	.84	< .01
Die Kitas müssen zusehen, wie sie die personellen Stellen besetzen.	314	2.76	1.05	184	3.44	.97	n. s.
Wichtiger als die fachliche Qualifikation ist für mich/uns die Persönlichkeit der Fachkräfte.	401	3.18	.78	242	3.38	.73	< .05
Neue Qualifikationen und Ressourcen sind eine Chance zur individuellen Weiterentwicklung.	399	3.48	.60	235	3.56	.65	n. s.

Anmerkung:
Bei allen Items lagen die Angaben bei Minimum = 1 bis Maximum = 4.
* Zu t0 nutzten bei diesem Item 56,7 % und bei t2 53,4 % der Eltern die Möglichkeit, ‚weiß nicht' anzukreuzen. Dies könnte daran liegen, dass es sich bei diesem Item eher um eine Wissens- denn um eine Einschätzungsfrage handelt.

(M_{Trad} = 2.20, SD = .99, N = 112; M_{Mulit} = 2.42, SD = 1.03, N = 269; p = .040). Bei allen anderen Aussagen ließen sich keine signifikanten Unterschiede feststellen.

Zum zweiten *Erhebungszeitpunkt t2* stimmten die Eltern den nachfolgenden Aussagen am deutlichsten zu: „Die Zusammenarbeit in einem multiprofessionellen Team ermöglicht ein abwechslungsreiches Arbeiten" (M = 3.66, SD = .61) sowie „Neue Qualifikationen und Ressourcen sind eine Chance zur individuellen Weiterentwicklung." (M = 3.56, SD = .65). Zudem sahen die Eltern die Aussage weitestgehend bestätigt, dass multiprofessionelle Teams die Gestaltung von Bildungs- und Erziehungsprozesse professionell fördern (M = 3.55, SD = .67). Auch hier wurde der Aussage „Fachkräfte mit höherer Qualifikation lehne ich grundsätzlich ab" am wenigsten zugestimmt (M = 1.58, SD = .67).

Eine differenzierte Betrachtung der Einschätzungen gentrennt danach, ob die Eltern von einem traditionell oder multiprofessionell besetztem Team ausgingen, zeigte, dass für Eltern die von einem traditionell besetzten Team ausgingen, die Persönlichkeit der Fachkraft bedeutungsvoller ist als deren Qualifikation. Der Aussage „Wichtiger als die fachliche Qualifikation ist für mich/uns die Persönlichkeit der Fachkräfte wurde in höchst signifikantem Maß häufiger zugestimmt (M_{Trad} = 3.61, SD = .56, N = 69; M_{Multi} = 3.20, SD = .75, N = 173; p = .000).

Eltern, welche von einem multiprofessionell besetzten Team ausgingen, stimmten der Aussage, dass die Einarbeitung in einem multiprofessionellen Team mehr Zeit kostet, signifikant häufiger zu (M_{Trad} = 2.56, SD = 1.03, N = 50; M_{Multi} = 2.89, SD = .89, N = 140; p = .035). Bei allen anderen Aussagen ließen sich keine signifikanten Unterschiede feststellen.

11.6 Bedeutungsvolle Handlungsfelder aus Sicht der Träger

Zum Zeitpunkt t0 wurden die Träger um eine Relevanzeinschätzung von 18 Handlungsfeldern gebeten. Auf einer fünfstufigen Skala konnte dabei der Bedeutung des jeweiligen Handlungsfeldes zugestimmt werden (1 = ‚sehr geringe Bedeutung' bis 5 = ‚sehr große Bedeutung').

Für die Träger spielten die Handlungsfelder Sprachförderung (M = 4.60, SD = .51), Fortbildung/Mitarbeiterschulung (M = 4.53, SD = .64) sowie Leitbild/Konzeptionsentwicklung (M = 4.27, SD = .96) die wichtigste Rolle[71]. Die Abbildung 62 stellt alle abgefragten Handlungsfelder dar.

---

71 Bei der Interpretation der Daten muss auf die kleine Stichprobe von N = 15 hingewiesen werden.

Abbildung 62: Bedeutsame Handlungsfelder aus Sicht der Träger (1 = sehr geringe Bedeutung bis 5 = sehr große Bedeutung) (t0) (N_max = 15, min. = 1, max. = 5)

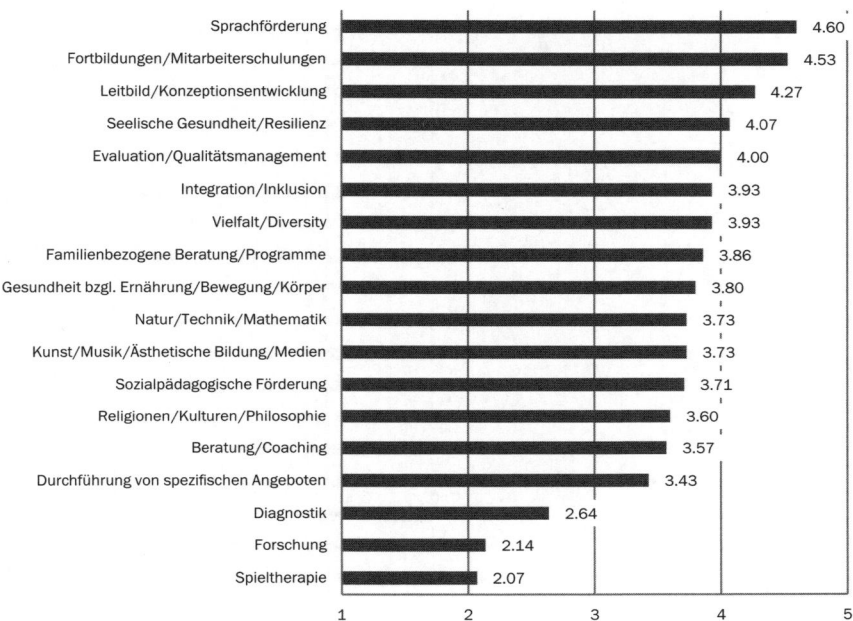

Für den zweiten *Erhebungszeitpunkt t2* lässt sich feststellen, dass von den Träger die Sprachförderung (M = 4.55, SD = .61) sowie Fortbildung bzw. Mitarbeiterschulung (M = 4.14, SD = .85) am relevantesten eingeschätzt wurden. Auch das Handlungsfeld der gesundheitsbewussten Erziehung bzgl. Ernährung, Bewegung und Körper wurde als relevant betrachtet (M = 4.05, SD = .62). Weniger bedeutend waren die Spieltherapie (M = 2.38, SD = 1.16) sowie die Forschung (M = 2.57, SD = 1.08). Die Abbildung 63 zeigt die Einschätzung der verschiedenen Handlungsfelder.

11.7 Aufgaben und Tätigkeiten aus Sicht der Träger

Ein weiterer Aspekt der Befragung zum *Zeitpunkt t0* bezog sich auf eine Relevanzeinschätzung der Aufgaben und Tätigkeiten der Fachkräfte. Hierzu wurden 21 Aufgaben bzw. Tätigkeiten genannt, welche mittels einer fünf-stufigen Skala eingeschätzt werden konnten (1 = ,weniger wichtig' bis 5 = ,unverzichtbar für die pädagogische Arbeit') (vgl. Abbildung 64).

Abbildung 63: Bedeutsame Handlungsfelder aus Sicht der Träger (1 = sehr geringe Bedeutung bis 5 = sehr große Bedeutung) (t2) (N_{max} = 21, min. = 1, max. = 5)

Für die Träger besaß Gestaltung der Beziehung und Interaktion mit Kindern die größte Bedeutung (M = 4.93, SD = .03). Auch die Gestaltung einer entwicklungs- und lernförderlichen Umgebung (M = 4.87, SD = .35) sowie die Begleitung individueller Entwicklungs- und Bildungsverläufe (M = 4.80, SD = .41) war von großer Bedeutung. Als etwas weniger relevant wurden die Gestaltung administrativer Abläufe (M = 3.53, SD = .74) sowie die Planung von zielgruppenspezifischen, passgenauen Angebote für Familien (M = 3.60, SD = 1.06) eingeschätzt. Insgesamt war die Zustimmung zu allen Aufgaben und Tätigkeiten eher hoch.

Auch bei der Befragung zum *Zeitpunkt t2* (vgl. Abbildung 65) wurden fast alle angegebenen Aufgaben und Tätigkeiten als wichtig (Mittelwert größer als 3.5) eingeschätzt. Die konstruktive Zusammenarbeit im Team (M = 4.76, SD = .44), die Gestaltung der Beziehung und Interaktion mit Kindern (M = 4.71, SD = .56) sowie die Begleitung individueller Entwicklungs- und Bildungsverläufe (M = 4.48, SD = .60) besaßen hierbei für die Träger die größte Relevanz. Als etwas weniger relevant wurden die Planung von zielgruppenspezifischen, passgenauen Angebote für Familien (M = 3.24, SD = 1.06) sowie die Reflexion bzw. Evaluation der Zusammenarbeit mit Eltern (M = 3.33, SD = 1.22) eingeschätzt.

Abbildung 64: Relevanzeinschätzung verschiedener Aufgaben und Tätigkeiten durch die Träger (t0) (1 = weniger wichtig bis 5 = unverzichtbar für die pädagogische Arbeit; $N_{max} = 15$)

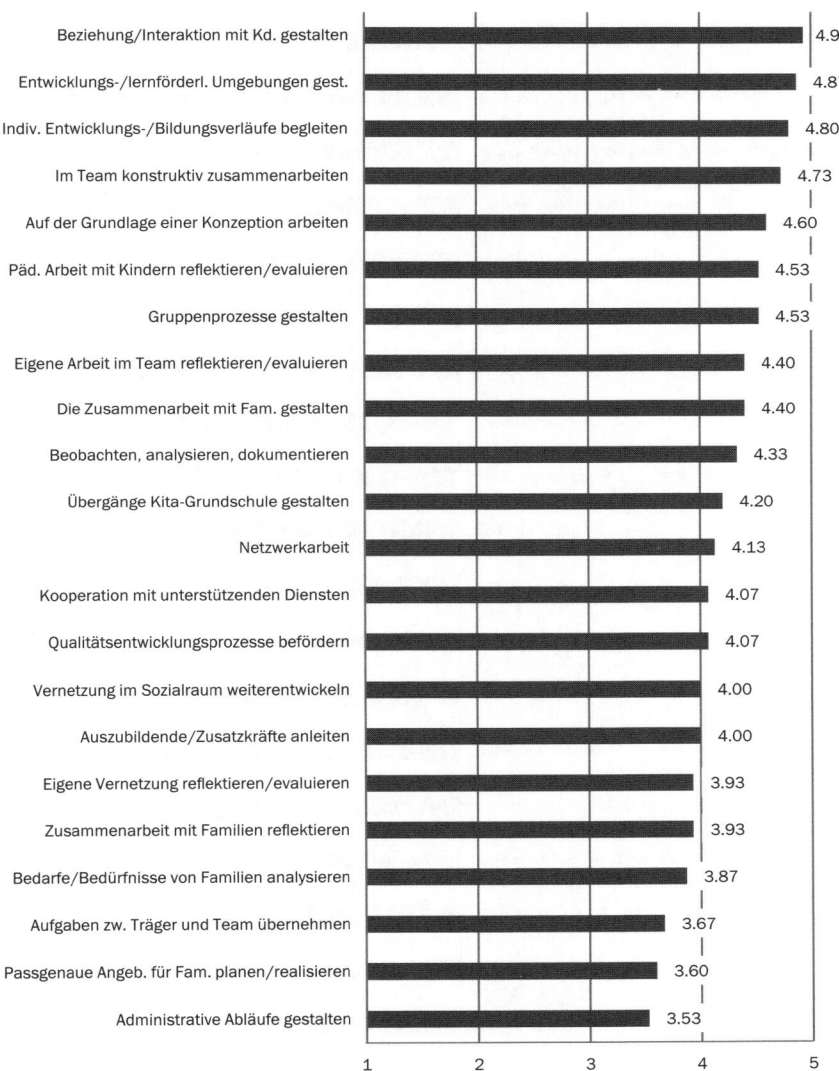

Beziehung/Interaktion mit Kd. gestalten	4.93
Entwicklungs-/lernförderl. Umgebungen gest.	4.87
Indiv. Entwicklungs-/Bildungsverläufe begleiten	4.80
Im Team konstruktiv zusammenarbeiten	4.73
Auf der Grundlage einer Konzeption arbeiten	4.60
Päd. Arbeit mit Kindern reflektieren/evaluieren	4.53
Gruppenprozesse gestalten	4.53
Eigene Arbeit im Team reflektieren/evaluieren	4.40
Die Zusammenarbeit mit Fam. gestalten	4.40
Beobachten, analysieren, dokumentieren	4.33
Übergänge Kita-Grundschule gestalten	4.20
Netzwerkarbeit	4.13
Kooperation mit unterstützenden Diensten	4.07
Qualitätsentwicklungsprozesse befördern	4.07
Vernetzung im Sozialraum weiterentwickeln	4.00
Auszubildende/Zusatzkräfte anleiten	4.00
Eigene Vernetzung reflektieren/evaluieren	3.93
Zusammenarbeit mit Familien reflektieren	3.93
Bedarfe/Bedürfnisse von Familien analysieren	3.87
Aufgaben zw. Träger und Team übernehmen	3.67
Passgenaue Angeb. für Fam. planen/realisieren	3.60
Administrative Abläufe gestalten	3.53

Abbildung 65: Relevanzeinschätzung verschiedener Aufgaben und Tätigkeiten durch die Träger (t2) (1 = weniger wichtig bis 5 = unverzichtbar für die pädagogische Arbeit; N_{max} = 21)

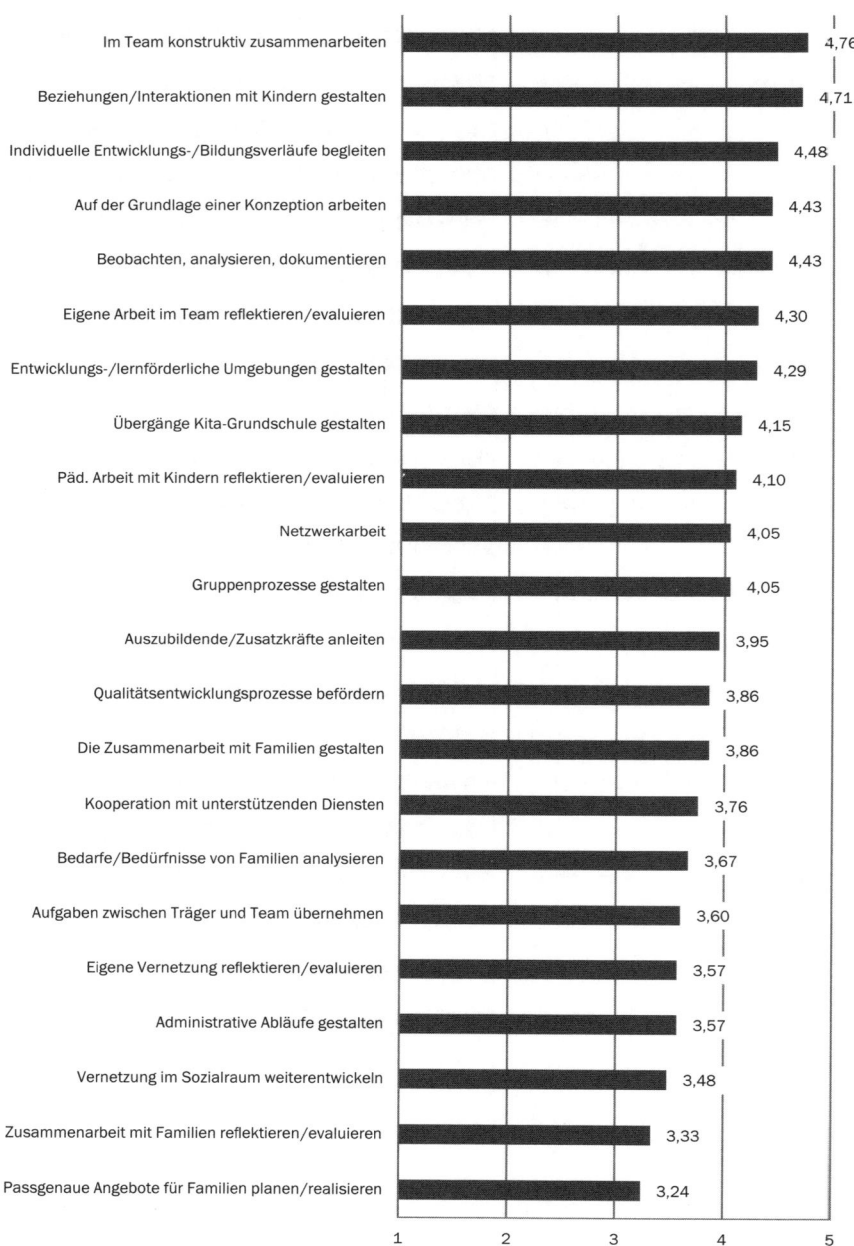

11.8 Erforderliche persönliche Ressourcen aus Sicht der Träger

Zum *Zeitpunkt t0* wurden die Träger ebenfalls um eine Relevanzeinschätzung von 35 möglichen persönlichen Ressourcen von Fachkräfte gebeten, welche ihnen neben der beruflichen Qualifikation bedeutsam erscheinen (1 = ‚weniger wichtig‘ bis 5 = ‚unverzichtbar‘). Für die Träger waren Teamfähigkeit (M = 4.80, SD = .41, N = 15) sowie Beziehungsfähigkeit (M = 4.80, SD = .56, N = 15) am bedeutsamsten. Als weniger relevant wurden das politische Engagement (M = 1.87, SD = .99, N = 15) sowie Auslandserfahrungen (M = 1.93, SD = 1.14, N = 14) der Fachkräfte eingeschätzt.

Beim zweiten *Erhebungszeitpunkt t2* war für die Träger Teamfähigkeit (M = 4.75, SD = .55, N = 20), Reflexionsvermögen (M = 4.71, SD = .463, N = 21) sowie Beziehungsfähigkeit (M = 4.67, SD = .58, N = 21) sehr relevant. Als weniger relevant wurden das politische Engagement (M = 2.10, SD = 1.04, N = 21) sowie die eigene Elternschaft (M = 2.14, SD = .96, N = 21) der Fachkräfte eingeschätzt.

11.9 Einstellungen von Trägern zu multiprofessionellen Teams

Die Träger wurden zum *Zeitpunkt t0* ebenfalls zu ihren Einstellungen hinsichtlich multiprofessioneller Teams befragt. Hierzu wurden 18 Aussagen aufgelistet, welche über eine vierstufige Skala bewertet werden konnten (1 = ‚trifft gar nicht zu‘ bis 4 = ‚trifft voll und ganz zu‘; zudem konnte auch ‚weiß nicht‘ angekreuzt werden).

Am deutlichsten stimmten die Träger den Aussagen zu, dass multiprofessionelle Teams die Gestaltung von Bildungs- und Erziehungsprozessen fördere (M = 3.80, SD = .41) sowie der Notwendigkeit dieser Teams angesichts neuer Herausforderungen (M = 3.73, SD = .46). Einer Öffnung für höhere Qualifikationen standen die Träger offen entgegen (M = 1.33, SD = .62). Auch sahen sie kein Risiko eines erschwerten fachlichen Austausches (M = 1.33, SD = .49) (vgl. Tabelle 116).

Für den zweiten *Erhebungszeitpunkt t2* (vgl. Tabelle 117) lässt sich festhalten, dass die Träger in multiprofessionellen Teams ein abwechslungsreiches Arbeiten erwarten (M = 3.48, SD = .81) und meinen, dass diese Teams zur Professionalisierung beitragen (M = 3.43, SD = .75). Der Aussage „Ich habe mich noch nicht mit der Frage auseinandergesetzt" wurde am wenigsten zugestimmt (M = 1.25, SD = .55). Zudem sahen die Träger durch multiprofessionelle Teams einen fachlichen Austausch kaum erschwert (M = 1.57, SD = .68).

Tabelle 116: Einstellungen der Träger gegenüber multiprofessionellen Teams (t0)

	N	M	SD
Ich finde multiprofessionelle Teams sind angesichts der neuen Herausforderungen notwendig.	15	3.73	.46
Die Frage ist in diesem Team sehr umstritten.	14	1.86	.77
Die Einstellung von Fachkräften hängt auch von den finanziellen Ressourcen ab, man kann nicht in erster Linie teure Fachkräfte einstellen.	13	2.46	1.13
Die Zusammenarbeit in einem multiprofessionellen Team ermöglicht ein abwechslungsreiches und mehrperspektivisches Arbeiten.	15	3.67	.49
Ein multiprofessionelles Team trägt zur Professionalisierung bei.	15	3.60	.51
Die Einarbeitung erfordert bei multiprofessionellen Teams mehr Zeit.	15	3.43	.76
Es wird schwerer, sich zu einem Team zu entwickeln, wenn man nicht auf die gleiche Ausbildung zurückblicken kann.	15	2.20	1.08
Ich habe mich noch nicht mit der Frage auseinandergesetzt.	14	1.00	0.00
Ein multiprofessionelles Team fördert die professionelle Gestaltung von Bildungs- und Erziehungsprozessen.	15	3.80	.41
Ein homogenes Team beinhaltet weniger Störfaktoren.	15	1.60	.63
Ein multiprofessionelles Team kann die Belastung für die einzelne pädagogische Fachkraft verringern.	15	3.07	.48
Eine Öffnung nach „unten" (geringere Qualifikation) lehne ich grundsätzlich ab.	15	2.53	1.25
Eine Öffnung nach „oben" (höhere Qualifikation) lehne ich grundsätzlich ab.	15	1.33	.62
Ein multiprofessionelles Team erschwert den fachlichen Austausch im Team.	15	1.33	.49
Ich meine, dass wir mit der bisherigen Aufstellung weiterhin gut zurechtkommen.	15	2.21	.98
Wir müssen zusehen, wie wir die Stellen besetzen.	15	2.57	1.02
Wichtiger als die fachliche Qualifikation ist für uns die Persönlichkeit der Fachkräfte.	15	2.40	.74
Neue Qualifikationen und Ressourcen sind eine Chance zur individuellen Weiterentwicklung.	15	3.60	.51

Anmerkungen:
Alle Angaben lagen zwischen 1 und 4; 1 = trifft gar nicht zu bis 4 = trifft voll und ganz zu

Tabelle 117: Einstellungen der Träger gegenüber multiprofessionellen Teams (t2)

	N	M	SD
Ich finde multiprofessionelle Teams sind angesichts der neuen Herausforderungen notwendig.	20	3.4	.61
Die Frage ist in diesem Team sehr umstritten.	20	1.8	.77
Die Einstellung von Fachkräften hängt auch von den finanziellen Ressourcen ab, man kann nicht in erster Linie teure Fachkräfte einstellen.	21	1.76	.77
Die Zusammenarbeit in einem multiprofessionellen Team ermöglicht ein abwechslungsreiches und mehrperspektivisches Arbeiten.	21	3.48	.81
Ein multiprofessionelles Team trägt zur Professionalisierung bei.	21	3.43	.75
Die Einarbeitung erfordert bei multiprofessionellen Teams mehr Zeit.	20	3.35	.75
Es wird schwerer, sich zu einem Team zu entwickeln, wenn man nicht auf die gleiche Ausbildung zurückblicken kann.	21	2.19	.87
Ich habe mich noch nicht mit der Frage auseinandergesetzt.	20	1.25	.55
Ein multiprofessionelles Team fördert die professionelle Gestaltung von Bildungs- und Erziehungsprozessen.	21	3.33	.73
Ein homogenes Team beinhaltet weniger Störfaktoren.	21	2.14	.85
Ein multiprofessionelles Team kann die Belastung für die einzelne pädagogische Fachkraft verringern.	21	2.76	.70
Eine Öffnung nach „unten" (geringere Qualifikation) lehne ich grundsätzlich ab.	21	2.86	1.11
Eine Öffnung nach „oben" (höhere Qualifikation) lehne ich grundsätzlich ab.	21	1.62	.87
Ein multiprofessionelles Team erschwert den fachlichen Austausch im Team.	21	1.57	.68
Ich meine, dass wir mit der bisherigen Aufstellung weiterhin gut zurechtkommen.	19	2.68	.89
Wir müssen zusehen, wie wir die Stellen besetzen.	21	2.52	.93
Wichtiger als die fachliche Qualifikation ist für uns die Persönlichkeit der Fachkräfte.	18	2.56	.51
Neue Qualifikationen und Ressourcen sind eine Chance zur individuellen Weiterentwicklung.	21	3.24	.79

Anmerkungen:
Alle Angaben lagen zwischen 1 und 4; 1 = trifft gar nicht zu bis 4 = trifft voll und ganz zu

11.10 Zusammenfassung und Diskussion

Fasst man die Ergebnisse der Elternbefragung zusammen, sind den Eltern die beruflichen Qualifikationen der Fachkräfte überwiegend unbekannt (zu beiden Erhebungszeitpunkten jeweils ca. 80 %). Obwohl in den untersuchten Einrichtungen mindestens eine Fachkraft außerhalb der traditionellen Berufe angestellt ist, geben knapp ein Drittel der Eltern an, dass die Einrichtung ihres Kindes/ihrer Kinder ausschließlich mit ErzieherInnen/KinderpflegerInnen besetzt ist. Diese Unkenntnis korrespondiert mit dem Ergebnis, dass vielen Eltern die Persönlichkeit der Fachkräfte wichtiger als die berufliche Qualifikation ist. Dagegen ist mehr als der Hälfte der Eltern die Zusatzqualifikationen der Fachkräfte (z.B. Sprachförderung) bekannt. Ein Grund hierfür könnte darin liegen, dass solche Zusatzqualifikationen im Alltag bzw. in der Zusammenarbeit mit Eltern sichtbarer sind bzw. deutlicher kommuniziert werden als die beruflichen Ausgangsqualifikationen im Team.

Für Eltern, die von einem multiprofessionellen Team ausgehen (t2), sind die Reflexion bzw. Evaluation, das Arbeiten auf Grundlage einer Konzeption sowie die Gestaltung der Zusammenarbeit mit Familien relevanter als für andere Eltern.

Im Hinblick auf die persönlichen Ressourcen sind Belastbarkeit und Empathiefähigkeit für die Eltern am wichtigsten. Im Laufe des Untersuchungszeitraums haben der Bezug zum sozialen Milieu, die allgemeine Bewältigungsfähigkeit, der Zugang zu Familien sowie eine Stressresistenz zunehmend an Bedeutung gewonnen.

Hinsichtlich der Einstellungen zu multiprofessionellen Teams sehen Eltern dies überwiegend als Möglichkeit zum abwechslungsreichen Arbeiten und als Chance zur individuellen Weiterentwicklung an. Die Einschätzungen unterscheiden sich dabei je nachdem, ob Eltern von einem einschlägig-traditionell oder multiprofessionell besetzten Team in ihrer Einrichtung ausgehen. Eltern, die wissen, dass in ihrer Einrichtung ein multiprofessionelles Team arbeitet (t0), stehen der Öffnung für geringere Qualifikationen kritischer gegenüber als andere Eltern. Dagegen ist für Eltern, die davon ausgehen, dass in ihrer Einrichtung ausschließlich ErzieherInnen/KinderpflegerInnen tätig sind, die Persönlichkeit der Fachkraft relevanter als deren Qualifikation.

Bei der Befragung der Träger der untersuchten 25 Einrichtungen sind Sprachförderung als auch die Fortbildung bzw. Mitarbeiterschulung der Fachkräfte besonders relevante Handlungsfelder. Alle Träger haben sich nach eigenen Angaben mit dem Thema „multiprofessionelle Teams" auseinandergesetzt.

Teil IV Zusammenfassung und Handlungsempfehlungen

Kapitel 12
Zusammenführung der quantitativen und qualitativen Analysen – Entwicklung eines Passungsmodells für multiprofessionelle Teams

12.1 Zusammenführung der quantitativen und qualitativen Analysen

Die *neuen* Fachkräfte sind in der Praxis angekommen

Die Untersuchung zeigte, dass auf Ebene der Leitungen und Träger eine große Bereitschaft bestand und besteht, neue Fachkräfte – jenseits des Qualifikationsniveaus von ErzieherInnen und KinderpflegerInnen – einzustellen; dabei ist die Bereitschaft gegenüber höher qualifizierten Fachkräften größer. Im Untersuchungszeitraum wurde in den Einrichtungen ein z.T. deutlicher Anteil von *neuen* Fachkräften[72] eingestellt; im Frühjahr 2015 lag der Anteil der *neuen* Fachkräfte insgesamt bei 24,8 %.[73] Die Anteile differieren sehr zwischen den Einrichtungen; in den 25 vertieft untersuchten Kindertageseinrichtungen schwankte dieser Anteil an *neuen* Fachkräften zwischen 5 und 65 %. Beachtenswert ist allerdings auch die Erkenntnis, dass es über den untersuchten Zeitraum insgesamt einen personellen Zuwachs bei den traditionellen Berufsgruppen (ErzieherInnen/KinderpflegerInnen) mit 14 Fachkräften gab, während bei *neuen* Fachkräften mehr Fort- als Zugänge (der Saldo beträgt −4 Fachkräfte im Untersuchungszeitraum) zu verzeichnen sind.

Mit der Einstellung der *neuen* Fachkräfte konnte der z.T. drastische Fachkräftemangel in größeren Teilen abgefedert werden. Die Erweiterung des Fachkräftekatalogs und die damit verbundene Einstellung neuer Berufsgruppen führte auch dazu, dass auf quantitativer Ebene das Land Baden-

---

72 Mit „*neue* Fachkräfte" werden alle Fachkräfte bezeichnet, die keine Ausbildung als ErzieherInnen oder KinderpflegerInnen abgeschlossen haben. Diese Bezeichnung bezieht sich damit ausdrücklich *nicht* auf die Dauer der Beschäftigung in der Einrichtung, sondern auf die für das Feld der Kindertageseinrichtungen neuen Berufsabschlüsse im Vergleich zu den traditionellen Qualifikationen, die nach dem Fachkräftekatalog in Baden-Württemberg zugelassen sind.
73 Stichprobe zum Zeitpunkt t2, N = 266.

Württemberg im Ländervergleich gute Betreuungsquoten erreicht (Bertelsmann Ländermonitor Frühkindliche Bildungssysteme 2015, http://www. laendermonitor.de/laendermonitor/aktuell/index.html). Die positiven Betreuungsrelationen sagen allerdings nicht automatisch etwas über die Qualifikation der Beschäftigten in den Kindertageseinrichtungen aus; diese Relationen geben auch keine Aussage über die Qualität der pädagogischen Arbeit.

Die Gruppe der *neuen* Fachkräfte ist heterogen

Entsprechend der Veränderungen des Fachkräftekatalogs verfügt die Gruppe der *neuen* Fachkräfte über eine große Breite an Ausgangsqualifikationen, jedoch wenig einschlägige Berufserfahrung. Grundsätzlich lässt sich eine Unterscheidung treffen zwischen *einschlägig-hoch* qualifizierten Fachkräften (u.a. KindheitspädagogInnen, DiplompädagogInnen, SonderpädagogInnen) und *nicht-einschlägig* qualifizierten Fachkräften (u.a. Kinderkrankenschwestern, HeilerziehungspflegerInnen, Ergo-/PhysiotherapeutInnen). In der vertieft untersuchten Stichprobe von 25 Einrichtungen ergab sich folgende Aufteilung der Qualifikationsgruppen: Rund zwei Drittel (67,3%) der Fachkräfte gehören der Gruppe der *einschlägig-traditionell* qualifizierten Fachkräfte an. 13,8% der Fachkräfte sind *einschlägig-hoch* qualifiziert. 12,2% der Fachkräfte sind *nicht-einschlägig* qualifiziert (6,7% Auszubildende/Sonstige). Diese unterschiedlichen Gruppen differieren hinsichtlich ihrer pädagogischen Kompetenzen aber auch ihrer Entwicklungsperspektiven. Sie unterscheiden sich in einzelnen Punkten (s.u.) auch deutlich von den *einschlägig-traditionell* qualifizierten Fachkräften.

Auf der Ebene der Fachkräfte ist die Akzeptanz von multiprofessionellen Teams insgesamt hoch. Allerdings befürworten *einschlägig-traditionell* qualifizierte Fachkräfte diese Teams in einem geringeren Maß als *einschlägig-hoch* und *nicht-einschlägig* qualifizierte Fachkräfte. Die Zustimmung der *einschlägig-traditionell* Qualifizierten zu den multiprofessionellen Teams nahm zudem – auch im Unterschied zu den anderen Gruppen – über den Untersuchungszeitraum ab.

Insgesamt zeigte sich, dass es statistisch gesehen keine eindeutigen Zusammenhänge zwischen Qualifikation und subjektivem Erleben der Arbeitssituation sowie der Arbeitszufriedenheit gibt. Sowohl *einschlägig-traditionell* qualifizierte Fachkräfte als auch *neue* Fachkräfte können sich generell stark mit der Tätigkeit in Kindertageseinrichtungen identifizieren und sind weitestgehend mit dieser Tätigkeit zufrieden.

Die Gruppe der *einschlägig-hoch* Qualifizierten weist allerdings im Vergleich der Gruppen ein höheres Maß an allgemeiner Lebenszufriedenheit auf; zugleich erleben die *einschlägig-hoch* qualifizierten Fachkräfte eine geringere Arbeitsbelastung als die *einschlägig-traditionell* qualifizierten Fachkräfte. Die *einschlägig-traditionell* qualifizierten Fachkräfte erleben sich – besonders in Relation zu den *einschlägig-hoch* Qualifizierten – stärker *„ausgebrannt"* und sie beschreiben deutlicher, dass die Belastungen *„manchmal zu viel"* sind. Ob dieser Unterschied durch die schon längere Verweildauer in den Einrichtungen oder andere Faktoren – wie in den letzten Jahren gestiegene Anforderungen, den Personalmangel oder gar die neue Zusammensetzung der Teams – herrührt, konnte in der Untersuchung nicht geklärt werden. Deutliche Hinweise gibt es allerdings wiederum auf den Zusammenhang zwischen empfundener Arbeitsbelastung und der Befürwortung multiprofessioneller Teams: je höher die Belastung ist, umso weniger Potentiale der multiprofessionellen Teams werden gesehen. In Zeiten höherer Belastungen besteht tendenziell eher die Neigung, eine größere Homogenität hinsichtlich der Qualifikationen zu bevorzugen.

Die Heterogenität der Fachkräftegruppen bedeutet unterschiedliche Entwicklungsperspektiven

Bei den *nicht-einschlägig* qualifizierten Fachkräften zeigte sich, dass diesen Berufsgruppen i. d. R. die im Feld der frühkindlichen Bildung, Betreuung und Erziehung (FBBE) vertretene und im Orientierungsplan zugrunde gelegte pädagogische Orientierung („Bild vom Kind") (noch) eher fremd ist; sie verfügen nur über wenig handlungsfeldspezifisches und frühpädagogisches Theoriewissen. Ebenso fremd sind ihnen die Handlungspraxis einer gruppenbezogenen Arbeit und der stärkenorientierte Ansatz mit einer breiten Entwicklungsbegleitung in verschiedenen Kompetenzbereichen. In einzelnen Bereichen zeigte sich eine deutliche Überforderung z.B. im Umgang mit Konflikten in der Gruppe oder herausfordernden Verhaltensweisen sowie in der Zusammenarbeit mit Eltern. Diese Gruppe der *nicht-einschlägig* qualifizierten Fachkräfte versucht, sich an erfahrenen Teamkolleginnen und -kollegen zu orientieren und an die vorhandenen Strukturen anzupassen. Deutlich wird allerdings ein klarer Qualifizierungsbedarf dieser Gruppe zu pädagogischen Grundlagen und bzgl. der pädagogischen Basiskompetenzen; beides wird von der Gruppe selbst so eingeschätzt.

Erschwerend für die Integration der *nicht-einschlägig* Qualifizierten wirkt auch, dass das jeweils vorhandene handlungsfeldspezifische Wissen und Können aus den medizinischen, therapeutischen, pflegerischen oder sozialen Bereichen – das grundsätzlich eine Ressource für die Einrichtungen darstellen könnte – nach den bisherigen Erfahrungen der Fachkräfte nur begrenzt zum Tragen kommt. Verantwortlich hierfür sind vor allem die großen zeitlichen und fachlichen Herausforderungen des pädagogischen Alltags, die von den *nicht-einschlägig* qualifizierten Fachkräften (sofern sie im Rahmen des regulären Personalschlüssels eingestellt wurden) zu bewältigen sind. So kommt es dazu, dass in der Einschätzung der Fachkräfte und auch in der Beschreibung der eigenen Handlungspraxis Betreuungsaspekte (Aufsicht, Pflege, Versorgung) dominieren; einschlägige Bildungsthemen, wie sie im Orientierungsplan verankert sind, spielen bei den *nicht-einschlägig* Qualifizierten dagegen insbesondere im Vergleich zu den *einschlägig-hoch* qualifizierten Fachkräften kaum eine Rolle.

Die im KitaG vorgesehene Qualifizierung („25-Tage-Regelung") für Quereinsteiger wurde sehr spät und nicht passgenau umgesetzt. Nach zwei Jahren haben nur sehr wenige Personen den vorgesehenen Umfang erfüllt. Die Studienergebnisse weisen dabei auch darauf hin, dass die bisherigen Qualifizierungen nicht ausreichen, um die im Fachdiskurs identifizierbaren Basiskompetenzen für die Tätigkeit im Feld der FBBE zu erfüllen (vgl. Fröhlich-Gildhoff, 2014).

Die Gruppe verfügt zunächst über eine hohe Arbeitsmotivation, die auch mit Hoffnung auf bessere Arbeitsbedingungen (im Vergleich zu bisherigen Arbeitsfeldern bessere Arbeitszeiten, kein Schicht-/Wochenenddienst) verknüpft ist. Allerdings gibt es bei den Rahmenbedingungen deutliche Unterschiede zwischen den Qualifikationsgruppen: Die Gruppe der *nicht-einschlägig* qualifizierten Fachkräfte erhält eine tendenziell niedrigere Bezahlung, verfügt über weniger Zeit für die mittelbare pädagogische Arbeit (Vor- und Nachbereitung, etc.) und hat wesentlich häufiger befristete Verträge. Diese Situation verbesserte sich während des Untersuchungszeitraums nur geringfügig.

Im Unterschied dazu zeigen die *einschlägig-hoch* Qualifizierten eine größere Affinität ihrer zumeist im Studium erworbenen pädagogischen Grundhaltung zu den pädagogischen Standards, allerdings eine zumeist geringe Praxiserfahrung. Es zeigt sich für diese Gruppe eine hohe und schnelle Adaptationsfähigkeit; sie können auf theoretische Wissensbestände zurückgreifen und finden relativ schnell Anschluss an die pädagogische Praxis. Die Fachkräfte verfügen darüber hinaus z.T. über Spezialkompetenzen, die relativ zeitnah in die pädagogische Arbeit der Teams eingebracht werden können.

Diese Gruppe zeichnet sich – auch aufgrund der als nicht zufriedenstellend erlebten Bezahlung sowie einer hohen Quote befristeter Arbeitsverhältnisse – durch deutliche Aufstiegsperspektiven aus, die in Richtung der Übernahme von Spezialfunktionen oder Zuständigkeiten (stellvertretende Leitung) gehen. Wenn diese Perspektiven nicht erfüllt werden, dann besteht die Gefahr eines Ausstiegs aus den Kindertageseinrichtungen, und es werden besser bezahlte und mit mehr Gestaltungsspielräumen ausgestattete Arbeitsfelder außerhalb der Einrichtung gesucht.

Die meisten der untersuchten Einrichtungen bieten Stellen für eine praxisintegrierte Ausbildung (PIA) an und äußern diesbzgl. eine hohe Zufriedenheit. Diese Gruppe sei aufgrund der engeren Anbindung an Ausbildungsstrukturen und die Perspektive des Abschlusses der ErzieherInnenqualifikation gut ins Team integrierbarer und verfügt – auch aufgrund der Bezahlung während der Ausbildung – über eine hohe Arbeitsmotivation und -zufriedenheit.

Quer zu den Qualifikationsgruppen der Fachkräfte lassen sich vier Cluster (Subgruppen mit spezifischen Einstellungen) identifizieren:

- Die größte Gruppe (44,9% der Gesamtstichprobe[74]) weist eine vergleichsweise hohe Identifikation und ein hohes Engagement auf, und gleichzeitig ein vergleichsweise hohes Erfolgserleben und eine vergleichsweise hohe Zufriedenheit.
- Eine zweite Gruppe (25,4% der Gesamtstichprobe) weist eine vergleichsweise geringe Identifikation und ein geringes Engagement auf und vergleichsweise ein eher geringes Erfolgserleben und ein geringe Zufriedenheit.
- Eine dritte Gruppe (23,7% der Gesamtstichprobe) weist gleichfalls eine geringe Identifikation und ein geringes Engagement auf, gleichzeitig jedoch ein vergleichsweise hohes Erfolgserleben und eine hohe Zufriedenheit.
- Eine vierte Gruppe (6,0% der Gesamtstichprobe) weist eine vergleichsweise hohe Identifikation, ein hohes Engagement auf, gleichzeitig auch ein vergleichsweises niedriges Erfolgserleben und eine vergleichsweise niedrige Zufriedenheit

Auch wenn die erste Gruppe mengenmäßig am größten ist, so werden hier deutliche Notwendigkeiten der Personalentwicklung sichtbar.

Statistisch gesehen fand sich im Übrigen kein Unterschied zwischen den drei Qualifikationsgruppen im Hinblick auf deren Engagement, Identifikation, Erfolgserleben oder beruflicher Zufriedenheit. In jeder der vier ermittelten Subgruppen sind demnach Fachkräfte mit traditionellen Berufsabschlüssen als auch *neue* Fachkräfte (*einschlägig-hoch* oder *nicht-einschlägig* qualifiziert) vertreten.

---

74 Diese Angaben beziehen sich auf den Untersuchungszeitpunkt t2 (Abschlusserhebung) im Frühjahr 2015.

Zusammenhänge zwischen Teamzusammensetzung und Prozessqualität in den Einrichtungen

Die Prozessqualität in den untersuchten Einrichtungen unterschied sich zu Beginn (Februar/März 2014) und zum Ende der Untersuchung (Mai/Juni 2015) nicht signifikant voneinander und lag insgesamt im mittleren Bereich (KES-R MW = 4.50, Mai/Juni 2015; 7-stufige Skala, vgl. Tietze et al., 2007) – bei einer erstaunlich geringen Streuung der Werte (SD = .58). Der Mittelwert lag über dem in der bundesweiten NUBBEK-Studie (Tietze et al., 2013; M = 3.90).

Dieses Bild verändert sich geringfügig, wenn ein gezielter Subgruppen-Vergleich der Einrichtungen mit besonders vielen vs. besonders wenigen *neuen* Fachkräften vorgenommen wird: Einrichtungen mit einem hohen Anteil von *neuen* Fachkräften (mehr als 34%) weisen eine etwas geringere Prozessqualität auf (Mittelwerte zwischen 3.69 und 4.36) als Einrichtungen mit geringem Anteil an *neuen* Fachkräften im Team (Mittelwerte zwischen 3.80 und 4.57); allerdings gibt es auch hier Überschneidungsbereiche. Bei der Analyse der Qualität bei der Realisierung verschiedener Bildungsbereiche (gemessen mit der sog. ECERS-E Skala, vgl. Sylva et al., 2010) zeigt sich dieser Trend etwas deutlicher. Weiterführende Analysen zeigen in der Tendenz einen negativen Zusammenhang zwischen *nicht-einschlägig* qualifizierten Fachkräften und der Prozessqualität, wenn die Einrichtungsgröße berücksichtigt wird (je kleiner das Team, desto stärker der Zusammenhang).

Eine ähnliche Tendenz wurde bei der Analyse der qualitativen Daten deutlich: Im Vergleich zeigt sich, dass Teams mit einem hohen Anteil an *einschlägig-hoch* qualifizierten Fachkräften eher zu den Einrichtungen mit hohem Kompetenzniveau und hohem professionellen Selbstverständnis gehören. Eine einfache Formel – mehr akademisch ausgebildete Fachkräfte bedeutet mehr Qualität – gibt es jedoch nicht. Auch zeigen die Analysen, dass auch *nicht-einschlägig* qualifizierte Fachkräfte durchaus einen hohen Anteil am Kompetenzniveau des Teams sowie an einer intensiven fachlichen Auseinandersetzung über handlungsleitende Orientierungen in der Einrichtung haben können – wenn sie entsprechend ihrer Potentiale eingebunden werden.

Knapp die Hälfte aller Befragten gab zum Ende der Untersuchung an, neben den allgemeinen pädagogischen Kernaufgaben eine Funktion (Gruppenleitung, stellvertretende Gruppenleitung, Sprachförderung o.ä.) in der Einrichtung auszuüben – diese Funktionen hatten überwiegend die *einschlägig-traditionell* qualifizierten Fachkräfte inne; *nicht-einschlägig* qualifizierte Fachkräfte besetzen nur in wenigen Ausnahmenfällen Funktionsstellen. In den Interviews mit LeiterInnen wurde deutlich, dass perspektivisch die Entwicklungspotentiale für eine Qualitätsentwicklung der Teams eher in den Qualifikationen der *einschlägig-hoch* Qualifizierten gesehen werden.

Teamentwicklung: Die Integration der neuen Fachkräfte erfordert Anstrengung – wenn sie gelingen soll

Insgesamt zeigte sich bei der vertieften Analyse der 25 untersuchten Einrichtungen eine relativ hohe Fluktuation in diesen Teams – nur fünf Einrichtungen bestehen zum Frühjahr 2015 noch in der gleichen Besetzung wie im Frühjahr 2014 –, dies ist auch in vergleichbaren Studien erkennbar. Es wird deutlich, dass sich eine gute Arbeitsatmosphäre, ein produktives Miteinander im Sinne von hoher Prozessqualität und auch eine Teamkohärenz nicht selbstläufig herstellen lassen. Dies bedeutet eine Anstrengung für die Leitung und das gesamte Team. In vielen Einrichtungen gestaltete sich die Einstellungspraxis – wegen des Personalmangels und fehlender Einarbeitungsressourcen und -konzepte eher improvisiert und *„aus der Not geboren"* – dies erklärt die in der Gesamtschau schnellen Wechsel und unbefriedigenden Einstiegsverläufe von *neuen* Fachkräften. Nach Einschätzung der Leitungskräfte haben *neue* Fachkräfte – weitgehend unabhängig von ihrer Qualifikation zunächst in den Teams eher Praktikantenstatus, gehören nach ihrem Vertrag jedoch bereits mit Arbeitsbeginn zum festen Team; dies stellt ein Grunddilemma dar.

Dabei erscheint die Integration der *einschlägig-hoch* qualifizierten, akademisch ausgebildeten Fachkräfte einfacher. Sie haben über Aus- oder Weiterqualifizierungen oftmals aktuelles Spezialwissen (z. B. zur Sprachentwicklung, Inklusion) erworben und können – wenn sie ihre Kompetenzen zur Entfaltung bringen ‚dürfen' – einen Qualitätsschub in den Einrichtungen bewirken, was von Teams und Leitungen gleichermaßen bestätigt und wertgeschätzt wird.

Das Gelingen der guten Integration *neuer* Fachkräfte – und hier insbesondere der *nicht-einschlägig* qualifizierten – ist abhängig von zur Verfügung stehenden Zeitressourcen, von der Möglichkeit, ausreichend vertiefte Gespräche zu führen und von Reflexionsmöglichkeiten. Insbesondere in den qualitativen Daten zeigte sich allerdings, dass die zur Verfügung stehenden Zeiten für den fachlichen Austausch unzureichend sind. Wenn jedoch solche Reflexionsmöglichkeiten in Teambesprechungen vorhanden sind, werden sie insgesamt vom größeren Teil der Befragten positiv gesehen, wobei die drei Qualifikationsgruppen unterschiedliche Schwerpunkte wahrnehmen: *Einschlägig-traditionell* qualifizierte Fachkräfte berichten eher davon, dass regelmäßig über die Umsetzung des Bildungsprogramms gesprochen wird als die anderen beiden Gruppen von Fachkräften. Demgegenüber nehmen *nicht-einschlägig* qualifizierte Fachkräfte im Vergleich zu *einschlägig-hoch* qualifizierten Fachkräften eher Konfliktgespräche in den Arbeitsbesprechungen wahr.

Die quantitativen wie qualitativen Analysen wiesen auf einen positiven Zusammenhang zwischen Gesprächen zur Zusammenarbeit im Team und Aspekten der Arbeitszufriedenheit hin. Die Teamsituation wird umso wertschätzender und konstruktiver wahrgenommen, je mehr Zeit für Besprechungen zur Zusammenarbeit im Team zur Verfügung steht – dieser Zusammenhang verstärkte sich zum Ende des Untersuchungszeitraums noch einmal. Wichtig ist dabei ein gemeinsam gestalteter Prozess der Aufgabenteilung, der zu einer entsprechenden Zielklarheit führt. Beide Aspekte – eine als konstruktiv wahrgenommene Teamsituation sowie eine transparente Zielklarheit/Aufgabenverteilung – sind mit einer höheren Arbeitszufriedenheit verbunden.

Die Subgruppenanalyse zeigte, dass nur knapp die Hälfte (44,9 %) der befragten Fachkräfte – unabhängig von der Qualifikation – eine vergleichsweise hohe Identifikation und ein hohes Engagement aufweist und gleichzeitig ein vergleichsweise hohes Erfolgserleben und eine vergleichsweise hohe Zufriedenheit berichtet. Hier ergeben sich dringliche Notwendigkeiten der Personalentwicklung: Es sollte den Einrichtungen, insbesondere den Leitungen gelingen, ihre Fachkräfte gut mit den Zielen und Aufgaben der Einrichtung vertraut zu machen und ihnen Tätigkeitsbereiche anzubieten, mit denen sie sich identifizieren können und ein persönliches Erfolgserleben haben – dann ist nach den vorliegenden Analysen unabhängig von der beruflichen Qualifikation eine hohe Zufriedenheit möglich.

Bei der Gestaltung der Teamsituation sowie der Aufgabenverteilung haben die Leitungen eine besondere Aufgabe, die sie im Rahmen ihrer Möglichkeiten wahrnehmen, allerdings auch als deutliche Zusatzbelastung erleben. In den vertieften Fallstudien („Good Practice") konnten spezifische Faktoren auf der Ebene der Leitungen identifiziert werden, die die Wahrscheinlichkeit erhöhen, dass eine Integration der *neuen* Fachkräfte gelingt und es sich positive Effekte für die Entwicklung des gesamten Teams bzw. der Organisation zeigen (grundsätzliche Bereitschaft zur Öffnung/klare Befürwortung multiprofessioneller Teams; generell große Innovations- und Veränderungsbereitschaft; hohe Anerkennung von speziellen theoretischen Wissensbeständen und breitem pädagogischem Erfahrungswissen; hohe Ziel- und Qualitätsorientierung; ausgeprägte Teamorientierung; kompetenter Umgang mit Schwierigkeiten und Konflikten; persönliche Involviertheit in Team- und Qualitätsentwicklungsprozesse).

Es zeigt sich eine Verantwortung der Träger, die Leitungen und Teams durch verbesserte Unterstützungsstrukturen (Fachberatung, Supervision) zu begleiten. Strukturell könnten zudem klare und verbindliche und vom Träger mit Ressourcen abgesicherte „Einarbeitungskonzepte" hilfreich sein, die sich nur in einer kleinen Minderheit der untersuchten Einrichtungen fand. Vor dem Hintergrund einer äußerst angespannten Personalsituation in den Einrichtungen und mangelnder Bewerberzahlen waren die Einstellungen von *neuen* Fachkräften oftmals weder konzeptionell noch zeitlich ausreichend vorbereitet. Häufig wurde die „Persönlichkeit" der BewerberInnen (insbesondere bei den *nicht-einschlägig* qualifizierten Fachkräften) vor deren Fachlichkeit gestellt.

Insgesamt kommt es stark darauf an, ob im Organisationsprozess eine gute Passung zwischen den spezifischen Situationen der Einrichtung bzw. des Teams einerseits und den Qualifikationen, Interessen und Entwicklungsmöglichkeiten der *neuen* Fachkräfte andererseits gelingt.

12.2 „Passungsmodell" für multiprofessionelle Teams

In der Gesamtschau der bisherigen Befunde aus dem Forschungsprojekt „TEAM-BaWü" sowie der Forschungsbefunde zur Kompetenzentwicklung im Feld der frühkindlichen Bildung, Betreuung und Erziehung (University of East London & University of Gent, 2011; Siraj-Blatchford & Manni, 2006; Muijs et al., 2004) lässt sich folgendes *Passungsmodell für multiprofessionelle Teams in Kindertageseinrichtungen* skizzieren:

Die Teams sind überwiegend weniger gut auf *neue* Fachkräfte vorbereitet. Diese bringen eigene, spezifische Kompetenzen mit, müssen sich aber in einem zumeist neuen Aufgaben- und Handlungsfeld mehr oder weniger neu orientieren. Damit ist die Herausforderung verbunden, gelingende, förderliche Beziehungen zu Kindern und Eltern herzustellen, sich in die bestehenden Abläufe und Strukturen einzufügen und die mit ihrer Stelle verbundenen pädagogischen Kernaufgaben zu erfüllen. Je größer die Nähe zum Feld ist (einschlägige Theorie- und Praxiskenntnisse), desto schneller gelingt es, Handlungssicherheit im Umgang mit komplexen und mehrdeutigen Situationen zu bekommen und pädagogisch begründet zu handeln. Je weniger pädagogisches Wissen und Können erworben wurde, desto langwieriger und schwieriger gestaltet sich der Einarbeitungsprozess. Dieser muss durch umfangreiche einschlägige Qualifizierungsmaßnahmen begleitet werden, um langfristige Perspektiven in der Einrichtung zu ermöglichen.

Auf der *individuellen Ebene* der einzelnen *neuen* Fachkräfte ist die Anschlussfähigkeit an ein überwiegend traditionell besetztes Team (ErzieherInnen/KinderpflegerInnen) umso größer, je größer die pädagogischen Kernkompetenzen bzw. bei BerufseinsteigerInnen die kindheitspädagogischen Wissensbestände sind. Fehlende Praxiserfahrungen lassen sich über eine passgenaue Einarbeitungs- und Anleitungsphase innerhalb weniger Monate aufholen. Fehlende theoretische Kenntnisse (z.B. entwicklungswissenschaftliche Themenbereiche, Sprachentwicklung sowie frühkindliche Bildungsthemen und ihre Förderung) können dagegen nur sehr begrenzt im „laufenden Betrieb" angeeignet werden und müssen über umfangreiche und kompetenzorientierte Fort- und Weiterbildungen erworben werden.

Neue Fachkräfte mit Spezialkompetenzen bereichern das Team und tragen zur pädagogischen Qualität bei, wenn sie – z. B. über Funktionsstellen mit entsprechender Stellenbeschreibung – das pädagogische Team ergänzen und zusätzliche Aufgaben übernehmen. Dabei bringen sie sich sowohl im Handlungsfeld „Arbeit mit Kindern" (z. B. Sprachdiagnostik) als auch in der Zusammenarbeit mit Familien (z. B. spezifische Elternberatung) und im Team (z. B. Inhouse-Schulungen) sowie ggf. in der einrichtungsübergreifenden Vernetzung/Kooperation (z. B. mit externen Förderstellen, Grundschulen) ein. Je alltagsintegrierter die Angebote und Tätigkeiten sind und je stärker sie sich selbst als Teammitglied sehen und sich mit den pädagogischen Orientierungen und Konzepten der Einrichtung auseinandersetzen, desto größer ist der Qualitätsschub in der Einrichtung.

Die Gefahr einer unzureichenden Nutzung der Ressourcen *neuer* Fachkräfte entsteht dann, wenn sie ausschließlich pädagogische Kernaufgaben übernehmen sollen (vollständige Anrechnung auf den Personalschlüssel), ohne dass sie einschlägig qualifiziert sind. Trotz hoher Motivation und grundlegender personaler Kompetenzen (Belastbarkeit, Kommunikationsfähigkeit, Empathiefähigkeit u. a.) gelingt es nicht, den pädagogischen Alltag in seiner Komplexität zu erfassen und angemessen pädagogisch zu handeln. Diese – selbst wahrgenommene – Überforderung wird verstärkt, wenn das Team insgesamt belastet, hinsichtlich der Strukturen und Abläufe unübersichtlich und in seinen pädagogischen Leitvorstellungen und Zielen unklar ist.

Abgefedert wird eine hohe Arbeitsbelastung durch ein transparentes und passgenaues Einarbeitungskonzept, fachliche, einrichtungs-/trägerspezifische Fortbildungen (Handlungskonzept, Beobachtung und Dokumentation, Eingewöhnung, Gestaltung von Interaktion und Beziehung etc.), ausreichender mittelbarer pädagogischer Arbeitszeit zur theoriegestützten Vor- und Nacharbeitung der eigenen und beobachteten Handlungspraxis, klaren (und der geringen Praxiserfahrung angemessenen) Zuständigkeiten und Aufgaben, intensiven Fach- und Reflexionsgesprächen im Team und auf Leitungsebene sowie eine hohe Anerkennungs- und Fehlerkultur in der Einrichtung.

Auf *Teamebene* zeigt sich, dass die Teams in unterschiedlicher Weise auf *neue* Fachkräfte vorbereitet sind. Teams, die durch ein hohes Kompetenzniveau und eine hohe, kompetenzorientierte Anerkennungskultur gekennzeichnet sind, bieten gute Voraussetzungen dafür, dass die Ressourcen und Potentiale von *neuen* Fachkräften auf Teamebene hervorgebracht werden und sich zunehmend auch in der pädagogischen Alltagspraxis entfalten können. Durch den intensiven fachlichen Austausch und den fachlich-reflexiven Diskurs über unterschiedliche Perspektiven und Handlungsfelder in der Einrichtung werden gemeinsame Perspektiven entwickelt, wie das (fehlende) Theorie- und Erfahrungswissen erworben werden kann und zugleich die vorhandenen spezifischen Kompetenzen der *neuen* Fachkräfte in die bestehende Handlungspraxis integriert bzw. neue bedarfsspezifische Angebote entwickelt werden können. Teams, die zwar ein hohes Kompetenzniveau, aber (noch) keine ausgeprägte Anerkennungskultur von unterschiedlichen beruflichen Zugängen haben – bspw. aufgrund fehlender (positiver) Erfahrungen und einer auf Homogenität ausgerichteten Teamstruktur, stellen für *neue* Fachkräfte insofern eine Herausforderung dar, als dass Fehlerwartungen (über das handlungspraktische Wissen und Können) oder auch übersteigerte Erwartungen seitens des Teams bestehen. Dies kann zu Missverständnissen, kritischen Alltagssituationen und Überforderungsgefühlen bei den *neuen* Fachkräften führen. Gelingt es nicht, in einen intensiven fachlichen Austausch (über das unmittelbare Gruppenteam hinaus) zu kommen, können die Ressourcen und Potentiale der *neuen* Fachkräfte kaum genutzt werden. Vielmehr besteht die Gefahr von unreflektierter Übernahme bestehender Handlungspraktiken („Anpassungsstrategie"), die ausschließliche Übernahme von pädagogischen Kernaufgaben ohne Ausbildung eines (berufs-)spezifischen Aufgabenprofils („Reduzierungsstrategie") und die Bildung von beziehungsdominierten „Teams im Team", bei der die professionelle Weiterentwicklung der Einrichtung erschwert wird. Teams mit Entwicklungsbedarf, in denen das Kompetenzniveau weniger weit entwickelt ist und eine professionelle Vielfalt im Team weniger als Ressource gesehen wird, bieten *neuen* Fachkräften dagegen kaum Entwicklungschancen. Sofern sie eingestellt werden, sind sie eher vorübergehende Lösungen zur Verringerung personeller Engpässe. Eine Bereitschaft, sich zu einem multiprofessionellen Team zu entwickeln, bildet sich weder in der Gestaltung der Einarbeitungsphase noch in einem erkennbaren Personal- und Organisationsentwicklungsprozess ab. Zwar werden *neue* Fachkräfte grundsätzlich wertgeschätzt und kollegial aufgenommen (nur in Einzelfällen kommt es zur offenen Ablehnung), eine fachliche Auseinandersetzung mit vorhandenen Wissensbeständen und beruflichen Erfahrungen sowie eine systematische Begleitung und Unterstützung des (notwendigen) Kompetenzerwerbs findet aber nicht statt.

Auf Teamebene zeigt sich, dass es vier Eckpfeiler für eine gelingende Einbindung *neuer* Fachkräfte gibt (vgl. Abbildung 66). Je höher das (1) Kompetenzniveau im Team ist, und dieses in der fachlichen Auseinandersetzung hervorgebracht wird, desto eher gelingt es *neuen* Fachkräften, die Komplexität des pädagogischen Handelns zu erkennen und zu verstehen.

Auch wird erst in der fachlichen Analyse, der Erörterung von Handlungsoptionen und deren Reflexion eine Sprachfähigkeit erlangt, die für die (eigene) selbstreflexive Auseinandersetzung mit selbst erlebten Alltagssituationen notwendig ist. Im Teamgespräch wird die Gelegenheit geschaffen, mögliche Grenzen und Überforderungssituationen zu diskutieren und entsprechende Unterstützung zu bekommen. Je höher das Kompetenzniveau im Team ist, desto größer sind auch die Lernfortschritte der *neuen* Fachkräfte. Allerdings muss es vielfältige Gelegenheiten geben, diese Kompetenzen zu explizieren: Reflexionsgespräche mit Leitung/Anleitung, Fallbesprechungen im Team, kollegiale Beratung, Fachgespräche im Team, Inhouse-Fortbildungen für das gesamte Team sind Beispiele hierfür.

Abbildung 66: Passungsmodell für „multiprofessionelle Teams"
in Kindertageseinrichtungen

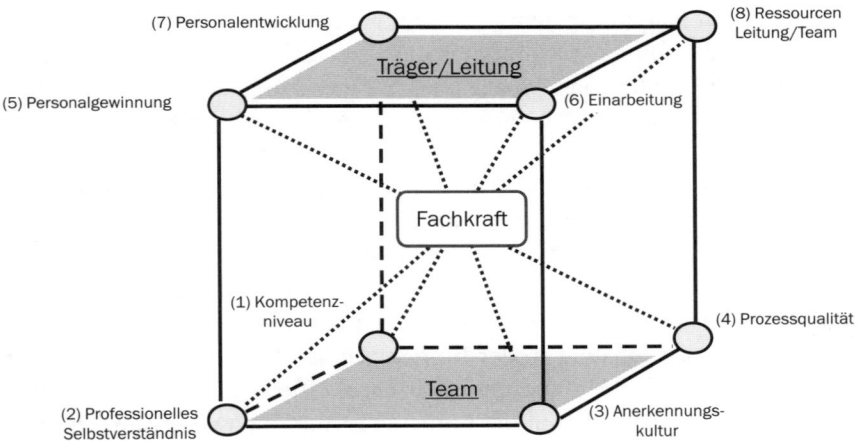

Neben dem Kompetenzniveau ist auch das (2) professionelle Selbstverständnis im Team ein wichtiger Eckpfeiler für *neue* Fachkräfte. Ein gemeinsames pädagogisches Grundverständnis und die kollektiv hergestellten Bildungs- und Erziehungsziele bilden die Basis einer verlässlichen und guten Fachpraxis, an der sich *neue* Teammitglieder orientieren können. Zu dem professionellen Selbstverständnis gehört auch eine fachlich begründete, kritische Auseinandersetzung mit vermeintlichen Selbstverständlichkeiten des Alltags und eine grundsätzliche Lernbereitschaft und Aufgeschlossenheit gegenüber Neuem im Sinne einer lernenden Organisation. Dieses Selbstverständnis von Professionalität ermöglicht es *neuen* Fachkräften, Zugänge zu den Werten, Einstellungen und Orientierungen der Teammitglieder zu bekommen und gleichzeitig eigene Werte, Einstellungen und Orientierungen zu reflektieren.

Ein dritter Eckpfeiler auf Teamebene ist die (3) Anerkennungskultur, die sich durch eine differenzierte, wertschätzende Auseinandersetzung mit den vielfältigen Ressourcen im Team ausdrückt. Die ausbildungs- und berufsbezogenen Hintergründe werden in ihrer Unterschiedlichkeit wahrgenommen und als grundsätzliche Ressource für die Team- und Qualitätsentwicklung der Einrichtung genutzt. Differenzen, die sich aufgrund dieser erworbenen Kompetenzen ergeben, bspw. in der Einschätzung kindlicher Verhaltensweisen und Bedürfnisse oder im Umgang mit Familien werden als Gelegenheiten genutzt, um die Mehrperspektivität im Team offen zu legen und zu reflektieren. Die kompetenzorientierte Anerkennung kommt auch bei *neuen* Fachkräften, die noch wenig Praxiserfahrungen haben, zum Ausdruck, indem sie von Beginn ihrer Tätigkeit an spezifische Kompetenzen einbringen können. Neben den fachlichen Kompetenzen können hierbei auch personale Kompetenzen wie Empathiefähigkeit, Belastbarkeit, Organisationsfähigkeit oder Kommunikationsgeschick hervorgehoben werden. Je stärker die multiprofessionelle Zusammensetzung des Teams als Ressource begriffen wird, die nicht nur auf einer allgemeinen Ebene, sondern in der konkreten Handlungspraxis Beachtung findet, desto mehr Optionen lassen sich finden, die vielfältigen Ressourcen im Team zu einem gemeinsamen Ganzen im Sinne „guter Fachpraxis" zusammenzuführen. Hierfür sind nicht nur entsprechende strukturelle Entscheidungen auf Leitungsebene, sondern auch eine grundsätzliche Bereitschaft des Teams erforderlich, Vielfalt als Ressource anzuerkennen und zu nutzen.

Die (4) Prozessqualität in der Einrichtung ist der vierte Eckpfeiler, der zu einer gelingenden Einbindung *neuer* Fachkräfte beiträgt. Eine gute Prozessqualität vermittelt sich in der beziehungs- und interaktionsförderlichen Gestaltung des pädagogischen Alltags und der anregungsreichen Lernumgebung von Räumen, Materialien, in der Partizipation und Dialogorientierung sowie in der Anerkennung von Diversity/Vielfalt. Je deutlicher diese Qualität die pädagogische Handlungspraxis prägt, desto höher ist der Kompetenzzuwachs der *neuen* Fachkräfte. Da sie als BerufseinsteigerInnen darauf angewiesen sind, sich an der Handlungssicherheit und -routine des Teams zu orientieren, profitieren sie von der „guten Fachpraxis" insbesondere dann, wenn ihnen vielfältige Gelegenheiten gegeben werden, ihre eigenen pädagogischen Handlungskompetenzen (z.B. in der Beziehungsgestaltung mit Kindern und Familien) weiterzuentwickeln. Hierbei ist eine hohe Kommunikationskultur und Fehlerfreundlichkeit erforderlich, die Ängste und Unsicherheiten der *neuen* Fachkräfte verringern hilft. Dabei ist „Prozessqualität" nicht als statischer Zustand, sondern als immer wieder neu herzustellende Handlungswirklichkeit zu verstehen, die beobachtet, hinterfragt, bewertet und ggf. verändert werden muss. In einem solchen Verständnis sind *neue* Fachkräfte aufgrund ihrer forschenden Haltung und des „fremden Blicks" besonders gefragt, um überkommene Handlungsroutinen und blinde Flecken des Alltags zu entdecken und aufzugreifen.

Neben der Teamebene ist die *Träger-/Leitungsebene* ein zweiter wichtiger Orientierungsrahmen für die *neuen* Fachkräfte. Träger und Leitungen sind zuständig für die (5) Personalgewinnung mit der Auswahl und Einstellung des Personals, der Vertragsgestaltung und Arbeitsplatzbeschreibung, (6) der Einarbeitung und (7) der Personalentwicklung. Diese müssen in multiprofessionellen Teams an die besonderen Bedingungen, Chancen aber auch Risiken angepasst werden, die diese mitbringen. Hierfür sind entsprechende Ressourcen (8) erforderlich (vgl. Abbildung 66).

Die *Leitung* gibt in multiprofessionellen Teams für die Team- und Qualitätsentwicklung wichtige Impulse und trägt dafür Sorge, dass die *neue* Fachkraft ein passgenaues und perspektivenreiches Aufgaben- und Handlungsprofil entwickelt. Sie gibt Rahmenbedingungen, Strukturen und Abläufe für die Gestaltung der Einarbeitungsphase, den kollegialen Austausch sowie die fachliche Weiterentwicklung (Fort- und Weiterbildung) vor und bietet sich selbst – sowohl in der pädagogischen Arbeit mit Kindern und der Zusammenarbeit mit Eltern – als Modell für „gute Fachpraxis" an. Sie fordert den Austausch über pädagogische Vorstellungen, Werte und Normen ein und trägt aktiv dazu bei, die Vielfalt im Team als Chance für Perspektivenwechsel, kritischen Diskurs und (Selbst-)Reflexion zu nutzen. Mit Hilfe von Visionen und Leitzielen zur zukünftigen Weiterentwicklung der Einrichtung gibt sie Impulse in das Team und ermutigt zur dialogischen und partizipativen Erarbeitung von Handlungszielen und -konzepten.

Der *Träger* von multiprofessionellen Teams hat insofern eine besondere Verantwortung, als dass er Strategien und Maßnahmen zur Personalentwicklung und -bindung entwickelt. Diese sorgen einerseits für eine ausreichende Teamstabilität, um eine beziehungs- und qualitätsvolle pädagogische Arbeit leisten zu können und Prozesse der Qualitätsentwicklung weiterführen zu können. Andererseits bieten sie *neuen* Fachkräften Entfaltungs- und Entwicklungspotentiale in unterschiedlichen Handlungsfeldern der Kindertageseinrichtungen (Inklusion, Familienzentren, ...), in denen sie als fest verankertes Teammitglied die pädagogischen Kernaufgaben mittragen und zugleich ihre speziellen Kenntnisse und Kompetenzen einbringen können. Hierfür sind nicht nur passgenaue Stellen- und Tätigkeitsprofile zu schaffen (mit entsprechenden Stellenanteilen), sondern auch vielfältige Möglichkeiten zur berufsbegleitenden Weiterqualifizierung anzubieten. Während Fachkräfte mit anderen Zugängen deutlichen Weiterqualifizierungsbedarf an frühkindlichen und bildungsbezogenen Themenbereichen haben, die sie für die alltagsintegrierte Begleitung und Förderung der Kinder brauchen (z. B.

im Bereich Ergo-/Physiotherapie), können sich auch *einschlägig-traditionell* qualifizierte Fachkräfte (ErzieherInnen/KinderpflegerInnen) über Weiterbildungen spezialisieren, um anschließend besondere Aufgaben und Funktionen in der Einrichtung zu übernehmen. Die Qualitätsentwicklung in den Einrichtungen wird dabei über zwei Faktoren günstig beeinflusst: Individuelle und kollektive Erweiterung von Wissen und Können einerseits sowie hohe Teamstabilität andererseits.

Bei der (1) Personalgewinnung und -einstellung bieten Einrichtungen, die ein fest verankertes System der Personalgewinnung haben, Vorteile insofern, als dass bereits während der Bewerbungsphase passgenaue Lösungen für frei werdende Stellen bzw. neue Bewerberinnen entwickelt werden können. Diese Systeme können beim Träger (einrichtungsübergreifend) verankert werden, so dass BewerberInnen nach ihren Qualifikationen und spezifischen Kompetenzen auf passende Stellen innerhalb der Trägerschaft vermittelt oder ggf. vorhandene Stellen auf das spezifische Profil der BewerberInnen angepasst werden können. Während eines systematischen Einstellungsprozesses finden Orientierungs- und Zielvereinbarungsgespräche, eine Kompetenzeinschätzung der *neuen* Fachkräfte, Hospitationen (ggf. in mehreren Teams) sowie verbindliche Absprachen über die Gestaltung der Einarbeitungsphase und späterer Entwicklungsmöglichkeiten in der Einrichtung statt. Je nach Verantwortungsverteilung zwischen Träger- und Leitungsebene ist der Träger in dieser Phase intensiv involviert und stellt Verbindlichkeit und Transparenz (hinsichtlich Vertragsgestaltung, Ressourcen) her. Je sorgfältiger und transparenter dieser Prozess *vor* Tätigkeitsbeginn gestaltet wird, desto besser stellen sich die Möglichkeiten für *neue* Fachkräfte dar, die eigenen Einstellungen, Motivationen und Erwartungen mit den Anforderungen durch Träger, Leitung und Team zu überprüfen.

Nach der Einstellung ist die Gestaltung der (2) Einarbeitung ein zentraler Eckpfeiler für eine gelingende Zusammenarbeit in multiprofessionellen Teams. Hierfür sind Qualitätsstandards zu entwickeln bzw. bisherige Standards, die auf *einschlägig-traditionell* qualifizierte Fachkräfte (ErzieherInnen/KinderpflegerInnen) ausgerichtet waren, zu modifizieren. Je geringer die bisherige Nähe der *neuen* Fachkräfte zum Feld ist, desto intensiver und langfristiger muss die Einarbeitungsphase gestaltet sein. Zu der Konzeption gehören ein verbindliches AnleiterInnenkonzept in der Einrichtung (mit entsprechenden Schulungen), ein transparenter Einarbeitungsplan (über mehrere Wochen/Monate) mit kompetenzorientierten Aufgaben- und Zuständigkeiten sowie systematische Reflexions- und Auswertungsgespräche auf Team- und Leitungsebene. Auch werden zu Beginn der Einarbeitungsphase passgenaue Fort- und Weiterbildungspläne – im Sinne einer individualisierten Fortbildungsplanung für die *neuen* Fachkräfte – für die ersten Monate aufgestellt, um das für die pädagogischen Aufgaben erforderliche

Wissen und Können zu erwerben. Für die pädagogischen Kernaufgaben zentrale Themenbereiche (Beobachtung und Dokumentation, Beziehung und Interaktion, Arbeit mit Kinder(gruppen), Zusammenarbeit mit Eltern u. ä.) finden bereits vor bzw. zu Beginn der Einarbeitung Fortbildungsmodule statt, um den Einstieg in den pädagogischen Alltag zu erleichtern und die Gefahr von Überforderungssituationen (auch für Kinder!) zu verringern. Bei der Einarbeitungsphase ist von mindestens drei bis sechs Monaten auszugehen, dies ist bei der Berechnung von Stellenanteilen zu berücksichtigen; die mittelbaren pädagogischen Arbeitszeiten (inkl. Fortbildungen) sind entsprechend zu erhöhen.

Ein – vor allem für die langfristige Stabilität von multiprofessionellen Teams – wichtiger Baustein ist auch die (3) Personalentwicklung und -bindung auf Träger-/Leitungsebene. Wenn *neuen* Fachkräften entsprechend ihrer beruflichen Qualifikation aber auch ihrer beruflichen Perspektiven und Wünsche Wege aufgezeigt werden können, wie diese innerhalb der Einrichtung bzw. innerhalb der Trägerschaft umgesetzt werden können, ist die Wahrscheinlichkeit höher, diese Fachkräfte langfristig zu halten. Die Motivation, sich beruflich weiterentwickeln zu können, ist dabei nicht nur für *einschlägig-hoch* qualifizierte Fachkräfte von Bedeutung. Auch für *nicht-einschlägig* qualifizierte Fachkräfte, die langfristig für sich das Feld der frühkindlichen Bildung, Betreuung und Erziehung erschließen möchten, sind solche zukünftigen Orientierungen wichtig. Signale, die eine berufliche (und damit verbunden auch persönliche) Weiterentwicklung befördern, wirken sich deutlich positiv auf die Bereitschaft und die Fähigkeit aus, sich fachlich in die pädagogische Arbeit einzubringen, die Qualitätsentwicklung zu befördern und zur Teamstabilität beizutragen.

Der vierte Eckpfeiler auf Träger-/Leitungsebene ist die Schaffung notwendiger (4) Ressourcen, um multiprofessionelle Teams in ihrer Entwicklung zu stärken. Hierfür sind ausreichende personelle, vor allem aber zeitliche Ressourcen bereitzustellen (Trägerverantwortung) und diese im Sinne „guter Fachpraxis" bestmöglich einzusetzen (Leitungsverantwortung). Dienstpläne und Arbeitszeiten müssen so gestaltet sein, dass gemeinsame Besprechungszeiten für alle pädagogischen Fachkräfte (Teamebene) sowie für Arbeitsgruppen (Gruppen-/Funktionsbereiche) verbindlich stattfinden können. Teamvereinbarungen (Themen/Inhalte/Protokolle) und ein umfangreiches Methodenrepertoire im Team (Moderation/Gesprächsführung) unterstützen die Transparenz und Verbindlichkeit dieser wichtigen Teamzeiten. Von großer Bedeutung für eine gelingende Entwicklung multiprofessioneller Teams ist die externe Unterstützung durch teambezogene Fortbildungen (Inhouse-Schulungen), Möglichkeiten für Fachberatung und Hospitation sowie Coaching und Supervisionsangebote zur Team- und Organisationsentwicklung. Hierfür müssen nicht nur verbindliche Ressourcen

(Zeit- und Budgetplanung) bereitgestellt werden, sondern diese Maßnahmen sind als notwendiger Bestandteil langfristiger Personalentwicklung und -bindung zu konzipieren, der sowohl dem Team als Ganzes als auch den einzelnen (allen!) Teammitgliedern Orientierung in der fachlichen Weiterentwicklung bietet.

In der Zusammenführung der verschiedenen Ebenen zeigt sich, dass die Chancen und Risiken, die mit multiprofessionellen Teams verbunden sind, von keiner Ebene alleine, sondern nur im Zusammenspiel der unterschiedlichen Verantwortungs- und Entscheidungsebenen erfasst und im Sinne der Qualitätsentwicklung positiv gestaltet werden können. Wichtig wären passgenaue Einarbeitungs- und Personalentwicklungsmodelle, die in den untersuchten Einrichtungen weitgehend fehlen oder angesichts zu geringer Ressourcen (Leitungsfreistellung/Teamzeiten) bzw. akutem Personalmangel nicht gut umgesetzt werden können. Hier wäre es wichtig, entsprechende Konzepte zu entwickeln, zu erproben und zu evaluieren.

Kapitel 13
Handlungsempfehlungen

Die vergleichenden Analysen zeigen trotz heterogener Strukturen und Bedingungen in den Einrichtungen ähnliche Bedarfslagen, aus denen sich folgende Empfehlungen ableiten lassen:

1. Zentral erscheint eine fundierte, berufsintegrierte Weiterbildung der *neuen* Fachkräfte, damit sie die notwendigen Handlungskompetenzen erwerben können. Dabei sollten ebenfalls prozessbegleitende Angebote (Coaching, Supervision) für BerufseinsteigerInnen bzw. -wechslerInnen verankert werden, um die ersten Wochen der Tätigkeit in teilweise vollständig unbekannten Handlungsfeldern und Situationen bearbeiten zu können.

2. Die bisherigen ausbildungs- und berufsspezifischen Kompetenzen sollten systematisch mit den neuen Anforderungen verknüpft und diese in die Team- und Qualitätsentwicklung eingebunden werden. Hierzu sind in den Einrichtungen erste Ansätze erkennbar, allerdings noch nicht in der Praxis umgesetzt.

3. Wichtig erscheint auch ein Teamentwicklungskonzept (Inhouse-Fortbildungen), das speziell auf die Zusammenarbeit in einer multiprofessionellen Institution ausgerichtet ist. Dabei geht es um ein besseres Verstehen der unterschiedlichen Perspektiven, um die Entwicklung einer gemeinsamen forschenden und reflexiven Haltung und der Stärkung von Anerkennung und professionellem Selbstverständnis.

4. Die Strategien müssen *gleichzeitig* auf unterschiedlichen Ebenen ansetzen: Auf der Ebene der individuellen Fachkraft bzw. der Teamebene, auf der Team-/Leitungsebene, auf der Leitungs-/Trägerebene sowie auf der (fach-)politischen Entscheidungsebene.

5. Auf der individuellen Fachkraft- bzw. Teamebene ist die Entwicklung, Erprobung und Evaluation passgenauer Einarbeitungskonzepte für *neue* Fachkräfte notwendig. Hierbei sind ausreichende zeitliche Ressourcen für die Einarbeitung (inkl. Hospitation in verschiedenen Gruppen/Funktionsräumen), die wechselseitige Klärung von Erwartungen, Zielen, Aufgaben, Zuständigkeiten und Rollen sowie strukturierte, regelmäßige Reflexionsgespräche, kollegiale Beratung, Coaching und Supervision (für *neue* Fachkräfte, ggf. auch auf Teamebene) wichtige Bausteine.

6. Ebenfalls auf der individuellen Fachkraft- bzw. Teamebene setzen Maßnahmen zu einer deutlichen Vertiefung der Kompetenzen im Bereich „früher Bildung" an. *Nicht-einschlägig* qualifizierten Fachkräften fehlen aktuelle Wissensbestände im Bereich der frühkindlichen Bildung und Entwicklung. Fortbildungen, die im Bereich der „25-Tage-Regelungen" nach § 7 KiTaG angeboten werden, ermöglichen erste Zugänge und ein Überblickswissen, das allerdings deutlich vertieft werden muss, um anschlussfähig zu sein. Diese Angebote sollten allen *nicht-einschlägig* qualifizierten Fachkräften (auch im Ausland qualifizierten Fachkräften und HeilerziehungspflegerInnen) ermöglicht werden.

7. Auf der Team-/Leitungsebene ist eine kompetenzorientierte Teamentwicklung zu forcieren, um die Potentiale multiprofessioneller Teams zu stärken und Risiken einer Qualitätssenkung zu verringern. Hierzu gehören u. a. Konzeptionstage zur Stärken-Schwächen-Analyse, die (Weiter-)Entwicklung von Leitbild und Konzeption auf der Grundlage von Vielfalt und Inklusion, die (weitere) Ausdifferenzierung von Aufgaben, Funktionen und Zuständigkeiten, die Stärkung von Verantwortlichkeiten und Entscheidungsspielräumen. Diese Maßnahmen sollten über einen längeren Zeitraum prozessbegleitend trägerseitig mit ausreichenden Ressourcen ausgestattet werden (Inhouse-Schulungen, Hospitationen, kollegiale Beratung etc.). In diesem Zusammenhang ist auf die geringe Zeit für mittelbare pädagogische Tätigkeiten hinzuweisen, die von den Fachkräften in der schriftlichen Erhebung berichtet wurde. Experten zufolge müssen mindestens 16,5 % der Wochenarbeitszeit angesetzt werden, um die geforderten pädagogischen Tätigkeiten durchführen zu können (Viernickel & Fuchs-Rechlin, 2015).

8. Auf der Leitungs-/Trägerebene sollte die Entwicklung, Erprobung und Evaluation passgenauer Personal- und Organisationsentwicklungsstrategien zur Gewinnung und Bindung neuer Fachkräfte vorangebracht werden, wie es in dem im Rahmen der Studie TEAM-BaWü entwickelten Passungsmodell beschrieben wurde. Ziel dieser Maßnahmen ist es, *neue* Fachkräfte möglichst schnell zu einer Anschlussfähigkeit im Hinblick auf Team und Aufgaben zu befähigen und mit fachspezifischem Wissen und Können die Qualitätsentwicklung (und ggf. Schwerpunktbildung) der Einrichtung zu unterstützen. Besondere Qualitätsschübe gehen von *einschlägig-hoch* qualifizierten Fachkräften mit akademischem Abschluss und/oder Doppelqualifikationen mit pädagogischer Ausrichtung aus. Um diesen Fachkräften mittel- bis langfristige Perspektiven zu bieten, sollten Zukunftsprofile (verbunden mit Leitungs-/Funktionsstellen) entworfen werden, die auch mit einrichtungsübergreifenden Aufgaben (Teamfortbildungen, Beratung, Coaching) sowie

Trägeraufgaben (Mentoringkonzepte) verknüpft werden könnten. Damit wird für die Fachkräfte und Teams eine größere Planungssicherheit geschaffen (z.B. drei Jahre Tätigkeit in der Einrichtung mit der Option auf spätere Leitungs-/Funktionsstellen), und spätere Führungskräfte werden innerhalb der Trägerschaft gehalten.

9. Auf die Trägerebene bezogen ist die Empfehlung, *nicht-einschlägig* qualifizierte Fachkräfte nicht bzw. nur teilweise auf den allgemeinen Personalschlüssel (Gruppenfachkraft) anzurechnen, solange ihnen die erforderlichen pädagogischen und bildungsbezogenen Grundlagen fehlen, die sie im Rahmen von Weiterbildungsmaßnahmen erwerben. Sofern ihre fachspezifischen Kompetenzen (z.B. im gesundheitlichen/pflegerischen/therapeutischen Bereich) in der Einrichtung benötigt werden, sollte dies über zusätzliche Stellenanteile realisiert werden. Fachkräfte, die langfristig in Kindertageseinrichtungen tätig sein wollen, sollten ermutigt und unterstützt werden, sich kontinuierlich weiter zu qualifizieren (pädagogische bzw. frühkindliche Schwerpunkte) und pädagogische Qualifikationen (mit staatlicher Anerkennung) zu erwerben.

10. Auf der (fach-)politischen Entscheidungsebene steht die Schaffung angemessener Rahmenbedingungen für Leitungskräfte dringend an. Der deutlich höhere Zeitaufwand für Personalgewinnung, -einarbeitung und -entwicklung in multiprofessionellen Teams sowie in Teams mit besonderen Schwerpunkten/Anforderungen (Familienzentren/Inklusion/Schwerpunktkitas) sollte sowohl bei der Leitungsfreistellung als auch bei zusätzlichen Funktionsstellen unterhalb der Leitungsebene berücksichtigt werden. Die derzeitige Bemessungsgrundlage für Freistellungen sollte auf die Größe und Zusammensetzung des Teams erweitert werden.

11. Ebenfalls auf der (fach-)politischen Entscheidungsebene angesiedelt ist die Empfehlung, spezifische praxisintegrierte Weiterbildungsangebote („PIA plus" Modell) zu entwickeln, zu erproben und zu evaluieren. Die guten Erfahrungen einer praxisintegrierten Ausbildung (PIA) in Baden-Württemberg, die sowohl hinsichtlich der Gewinnung von Fachkräften (höhere Abiturquote, höherer Männeranteil) als auch hinsichtlich der Teamstabilität (i.d.R. dreijährige Beschäftigungsdauer in einer Einrichtung) vorteilhaft ist, könnten auf eine praxisintegrierte Weiterbildung („PIA plus") für Fachkräfte, die nach § 7 KiTaG in Kindertageseinrichtungen beschäftigt sind, erweitert werden. Beispielsweise könnten einschlägige pädagogische Weiterbildungsangebote für Heil-/Pflegeberufe bzw. heilpädagogische/therapeutische Weiterbildungsangebote für ErzieherInnen in Zusammenarbeit mit Fachschulen entwickelt werden, die jeweils zu staatlich anerkannten Abschlüssen füh-

ren. Damit erschließen sich neue Chancen und Perspektiven – sowohl auf individueller Ebene zur Vertiefung und Verbreiterung der beruflichen Qualifikationen für die Fachkräfte in Kindertageseinrichtungen als auch auf Teamebene (hier werden ähnlich positive Effekte wie bei PIA erwartet). Eine höhere Teamstabilität kann bspw. über eine vertragliche Bindung für die Dauer der Weiterbildung mit der Option auf spätere Leitungs-/Funktionsstellen erzeugt werden. Berufsintegrierte einschlägige Weiterbildung wirkt sich darüber hinaus positiv auf die Qualitätsentwicklung der Einrichtung aus, weil vertiefte Wissensbestände und Kompetenzen unmittelbar mit der alltäglichen Handlungspraxis verknüpft werden können, sofern es (analog zu PIA) gelingt, eine enge Verzahnung der Lernorte Fachschule-Praxis herzustellen.

Abbildungsverzeichnis

Tabellenverzeichnis

Literatur

Bohnsack, R. & Nentwig-Gesemann, I. (2010). *Dokumentarische Evaluationsforschung. Theoretische Grundlagen und Beispiele aus der Praxis*. Opladen & Farmington Hills, MI: Verlag Barbara Budrich.

Burisch, M. (2007). *The Hamburg Burnout Inventory (HBI) in two large international online samples*. Unpublished technical report. Universität Hamburg.

Cloos, P. (2008). *Die Inszenierung von Gemeinsamkeit. Eine vergleichende Studie zu Biografie, Organisationskultur und beruflichem Habitus von Teams in der Kinder- und Jugendhilfe.* Weinheim und München: Juventa.

Deutsche Gesellschaft für Evaluation (2008). *Standards für Evaluation*. Verfügbar unter http://www.alt.degeval.de/calimero/tools/proxy.php?id=19074 [26.10.2014]

Fahrenberg, J., Myrtek, M., Schumacher, J. & Brähler, E. (2000). *Fragebogen zur Lebenszufriedenheit (FLZ)*. Handanweisung. Göttingen: Hogrefe.

Fröhlich-Gildhoff, K., Nentwig-Gesemann, I., Pietsch, S., Köhler, L. & Koch, M. (2014a). *Kompetenzentwicklung und Kompetenzerfassung in der Frühpädagogik. Konzepte und Methoden*. Freiburg: FEL.

Fröhlich-Gildhoff, K., Weltzien, D., Kirstein, N., Pietsch, S. & Rauh, K. (2014b). Kompetenzen früh-/ kindheitspädagogischer Fachkräfte im Spannungsfeld von normativen Vorgaben und Praxis. Expertise erstellt im Kontext der AG „Fachkräftegewinnung für die Kindertagesbetreuung" in Koordination des BMFSFJ. Verfügbar unter http://www.bmfsfj.de/RedaktionBMFSFJ/Abteilung5/Pdf-Anlagen/14-expertise-kindheitspaedagogische-fachkraefte,property=pdf,bereich=bmfsfj,sprache=de,rwb= true.pdf [20.11.2015]

Garske, K. (2003). *Pädagogik in Kindertagesstätten. Eine Studie zu den Konsequenzen pädagogischer Defizite für die Leitungstätigkeit.* Europäische Hochschulschriften. Frankfurt: Peter Lang.

Kauffeld, S. (2004). *FAT. Fragebogen zur Arbeit im Team.* Göttingen: Hogrefe.

Kelle, U. & Kluge, S. (1999). *Vom Einzelfall zum Typus. Fallvergleich und Fallkontrastierung in der qualitativen Sozialforschung.* Opladen: Leske und Budrich.

Kirstein, N. & Fröhlich-Gildhoff, K. (2013). *Abschlussbericht der Studie zur Berufsentwicklung der AbsolventInnen kindheitspädagogischer Studiengänge in Baden-Württemberg.* Freiburg: Zentrum für Kinder-und Jugendforschung.

Landesinstitut für Schulentwicklung und Statistisches Landesamt Baden-Württemberg (Hrsg.) (2013). *Bildungsberichterstattung 2013. Frühkindliche Bildung, Betreuung und Erziehung in Baden-Württemberg.* Stuttgart.

Mayring P. (2010). *Qualitative Inhaltsanalyse: Grundlagen und Techniken* (11. Auflage). Weinheim und Basel: Beltz.

Muijs, D., Aubrey, C., Harris, A. & Briggs, M. (2004). How do they manage? A review of the research on leadership in early childhood. *Journal of early childhood research 2(2),* 157–169.

Nentwig-Gesemann, I. (2007). Forschende Haltung. Professionelle Schlüsselkompetenz von FrühpädagogInnen. *Sozial Extra 5/6,* 20–22.

Nentwig-Gesemann, I., Fröhlich-Gildhoff, K. & Pietsch, S. (2011). Kompetenzentwicklung von FrühpädagogInnen in Aus- und Weiterbildung. *Frühe Bildung, 0,* 22–30.

Neuß, N. (2014). Einführung: Professionalisierung der Frühpädagogik – eine kriteriengeleitete Analyse. In K. Fröhlich-Gildhoff, I. Nentwig-Gesemann & N. Neuß (Hrsg.), *Forschung in der Frühpädagogik. Schwerpunkt: Profession und Professionalisierung* (S. 13–46), Freiburg: FEL.

Robert Bosch Stiftung (Hrsg.) (2008). *Frühpädagogik Studieren – ein Orientierungsrahmen für Hochschulen. Stuttgart.* Verfügbar unter www.bosch-stiftung.de/content/language1/downloads/RBS_Studie_Inhalt_PiK_rz.pdf [10.10.2012]

Schaarschmidt, U. & Fischer, A. W. (2008). *AVEM. Arbeitsbezogenes Verhaltens- und Erlebensmuster.* AVEM (Standardform), AVEM-44 (Kurzform). Manual (3. überarbeitete und erweiterte Auflage). London: Pearson PLC.

Siraj-Blatchford, I. & Manni, L. (2006). Effective Leadership in the Early Years Sector (ELEYS) Study. Verfügbar unter http://www.gtce.org.uk/133031/133036/139476/eleys_study [1.08. 2011].

Statistisches Landesamt Baden-Württemberg (2013). *Personal in Kitas legt 2013 um 10 Prozent zu.* Pressemitteilung. Verfügbar unter http://www.statistik-bw.de/Pressemitt/2014094. asp [16.01.2015]

Sylva, K; Siraj-Blatchford, I. & Taggart, B. (2010). *ECERS-E The Four Curricular Subscales Extension to the Early Childhood Environment Rating Scale (ECERS-R)* (4. Edition with Planning Notes). New York: Teachers Collage Press.

Tietze, W., Becker-Stoll, F., Bensel, J., Eckhardt, A. G., Haug-Schnabel, G., Kalicki, B., Keller, H. & Leyendecker, B. (Hrsg.) (2013). *Nationale Untersuchung zur Bildung, Betreuung und Erziehung in der frühen Kindheit (NUBBEK).* Berlin: das Netz.

Tietze, W., Schuster, K.-M. Grenner, K. & Roßbach, H.-G. (2007). *Kindergarten-Skala (KES-R). Feststellung und Unterstützung pädagogischer Qualität in Kindergärten* (3. Auflage). Berlin: Cornelsen Scriptor.

University of East London & University of Gent (2011). CoRe. Competence Requirements in Early Childhood Education and Care. A Study for the European Commission Directorate General for Education and Culture. Final Report. Verfügbar unter http://download.ei-ie. org/Docs/WebDepot/CoReResearchDocuments2011.pdf [01.12.2015]

Viernickel, S., Nentwig-Gesemann, I., Nicolai, K., Schwarz, S. & Zenker, L. (2013). *Schlüssel zu guter Bildung, Erziehung und Betreuung in Kindertagesstätten – Bildungsaufgaben, Zeitkontingente & strukturelle Rahmenbedingungen in Kindertageseinrichtungen.* Verfügbar unter http://www.gew.de/Binaries/Binary96129/Expertise_Gute_Bildung_2013.pdf [15.10. 2013]

Viernickel, S. & Fuchs-Rechlin, K. (2015). Fachkraft-Kind-Relation und Gruppengrößen in Kindertageseinrichtungen. Grundlagen, Analysen, Berechnungsmodell. In S. Viernickel, K. Fuchs-Rechlin, P. Strehmel, C. Preissing, J. Bensel & G. Haug-Schnabel, *Qualität für alle. Wissenschaftlich begründete Standards für die Kindertagesbetreuung* (S. 11–130). Freiburg: Herder.

Weiterbildungsinitiative Frühpädagogische Fachkräfte (2011). *Frühe Bildung – Bedeutung und Aufgaben der pädagogischen Fachkraft. Grundlagen für die kompetenzorientierte Weiterbildung.* WiFF Wegweiser Weiterbildung Nr. 4. München: DJI.

Wellhöfer, P. R. (1988). *Grundstudium Sozialpsychologie. Für Sozialberufe, Psychologen und Soziologen.* Stuttgart: Lucius & Lucius.

Weltzien, D., Fröhlich-Gildhoff, K., Reutter, A. & Tinius, C. (2014a). *Team-Evaluation bezüglich der Arbeitsprozesse und Arbeitszufriedenheit multiprofessioneller Kindertageseinrichtungen in Baden-Württemberg (TEAM-BaWü). Ergebnisse einer online-gestützten Befragung zur Einstellungspraxis, zu strukturellen Entwicklungen bzw. Rahmenbedingungen sowie zur Teamstruktur und -situation in baden-württembergischen Einrichtungen (Baustein I).* Verfügbar unter http://www.zfkj.de/index.php/forschungsprojekte/professionsentwicklung/ 92-forschungsprojekte/professionsentwicklung/151-prof-team-bawue [25.11.2014]

Weltzien, D., Fröhlich-Gildhoff, K., Reutter, A. & Tinius, C. (2014b). *Team-Evaluation bezüglich der Arbeitsprozesse und Arbeitszufriedenheit multiprofessioneller Kindertageseinrichtungen in Baden-Württemberg (TEAM-BaWü).* 2. Zwischenbericht (unveröffentlicht). Freiburg: Zentrum für Kinder- und Jugendforschung.

Weltzien, D., Fröhlich-Gildhoff, K., Reutter, A., Tinius, C. & Ziebart, T. (2015). *Team-Evaluation bezüglich der Arbeitsprozesse und Arbeitszufriedenheit multiprofessioneller Kindertageseinrichtungen in Baden-Württemberg (TEAM-BaWü).* 3. Zwischenbericht (unveröffentlicht). Freiburg: Zentrum für Kinder- und Jugendforschung.

Die AutorInnen

Prof. Dr. Dörte Weltzien lehrt und forscht seit 2009 an der Evangelischen Hochschule Freiburg. Sie leitet dort den Masterstudiengang „Bildung und Erziehung im Kindesalter" und gemeinsam mit Prof. Dr. Klaus Fröhlich-Gildhoff das Zentrum für Kinder- und Jugendforschung (ZfKJ). Im Rahmen ihrer Forschungstätigkeit beschäftigt sie sich aktuell mit der Interaktions- und Beziehungsgestaltung, der Team- und Qualitätsentwicklung in Kindertageseinrichtungen, sowie mit Vielfalt, sozialer Ungleichheit und Netzwerken.

Prof. Dr. Klaus Fröhlich-Gildhoff ist Diplom Psychologe und Psychologischer Psychotherapeut. Er lehrt Entwicklungspsychologie und Klinische Psychologie an der Evangelischen Hochschule Freiburg und leitet gemeinsam mit Prof. Dr. Dörte Weltzien das Zentrum für Kinder- und Jugendforschung (ZfKJ).

Janina Strohmer ist seit 2014 Professorin für Entwicklungspsychologie und Pädagogische Psychologie an der Evangelischen Hochschule Freiburg. Zudem ist sie seit 2007 wissenschaftliche Mitarbeiterin der Pädagogischen Hochschule Freiburg mit Schwerpunkt empirische Forschungsmethoden. Ihre aktuellen Forschungstätigkeiten beziehen sich auf die Professionalisierung von pädagogischem Personal sowie die individuelle schulische und außerschulische Bildungsbegleitung von Kindern und Jugendlichen.

Annegret Reutter, Soziale Arbeit (M.A.) ist wissenschaftliche Mitarbeiterin am Zentrum für Kinder- und Jugendforschung. Sie forscht in den Bereichen der Team- und Qualitätsentwicklung in Kindertageseinrichtungen und der Jugendsozialarbeit an Schulen. Neben der wissenschaftlichen Tätigkeit arbeitet sie als Referentin in der Fort- und Weiterbildung pädagogischer Fachkräfte zum Umgang mit Verhaltensauffälligkeiten/herausfordernden Verhaltensweisen in Kindertageseinrichtungen und lehrt an der Evangelischen Hochschule Freiburg.

Claudia Tinius, Kindheitspädagogin (M.A.) ist wissenschaftliche Mitarbeiterin am Zentrum für Kinder- und Jugendforschung. Sie forscht in den Bereichen Teamentwicklung und Professionalisierung pädagogischer Fachkräfte in Kindertageseinrichtungen. Zudem ist sie in der Lehre im Studiengang "Kindheitspädagogik" und als Referentin in der Weiterbildung pädagogischen Personals tätig.